KB140122

원전과 함께하는

고 사 성 어

김태수 엮음

원전과 함께하는
고 사 성 어

김태수 엮음

▮ 머리말

원전原典과 함께하는 고사성어

　고사성어故事成語는 '오래된 미래'다.

　고사성어는 나이가 많은 언어이면서, 오늘날까지 살아 있는 아주 생명력이 끈질긴 언어다. 그리고 이 현재진행형의 고사성어는 간단한 말 속에 큰 울림을 담아 지금도 여전히 우리들을 살아 움직이게 하는 힘이 센 언어이기도 하다.

　고사성어는 오랜 세월 속에 자연스럽게 형성된 격조格調와 품위品位를 지닌 어휘로, 선인들의 삶의 슬기와 교훈이 녹아 있는 지적知的 언어유산言語遺産이다. 현대의 일상의 말과 글에 널리 쓰이는 교훈, 경구警句, 비유, 상징어 등을 함축적含蓄的으로 적절하게 표현할 수 있는 고사성어의 매력은 의사意思와 의미意味를 전하는 언어생활과 글쓰기에 활용되어, 언어와 글의 표현을 풍부하게 하고 감동을 주는 촌철살인寸鐵殺人의 힘이 있다.

　그런데 언어생활과 글쓰기에 있어서 고사故事의 전말顚末을 제대로 알지 못하고 사전적 의미만을 익혀 고사성어를 사용한다면 적절하고 심도 있는 의미 전달과 표현에는 한계가 있을 것이다. 곧 고사성어가 형성된 배경과 과정에 대한 이해가 전제되어야 함은 주지周知의 사실이다.

　고사성어의 유래는 역사서歷史書, 경서經書, 철학서哲學書, 문학서文學書 등에 고스란히 전해 내려오고 있다. 따라서 이러한 한문원전漢文原典을 함께 읽으면서 그 속에서 고사성어가 형성된 배경과 과정을 이해하고, 이를 통해 본래 사용된 원전 속 의미는 물론, 현재 원래의 의미와 다르게 쓰이고 있는 고사성어의 달라진 의미를 정확히 익힌다면, 언어생활과 글쓰기에 있어서 보다 효과적으로 활용할 수 있는 토대를 갖추게 될 것이다.

　역사서에 담긴 고사성어 중, 춘추전국春秋戰國시대와 관련된 것들은 특히 전쟁하는 과정에서 이루어진 것이 많은데, 주로 지도자인 왕과 신하 사이에서 발생한 것으로, 각 시대를 풍미했던 학자와 책략가, 제후와 재상들의 뛰어난 지혜智慧, 지략智略, 비유譬喩, 술수術數 등을 엿볼 수 있다. 아울러 여기에는 '지나간 일은 현재를 아는 것이고, 미래를 알고자 하면 먼저 지난 일을 살펴야 할 것이다.往古所以知今 欲知未來先察已然.'라는 큰 교훈이 담겨 있다.

　'원전과 함께하는 고사성어'에 수록된 고사성어의 대부분은 재미있는 이야기들을 구어체口語體로 생동감 있게 표현하고 있어 전혀 지루하지 않다. 게다가 대화체 위주로 이루어진 직설적直說的인 문장들은 한문 해석만 제대로 하면 내용은 쉽게 이해할 수 있어, 이 책 어디를 펼치더라도 부담을 주지 않으면서 한문에 흥미를 갖는 계기가 될 것이다. 아울러 원전을 해석하면서 읽어나가는 과정에서, 어렵게만 느껴졌던 한자, 한자어, 한자성어의 의미는 물론, 반복되는 다양한 문장을 통해 한자의 용법과 한문의 구조를 자연스럽게 이해하고 익혀, 한문의 기초적 문리를 습득하게 되어, 한문해독 능력을 더욱 신장伸張시킬 것이다.

　고사성어에는 한자문화권漢字文化圈의 사유思惟가 집약되어 있으며, 문文, 사史, 철哲로 대변되는 한문학漢文學의 전반을 살펴볼 수 있는 인문학人文學의 정수精髓이자 보고寶庫이다. 따라서 옛것을 배우더라도 변통성이 있고 새것을 만들어 내더라도 근거가 있어야 한다는 '법고지변法古知變 창신능전創新能典'의 자세로 고사성어와 관련된 다양한 유형의 한문고전을 읽는다면, 선인들의 삶과 지혜, 사상과 감정 등을 폭넓게 이해할 수 있으며, 이를 통해 건전한 가치관과 바람직한 인성人性을 함양涵養하여, 면면히 이어온 전통문화를 바르게 계승 발전시켜 바람직한 미래로 나아갈 수 있으리라 믿는다.

이 책은 이러한 점 등에 주안점을 두고 300여개의 고사성어를 가려 뽑아 원문을 단락을 끊어 번역문을 제시하여 일목요연一目瞭然하게 볼 수 있도록 구성하였다. 번역은 직역을 위주로 하였고, 어려운 글자의 음과 뜻, 어휘, 인물 등은 주를 달아 이해에 도움이 되게 하였다.

'원전과 함께하는 고사성어'의 근간은 2년여에 걸쳐 강독했던 반송서예畔松書藝 한문반 '고사성어故事成語 원전강해原典講解'가 큰 밑거름이 되었다. 오랜 시간 여러 어려운 여건에서도 끝까지 강독을 함께 해주신 반송서예 한문반 회원님께 깊은 감사를 드린다.

2021년 1월 1일
일락재逸樂齋 일우一隅에서
반송畔松 김태수金泰洙

▌목 차

家鷄野雉 가계야치

庾翼書 少時與右軍齊名 右軍後進 庾猶不分 在荊州 與都下人書云
小兒輩賤家鷄 愛野雉 皆學逸少書 須吾下 當比之. ≪太平御覽≫

庾翼書　동진東晉 유익庾翼의 서법書法이　*庾(유)곳집.
少時與右軍　소년 시절 우군右軍(왕희지王羲之)과 더불어
齊名　이름을 나란히 하였는데(제명齊名)
右軍後進　왕희지는 후에 진보하였으나
庾猶不分　유익은 오히려 전과 구분되지 않았다.
在荊州　형주荊州에 있을 때　*荊(형)가시나무. 땅의 이름.
與都下人書云　도하都下(도성都城) 사람에게 편지를 보내(여與) 말했다.
小兒輩賤家鷄　"아이들(소아배小兒輩)이 집에서 기르는 닭을 천하게
　　　　　　여기고 *輩(배)무리.
愛野雉　들판의 꿩(치雉)만을 사랑하여　*雉(치)꿩.
皆學逸少書　모두 일소逸少(왕희지의 자)의 서법을 배우니
須吾下　반드시(수須) 내가 내려가
當比之　마땅히 그와 견주어(비比)볼 것이오."

▸ 家鷄野雉(가계야치) '집에 있는 닭과 들의 꿩'이라는 뜻으로, 남의 집 것만 좋게
　여기고 자기 것의 소중함을 모름을 이르는 말. 가계야목家鷄野鶩이라고도 함.
▸ 庾翼(유익. 305~345) 동진東晉<317~419>의 장수. 자는 치공稚恭, 시호는 숙후
　肅侯. 서예에 명성이 높았다.
▸ 王羲之(왕희지. 307~365) 동진의 서예가. 자는 일소逸少. 우군장군右軍將軍을 지
　냈기 때문에 왕우군王右軍이라 함. 서성書聖으로 존경받고 있으며, 서예가인 아들
　왕헌지王獻之와 함께 '이왕二王' 또는 '희헌羲獻'이라 불림.

家書萬金 가서만금

國破山河在 城春草木深 感時花濺淚 恨別鳥驚心
烽火連三月 家書抵萬金 白頭搔更短 渾欲不勝簪. <春望/杜甫詩>

○ 春望 춘망

國破山河在　나라는 파괴破壞되었으나 산하는 그대로이니

城春草木深　성에는 봄이 오고 초목이 우거졌네.

感時花濺淚　시절이 슬퍼 꽃만 보아도 눈물 뿌리고(천濺)

恨別鳥驚心　이별이 아파 새소리에도 마음 놀라네.(경驚)

烽火連三月　봉화대烽火臺 오른 불은 석 달이나 이어지니

家書抵萬金　집에서 온 글은 만금萬金이나 나가네. *抵(저)해당하다.

白頭搔更短　흰머리는 긁어(소搔)보니 더욱(갱更) 짧아져

渾欲不勝簪　거의(혼渾) 비녀(잠簪)조차 이겨내지 못하려 하네.

▶ 家書萬金(가서만금) '집에서 온 편지는 만금의 가치가 있다'는 뜻으로, 타지他地
　에 있을 때 자기 집에서 온 편지가 더없이 반갑고, 그 소식의 값이 황금 만 냥보다
　더 소중하다는 말.

▶ 國破山河在(국파산하재) 나라는 망하고 백성은 흩어졌으나 오직 산과 강만은 그
　대로 남아 있다는 말.

▶ 杜甫(두보. 712~770) 성당盛唐<713~761> 시기의 시인. 자는 자미子美, 호는 소
　릉少陵, 두릉杜陵, 공부工部, 노두老杜. 시성詩聖으로 불리며, 이백李白과 함께 중
　국의 최고 시인으로 꼽힘.

▶ 두보가 44세 되던 해 안녹산安祿山의 난이 일어나 장안長安이 함락되고 반란군에
　게 잡혀 포로가 되었을 때 지은 시로 난리 속에서 나라를 염려하는 마음과 고향에
　있는 가족들을 그리워하는 마음을 읊음.

苛政猛於虎 가정맹어호

孔子過泰山側 有婦人哭於墓者而哀 夫子式而聽之 使子路問之曰 子之
哭也 壹似重有憂者 而曰 然 昔者吾舅死於虎 吾夫又死焉 今吾子又死
焉 夫子曰 何爲不去也 曰無苛政 夫子曰 小子識之 苛政猛於虎也.

≪禮記/檀弓下≫

孔子過泰山側　공자가 태산 옆(側측)을 지나가는데(過과)
有婦人哭於墓者而哀　어떤 부인이 무덤에서 울면서 슬퍼하거늘
夫子式　선생께서 수레의 앞 횡목에 의지해 예의를 표하고(式식)
而聽之　그 소리를 듣고는
使子路問之曰　자로子路로 하여금 그에게 묻게 하니 말했다.
子之哭也　"그대(子자)의 울음은
壹似重有憂者　하나같이 매우(重중) 근심이 있는 것 같습니다."
而曰 然　이에 말했다. "그렇습니다.
昔者吾舅　옛날에(석자昔者) 제 시아버지(구舅)께서
死於虎　호랑이에게 죽임을 당하였고
吾夫又死焉　제 남편 또한 호랑이에게 죽임을 당하였고
今吾子又死焉　지금 제 아들 또한 호랑이에게 죽임을 당하였습니다."
夫子曰　선생께서 말했다.
何爲不去也　"어찌하여(하위何爲) 이곳을 떠나지 않으십니까."
曰無苛政　말했다. "이곳은 가혹苛酷한 정치가 없습니다."
夫子曰　선생께서 말했다.
小子識之　"제자(소자小子)들아, 이것을 기억하여라.(지識)
苛政猛於虎也　가혹한 정치는 호랑이보다(어於) 사납도다.(맹猛)"

▸ 苛政猛於虎(가정맹어호) '가혹苛酷한 정치는 호랑이보다 사납다'는 뜻으로, 가혹한 정치의 폐해를 비유하는 말.

▸ 孔子(공자. BC551~BC479) 춘추시대春秋時代 철학자, 사상가. 유교儒敎의 비조鼻祖. 노魯나라 곡부曲阜에서 태어났으며, 성은 공孔, 이름은 구丘, 자는 중니仲尼.

▸ 子路(자로. BC543~BC480) 공문십철孔門十哲의 한 사람. 성은 중仲, 이름은 유由, 자는 자로子路, 계로季路. 성질이 강직하고 용기가 있어 공자의 사랑을 받음.

▸ 春秋戰國(춘추전국) BC770년 주周왕조가 낙양洛陽으로 천도하기 이전의 시대를 서주西周, 이후를 동주東周라 하며, 동주는 춘추春秋시대와 전국戰國시대로 나뉜다. 춘추시대는 주왕조가 도읍을 옮긴 때로부터 진晉이 한韓, 위魏, 조趙 3국으로 분열된 BC403년까지이며, 전국시대는 그 이후부터 진秦나라가 천하를 통일한 BC221년까지이다. 춘추는 공자가 엮은 노魯나라의 역사서인 ≪춘추春秋≫에서 유래되었고, 전국은 한漢나라 유향劉向이 쓴 ≪전국책戰國策≫에서 유래하였다.

刻舟求劍 각주구검

楚人有涉江者 其劍自舟中墜於水 遽刻其舟 曰 是吾劍之所從墜 舟止 從
其所刻者 入水求之 舟已行矣 而劍不行 求劍若此 不亦惑乎 以古法爲其
國 與此同 時已徙矣 以法不徙 以此爲治 豈不難哉. ≪呂氏春秋/察今≫

楚人有涉江者 초楚나라 사람 중에 강을 건너는(섭涉) 사람이 있었는데
其劍自舟中墜於水 그의 칼이 배 안에서(자自) 물에 떨어지니(추墜)
遽刻其舟 曰 급히(거遽) 그 배에 새기고(각刻) 말했다.
是吾劍之所從墜 "이곳은 내 칼이 떨어진 곳이다."
舟止 從其所刻者 배가 멈추자 새긴 곳을 따라(종從)
入水求之 물에 들어가 칼을 찾으려 했다.
舟已行矣 而劍不行 배는 이미 갔으나 칼은 지나지 않았으니
求劍若此 不亦惑乎 칼을 찾는 것이 이와 같다면 또한 미혹되지 아
니한가.

以古法爲其國　옛 법으로써 그 나라를 다스린다면

與此同　이와 더불어 마찬가지이다.

時已徙矣　시대는 이미 지났으나　*徙(사)옮기다.

以法不徙　법은 바뀌지 않았으니

以此爲治　이런 방식으로 정치를 한다면

豈不難哉　어찌 어렵지 않겠는가.

▶ 刻舟求劍(각주구검) '배에 새겨 칼을 찾다'는 뜻으로, 시세의 변천도 모르고 낡은 것만 고집하는 미련하고 어리석음을 비유적으로 이르는 말. '계주구검契舟求劍'이라고도 함.

肝膽相照간담상조 · 落穽下石낙정하석

嗚呼 士窮乃見節義 今夫平居里巷相慕悅 酒食游戲相徵逐 詡詡強笑語以相取下 握手出於肺肝相示 指天日涕泣 誓生死不相背負 眞若可信一旦臨小利害 僅如毛髮比 反眼若不相識 落陷穽不一引手救 反擠之又下石焉者 皆是也 此宜禽獸夷狄所不忍爲 而其人自視以爲得計 聞子厚之風 亦可以少愧矣.　<柳子厚墓誌銘/韓愈>

嗚呼　아,(오호嗚呼)

士窮　선비는 곤궁하게 되고 나서야

乃見節義　비로소(내乃) 절개節槪와 의리義理가 나타나게 된다.

今夫平居里巷　오늘날 사람들은 무릇 평소 마을(이항里巷)에서 살면서

相慕悅　서로 존경하고 반기며

酒食游戲　술 마시며 먹고 놀면서　*游(유)놀다. 戲(희)놀다.

相徵逐　서로 왕래하며　*徵逐(징축)초대하거나 방문함.

19

詡詡强笑語　알랑거리며 억지로(강强) 웃으며 말하고　*詡(후)자랑하다.

以相取下　서로 자신을 낮추며

握手出於肺肝相示　폐와 간을 꺼내 보여줄 듯이 손을 잡고(악握)

指天日涕泣　하늘의 해를 가리키며 눈물까지 흘리며(체읍涕泣)

誓生死不相背負　살아서나 죽어서나 서로 배신하지 말자고 맹서하는데

眞若可信　정말로 믿을 수 있을 것처럼 한다.

一旦臨小利害　그러나 한번(일단一旦) 작은 이해관계에 임해서는

僅如毛髮比　그것이 겨우 터럭(모발毛髮)에 비길 만하여도

反眼若不相識　서로 모르는 것처럼 눈을 돌린다.

落陷穽　함정에 빠지면　*陷(함)함정. 穽(정)함정

不一引手救　한 번이라도 손을 끌어 구해주지(구救) 않고

反擠之　도리어 밀어 넣고(제擠)

又下石焉者　또 그에게(언焉. 어지於之) 돌까지 던지는 자가

皆是也　대부분이다.

此宜禽獸夷狄所不忍爲　이는 마땅히 금수나 오랑캐(이적夷狄)도 차마
　　　　　　　　　　하지 못할 짓인데

而其人自視以爲得計　그들은 스스로 훌륭한 계책(득계得計)으로 생각
　　　　　　　　　한다.

聞子厚之風　자후子厚(유종원柳宗元의 자字)의 기풍을 들으면

亦可以少愧矣　또한 조금은 부끄러워할(괴愧) 수 있을 것이다.

▶ 肝膽相照(간담상조) '간과 쓸개를 서로 내보인다<폐간상시肺肝相示>'는 뜻으로,
  필부들의 위선적인 행위를 은유하는 표현이었으나, 지금은 서로 마음을 터놓고 사
  귀는 것을 이르는 말로 쓰임.

▶ 落穽下石(낙정하석) '함정에 빠진 사람에게 돌을 떨어뜨리다'는 뜻으로, 어려운
  처지에 놓인 사람을 도와주기는커녕 도리어 괴롭힘을 비유적으로 이르는 말.

▶ 柳子厚(유자후. 773~819) 당나라 문인 유종원柳宗元. 자字후子厚는 자. 고문古文
  부흥운동을 주창主唱함. 당송팔대가唐宋八大家의 한 사람.

▶ 墓誌銘(묘지명) 묘지에 대한 명문銘文. 죽은 이의 덕과 공로를 후세에 영원히 전

하는 뜻을 지닌 글로, 산문인 지誌와 운문인 명銘이 결합된 서식을 갖춤.

▶ 韓愈(한유. 768~824) 당나라의 문인. 자는 퇴지退之, 호는 창려昌黎, 시호는 문공
文公. 당송팔대가의 한 사람.

竭澤而漁갈택이어

昔晉文公 將與楚人戰於城濮 召咎犯而問曰 楚衆我寡 奈何而可 咎犯對
曰 臣聞繁禮之君 不足於文 繁戰之君 不足於詐 君亦詐之而已 文公以咎
犯言告雍季 雍季曰 竭澤而漁 豈不獲得 而明年無魚 焚藪而田 豈不獲得
而明年無獸 詐僞之道 雖今偸可 後將無復 非長術也 文公用咎犯之言 而
敗楚人於城濮 反而爲賞 雍季在上 左右諫曰 城濮之功 咎犯之謀也 君用
其言 而賞後其身 或者不可乎 文公曰 雍季之言 百世之利也 咎犯之言
一時之務也 焉有以一時之務先百世之利者乎. ≪呂氏春秋/孝行覽≫

昔晉文公　옛날에 진문공晉文公이
將與楚人戰於城濮　장차 초나라 사람들과 성복城濮에서 싸우려 할 때
召咎犯而問曰　구범咎犯을 불러서 말했다.　*咎(구)허물. 성姓.
楚衆我寡　"초나라 군대는 많고 우리는 적으니
奈何而可　어찌하면 좋겠습니까."
咎犯對曰　구범이 대답하여 말했다.
臣聞繁禮之君 不足於文　"신이 듣건대 '예를 번거롭게 하는 군주는
　　　　　　　　　　　　　문文이 부족하고
繁戰之君 不足於詐　전쟁을 번거롭게 하는 군주는 속이는 술수가 부
　　　　　　　　　　족하다.'고 했습니다.
君亦詐之而已　주군께서도 또한 그들을 속일 따름입니다."
文公以咎犯 言告雍季　문공이 구범의 말을 옹계雍季에게 말해 주었다.

21

雍季曰　그러자 옹계가 말했다.

竭澤而漁　"연못(택澤)의 물을 다 퍼내고 고기를 잡는다면

豈不獲得　어찌 고기를 못 잡겠습니까.(획득獲得)

而明年無魚　그러나 다음 해는 그 못에 고기가 없을 것입니다.

焚藪而田　숲(수藪)을 모두 태우고(분焚) 사냥을 한다면(전田)

豈不獲得　어찌 짐승을 못 잡겠습니까.

而明年無獸　하지만 다음 해는 그 산에 짐승이 없을 것입니다.

詐僞之道　속이어 거짓으로 꾸미는(사위詐僞) 방법은

雖今偸可　비록 지금은 몰래(투偸) 할 수 있지만

後將無復　후에 장차 되풀이하지(복復) 못하니

非長術也　뛰어난 계책이 아닙니다."

文公用咎犯之言　그러나 문공은 구범의 계책을 써서

而敗楚人於城濮　성복에서 초나라 사람들을 물리쳤다.

反而爲賞 雍季在上　돌아와 상을 내리는데 옹계가 위에 있었다.

左右諫曰　그러자 좌우에서 간하여 말했다.

城濮之功 咎犯之謀也　"성복의 공로는 구범의 계략입이다.

君用其言　주군께서 그의 말을 쓰셨는데

而賞後其身　상은 그를 뒤로하시니

或者不可乎　어쩌면(혹자或者) 옳지 않은 듯합니다."

文公曰　문공이 말했다.

雍季之言 百世之利也　"옹계의 말은 백세百世의 이로움이고

咎犯之言 一時之務也　구범의 말은 일시적인 일(무務)이니

焉有以一時之務先百世之利者乎　어찌(언焉) 일시적인 일이 백세의 이로움을 앞설 수 있겠는가."

▶ 竭澤而漁(갈택이어) '연못의 물을 다 퍼내고 고기를 잡다'는 뜻으로, 눈앞의 이익만을 추구하여 먼 장래를 생각하지 않는 것을 말함.

▶ 晉文公(진문공. BC697~BC628) 춘추시대 진晉나라 군주. 즉위 후 주양왕周襄王

의 동생인 왕자대王子帶가 일으킨 반란을 평정했으며, 아울러 송나라를 구하고 초
나라를 물리침으로써 춘추오패春秋五霸의 하나가 되었음.

甘棠愛감당애

蔽芾甘棠 勿翦勿伐 召伯所茇
蔽芾甘棠 勿翦勿敗 召伯所憩
蔽芾甘棠 勿翦勿拜 召伯所說.　≪詩經/召南/甘棠≫

○甘棠　감당나무

蔽芾甘棠　무성한(폐불蔽芾. 성한 모양) 감당甘棠나무

勿翦勿伐　자르지(전剪) 말고 베지(벌伐) 말라.

召伯所茇　소백召伯이 초막으로 삼으셨던 곳(소所)이니라.

　　　*茇(발)한둔하다. 노숙露宿하다.

蔽芾甘棠　무성한 감당나무

勿翦勿敗　자르지 말고 꺾지 말라.

召伯所憩　소백이 쉬어 가신(게憩) 곳이니라.

蔽芾甘棠　무성한 감당나무

勿翦勿拜　자르지 말고 휘지(배拜. 굽힘) 말라.

召伯所說　소백이 머무셨던(세說. 머무름) 곳이니라.

▸甘棠愛(감당애) '감당나무를 사랑하다'는 뜻으로, 선정을 베푼 사람을 사모하고
　칭송하는 마음. '감당지애甘棠之愛, 감당유애甘棠遺愛'라고도 함.
▸召伯(소백) 주周나라를 세운 무왕武王의 동생 소공召公 석奭. 조카인 성왕成王을
　보필하였는데, 남쪽 지방을 순시하면서 정사를 펼 때에 혹 감당나무 아래에서 선
　정을 베풀어, 그 뒤 백성들이 그의 덕을 그리워하여 감당나무를 아꼈다고 한다.

強弩之末강노지말

匈奴來請和親 天子下議 大行王恢 燕人也 數爲邊吏 習知胡事 議曰 漢
與匈奴和親 率不過數歲卽復倍約 不如勿許 興兵擊之 安國曰 千里而
戰 兵不獲利 今匈奴負戎馬之足 懷禽獸之心 遷徙鳥擧 難得而制也 得
其地 不足以爲廣 有其衆 不足以爲彊 自上古不屬爲人 漢數千里爭利
則人馬罷 虜以全制其敝 且彊弩之極 矢不能穿魯縞 沖風之末 力不能
漂鴻毛 非初不勁 末力衰也 擊之不便 不如和親 群臣議者多附安國 於
是上許和親. ≪史記/韓長孺列傳≫

匈奴來請和親　흉노匈奴가 와서 화친을 청하자

天子下議　천자(한무제漢武帝)가 의논하도록 하명하였다.(하의下議)

大行王恢 燕人也　대행大行과 왕회王恢는 연나라 사람으로

數爲邊吏　수차례數次例 변방의 관리를 지내서

習知胡事　익히(습習) 오랑캐의 일을 알았다

議曰　의논하며 말했다.

漢與匈奴和親　"한나라와(여與) 흉노가 화친을 하면

率不過數歲　대략(솔率) 몇 년 지나지 않아

卽復倍約　곧 다시(부復) 약속을 저버릴(패倍) 것입니다.

不如勿許 興兵擊之　화친을 허락하지 말고 군사를 일으켜 그들을 치
　　　　　　　　　　는 것만 못합니다."

安國曰　어사대부 한안국韓安國이 말했다.

千里而戰　"천 리까지 가서 싸우는 것은

兵不獲利　군사가 이로움을 얻지 못합니다.

今匈奴負戎馬之足　지금 흉노는 융마戎馬의 발을 등지고

懷禽獸之心　금수의 마음을 품고

遷徙鳥擧　움직여서 옮김(천사遷徙)이 날래(조거鳥擧)

24

難得而制也   사로잡고 제압하기 어렵습니다.

得其地   그들의 땅을 얻어도

不足以爲廣   영토를 넓혔다고 하기엔 부족하고

有其衆   그들의 백성을 소유하여도

不足以爲彊   국력이 강하다고 하기엔 부족합니다.   *彊(강)굳세다.

自上古   오랜 옛날부터(자自)

不屬爲人   백성으로 삼아 예속隸屬하지 않았습니다.

漢數千里爭利   한나라가 수천 리 밖에서 이익을 다투면

則人馬罷   사람과 말이 고달프고(피罷)

虜以全制其敝   오랑캐는 온전함으로 황폐해진 것을 제압할 것입니다.

且彊弩之極   또한 강한 쇠뇌(강노彊弩. 위력 있는 큰 활) 끝은

矢不能穿魯縞   화살이 노나라의 명주(호縞)도 뚫을 수 없으며

沖風之末   솟구치는(충沖) 바람의 끝은

力不能漂鴻毛   힘이 기러기 깃털(홍모鴻毛)도 흔들(표漂) 수 없습니다.

非初不勁   처음은 굳세지(경勁) 않은 것이 아니지만

末力衰也   마지막의 힘은 쇠약합니다.

擊之不便   그들을 공격하는 것은 적당치 않으니

不如和親   화친하는 것만 못합니다."

群臣議者   여러 신하들의 의견은

多附安國   한안국을 따르는(부附) 사람이 많았고

於是上許和親   이에 천자는 화친을 허락許諾하였다.

▶ 強弩之末(강노지말) '강한 쇠뇌로 쏜 화살의 끝'이라는 뜻으로, 강하게 날아가던
  화살도 마지막에는 힘이 떨어져 맥을 못 쓰듯 강하던 것도 시간이 지나면서 아무
  리 강한 것도 멀리 떨어져 있거나 시간이 지나게 되면 힘을 잃고 쇠약해짐을 이르
  는 말.

▶ 漢武帝(한무제. BC156~BC87) 한의 7대 황제 유철劉徹. 제후왕에 대한 통제를
  강화하여 중앙집권체제를 완성하였고, 적극적인 대외정책을 펼쳐 영토를 크게 확
  장하여 한漢의 전성기를 이끎.

▸韓安國(한안국. ?~BC127) 전한前漢 성안成安 사람. 자는 장유長孺. 처음에 양효왕梁孝王을 섬겨 중대부中大夫가 되고, 후에 한나라의 어사대부御史大夫, 승상丞相대행, 재관장군材官將軍이 되었다.

蓋棺事定개관사정

君不見道邊廢棄池 君不見前者摧折桐 百年死樹中琴瑟
一斛舊水藏蛟龍 丈夫蓋棺事始定 君今幸未成老翁
何恨憔悴在山中 深山窮谷不可處 霹靂魍魎兼狂風. <君不見簡蘇徯/杜甫詩>

○君不見簡蘇徯 그대는 보지 못했는가. 소혜蘇徯에게
君不見道邊廢棄池 그대는 보지 못했는가, 길가에 버려져 있는(폐기廢棄) 연못을.
君不見前者摧折桐 그대는 보지 못했는가, 앞에 부러져 꺾인(최절摧折) 오동나무를.
百年死樹中琴瑟 백 년 뒤 죽은 나무가 거문고에 알맞고
一斛舊水藏蛟龍 한 섬의 오랜 물은 교룡을 품기도 한다. *斛(곡)휘.
丈夫蓋棺事始定 장부는 관 뚜껑을 덮어야(개관蓋棺) 비로소 일이 결정되거늘 *蓋(개)덮다. 棺(관)널.
君今幸未成老翁 그대는 지금 다행히 아직 늙지 않았으니
何恨憔悴在山中 어찌 초췌하게 산중에 있다고 한탄하는가.
深山窮谷不可處 깊은 산 곤궁한 골짜기는 살 만한 곳이 못 되도다.
霹靂魍魎兼狂風 벼락(벽력霹靂)과 도깨비(망량魍魎)에 광풍까지 있으니.

▸蓋棺事定(개관사정) '관 뚜껑을 덮을 때에야 일이 정해지다'는 뜻으로, 사람은 죽고 난 뒤에라야 올바르고 정당한 평가할 수 있다는 말.
▸두보가 사천성四川省 동쪽 기주夔州의 산골에서 살고 있을 때, 친구의 아들 소혜

蘇傒가 그곳에 와서 살며 실의에 찬 나날을 보내자 두보는 이 시를 지어 보냈는데, 소혜는 이 시를 읽은 후 그곳을 떠나 호남 땅에서 세객說客이 되었다 함.

擧案齊眉거안제미

梁鴻字伯鸞 扶風平陵人也 家貧而尙節介 同縣孟氏有女 肥醜而黑 力擧石臼 擇對不嫁曰 欲得賢如梁伯鸞者 鴻聞而娉之 字之曰德曜 名孟光 至吳爲人賃舂 每歸 妻爲具食 不敢於鴻前仰視 擧案齊眉.

≪後漢書/梁鴻傳≫

梁鴻字伯鸞 扶風平陵人也　양홍梁鴻의 자는 백란伯鸞, 부풍 평릉 사람이다.

家貧而尙節介　집은 가난하였으나 절개節概(절개節介)를 숭상하였다.

同縣孟氏有女　같은 현縣 맹씨孟氏에게 딸이 있었는데

肥醜而黑　살찌고 못생긴(비추肥醜) 데다 살색은 검었고

力擧石臼　힘은 돌절구(석구石臼)를 들었다.

擇對不嫁曰　상대를 골라 시집가지(가嫁) 않고 말했다.

欲得賢如梁伯鸞者　"양백란梁伯鸞과 같은 어진 이를 얻고자 합니다."

鴻聞而娉之　양홍이 듣고는 그녀에게 장가들었다.(빙娉)

字之曰德曜 名孟光　자는 덕요德曜요, 이름은 맹광孟光이다.

至吳爲人賃舂　오吳에 이르러 남을 위해 삯방아를 찧었다.(임용賃舂)

每歸 妻爲具食　집에 돌아올 때마다 아내는 밥상을 차려(구식具食)

不敢於鴻前仰視　양홍 앞에서 감히 우러러 쳐다보지(앙시仰視) 못하고

擧案齊眉　밥상(안案)을 들어(거擧) 눈썹(미眉)과 나란히 하였다.(제齊)

- ▶ 擧案齊眉(거안제미) '밥상을 들어 눈썹과 나란히 하다'는 뜻으로, 아내가 남편男便을 깍듯이 공경함을 일컫는 말.
- ▶ 梁鴻(양홍) 후한 건무建武, 영원永元 연간<26~104>에 활동했던 은사隱士. 양홍이 왕실을 비방하는 시를 지어 장제章帝에게 쫓기어 오吳나라에 이르러 삯방아를 찧었다 함.

車載斗量거재두량

丕曰 朕欲伐吳 可乎 咨曰 大國有征伐之兵 小國有禦備之策 丕曰 吳畏
魏乎 咨曰 帶甲百萬 江漢爲池 何畏之有 丕曰 東吳如大夫者幾人 咨曰
聰明特達者八九十人 如臣之輩 車載斗量 不可勝數 丕歎曰 使於四方
不辱君命 卿可以當之矣. ≪三國志演義≫

丕曰　조비曹丕가 말했다.
朕欲伐吳 可乎　"짐이 오나라를 치려고 하는데 괜찮겠소."
咨曰　조자趙咨(동오東吳의 중대부中大夫)가 말했다.
大國有征伐之兵　"대국이 정벌하는 병사가 있다면
小國有禦備之策　소국에는 막아(어禦) 대비하는 계책이 있습니다."
丕曰　조비가 말했다.
吳畏魏乎　"오나라가 위나라를 두려워하는가.(외畏)"
咨曰　조자가 말했다.
帶甲百萬　"갑옷 갖춘 병사 백만에
江漢爲池　장강長江과 한수漢水를 못(해자垓字)으로 삼는데
何畏之有　어찌 두려움이 있겠습니까."
丕曰　조비가 말했다.
東吳 如大夫者幾人　"동오東吳에는 대부와 같은 자가 몇(기幾) 명이
　　　　　　　　　나 되오."

咨曰　조자가 말했다.

聰明特達者八九十人　"총명하고 특달한 자가 팔구십 명이요

如臣之輩 車載斗量　저와 같은 무리는 수레로 싣고(재載) 말로 헤아려도

不可勝數　이루 다(승勝) 셀 수 없습니다."

丕歎曰　조비가 찬탄하며 말했다.

使於四方　"옛말(논어論語)에 '사방에 사자使者로 가서

不辱君命　군주의 명을 욕되게 하지 않는다.' 하였는데

卿可以當之矣　그대(경卿)가 그에 해당하오."

▸ 車載斗量(거재두량) '수레로 싣고 말로 헤아리다'는 뜻으로, 인재나 물건이 아주 많음을 비유함.
▸ 曹丕(조비. 187~226) 조조曹操의 차남으로 220년에 후한의 헌제獻帝를 폐하고, 낙양洛陽에 도읍하여 국호를 위魏라하고 문제文帝라 칭함.

乾坤一擲건곤일척

龍疲虎困割川原　億萬蒼生性命存

誰勸君王回馬首　眞成一擲賭乾坤.　　<過鴻溝/韓愈詩>

○ 過鴻溝　홍구鴻溝를 지나며

龍疲虎困割川原　용은 지치고 범은 피곤하여 강과 언덕을 나누니(할割)

億萬蒼生性命存　수많은 백성들(억만창생億萬蒼生)의 목숨이 보존되었네.

誰勸君王回馬首　누가 군왕에게 말머리 돌리도록 권하여

眞成一擲賭乾坤　진정 한 번 던져서(척擲) 천지를 걸게(도賭) 하였는가.

▸ 乾坤一擲(건곤일척) '하늘이냐 땅이냐를 한 번 던져서 결정하다'는 뜻으로, 운명과 흥망을 걸고 단판으로 승부나 성패를 겨룸.

▶ 한유韓愈가 홍구鴻溝<한漢의 유방劉邦과 초楚의 항우項羽가 천하를 양분할 때의 경계>를 지나다가 유방에게 건곤일척을 촉구한 장량張良과 진평陳平을 기리며 읊은 회고시. 당시 천하를 양분하여 홍구의 서쪽은 유방이, 동쪽은 항우가 갖기로 하고 철군하려 하자, 이때 장량과 진평이 기세가 약해진 틈을 타 초나라와 결전을 벌일 것을 촉구하여, 결국 유방은 말머리를 돌려 천하를 걸고 승부를 벌여 항우는 패하여 목숨을 끊었고 유방은 천하를 얻었다.

乞骸骨걸해골

項王欲聽之 歷陽侯范增曰 漢易與耳 今釋弗取 後必悔之 項王乃與范
增急圍滎陽 漢王患之 乃用陳平計閒項王 項王使者來 爲太牢具 擧欲
進之 見使者 詳驚愕曰 吾以爲亞父使者 乃反項王使者 更持去 以惡食
食項王使者 使者歸報項王 項王乃疑范增與漢有私 稍奪之權 范增大怒
曰 天下事大定矣 君王自爲之 願賜骸骨歸卒伍 項王許之 行未至彭城
疽發背而死. ≪史記/項羽本紀≫

項王欲聽之　항왕項王이 한왕漢王의 부탁을 들어주려 하자
歷陽侯范增曰　역양후歷陽侯 범증范增(항우의 모사謀士)이 말했다.
漢易與耳　"한나라는 상대하기 쉽지만(이여이易與耳)
今釋弗取　지금 놓아주고(석釋) 취하지 않으면
後必悔之　뒤에 틀림없이 후회할 것입니다."
項王乃與范增　항왕은 이에 범증과 더불어
急圍滎陽　서둘러 형양滎陽을 포위했다.　*滎(형)실개천.
漢王患之　한왕은 이를 걱정하여
乃用陳平計　이에 진평陳平의 계책을 써서
閒項王　항왕을 이간離間(간閒)하기로 했다.
項王使者來　항왕의 사자使者가 오자

30

爲太牢具　극진하고 풍성한 음식(태뢰太牢)을 갖추어

擧欲進之　내놓으려다가

見使者 詳驚愕曰　사자를 보자 거짓(양詳)으로 경악하며 말했다.

吾以爲亞父使者　“나는 아부亞父(범증)의 사자라고 생각했는데

乃反項王使者　당신(내乃)은 반대로 항왕의 사자였군요.”

更持去　다시(갱更) 음식을 가지고 가더니

以惡食　형편없는 음식(악식惡食)을

食項王使者　항왕의 사자에게 먹으라고 하였다.

使者歸報項王　사자가 돌아와서 항왕에게 보고報告했고

項王　항왕은

乃疑范增與漢有私　이에 범증과 한왕이 사사로움이 있다고 의심하여

稍奪之權　점차(초稍) 그의 권한을 빼앗았다.

范增大怒曰　범증이 크게 화를 내며 말했다.

天下事大定矣　“천하의 일이 대략大略 정해졌으니

君王自爲之　군왕께서 스스로 하십시오.

願賜骸骨歸卒伍　원컨대 (대왕께 바친) 제 해골을 돌려주시어(사賜) 졸
　　　　　오卒伍(병졸兵卒. 평민)로 돌아가게 해 주시옵소서.” *骸(해)뼈.

項王許之　항왕이 이를 허락했다.

行未至彭城　범증은 길을 떠나 팽성彭城에 이르기도 전에

疽發背而死　등에 등창(저疽)이 나서 죽었다.

▸ 乞骸骨(걸해골) '원말은 원사해골願賜骸骨로 해골骸骨을 빈다'는 뜻으로, 늙은 재
　상이 연로하여 조정에 나오지 못하게 될 때에 왕에게 사직을 주청奏請함을 이르
　는 말. 걸해乞骸라고도 함.

▸ 太牢(태뢰) 소, 양, 돼지 세 짐승의 고기를 모두 쓴 요리로, 아주 훌륭한 음식. 양
　고기와 돼지고기 두 가지만 쓴 음식은 소뢰小牢라 함.

▸ 亞父(아부) 아버지 다음가는 사람이라는 뜻으로, 왕이 공신을 존경하여 부르던 말.
　초나라의 항우가 그의 참모인 범증范增을 높여 부른 칭호에서 왔음.

▸ 項王(항왕. BC232~BC202) 항우項羽. 이름은 적籍, 자는 우羽. 진秦나라가 망하

자 자립하여 서초패왕西楚霸王이라 칭했으나, 해하垓下에서 유방劉邦에게 패하여 오.강烏江에서 자결함.

▸ 漢王(한왕. BC247?~BC195) 유방劉邦. 한漢나라의 제1대 황제. 진秦나라 말기에 군사를 일으켜 진왕으로부터 항복을 받았으며, 4년간에 걸친 항우와의 쟁패전에서 항우를 대파하고 천하통일의 대업을 실현함. 자는 계季이고, 묘호廟號는 원래 태조太祖인데 사마천이 ≪사기史記≫에서 고조高祖라 칭한 뒤로 통칭되었다.

見金如石견금여석

崔鐵城瑩少時 其父常戒之曰 見金如石 瑩常以四字書諸紳 終身服膺而勿失 雖秉國政 威行中外 而一毫不取於人 家纔足食而已 當時宰樞相邀迓 以棋局消日 爭設珍饌 以務豪侈 公獨邀客 過午不設饌 日暮糅黍稻炊飯 兼陳雜菜 諸客枵腸 盡啖菜飯曰 鐵城之飯甚甘也 公笑曰 此亦用兵之謀也. ≪慵齋叢話≫

崔鐵城瑩少時 철성부원군鐵城府院君 최영崔瑩이 어릴 때에 *瑩(영)밝다.

其父常戒之曰 그의 아버지(원직元直)가 늘 그를 훈계하면서 말했다.

見金如石 "황금 보기를 돌같이 하라."

瑩常以四字書諸紳 최영이 항상 이 네 자를 띠(신紳)에 써서

終身服膺而勿失 죽을 때까지 가슴속에 품고(복응服膺) 잃지 않았다.

雖秉國政 비록 국정을 잡고(병秉)

威行中外 위엄이 나라의 안팎에 떨쳤으나

而一毫不取於人 한 터럭도 남에게서 취하지 않았고

家纔足食而已 집안은 겨우(재纔) 먹는 것이 족할 뿐이었다.

當時宰樞相邀迓 당시의 고관대작들(재추宰樞)은 서로 맞아(요아邀迓)

以棋局消日 바둑(기국棋局)으로 날을 보내면서(소일消日)

爭設珍羞 다투어 진수珍羞(진찬珍饌)을 차려 *饌(찬)음식. 반찬飯饌.

以務豪侈　호사함(호치豪侈)에 힘썼으나

公獨邀客　공公만은 손님을 맞아(요邀)　*邀(요)맞다. 초대하다.

過午不設饌　한낮이 지나도록 음식(찬饌)을 내놓지 않다가

日暮　날이 저물어서야

糅黍稻炊飯　기장과 쌀(서도黍稻)을 섞어서(유糅) 밥을 짓고

兼陳雜菜　아울러 잡다한 나물(채菜)을 차렸지만(진陳)

諸客枵腸　손님들은 배고픈 참이라　*枵(효)비다.

盡啖菜飯曰　채반채반菜飯(변변치 못한 음식)을 다 먹고(담啖) 말했다.

鐵城之飯甚甘也　"철성 집 밥이 매우 맛있군요."

公笑曰　공이 웃으며 말했다.

此亦用兵之謀也　"이것 또한 군사를 부리는 계책이지요."

▶ 見金如石(견금여석) '황금 보기를 돌같이 하다'는 뜻으로, 지나친 욕심을 절제함을 말함.

▶ 崔瑩(최영. 1316～1388) 고려高麗 말 명장, 재상. 친원파親元派로서 1388년에 팔도도통사八道都統使가 되어 명나라를 치러 출정하였으나 이성계李成桂의 환군으로 실패하고 후에 그에게 피살됨.

犬兎之爭 견토지쟁

齊欲伐魏 淳于髡謂齊王曰 韓子盧者 天下之疾犬也 東郭逡者 海內之狡兎也 韓子盧逐東郭逡 環山者三 騰山者五 兎極於前 犬廢於後 犬兎俱罷 各死其處 田父見之 無勞勌之苦 而擅其功 今齊魏久相持 以頓其兵 弊其衆 臣恐強秦大楚承其後 有田父之功 齊王懼 謝將休士也.

≪戰國策/齊策≫

齊欲伐魏　제나라가 위나라를 치려고(벌伐) 하자

淳于髡謂齊王曰　순우곤淳于髡이 제왕에게 말했다. *髡(곤)머리 깎다.

韓子盧者　"한자로韓子盧는　*盧(로)성. 개의 이름.

天下之疾犬也　천하의 빠른(질疾) 사냥개이며

東郭逡者　동곽준東郭逡은　*逡(준)뒷걸음치다.

海內之狡兔也　나라 안(해내海內) 교활狡猾한 토끼입니다.

韓子盧逐東郭逡　한자로가 동곽준을 쫓아

環山者三　산을 돌기를(환環) 세 번

騰山者五　산꼭대기에 오르길(등騰) 다섯 번에

兔極於前 犬廢於後　토끼는 앞에서 힘이 다하고, 개는 뒤에서 지쳐서

犬兔俱罷　개와 토끼가 함께 지쳐서(피罷)

各死其處　각각 그 자리에서 죽고 말았습니다.

田父見之　농부가 이를 발견하고

無勞勸之苦　힘들이지 않고　*勸(권)고달프다.

而擅其功　그 공을 차지하였습니다.(천擅)

今齊魏久相持　지금 제나라와 위나라가 오랫동안 대치하면(지持)

以頓其兵 弊其衆　병사들이 꺾이고(돈頓) 백성도 지칩니다.(폐弊)

臣恐強秦大楚承其後 有田父之功　신은 강대強大한 진秦나라와 초楚
　　　　나라가 지친 뒤를 틈타서(승承) 농부와 같은 공을 차지하게
　　　　될까 두렵습니다."

齊王懼　제왕은 두려워하며

謝將休士也　장수를 물리고(사謝) 병사를 쉬게 하였다.

▸犬兔之爭(견토지쟁) '개와 토끼의 다툼'이라는 뜻으로, 두 사람의 싸움에 제삼자
　가 이익을 봄을 이르는 말. '전부지공田父之功'이라고도 함.
▸淳于髡(순우곤) 익살과 다변多辯으로 유명했던 전국시대 말 제나라의 학자.

結草報恩 결초보은

初魏武子有嬖妾 無子 武子疾 命顆曰 必嫁是 疾病則曰 必以爲殉 及卒
顆嫁之曰 疾病則亂 吾從其治也 及輔氏之役 顆見老人結草以抗杜回
杜回躓而顚 故獲之 夜夢之曰 余而所嫁婦人之父也 爾用先人之治命
余是以報. 《春秋左氏傳/宣公》

初魏武子有嬖妾　애초에 춘추시대 진晉의 위무자魏武子에게 애첩(폐
嬖)이 있었는데　*嬖(폐)사랑하다, 총애하다.

無子　그녀에게 자식이 없었다.

武子疾　위무자는 병이 들자

命顆曰　아들 과顆에게 분부하여 말했다.　*顆(과)낟알.

必嫁是　"반드시 이 사람을 재가再嫁시키도록 하라."

疾病則曰　병이 심해지자 말했다.

必以爲殉　"반드시 순장殉葬하도록 하라."

及卒　아버지가 돌아가심(졸卒)에 이르러(급及)

顆嫁之曰　과는 그를 재가시키며 말했다.

疾病則亂　"병이 심해지면 정신이 혼란해지니

吾從其治也　저는 정신 맑은 때 명을 따른 것입니다."

及輔氏之役　보씨輔氏 지역의 전투에서

顆見老人結草以抗杜回　과는 노인이 풀을 엮어서 두회杜回(진환공秦
桓公의 장군)를 막는 것을 보았는데

杜回躓而顚 故獲之　두회가 걸려(질躓) 넘어졌기(전顚) 때문에 그를 붙
잡았다.(획獲)

夜夢之曰　그날 밤 꿈에 이렇게 말했다.

余而所嫁婦人之父也　"나는(여余) 당신(이而)이 재가시킨 부인의 아비
되는 사람이오.

爾用先人之治命　그대(이爾)가 선친이 정신 맑을 때 명을 따라주어
余是以報　내가 이 때문(시이是以)에 보답報答하였소."

▶結草報恩(결초보은) '풀을 묶어서 은혜를 갚다'는 뜻으로, 죽어 혼이 되더라도 은
혜를 잊지 않고 갚음. '결초結草'라고도 함.

黔驢之技검려지기

黔無驢　好事者船載以入　至則無可用　放之山下　虎見之　尨然大物也　以
爲神　蔽木間　稍出窺之　稍出近之　慭慭然　莫相知　他日　驢一鳴　虎大駭
遠遁　以爲且噬己也　甚恐　然往來視之　覺無異能者　益習其聲　又近出前
後　終不敢搏　稍近益狎　蕩倚沖冒　驢不勝怒　蹄之　虎因喜　計之曰　技止
此耳　因跳踉大㘚　斷其喉　盡其肉　乃去　噫　形之尨也類有德　聲之宏也類
有能　向不出其技　虎雖猛　疑畏　卒不敢取　今若是焉　悲夫.

《三戒, 黔之驢/柳宗元》

黔無驢　검주黔州에는 당나귀(려驢)가 없었는데　*黔(검)검다.
好事者船載以入　호사가가 배에 싣고(재載) 들여왔는데
至則無可用　오고 보니 쓸데가 없어서
放之山下　산 아래에 풀어 놓았다.(방放)
虎見之　호랑이가 당나귀를 보고
尨然大物也 以爲神　굉장히 큰(방尨) 놈이라 신령스럽게 여기고
蔽木間　나무 사이에 몸을 가리고(폐蔽)
稍出窺之　점차(초稍) 나가서 엿보다가(규窺)
稍出近之　점점 나와서 다가갔지만
慭慭然　조심스러울 뿐　*慭慭然(은은연)조심하고 삼가는 모양.

36

莫相知　아무것도 그것에 대하여 아는 것이 없었다.

他日 驢一鳴　다른 날 당나귀가 한 번 울부짖자

虎大駭 遠遁　호랑이가 깜짝 놀라(해駭) 멀리 숨으면서(둔遁)

以爲且噬己也　장차(차且) 자기를 잡아먹을(서噬) 것이라 여겨

甚恐　매우 두려워했다.

然往來視之　그러나 오가며 그것을 보고선

覺無異能者　특이한 재능이 없다는 것을 깨달았고

益習其聲　그 울음소리에도 한층 익숙해져서

又近出前後　또 당나귀의 앞뒤에 가까이 다가갔지만

終不敢搏　끝내 감히 공격하지(박搏) 않기에

稍近益狎　점차 다가가 더욱 친해져(압狎)

蕩倚沖冒　흔들고 기대고 부딪히고 덤벼드니(탕의충모蕩倚沖冒)

驢不勝怒　당나귀는 성남을 이기지 못해

蹄之　호랑이에게 발길질을 해댔다.(제蹄)

虎因喜　호랑이는 그로 인해 기뻐하면서

計之曰　속으로 헤아려 말하기를

技止此耳　'기량技倆이 겨우(지止) 이것뿐이구나.' 하고서

因跳踉大㘚　인하여 펄쩍 뛰고 큰 소리로 포효하며(도량대감跳踉大㘚)

斷其喉 盡其肉　그 목줄(후喉)을 물어 끊고 다 먹고

乃去　바로(내乃) 떠나갔다.

噫　아,(희噫)

形之尨也 類有德　몸집이 큰 것이 덕이 있는 것 같고(류類)

聲之宏也 類有能　소리가 우렁참이 재능이 있는 것 같았다. *宏(굉)크다.

向不出其技　지난번(향向) 그 기량을 내놓지 않았더라면 *向(향)지난 번.

虎雖猛 疑畏　호랑이가 비록 사납더라도 의심하고 두려워하여(외畏)

卒不敢取　끝내(졸卒) 감히 취하지 못하였을 것이다.

今若是焉 悲夫　지금 이와 같이 되었으니, 슬프도다.(비부悲夫)

▶ 黔驢之技(검려지기) '검주黔州에 사는 당나귀의 재주'라는 뜻으로, 자신의 솜씨와 힘이 없음을 모르고 뽐내다가 화를 스스로 부름을 비유적으로 이르는 말. 검주에 사는 당나귀의 재주가 다하다는 '검려기궁黔驢技窮'도 같은 의미임.

▶ 三戒(삼계) 당나라의 문인 유종원柳宗元<773~819>이 영주永州로 좌천됐을 때 지은 3편의 우화. 임강지미臨江之麋<임강의 사슴>, 영모씨지서永某氏之鼠<영주 땅에 사는 어떤 이의 쥐>, 검지려黔之驢<검 땅의 나귀>로, 자신의 근본을 모르고 주제넘게 날뛰면 낭패를 당한다는 교훈을 담고 있다.

傾國之色 경국지색

孝武李夫人 本以倡進 初 夫人兄延年 性知音 善歌舞 武帝愛之 每爲新
聲變曲 聞者莫不感動 延年侍上 起舞歌曰 北方有佳人 絶世而獨立 一
顧傾人城 再顧傾人國 寧不知傾城與傾國 佳人難再得 上嘆息曰 善 世
豈有此人乎 平陽主因言延年有女弟 上乃召見之 實妙麗善舞 由是得幸
生一男 是爲昌邑哀王. ≪漢書/外戚傳≫

孝武李夫人 本以倡進 효무이부인은 원래 가무(창倡)로 궁궐에 들어왔다.
初 夫人兄延年 본래(초初) 부인의 오빠 연년延年은
性知音 천성적으로 음악에 뛰어났고
善歌舞 노래와 춤을 잘하였다.(선善)
武帝愛之 한무제漢武帝(전한前漢의 7대 황제)는 그를 아꼈고(애愛)
每爲新聲變曲 새로운 노래나 변곡變曲을 연주할 때마다
聞者莫不感動 듣는 사람이 감동하지 않음이 없었다.
延年侍上 연년이 황제를 모시며
起舞歌曰 일어나 춤을 추고 노래하며 말했다.
北方有佳人 "북방에 아름다운 여인이 있어
絶世而獨立 세상과 떨어져 홀로 서 있네.

一顧傾人城　한 번 돌아보면(고顧) 성이 기울고(경傾)

再顧傾人國　두 번 돌아보면 나라가 기운다네.

寧不知傾城與傾國　어찌(녕寧) 성과 나라가 기우는 것을 모르랴만

佳人難再得　아름다운 여인은 다시 얻기 어렵도다.”

上嘆息曰　왕이 탄식하며 말했다.

善 世豈有此人乎　“훌륭하도다. 세상에 어떻게 이런 사람이 있겠는가.”

平陽主　평양공주平陽公主는

因言延年有女弟　인하여 연년에게 누이동생이 있음을 말하였고

上乃召見之　왕이 이에 그녀를 불러 보니

實妙麗善舞　참으로(실實) 기묘하고 아름다웠으며 춤을 잘 추었다.

由是得幸　이로 말미암아(유시由是) 임금의 사랑(행幸)를 받았고

生一男　일남一男을 낳았으니

是爲昌邑哀王　이분이 창읍애왕昌邑哀王(유박劉髆)이다.

▸ 傾國之色(경국지색) ‘나라를 기울일 만한 여색’이라는 뜻으로, 절세미인을 말함. ‘경성지색傾城之色’도 같은 의미임.

鷄口牛後계구우후

大王事秦 秦必求宜陽成皐 今玆效之 明年又復求割地 與則無地以給之
不與則棄前功 而受後禍 且大王之地有盡 而秦之求無已 以有盡之地
而逆無已之求 此所謂市怨結禍者也 不戰而地已削矣 臣聞鄙諺曰 寧爲
鷄口 無爲牛後 今西面交臂 而臣事秦 何異於牛後乎 夫以大王之賢 挾
彊韓之兵 而有牛後之名 臣竊爲大王羞之 於是 韓王勃然作色 攘臂瞋
目按劍 仰天太息曰 寡人雖不肖 必不能事秦.　≪史記/蘇秦列傳≫

大王事秦　대왕(한韓나라 선혜왕宣惠王)께서 진秦나라를 섬긴다면(사事)

秦必求宜陽成皐　진나라는 반드시 의양宜陽과 성고成皐를 요구할 것이니

今玆效之　금년(금자今玆)에 그곳을 바친다면(효效)　*玆(자)해. 년年.

明年又復求割地　내년에 또다시 땅을 나누어 주기를 구할 것입니다.

與則無地以給之　준다(여與)면 그곳을 줌(급給)으로써 땅이 없어지고

不與則棄前功　주지 않는다면 앞의 공을 버리고

而受後禍　후에 화를 받을 것입니다.

且大王之地有盡　또 대왕의 땅은 다함이 있으나

而秦之求無已　진나라의 요구는 그침(이已)이 없을 것이니

以有盡之地　다함이 있는 땅으로

而逆無已之求　그침이 없는 요구를 맞는(역逆) 것이니

此所謂市怨結禍者也　이것이 소위 원망을 사(시市) 화를 맺는 것이요

不戰而地已削矣　싸우지 않더라도 땅이 이미 깎인(삭削) 것입니다.

臣聞鄙諺曰　신이 듣자니 속담(비언鄙諺)에

寧爲鷄口　'차라리(녕寧) 닭의 입이 될지언정

無爲牛後　소의 꼬리가 되지 말라.'고 하였습니다.

今西面交臂　지금 서쪽을 향하여 공손하게(교비交臂)

而臣事秦　신하로서 진나라를 섬기는 것이

何異於牛後乎　소의 뒤가 되는 것과 무엇이 다르겠습니까.

夫以大王之賢　대저 대왕의 현명함으로써

挾彊韓之兵　강한 한韓나라의 병사를 가지고서

而有牛後之名　소의 꼬리가 되었다는 오명汚名을 갖게 된다면

臣竊爲大王羞之　신은 마음속(절절竊)으로 대왕을 부끄럽게 여길 것입니다.

於是　이에

韓王勃然作色　한왕은 성을 내며 얼굴빛이 변하더니(발연작색勃然作色)

攘臂瞋目按劍　팔(비臂)을 걷어붙이고(양攘) 눈을 부릅뜨고(진瞋) 칼자
　　　　　　　루를 어루만지며(안按)

40

仰天太息曰　하늘을 향해 탄식하며 말했다.
寡人雖不肖　"과인이 비록 불초하지만
必不能事秦　반드시 진나라를 섬길 수가 없도다."

▶ 鷄口牛後(계구우후) '닭의 입이 되는 것이 소의 꼬리가 되는 것보다 낫다'는 뜻으로, 큰 조직의 말석을 차지하기보다 작은 조직의 우두머리가 되는 편이 낫다는 것을 비유하는 말.

▶ 전국시대 중기 진나라의 세력에 두려움을 느꼈던 여섯 나라는 진나라에 대항하기 위해 외교적인 동맹 관계를 맺으려 했는데, 이를 주도한 것이 바로 합종책을 주장했던 소진蘇秦이었다. 위 내용은 소진이 한韓나라 선혜왕宣惠王<재위. BC333～BC312>을 설득한 내용임.

鷄卵有骨 계란유골

諺傳 黃厖村 雖位尊宰相 然食數不足 長頷頯 故御批 一日南門所入物貨 盡賜矣 適大雨無所入 及暮有鷄卵一包來 烹將食之 皆有骨 骨方言壞也卽瘢.　≪松南雜識≫

諺傳　항간巷間에 전하기를
黃厖村 雖位尊宰相　방촌厖村 황희黃喜는 비록 지위 높은 재상이었으나
然食數不足　음식이 자주(삭數) 부족하여
長頷頯　오래 굶주려 부황浮黃이 들었다.　*頷(함)부황 들다. 頯(함)부황 들다.
故御批　그래서 임금이 비답批答을 내려
一日南門所入物貨　하루 동안 남문에 들어오는 물품을
盡賜矣　다 주도록(사賜) 하였는데
適大雨無所入　마침(적適) 큰비가 내려 들어오는 물품이 없더니
及暮　저물녘에

有鷄卵一包來 계란 한 꾸러미를 가지고 들어옴이 있었는데
烹將食之 삶아서(팽烹) 그것을 장차 먹으려고 하니
皆有骨 모두 골骨이 있었다.(곯았다)
骨方言壞也卽瓤 골骨은 방언이 괴壞(썩다)로 곧 단瓤(곯다)이다.

> ▶ 鷄卵有骨(계란유골) '계란에 뼈가 있다<곯았다>'는 뜻으로, 늘 일이 잘 안 되는 사
>   람이 모처럼 좋은 기회를 만났어도 역시 일이 잘 안 됨을 이르는 말.
> ▶ 黃喜(황희. 1363~1452) 조선朝鮮 초기의 재상. 자는 구부懼夫, 호는 방촌厖村, 시
>   호는 익성翼成. 청렴淸廉한 처신으로 유명한 조선조 최장수 재상이다.

鷄肋계륵

脩字德祖 好學有俊才 爲丞相曹操主簿 用事曹氏 及操自平漢中 欲因
討劉備 而不得進 欲守之又難爲功 護軍不知進止何依 操於是出敎 唯
曰鷄肋而已 外曹莫能曉 脩獨曰 夫鷄肋 食之則無所得 棄之則如可惜
公歸計決矣 乃令外白稍嚴 操於此迴師. ≪後漢書/楊脩傳≫

脩字德祖 양수楊脩의 자는 덕조德祖로
好學有俊才 학문을 좋아하고 재주가 뛰어나
爲丞相曹操主簿 승상 조조曹操의 주부主簿가 되어
用事曹氏 조조를 섬겼다.(사事)
及操自平漢中 조조가 친히 한중漢中을 평정함에 이르러
欲因討劉備 而不得進 유비를 토벌하고자 하였으나 나아갈 수 없고
欲守之又難爲功 지키려 하여도 또한 성공하기 어렵게 되자
護軍不知進止何依 호군護軍은 나아가야 할지 멈출지 어찌해야 할지
　　　　　　　　　　알지 못했다.

操於是出敎　조조가 이에 교시敎示하기를

唯曰鷄肋而已　오직 '계륵鷄肋일 뿐이다.'고 하였다.　*肋(륵)갈빗대.

外曹莫能曉　조조 외에 아무도 이해할(효曉) 수 없었고

脩獨曰　양수가 홀로 말했다.

夫鷄肋食之則無所得　"무릇 계륵은 먹으려면 얻을 것이 없고

棄之則如可惜　버리려면(기棄) 아까운 것이니

公歸計決矣　공께서는 돌아갈 계획을 결정하신 것입니다."

乃令外白稍嚴　곧 외백外白으로 하여금 조금도 빈틈없게(엄嚴) 하고

操於此迴師　조조는 이에 군사(사師)를 돌렸다.

▸ 鷄肋(계륵) '닭의 갈비'라는 뜻으로, 버리기에는 아까우나 그다지 쓸모가 없는 것을 비유적으로 이르는 말.

▸ 楊脩(양수. 175~219) 후한 말 홍농弘農 화음華陰 사람. 자는 덕조德祖. 양표楊彪의 아들.

▸ 曹操(조조. 155~220) 후한 말 정치인으로 위나라 건국의 기초를 닦음. 자는 맹덕孟德. 헌제獻帝<재위. 189~220> 때 승상을 지냈으며, 위왕魏王으로 봉해짐. 아들 조비曹丕가 위나라 황제의 지위에 오른 뒤에 무황제武皇帝로 추존됨.

▸ 劉備(유비. 160~223) 삼국시대 촉한의 제1대 황제. 자는 현덕玄德. 시호는 소열제昭烈帝. 220년 조조의 아들 조비가 한나라 헌제의 양위를 받아 위의 황제가 되자, 그도 221년 황제라 칭하고 국호를 촉한蜀漢으로, 수도를 성도成都로 정하고 위魏, 오吳와 더불어 삼국이 정립鼎立하는 국면을 형성하였다.

鷄鳴狗盜 계명구도

秦王聞孟嘗君之賢　使涇陽君爲質於齊以請　孟嘗君來入秦　秦王以爲丞相　或謂秦王曰　孟嘗君相秦　必先齊而後秦　秦其危哉　秦王乃以樓緩爲相　囚孟嘗君　欲殺之　孟嘗君使人求解於秦王幸姬　姬曰　願得君狐白裘　孟嘗君有狐白裘　已獻之秦王　無以應姬求　客有善爲狗盜者　入秦藏中

盜狐白裘以獻姬 姬乃爲之言於王 而遣之 王後悔 使追之 孟嘗君至關
關法鷄鳴 而出客 時尙早 追者將至 客有善爲鷄鳴者 野鷄聞之皆鳴 孟
嘗君乃得脫歸. ≪通鑑節要≫

秦王聞孟嘗君之賢　진왕秦王(소양왕昭襄王)이 맹상군孟嘗君이 어질다
　　　　　　　　　는 것을 듣고
使涇陽君爲質於齊以請　아우 경양군涇陽君으로 제나라에 인질이 되게
　　　　　　　　　하고 맹상군을 청했다.
孟嘗君來入秦　맹상군이 진나라로 들어오니
秦王以爲丞相　진왕이 승상으로 삼으려 했다.
或謂秦王曰　어떤 사람이 진왕에게 일러 말했다.
孟嘗君相秦　"맹상군이 진나라에서 재상을 하면
必先齊而後秦　반드시 제나라를 먼저 하고 진나라를 뒤로할 것이니
秦其危哉　진나라가 위험할 것입니다."
秦王乃以樓緩爲相　진왕이 이에 누원樓緩을 재상으로 삼고
囚孟嘗君 欲殺之　맹상군을 가두고 그를 죽이려 하였다.
孟嘗君使人 求解於秦王幸姬　맹상군이 사람을 시켜 진왕의 애첩(행희幸
　　姬)에게 풀어주기를 구하니 *幸(행)임금이 사랑하다. 姬(희)아가씨. 첩妾.
姬曰　애첩이 말했다.
願得君狐白裘　"당신의 호백구狐白裘(여우 흰 털 갖옷)를 얻기를 원합니다."
孟嘗君有狐白裘　맹상군은 호백구가 있었으나
獻之秦王　이미 그것을 진왕에게 바쳐(헌獻)
無以應姬求　애첩의 요구에 응할 수 없었다.
客有善爲狗盜者　문객 중에 개 도둑질을 잘하는 자가 있어
入秦藏中　진나라 수장고에 들어가
盜狐白裘以獻姬　호백구를 훔쳐 애첩에게 바쳤다.
姬乃爲之言於王　애첩이 이에 맹상군을 위해 왕에게 말하자

而遣之 그를 보내주었다.(견견)

王後悔 使追之 왕이 뒤에 후회하고 맹상군을 추격하게 하였다.

孟嘗君至關 맹상군이 함곡관函谷關에 이르렀으나

關法鷄鳴 而出客 관법關法은 닭이 울어야 객을 내보낼 수 있었고

時尙早 追者將至 시간은 아직 이르고 추격자들이 장차 이르려 하니

客有善爲鷄鳴者 식객 중에 닭의 울음소리를 잘 내는 자가 있어

野鷄聞之皆鳴 들판의 닭들이 그의 소리를 듣고 모두 울어

孟嘗君乃得脫歸 맹상군이 이에 탈출脫出하여 돌아올 수 있었다.

▸ 鷄鳴狗盜(계명구도) '닭의 울음소리와 개 도둑'이라는 뜻으로, 천한 재주를 가진
 사람도 때로는 요긴하게 쓸모가 있음을 비유하거나, 혹은 야비하게 남을 속이는
 꾀를 비유한 말. 구도狗盜는 개의 흉내를 내고 들어가 물건을 훔치는 도둑이라는
 뜻으로, 자질구레한 물건을 훔치는 도둑을 일컬음.
▸ 昭襄王(소양왕. BC325~BC251) 전국시대 진나라의 28대 군주.<재위 BC306~
 BC251> 성은 영嬴, 이름은 칙則, 직稷, 시호는 소양왕昭襄王이며, 소왕昭王이라고
 도 부름. 진나라가 천하통일 기반을 마련함.
▸ 孟嘗君(맹상군. ?~BC278) 전국시대 제나라의 정치가로 성은 전田, 이름은 문文,
 맹상군孟嘗君은 시호. 천하의 인재들을 모아 후하게 대접하였다고 하며, 조趙의
 평원군平原君, 위魏의 신릉군信陵君, 초楚의 춘신군春申君과 함께 '전국사공자戰
 國四公子'로 불림.

季札掛劍계찰괘검

季札之初使北 過徐君 徐君好季札劍 口弗敢言 季札心知之 爲使上國
未獻 還至徐 徐君已死 於是乃解其寶劍 繫之徐君墓樹而去 從者曰 徐
君已死 尙誰予乎 季子曰 不然 始吾心已許之 豈以死倍吾心哉.

≪史記/吳太伯世家≫

季札之初使北　계찰季札이 처음 북으로 사신 갈 때(사使)

過徐君　서徐나라 임금에게 들렀는데

徐君好季札劍　서나라 임금이 계찰의 칼을 마음에 들어 했으나

口弗敢言　입으로 감히 말하지 못했다.

季札心知之　계찰은 마음속으로 그것을 알았으나

爲使上國 未獻　상국上國에 사신으로 가기 때문에 바치지(헌獻) 못했다.

還至徐　돌아오다가 서나라에 이르니

徐君已死　서나라 임금은 이미(이已) 죽은 뒤였다.

於是乃解其寶劍　이에 곧 그 보검을 풀어

掛之徐君墓樹　칼을 서나라 임금의 무덤가 나무에 걸어(괘掛) 놓고

而去　떠나갔다.

從者曰　종자從者가 말했다.

徐君已死　"서 임금은 이미 죽었는데

尙誰予乎　오히려 누구에게 주시려는(여予) 것입니까."

季子曰　계찰이 말했다.

不然　"그렇지 않다.

始吾心已許之　애초에 내 마음은 이미 그것을 허락하였거늘

豈以死倍吾心哉　어찌 죽었다고 하여서 내 마음을 배반(패倍)하겠는가."

▸ 季札掛劍(계찰괘검) '계찰季札이 검을 걸어 놓았다'는 뜻으로, 신의를 중히 여김을 이르는 말.

▸ 季札(계찰) 춘추시대 오나라의 성인. 오왕吳王 수몽壽夢<재위. BC585~BC561>의 네 아들 중 막내. 네 아들 중 가장 현명하여 오왕 수몽이 후계자로 세우려했지만 고사하였다.

季布一諾 계포일락

楚人曹丘生辯士　數招權顧金錢　事貴人趙同等　與竇長君善　季布聞之
寄書諫竇長君曰　吾聞曹丘生非長者　勿與通　及曹丘生歸　欲得書請季布
竇長君曰　季將軍不說足下　足下無往　固請書　遂行　使人先發書　季布果
大怒　待曹丘　曹丘至　卽揖季布曰　楚人諺曰　得黃金百斤　不如得季布一
諾　足下何以得此聲於梁楚閒哉　且僕楚人　足下亦楚人也　僕游揚足下之
名於天下　顧不重邪　何足下距僕之深也　季布迺大說　引入　留數月　爲上
客　厚送之　季布名所以益聞者　曹丘揚之也.　《史記/季布欒布列傳》

楚人曹丘生辯士　초나라 사람 조구생曹丘生은 변사였는데
數招權顧金錢　자주(삭數) 권세를 빌려 돈만을 밝혔다.
事貴人趙同等　귀인 조동趙同 등을 섬겼고
與竇長君善　두장군竇長君과 잘 지냈다.　*竇(두)구멍.
季布聞之　계포季布는 이를 듣고
寄書諫竇長君曰　글을 보내 두장군에게 간하여 말했다.
吾聞曹丘生非長者　"제가 듣건대 조구생은 덕망이 있는 자가 아니라 하니
勿與通　더불어 통하지 마십시오."
及曹丘生歸　조구생은 초나라에 돌아감에 미처
欲得書請季布　계포에게 청하는 글을 얻고자 하였다.
竇長君曰　두장군이 말했다.
季將軍不說足下　"계포장군은 귀하(족하足下)를 좋아하지 않으니
足下無往　그대는 가지 마시오."
固請書 遂行　고집을 부려 글을 청하여 마침내 갔다.
使人先發書　사람을 시켜(사使) 먼저 글을 보내자
季布果大怒 待曹丘　계포는 과연 몹시 화를 내며 조구생을 기다렸다.
曹丘至 卽揖季布曰　조구생은 이르러 곧 계포에게 읍揖하며 말했다.

楚人諺曰　"초나라 사람들의 속언俗諺에

得黃金百斤　'황금 백 근을 얻는 것이

不如得季布一諾　계포의 한마디 승낙을 얻는 것만 못하다.'고 하는데

足下何以得此聲於梁楚閒哉　귀하께서는 어떻게 양나라와 초나라 사
　　　　　　　　　　　　　이에서 이러한 명성名聲을 얻었습니까.

且僕楚人　나(복僕)도 또한 초나라 사람이고

足下亦楚人也　귀하 또한 초나라 사람입니다.

僕游　제가 돌아다니며

揚足下之名於天下　귀하의 명성을 천하에 널리 드날린다면(양揚)

顧不重邪　도리어(고顧) 명성이 더해지지(중重) 않겠습니까.

何足下距僕之深也　어찌 귀하께서는 저를 거절함(거距)이 심하십니까."

季布迺大說 引入　계포가 이에(내迺) 크게 기뻐하여 맞아들이고

留數月　몇 달 머물게 하면서

爲上客 厚送之　상객으로 대하고 후하게 하여 보냈다.

季布名所以益聞者　계포의 명성이 더욱 알려진(문聞) 까닭은

曹丘揚之也　조구가 이를 드날렸기 때문이다.

▸ 季布一諾(계포일락) '계포季布의 한 번 승낙承諾'이라는 뜻으로, 한번 한 약속은
　반드시 지키는 것을 비유하는 말. '계락季諾, 금낙金諾'이라고도 함.
▸ 曹丘之德(조구지덕) 뒤에서 다른 사람들의 장점을 널리 알리는 미덕.
▸ 竇長君(두장군) 문제文帝의 황후인 효문황후孝文皇后의 오빠 두건竇建.
▸ 季布(계포) 한漢나라 때 무장. 초楚나라 사람 계포는 젊었을 때부터 의협심이 강
　했으며, 한번 약속을 하면 끝까지 지켰음. 항우의 부하로 있을 때 유방을 포위해
　여러 차례 괴롭혔고, 항우가 망한 뒤 협객 주가朱家의 도움으로 사면을 받아, 혜
　제惠帝와 문제文帝를 보필하였다.

古稀고희

朝回日日典春衣 每日江頭盡醉歸
酒債尋常行處有 人生七十古來稀
穿花蛺蝶深深見 點水蜻蜓款款飛
傳語風光共流轉 暫時相賞莫相違.　<曲江/杜甫詩>

○ 曲江　곡강
朝回日日典春衣　조정에서 돌아오면 날마다 봄옷을 저당 잡혀(전典)
每日江頭盡醉歸　매일 강가에서 흠뻑 취해 돌아오네.
酒債尋常行處有　외상 술값은 늘(심상尋常) 가는 곳마다 있고
人生七十古來稀　사람이 일흔까지 살기란 예로부터 드물다네.(희稀)
穿花蛺蝶深深見　꽃을 파고드는 호랑나비(협접蛺蝶) 깊숙이 보이고
點水蜻蜓款款飛　물 위를 스치는 잠자리(청정蜻蜓) 느릿느릿(관관款款)
　　　　　　　　나네.
傳語風光共流轉　봄빛에 말하노니 우리 함께 흘러서
暫時相賞莫相違　잠시라도 서로 즐겨(상賞) 어긋나지 말자꾸나.

▸ 古稀(고희) '사람은 70세까지 살기가 예로부터 드물다'는 뜻으로, 70세를 일컬음.
　'희수稀壽'라고도 함.

鼓腹擊壤고복격양

治天下五十年 不知天下治歟 不治歟 億兆願戴己歟 不願戴己歟 問左
右不知 問外朝不知 問在野不知 乃微服游於康衢 聞童謠曰 立我烝民
莫匪爾極 不識不知 順帝之則 有老人 含哺鼓腹 擊壤而歌曰 日出而作

日入而息 鑿井而飮 畊田而食 帝力何有於我哉. ≪十八史略/帝堯≫

治天下五十年　요堯임금이 천하를 50년을 다스렸는데

不知天下治歟 不治歟 億兆願戴己歟 不願戴己歟　천하가 다스려지는
　　지, 다스려지지 않는지, 천하 백성들이 자신을 받들기(대戴)
　　원하는지, 자신을 받들기 원하지 않는지를 알지 못하여

問左右不知　주위 신하에게 물어도 알지 못하고

問外朝不知　외조外朝(군왕이 국정을 듣는 곳)에 물어도 알지 못하고

問在野不知　재야在野에 물어도 알지 못하였다.

乃微服游於康衢　이에 미복微服으로 강구康衢(사방팔방으로 통하는 큰길)
　　에 다니며　*康(강)오거리. 衢(구)네거리.

聞童謠曰　아이들이 부르는 노래를 들으니, 이러했다.

立我烝民　"우리 백성(증민烝民)을 살게 함은

莫匪爾極　그(이爾)의 지극함이 아님이 없고(막비莫匪)

不識不知　기억하지도(지識) 못하고 알지도 못하면서

順帝之則　임금의 법(칙則)에 따르네.(순順)"

有老人　어떤 노인이

含哺鼓腹　음식을 먹고(함포含哺) 배를 두드리면서(고복鼓腹)

擊壤而歌曰　발을 구르며(격양擊壤) 노래하였다.

日出而作　"해가 뜨면 일을 하고

日入而息　해가 지면 쉬고

鑿井而飮　우물 파서(착鑿) 물을 마시고　*鑿(착)뚫다.

畊田而食　밭을 갈아서(경畊) 밥을 먹으니　*畊(경)밭을 갈다.

帝力何有於我哉　임금의 힘이 나에게 무슨 상관이 있으랴."

▶鼓腹擊壤(고복격양) '배를 두드리고 발을 구르며 흥겨워한다'는 뜻으로, 매우 살
기 좋은 시절, 곧 태평성대를 말함. 같은 의미로 음식을 먹으며 배를 두드리는 '함
포고복含哺鼓腹', 발을 구르며 부르는 노래 '격양지가擊壤之歌'가 있음.

姑息之計 고식지계・易簀 역책

曾子寢疾 病 樂正子春坐於牀下 曾元曾申坐於足 童子隅坐而執燭 童
子曰 華而睆 大夫之簀與 子春曰 止 曾子聞之 瞿然曰 呼 曰 華而睆
大夫之簀與 曾子曰 然 斯季孫之賜也 我未之能易也 元起易簀 曾元曰
夫子之病革矣 不可以變 幸而至於旦 請敬易之 曾子曰 爾之愛我也不
如彼 君子之愛人也以德 細人之愛人也以姑息 吾何求哉 吾得正而斃焉
斯已矣 擧扶而易之 反席未安而沒.　≪禮記/檀弓上≫

曾子寢疾 病　증자가 병으로 누웠는데(침질寢疾) 위독危篤하였다.
樂正子春坐於牀下　제자 악정자춘樂正子春은 병상病牀 아래에 앉았고
曾元曾申坐於足　아들 증원曾元과 증신曾申은 발치에 앉아 있었으며
童子隅坐而執燭　동자가 방구석(우隅)에 앉아 촛불을 잡고 있었다.
童子曰　동자가 말했다.
華而睆　"화려하고 아름답습니다.(환완睆)
大夫之簀與　대부의 삿자리(책簀)군요." ＊簀(책)대자리. 갈대발.
子春曰 止　악정자춘이 말했다. "그쳐라."
曾子聞之 瞿然曰　증자가 이를 듣고 놀라면서(구瞿) 말했다.
呼　"아(호呼)"
曰　동자가 다시 말했다.
華而睆 大夫之簀與　"화려하고 아름답습니다. 대부의 삿자리군요."
曾子曰　증자가 말했다.
然 斯季孫之賜也　"그렇다. 이것은 계손季孫이 준(사賜) 것이다.
我未之能易也　내가 아직 이것을 바꾸지 못하였구나.
元起易簀　증원아, 일어나 이 삿자리를 바꿔라.(역책易簀)"
曾元曰　증원이 말했다.
夫子之病革矣 不可以變　"병이 위급하여(병혁病革) 바꿀 수 없습니다.
幸而至於旦　다행히 내일 아침이 되면 바꿀 수 있으니

51

請敬易之　청컨대 삼가 바꾸겠습니다."

曾子曰　증지가 말했다.

爾之愛我也　"네(이爾)가 나를 사랑하는 것이

不如彼　저 아이(피彼)만 못하구나.

君子之愛人也以德　군자는 남을 사랑하는 것을 덕으로써 하고

細人之愛人也以姑息　소인은 남을 사랑하는 것을 고식姑息(임시변통)
　　　　　　　　　　　으로써 한다.

吾何求哉　내가 어느 것을 구하겠느냐.

吾得正而斃焉　나는 바른 것을 얻고 죽겠다.(폐斃)

斯已矣　이것일 뿐이다.(이의已矣)"

舉扶而易之　증자를 부축해서 자리를 바꾸었는데

反席未安而沒　도로 자리에 누워 자리에 안정하기도 전에 죽었다.(몰沒)

▸ 姑息之計(고식지계) '부녀자나 어린아이<고식姑息>가 꾸미는 계책 또는 잠시 모
　면하는<고식姑息> 일시적인 계책'이라는 뜻으로, 근본 해결책이 아닌 당장의 편
　한 것만을 찾는 일시적인 계책을 이르는 말.

▸ 易簀(역책) 증자가 죽을 때를 당하여 삿자리를 바꾸었다는 옛일에서, 학식과 덕망
　이 높은 사람이 죽음이나 임종臨終을 이르는 말.

▸ 曾子(증자. BC506~BC436) 춘추시대의 유학자. 이름은 삼參, 자는 자여子輿. 공자의
　도를 계승하였으며, 그의 가르침은 공자의 손자 자사子思를 거쳐 맹자에게 전해짐.

哭岐泣練곡기읍련

淮南子曰　楊子見逵路而哭之　爲其可以南可以北　墨子見練絲而泣之
爲其可以黃可以黑　高誘曰　憫其本同而末異.　≪蒙求≫

淮南子曰　회남자淮南子(전한 회남왕淮南王 유안劉安이 지은 책)에 말했다.

楊子見逵路 "양자楊子(양주楊朱)가 규로逵路를 보고

而哭之 크게 울었다. *逵(규)사통팔달四通八達의 도로.

爲其可以南可以北 그것은 남으로도 갈 수 있고 북으로도 갈 수 있
기 때문이었다.

墨子見練絲 묵자墨子(묵적墨翟)가 연사練絲(염색 안 된 명주실)를 보고

而泣之 눈물을 흘렸다.

爲其可以黃可以黑 그것은 누렇게 물들일 수 있고 검게 물들일 수도
있기 때문이었다."

高誘曰 고유高誘(후한 말 학자)가 말했다.

憫其本同而末異 "그 본래 모습은 같지만 결말이 달라짐을 가엾게
여긴(민憫) 것이다."

▶ 哭岐泣練(곡기읍련) '양자楊子는 갈림길을 보고 울고 묵자墨子는 흰 명주실을 보
고 울었다'는 뜻으로, 근본은 같은데 환경에 따라 갖가지 선악으로 갈라짐을 탄식
함을 이르는 말.

▶ 墨子泣絲(묵자읍사) '묵자가 실을 보고 울었다'는 뜻으로, 사람은 습관이나 환경
에 따라 그 성품이 착해지기도 악해지기도 함을 이르는 말. '묵자비염墨子悲染'이
라고도 함.

▶ 楊子(양자. BC395?~BC335?) 양주楊朱의 존칭. 전국시대 사상가. 자는 자거子居.
노자의 무위無爲, 독선獨善설을 받아들여 묵자의 겸애兼愛와는 정반대의 위아爲
我<개인주의>를 주장함.

▶ 墨子(묵자. BC480?~BC390?) 전국시대 사상가. 이름은 적翟. 유가의 인仁을 차별
이 있는 것이라 비판하고 보편적 사랑인 겸애를 주장함.

曲突徙薪곡돌사신

客有過主人者 見其竈直突 傍有積薪 客謂主人 更爲曲突 遠徙其薪 不
者且有火患 主人嘿然不應 俄而家果失火 鄰里共救之 幸而得息 於是

殺牛置酒 謝其鄰人 灼爛者在於上行 餘各以功次坐 而不錄言曲突者
人謂主人曰 鄕使聽客之言 不費牛酒 終亡火患 今論功而請賓 曲突徙
薪亡恩澤 燋頭爛額爲上客耶 主人乃寤而請之. ≪漢書/藿光傳≫

客有過主人者　어떤 객이 주인집을 들름이 있었는데

見其竈直突 傍有積薪　그 집 부엌(조竈)에 곧바로 선 굴뚝(돌突)과 그
　　　　　　　　　　곁에 땔감(신薪)이 쌓여 있는 것을 보고

客謂主人　객이 주인에게 말했다.

更爲曲突　"다시(갱更) 굴뚝을 굽게 만들고

遠徙其薪　그 땔감을 멀리 옮기십시오.(사徙)

不者 且有火患　그렇게 하지 않으면 장차(차且) 화재가 날 것입니다."

主人嘿然不應　주인은 잠자코 있으면서(묵연嘿然) 응하지 않았는데

俄而家果失火　머지않아(아이俄而) 그 집에 과연 불이 나자

鄰里共救之　이웃 사람과 마을 사람들이 함께 도와(구救)

幸而得息　다행히 불을 끌 수 있었다.

於是殺牛置酒　이에 소를 잡고 술을 마련하여

謝其鄰人　그 이웃 사람들에게 사례謝禮하였는데

灼爛者　그을리고(작灼) 덴(란爛) 사람은

在於上行　윗줄(상항上行)에 앉히고

餘各以功次坐　나머지는 각기 공에 따라서 차례로 앉혔으나

而不錄言曲突者　굴뚝을 굽게 하라고 말한 자는 언급하지 않았다.

人謂主人曰　어떤 사람이 주인에게 일러 말했다.

鄕使聽客之言　"만약(향사鄕使) 객의 말을 들었더라면

不費牛酒　소와 술을 허비하지 않고

終亡火患　결국(종終) 화재도 없었을 것인데(무亡)

今論功而請賓　지금 공을 논하여 손님을 청하면서

曲突徙薪　굴뚝을 굽게 하고 땔감을 옮기라고 한 사람은

亡恩澤 은택이 없고

燋頭爛額 머리가 그을리고(초燋) 이마(액額)가 덴 사람을

爲上客耶 상객上客으로 대하십니까.”

主人乃寤而請之 주인이 비로소(내乃) 깨닫고(오寤) 객을 청하였다.

▸曲突徙薪(곡돌사신) ‘굴뚝을 굽게 만들고 아궁이 근처의 땔나무를 옮기다’는 뜻으
로, 재앙의 근원을 미리 방지하라는 말.

孔子穿珠공자천주

世傳 孔子厄於陳 穿九曲珠 遇桑間女子 授之以訣云 密爾思之
思之密爾 孔子遂曉 乃以絲繫蟻 引之以蜜而穿之. ≪祖庭事苑≫

世傳 세상에 전하는 바에 의하면

孔子厄於陳 공자가 진陳나라에서 변고를 만나 *厄(액)재앙, 불행.

穿九曲珠 구곡주九曲珠(아홉 구비의 구멍이 뚫린 구슬)를 꿰게 되었다.(천穿)

遇桑間女子 뽕밭 사이에서 여자를 만났는데(우遇)

授之以訣云 비결祕訣을 주며 말했다. *訣(결)비결. 비방.

密爾思之 思之密爾 “곰곰이 생각하고, 생각을 곰곰이 하십시오.”

孔子遂曉 공자가 마침내(밀密이 밀蜜을 암시하고 있음을) 깨닫고(효曉)

乃以絲繫蟻 이에 실을 개미(의蟻)에 묶고(계繫)

引之以蜜而穿之 꿀로 유인해 구곡주를 꿰었다.

▸孔子穿珠(공자천주) ‘공자가 구슬을 꿰다’는 뜻으로, 어진 사람도 남에게 배울 점
이 있다는 말. 비슷한 의미로는 ‘아랫사람에게 묻는 것을 부끄럽게 여기지 않는
다’는 뜻의 ‘불치하문不恥下問’이 있다.

瓜田李下과전이하

君子防未然 不處嫌疑間 瓜田不納履 李下不正冠.
嫂叔不親授 長幼不比肩 勞謙得其柄 和光甚獨難
周公下白屋 吐哺不及餐 一沐三握髮 後世稱聖賢. <君子行/聶夷中詩>

君子行　군자의 노래
君子防未然　군자는 미연未然에 방지防止하여
不處嫌疑間　의심(혐의嫌疑)받을 곳에는 처하지 않네.
瓜田不納履　외밭(과전瓜田)에선 신발(리履)을 고쳐 신지(납納) 않고
李下不正冠　자두나무 아래서는 갓을 바로하지 않네.
嫂叔不親授　형수(수嫂)와 시동생(숙叔)사이에는 직접(친親) 주지 말고
長幼不比肩　어른과 아이는 어깨(견肩)를 나란히 하지 않네.
勞謙得其柄　겸손하기를 수고롭게 하면 그 권세(병柄)를 얻게 되고
和光甚獨難　광채를 숨기기는 매우 어렵다네.
周公下白屋　주공周公은 초가집의 선비에게 몸 낮추어
吐哺不及餐　먹던 것 뱉느라(토포吐哺) 음식(찬餐)도 제때에 못하였네.
一沐三握髮　한 번 머리 감으면서(목沐) 세 번이나 머리 움켜쥐니(악握)
後世稱聖賢　후세에 성현이라 일컫네.

▶ 瓜田李下(과전이하) '외밭에서는 신을 고쳐 신지 말고, 자두나무 아래에서는 갓을
　고쳐 쓰지 말라'는 뜻으로, 불필요한 행동을 하여 다른 사람에게 오해를 받지 말
　라는 말.
▶ 和光同塵(화광동진) '빛을 부드럽게 하여 속세의 티끌에 같이하다'는 뜻으로, 자
　기의 지덕과 재기를 감추고 세속을 따름을 이르는 말.
▶ 吐哺握髮(토포악발) '먹던 것을 뱉고 감고 있던 머리를 거머쥐다'는 뜻으로, 손님이
　오면 황급히 뛰어나가 맞이한다는 의미로, 현사賢士를 얻기 위해 애씀을 일컬음.
▶ 周公(주공) 성은 희姬, 이름은 단旦.<숙단叔旦> 문왕文王의 아들이자 무왕武王의
　이복동생으로, 무왕이 죽자 조카 성왕成王을 도와 주周나라의 기초를 다짐.

管鮑之交 관포지교

管仲曰 吾始困時 嘗與鮑叔賈 分財利多自與 鮑叔不以我爲貪 知我貧
也 吾嘗爲鮑叔謀事 而更窮困 鮑叔不以我爲愚 知時有利不利也 吾嘗
三仕 三見逐於君 鮑叔不以我爲不肖 知我不遭時也 吾嘗三戰三走 鮑
叔不以我怯 知我有老母也 公子糾敗 召忽死之 吾幽囚受辱 鮑叔不以
我爲無恥 知我不羞小節 而恥功名不顯於天下也 生我者父母 知我者鮑
子也. ≪史記/管晏列傳≫

管仲曰　관중管仲이 말했다.
吾始困時　"내가 처음 곤궁했을 때에
嘗與鮑叔賈　일찍이 포숙鮑叔과 더불어(여與) 장사(고賈)하며
分財利多自與　재물의 이익을 나눔에 나에게 많이 주었으나(여與)
鮑叔不以我爲貪　포숙이 나를 탐욕스럽다고 말하지 않았던 것은
知我貧也　나의 가난함을 알았기 때문이다.
吾嘗爲鮑叔謀事　내가 일찍이 포숙을 위해 일을 도모圖謀하였으나
而更窮困　다시(갱更) 곤궁해졌는데도
鮑叔不以我爲愚　포숙이 내가 어리석다고 여기지 않았던 것은
知時有利不利也　시절이 이롭고 이롭지 못함이 있음을 알았기 때
　　　　　　　　문이다.
吾嘗三仕　내가 일찍이 세 번 벼슬하여
三見逐於君　세 번 임금에게 쫓김(축逐)을 당했으나(견見)
鮑叔不以我爲不肖　포숙이 나를 못났다고(불초不肖) 하지 않았던 것은

57

知我不遭時也 내가 때를 만나지(조遭) 못했음을 알았기 때문이다.

吾嘗三戰三走 내가 일찍이 세 번을 싸워서 세 번을 달아났으나

鮑叔不以我怯 포숙이 나를 비겁(卑怯)하다고 여기지 않았던 것은

知我有老母也 내가 늙은 어머니가 있음을 알았기 때문이다.

公子糾敗 召忽死之 공자규公子糾가 패함에 소홀召忽은 죽고

吾幽囚受辱 나를 잡아 가둬(유수幽囚) 욕됨을 받았는데

鮑叔不以我爲無恥 포숙이 나를 부끄러움(치恥)이 없다고 여기지 않았던 것은

知我不羞小節 而恥功名不顯於天下也 내가 작은 절개를 부끄러워하지(수羞) 않고 공명을 천하에 드러내지 못하는 것을 부끄러워함을 알았기 때문이다.

生我者父母 나를 낳아준 사람은 부모요

知我者鮑子也 나를 알아준 자는 포숙이다."

▶ 管鮑之交(관포지교) '관중管仲과 포숙아鮑叔牙의 사귐'이란 뜻으로, 변치 않는 친구 사이의 두터운 우정을 이르는 말.

▶ 管仲(관중. BC725?~BC645) 춘추시대 제나라 정치가. 법가法家의 조祖. 이름은 이오夷吾, 자는 중仲. 친구 포숙아鮑叔牙의 권유로 환공桓公을 섬겼으며, 그를 춘추오패春秋五霸의 첫 번째 패자霸者로 만드는 데 큰 역할을 함.

▶ 鮑叔牙(포숙아. BC723?~BC644) 춘추시대 제나라의 현신. 양공襄公의 동생 소백小白의 대부로서 이를 보좌하고, 나중에 소백이 환공이 되었을 때, 그 지기知己인 관중을 재상으로 추천함.

▶ 召忽(소홀. ?~BC685) 춘추시대 제나라 사람. 양공襄公 때 대부를 지냄. 관중과 함께 공자규公子糾<제환공의 형>의 가신이 되어 그를 섬김.

胯下之辱과하지욕

淮陰屠中少年 有侮信者 因衆辱之曰 若雖長大好大劍 中情怯耳 能死
刺我 不能出我胯下 信熟視之 俛出胯下蒲伏 一市人皆笑信以爲怯.

≪史記/淮陰侯列傳≫

淮陰屠中少年　회음淮陰(한신의 고향)의 백정白丁(도중屠中) 소년 중에
有侮信者　한신韓信을 업신여기는(모侮) 자가 있었다.
因衆辱之曰　여럿을 믿고 그를 모욕하며 말했다.
若雖長大　"너(약若)는 비록 키 크고
好帶劍　칼을 차고(대검帶劍) 다니기를 좋아하지만
中情怯耳　속마음은 겁쟁이(겁怯)일 뿐이다.
能死刺我　죽일 수 있으면 나를 찌르고(자刺)
不能出我胯下　할 수 없으면 내 가랑이(과胯) 밑으로 지나가라."
信熟視之　한신이 그를 눈여겨 자세히 바라보다가(숙시熟視)
俛出胯下蒲伏　엎드려(면俛) 가랑이 밑으로 기어 나오니(포복蒲伏. 포복匍匐)
一市人　한 저잣거리에 있던 사람들은
皆笑信以爲怯　모두 한신을 겁쟁이라고 비웃었다.(소笑)

▶ 胯下之辱(과하지욕) '가랑이 밑을 기는 치욕'이라는 뜻으로, 큰일을 위해서 눈앞
　의 굴욕도 참고 견뎌낼 줄 알아야 한다는 뜻.
▶ 韓信(한신. ?~BC196) 전한의 무장武將. 유방을 도와 항우를 멸하고 초왕楚王에
　봉해졌으나 여후呂后에게 살해됨. 장량張良, 소하蕭何와 더불어 '한흥삼걸漢興三
　傑'이라 불림.

刮目相對괄목상대

權謂呂蒙曰 卿今當塗掌事 不可不學 蒙辭以軍中多務 權曰 孤豈欲卿
治經爲博士邪 但當涉獵 見往事耳 卿言多務 孰若孤 孤常讀書 自以爲
大有所益 蒙乃始就學 及魯肅過尋陽 與蒙論議 大驚曰 卿今者才略 非
復吳下阿蒙 蒙曰 士別三日 卽更刮目相待 大兄何見事之晚乎 肅遂拜
蒙母 結友而別. ≪資治通鑑≫

權謂呂蒙曰　손권孫權이 여몽呂蒙에게 말했다.
卿今當塗掌事　"경卿은 지금 중요한 지위(당도當塗)에서 일을 관장管
　　　　　　掌하니 *塗(도)길. 칠하다.
不可不學　공부하지 않으면 안 되오."
蒙辭以軍中多務　여몽은 군중軍中에 일(무務)이 많다며 사양辭讓하니
權曰　손권이 말했다.
孤豈欲卿治經爲博士邪　"내 어찌 경이 경전을 익혀 박사가 되기를
　　　　　　　　　　바라겠소.(욕欲)
但當涉獵 見往事耳　다만 여러 책을 널리 읽어(섭렵涉獵) 지난 일을
　　　　　　　　볼 따름 이네. *涉(섭)건너다. 獵(렵)사냥하다.
卿言多務 孰若孤　경은 일이 많다고 말하나 누가(숙孰) 나만 하겠소.
孤常讀書　나는 늘 글을 읽어
自以爲大有所益　스스로 크게 이로움이 되는 바가 있었다고 생각하네."
蒙乃始就學　여몽은 이에 비로소 공부를 시작했다.
及魯肅過尋陽　노숙魯肅이 심양尋陽을 지나감에 이르러
與蒙論議 大驚曰　여몽과 논의를 하였는데 크게 놀라 말했다.
卿今者才略　"경의 지금 재주와 지략은
非復吳下阿蒙　더는 오하吳下의 아몽阿蒙이 아니로군요."
蒙曰　여몽이 말했다.

士別三日　"선비는 삼 일만 떨어져도

卽更刮目相待　다시 눈을 비비고(괄刮) 대해야 하는데

大兄何見事之晚乎　대형께서는 어찌 일을 보는 것이 늦으십니까."

肅遂拜蒙母　노숙은 마침내 여몽의 모친을 배알拜謁하고

結友而別　벗을 맺고 헤어졌다.

▸刮目相對(괄목상대) '눈을 비비고 다시 보며 상대를 대하다'는 뜻으로, 다른 사람
　의 학식이나 업적이 크게 진보한 것을 말함. '괄목상대刮目相待, 괄목상간刮目相
　看'이라고도 함.
▸孫權(손권. 182~252) 삼국시대 오나라의 초대 황제. 자는 중모仲謀. 유비劉備와
　동맹하여 적벽赤壁의 싸움에서 조조曹操의 군사를 무찌르고 강남江南을 확보하여
　지금의 남경인 건업建業에 도읍하고 유비, 조조와 함께 천하를 삼분함.
▸呂蒙(여몽. 178~220) 삼국시대 오나라의 장수. 주유周瑜와 노숙魯肅을 이어 군사
　책임자인 대도독大都督에 오름. 자는 자명子明. 호위장군虎威將軍을 지내 여호위
　呂虎威라 불림.
▸吳下阿蒙(오하아몽) 무략武略은 있으나 학식이 없는 사람을 비유함. 오하吳下는
　오현吳縣, 아몽阿蒙은 여몽呂蒙을 가리킴. 아阿는 이름 앞에 붙여 친분을 나타냄.
▸魯肅(노숙. 172~217) 삼국시대 오나라의 정치가. 자는 자경子敬. 적벽대전에
　서 유비와 연합하여 주유를 도와 조조를 대파했고, 주유 사후엔 대신 병권을
　잡았다.

膠柱鼓瑟 교주고슬

趙惠文王卒　子孝成王立　七年　秦與趙兵相距長平　時趙奢已死　而藺相
如病篤　趙使廉頗將攻秦　秦數敗趙軍　趙軍固壁不戰　秦數挑戰　廉頗不
肯　趙王信秦之閒　秦之閒言曰　秦之所惡　獨畏馬服君趙奢之子趙括爲將
耳　趙王因以括爲將　代廉頗　藺相如曰　王以名使括　若膠柱而鼓瑟耳　括
徒能讀其父書傳　不知合變也　趙王不聽　遂將之.　≪史記/廉頗藺相如列傳≫

趙惠文王卒　전국시대 조나라 혜문왕惠文王(?~BC266)이 죽고

子孝成王立　이들 효성왕孝成王이 즉위하였다.

七年　효성왕 7년

秦與趙兵　진과 조의 군사는

相距長平　장평長平에서 상거相距(떨어져 있음)하였는데

時趙奢已死　당시 조사趙奢는 이미 죽었고

而藺相如病篤　인상여藺相如는 병세가 위독하여

趙使廉頗將攻秦　조왕은 염파廉頗장군에게 진나라를 공격하게 하였다.

秦數敗趙軍　진은 여러 번 조의 군사를 패퇴시켰고

趙軍固壁不戰　조나라 군사는 방벽防壁을 굳게 하고 싸우지 않으니

秦數挑戰　진나라는 자주(삭數) 도전해 왔으나

廉頗不肯　염파는 들어주지(긍肯) 않았다. *肯(긍)들어주다.

趙王信秦之閒　조왕이 진의 간자間者의 말을 믿게 되었는데

秦之閒言曰　진의 간자의 말은 이러하였다.

秦之所惡　"진나라가 싫어하는 것은

獨畏馬服君趙奢之子趙括爲將耳　단지(독獨) 마복군馬服君 조사의 아들 조괄趙括이 대장이 되는 것을 두려워할 뿐입니다."

趙王因以括爲將　조왕은 조괄을 대장으로 삼아

代廉頗　염파를 대신하였다.

藺相如曰　인상여가 말했다.

王以名使括　"왕께서는 이름만으로 조괄을 쓰려 하는데

若膠柱而鼓瑟耳　기러기발에 아교(교膠)를 붙여 비파(슬瑟)를 타는(고鼓) 것과 같을 따름입니다.

括徒能讀其父書傳　조괄은 다만(도徒) 그의 아버지가 전한 책만 읽을 수 있었을 뿐(지상담병紙上談兵)

不知合變也　변화에 맞춰 대처하는 것(합변合變)을 알지 못합니다."

趙王不聽 遂將之　조왕은 듣지 않고, 마침내 조괄을 대장으로 삼았다.

- 膠柱鼓瑟(교주고슬) '기러기발을 아교阿膠로 붙여 놓고 비파琵琶를 타다'는 뜻으로, 비파나 거문고의 기러기발을 아교로 붙여 놓으면 음조를 바꾸지 못해 한 가지 소리밖에 내지 못하듯이, 고지식하여 전혀 융통성이 없거나, 규칙에 얽매여 변통할 줄 모름을 이르는 말.
- 紙上談兵(지상담병) '종이 위에서 병법을 말하다'는 뜻으로, 실제적인 쓰임에서는 필요 없음을 비유한 말.
- 藺相如(인상여) 전국시대 조나라의 정치가. 혜문왕惠文王 때 상경上卿을 지냄. '완벽귀조完璧歸趙'와 '민지회맹澠池會盟'에서 강한 진나라를 상대하여 약소국인 조나라의 위엄과 자존심을 지키는 공을 세움.
- 廉頗(염파) 전국시대 조나라 말기에 활약한 대표적인 무장.
- 趙奢(조사) 전국시대 조나라의 무장. 조나라 혜문왕 때 진나라의 위협으로부터 지키고, 용병에 능하였으며 후에 마복군馬服君에 봉해짐.
- 결국 조괄은 대장이 되어 참모들의 말을 이론으로 반박하고, 작전을 감행한 끝에 기원전 260년 장평대전長平大戰에서 자신은 죽고, 군사 40만 명은 무장을 해제하고 진나라 명장 백기白起에게 항복했음. 백기는 후환을 없애겠다는 생각으로, 항복한 군사를 모두 구덩이에 넣어 죽이고, 어린아이 240명만 조나라로 돌려보냈다고 함.

狡兔三窟교토삼굴 · 高枕而臥고침이와

齊王爲孟嘗君曰 寡人不敢以先王之臣爲臣 孟嘗君就國於薛 未至百里
民扶老携幼 迎君道中 孟嘗君顧謂馮諼 先生所爲文市義者 乃今日見之
馮諼曰 狡兔有三窟 僅得免其死耳 今君有一窟 未得高枕而臥也 請爲
君復鑿二窟. ≪戰國策/齊策≫

齊王爲孟嘗君曰 제왕(민왕湣王)이 맹상군孟嘗君에게 일러(위爲) 말했다.
寡人 "과인은
不敢以先王之臣爲臣 감히 선왕의 신하를 신하로 삼을 수 없습니다."
孟嘗君就國於薛 맹상군은 지방 설薛(식읍食邑)로 떠났다. *食邑(식읍)
　　　　　　　　　　　국가에서 공신들에게 내려 주어 조세를 받아쓰게 한 고을.

未至百里 미처 백 리 밖에도 이르지 않았는데

民扶老携幼 백성들이 노인을 부축하고, 어린아이 손을 잡고(携携)

迎君道中 도중道中에서 맹상군을 환영하였다.

孟嘗君顧謂馮諼 맹상군이 돌아보고 풍훤馮諼에게 말했다.

先生所爲文市義者 乃今日見之 "선생이 문文(맹상군 이름)을 위해서 의義를 산(시市) 것을 비로소(내乃) 오늘에야 봅니다."

馮諼曰 풍훤이 말했다.

狡兔有三窟 "교활한 토끼는 세 개의 굴窟이 있어야 *狡(교)교활하다.

僅得免其死耳 겨우(근僅) 그 죽음을 면할 수 있을 뿐입니다.

今君有一窟 이제 군君께서는 하나의 굴이 있습니다.

未得高枕而臥也 아직 베개(침枕)를 높이 베고 누울(와臥) 수 없습니다.

請爲君復鑿二窟 청컨대 군을 위하여 다시 두 개의 굴을 더 파(착鑿) 드리겠습니다.

▸ 狡兔三窟(교토삼굴) '교활한 토끼는 숨을 세 개의 굴을 파 놓다'는 뜻으로, 사전에 여러 대책을 마련하여 닥쳐올 역경에 미리 대비함을 이르는 말.

▸ 高枕而臥(고침이와) '베개를 높이 하고 눕다'는 뜻으로, 마음 편히 잠을 잠.

▸ 馮諼(풍훤) 전국시대 제나라의 재상 맹상군의 식객으로, 맹상군이 정치적 위기에 봉착했을 때 대책을 마련해 줌.

▸ 맹상군은 풍원으로 하여금 그의 식읍食邑인 설薛에 가서 이자를 받아 오게 한 일이 있었는데, 풍원은 백성들의 빚 문서를 다 불태워 빚을 탕감해 주고 환심(의義)을 사, 후에 맹상군이 어려운 처지에 있을 때 복구의 기반을 만들어 줌. ≪사기≫에는 풍환馮驩, ≪몽구≫에는 풍난馮煖으로 기록됨.

敎學相長교학상장

玉不琢不成器 人不學不知道 是故 古之王者 建國君民 敎學爲先 兌命曰 念終始典于學 其此之謂乎 雖有佳肴 弗食 不知其旨也 雖有至道 弗

學 不知其善也 是故 學然後 知不足 敎然後 知困 知不足然後 能自反
也 知困然後 能自强也 故曰 敎學相長也 兌命曰 斅學半 其此之謂乎.

≪禮記/學記≫

玉不琢不成器　옥은 다듬지(탁琢) 않으면 그릇을 만들지 못하고
人不學不知道　사람은 배우지 않으면 도를 알지 못한다.
是故 古之王者　이런 까닭으로 옛날의 왕은
建國君民　나라를 세우고 백성들에게 임금 노릇을 함에
敎學爲先　가르치고 배움을 우선으로 삼았다.
兌命曰　<열명兌命(서경書經 편명)>에　*兌(열)기뻐하다. 兌(태)바꾸다.
念終始典于學　"처음부터 끝까지 항상(전典) 배움을 생각한다."라 했
　　　　　　　　　는데
其此之謂乎　이것을 말하는 것이도다.
雖有佳肴　비록 좋은 안주(효肴)가 있더라도
弗食 不知其旨也　먹지 않으면 그 맛(지旨)을 알지 못하고
雖有至道　비록 지극한 도가 있더라도
弗學 不知其善也　배우지 않으면 그 훌륭함을 모른다.
是故 學然後 知不足　이런 까닭으로 배운 연후에 부족함을 알고
敎然後 知困　가르친 연후에 막힘(곤困)을 안다.
知不足然後 能自反也　부족함을 안 연후에 스스로 반성할 수 있고
知困然後 能自强也　막힘을 안 연후에 스스로 힘쓸(강强) 수 있으니
故曰 敎學相長也　그러므로 가르치고 배우면서 서로 성장한다.
兌命曰 斅學半　<열명>에 "가르침(효斅)이 배움의 반이다."라 했는데
其此之謂乎　이것을 말하는 것이도다.

▸ 敎學相長(교학상장) '가르치고 배우면서 서로 성장하다'는 뜻으로, 가르치고 배우
　는 과정에서 스승과 제자가 함께 성장한다는 말.

狗猛酒酸 구맹주산

宋人有酤酒者 升概甚平 遇客甚謹 爲酒甚美 縣幟甚高 然而不售 酒酸
怪其故 問其所知閭長者楊倩 倩曰 汝狗猛耶 曰 狗猛則酒何故而不售
曰 人畏焉 或令孺子懷錢挈壺甕而往酤 而狗迓而齕之 此酒所以酸而不
售也 夫國亦有狗 有道之士懷其術 而欲以明萬乘之主 大臣爲猛狗 迎
而齕之 此人主之所以蔽脅 而有道之士所以不用也. ≪韓非子/外儲說≫

宋人有酤酒者 송宋나라 사람 중에 술을 파는(고酤) 자가 있었는데
　　　　　　*酤(고)사다. 팔다.

升概甚平 되가 매우 공평하였으며 *概(개)평미레.

遇客甚謹 손님을 맞이하는 것이 매우 정중하였고

爲酒甚美 술이 아주 맛있고(미美)

縣幟甚高 매단 깃발(치幟)이 매우 높았다.

然而不售 酒酸 그러나 술은 팔리지(수售) 않아 술이 시어져(신酸) 버렸다.

怪其故 그 이유를 이상히 여겨

問其所知閭長者楊倩 알고 있던 마을 어른 양천楊倩에게 물으니

倩曰 양천이 말했다. *倩(천)청하다.

汝狗猛耶 "자네 집의 개가 사나운(맹猛)가.(야耶)

曰 송인이 말했다.

狗猛則酒何故而不售 "개가 사나우면 술이 어째서 안 팔립니까."

曰 양천이 말했다.

人畏焉 "사람이 그것을 두려워하기 때문이네.

或令孺子懷錢挈壺甕而往酤 어떤 사람이(혹或) 어린아이(유자孺子)로
　　　　　　　하여금 돈을 가지고(설挈) 술병을 들고 가서 술을 사
　　　　　　　(고酤) 오게 하면 *甕(옹)독.

而狗迓而齕之 개가 나와서 아이를 물(흘齕) 것이다. *迓(아)맞다.

此酒所以酸而不售也　이것이 술이 시어서 팔리지 않는 까닭(소이所以)이다.”

夫國亦有狗　무릇 나라에 또한 개가 있으면

有道之士懷其術　도를 갖춘 선비가 법술을 품고

而欲以明萬乘之主　만승萬乘의 군주에게 밝히고자 해도

大臣爲猛狗 迎而齕之　대신이 사나운 개가 되어 맞아 물어뜯는다면

此人主之所以蔽脅　이것이 군주가 눈과 귀가 가려서(폐蔽) 협박당하는 까닭이고

而有道之士所以不用也　도가 있는 선비가 쓰이지 않는 이유이다.

▸ 狗猛酒酸(구맹주산) '개가 사나우면 술이 시어진다'는 뜻으로, 간신배가 있는 나라에는 어진 신하가 모이지 않음을 비유한 말.
▸ 萬乘之主(만승지주) 만승지군萬乘之君. 만승지국萬乘之國의 임금, 곧 천자를 일컬음.

扣盤捫燭구반문촉

生而眇者 不識日 問之有目者 或告之曰 日之狀 如銅槃 扣槃而得其聲
他日聞鐘 以爲日也 或告之曰 日之光 如燭 捫燭而得其形 他日揣籥 以
爲日也 日之與鐘籥 亦遠矣 而眇者不知其異 以其未嘗見而求之人也.

<日喩贈吳彦律/蘇軾>

生而眇者 不識日　날 때부터 눈먼(묘眇) 사람은 해를 알지 못하여

問之有目者　눈이 있는 사람에게 그것에 대해 물으니

或告之曰　어떤 사람(혹或)이 장님에게 말했다.

日之狀 如銅槃　“해의 모양(상狀)은 구리 쟁반(반槃)과 같소.”

扣槃而得其聲　그는 쟁반을 두드려(구扣) 소리를 들었다.

他日聞鐘 以爲日也　다른 날에 그는 종소리를 듣고서 해라고 여겼다.

或告之曰　어떤 사람이 장님에게 말했다.

日之光 如燭　"해의 빛은 촛불과 같소.(여如)"

捫燭而得其形　그는 초를 만져보고(문捫) 해의 모양을 파악하였다.

他日揣籥　다음 날 그는 피리(약籥)를 만져(췌揣)보고

以爲日也　해라고 생각하였다.

日之與鐘籥 亦遠矣　해는 종이나 피리와 역시 거리가 멀건만

而眇者不知其異　장님이 그 다름을 알지 못하는 것은

以其未嘗見而求之人也　일찍이 한 번도 본 적이 없으면서 남에게 구
하려고 하였기 때문이다.

▸ 扣盤捫燭(구반문촉) '쟁반을 두드리고 초를 어루만져 보다'는 뜻으로, 정확하게
알지 못하면서 전체를 아는 것처럼 이렇다 저렇다 함부로 논하거나 말하면 안 된
다는 것을 비유하는 말. 비슷한 의미로는 '군맹무상群盲撫象, 군맹평상群盲評象'
이 있음.

▸ 日喩贈吳彦律(일유증오언률) 소식蘇軾이 학문에 뜻을 둔 오언율吳彦律이 예부禮
部에 천거되기를 구하자 해를 비유<일유日喩>로 들어 학문하는 방법을 일깨워
준 글.

▸ 蘇軾(소식. 1037~1101) 북송의 문장가. 자는 자첨子瞻, 호는 동파東坡. 아버지 순
洵, 아우 철轍과 함께 삼소三蘇로 불리며, 모두 당송팔대가이다.

狗尾續貂구미속초

其餘同謀者 咸超階越次 不可勝紀 至於奴卒斯役 亦加以爵位 每朝會
貂蟬盈坐 時人爲之諺曰 貂不足 狗尾續 而以苟且之惠 取悅人情 府庫
之儲不充於賜 金銀冶鑄不給於印 故有白版之侯 君子恥服其章 百姓亦
知其不終矣. ≪晉書/趙王倫傳≫

其餘同謀者 　나머지 공모共謀자들도

咸超階越次 　모두 파격적으로 승진(초계월차超階越次)하였는데

不可勝紀 　이루 다(승勝) 기록할(기紀) 수가 없었으며

至於奴卒斯役 　노비나 심부름꾼(사역斯役)까지도

亦加以爵位 　또한 작위를 주었다.

每朝會 貂蟬盈坐 　조회를 할 때마다 초선관貂蟬冠이 자리에 가득했다.

時人爲之諺曰 　당시 사람들은 이를 보고 속언俗諺을 만들어 말했다.

貂不足 　"담비(초貂)가 부족하니

狗尾續 　개 꼬리(구미狗尾)로 잇는구나.(속續)"

而以苟且之惠 　그리고 구차한 은혜로

取悅人情 　사람들을 기쁘게 하는 정을 취하고

府庫之儲 　창고에 쌓아 둔(저儲) 물건은

不充於賜 　하사하기에 충분하지 못하고

金銀冶鑄 　금은을 제련하여 주조鑄造해도

不給於印 　인장印章을 줄(급給)수 없어

故有白版之侯 　그러므로 인장이 없는 제후諸侯(관리)도 있었다.

*白版(백판)인쇄가 빠진 공백.

君子恥服其章 　군자는 그 인장을 따르는(복服) 것을 수치로 여겼고

百姓亦知其不終矣 　백성들 또한 그가 끝을 다하지 못할 것을 알았다.

▸ 狗尾續貂(구미속초) '담비의 꼬리가 모자라서 개꼬리로 잇다'는 뜻으로, 벼슬을 함부로 줌을 비유적으로 이르는 말.
▸ 貂蟬官(초선관) 담비 꼬리와 매미 날개로 만든 관모로 고관이 썼음.
▸ 삼국시대 위나라 사마의司馬懿의 아들 사마륜司馬倫은 진晉나라 무제 사마염司馬炎의 숙부로 조왕趙王에 봉해졌다. 사마염司馬炎이 죽은 뒤, 아들 사마충司馬衷이 혜제惠帝로 즉위하였으나, 사마륜이 곧 제위를 찬탈하였다. 사마륜이 정권을 장악한 뒤 권력을 남용하여 친척과 친구들은 물론 노비와 시종들까지 관직을 주었다.

口蜜腹劍구밀복검

李林甫 妬賢嫉能 排抑勝己 性陰險 人以爲口有蜜腹有劍 每夜獨坐偃
月堂 有所深思 明日必有誅殺 屢起大獄 自太子以下 皆畏之 在相位十
九年 養成天下之亂 而上不悟 然安祿山畏林甫術數 故終其世 未敢反.

≪十八史略≫

李林甫　이임보李林甫는

妬賢嫉能　어질고 유능한 자를 미워하고 시기하여(질투嫉妬)

排抑勝己　자기보다 나은(승勝) 사람을 배척하고 억압하고

性陰險　성격이 음험했다.

人以爲口有蜜腹有劍　사람들은 입에는 꿀이 있고 배(복腹)에는 칼(검
　　　　　　　　　　劍)이 있다고 생각하였다.

每夜獨坐偃月堂　매번 밤에 언월당偃月堂에 홀로 앉아 있으면

有所深思　깊이 생각하는 바가 있었는데

明日必有誅殺　다음 날 반드시 누군가 주살되었고　*誅(주)베다.

屢起大獄　자주(루屢) 큰 옥사를 일으켰으므로

自太子以下 皆畏之　태자 이하로부터(자自) 모두 그를 두려워했다.

在相位十九年　재상 지위 19년 동안에

養成天下之亂　천하의 대란을 만들어 냈으나

而上不悟　현종玄宗은 깨닫지 못했다.

然安祿山　그러나 안녹산安祿山은

畏林甫術數　이임보의 술수術數를 두려워했으므로(외畏)

故終其世 未敢反　그가 죽을 때까지는 감히 반란을 일으키지 못했다.

▸ 口蜜腹劍(구밀복검) '입에는 꿀이 있고 배 속에는 칼을 품고 있다'는 뜻으로, 말로
는 친한 체하나 속으로는 미워하거나 해칠 생각이 있음을 비유적으로 이르는 말.
▸ 李林甫(이임보. ?~752) 당현종唐玄宗<재위. 712~756> 때 734년<개원開元 22>
부터 752년<천보天寶 11>까지 재상을 지내며 권세를 행사하였고, 조정의 기강을
크게 문란하게 하여 당나라의 쇠퇴를 가져온 인물로 평가되며, 양국충楊國忠<?~
756>에 의하여 관직이 박탈당하고, 부관참시剖棺斬屍에 처해짐.
▸ 安祿山(안녹산. 703?~757) 당나라의 무장. 현종의 신임을 받고 양국충과 대립하
여, 755년에 반란을 일으켜 낙양에서 대연황제大燕皇帝라 칭하였으나, 둘째 아들
경서慶緒에게 피살됨.

九牛一毛구우일모

僕之先人非有剖符丹書之功 文史星曆 近乎卜祝之間 固主上所戲弄 倡
優所畜 流俗之所輕也 假令僕伏法受誅 若九牛亡一毛 與螻蟻何以異
而世又不與能死節者比 特以爲智窮罪極 不能自免 卒就死耳 何也 素
所自樹立使然 人固有一死 或重於泰山 或輕於鴻毛 用之所趨異也.

(報任安書/司馬遷)

僕之先人　저(복僕. 사마천司馬遷)의 선친先親(선인先人)은
非有剖符丹書之功　부부剖符나 단서丹書의 공로가 있는 것이 아닙니다.
文史星歷　담당한 천문, 역사, 점성, 책력 같은 일은
近乎卜祝之間　점쟁이나 무당에(호乎) 가까워
固主上所戲弄　이는 원래 천자가 희롱하며 노니는 것으로
倡優所畜　배우(창우倡優)와 같이 양성되어
流俗之所輕也　세속의 사람들이 경시하는 것이었습니다.
假令僕伏法　가령假令 제가 법에 굴복屈伏하여
受誅　주벌誅罰을 받는다(수受) 할지라도　*誅(주)베다.
若九牛亡一毛　아홉 마리의 소에서 털 하나 없어지는(망亡) 것과 같고

與螻蟻何以異　저와 같은 존재는 땅강아지(루螻)나 개미(의蟻)같은 미
　　　　　　　물 과 어떻게(하이何以) 다르겠습니까.

而世又不與能死節者比　그리고 또 세상 사람들은 저를 절개를 위해
　　　　　　　죽을 수 있는 사람과 나란히 하지(비比) 않을 것이며

特以爲智窮罪極 不能自免 卒就死耳　다만 지혜가 궁하고 죄가 극에
　　　　　　　달해, 스스로 면할 수 없자 마침내(졸卒) 죽음에 이르
　　　　　　　렀을 뿐이라고 여길 것입니다.

何也　왜냐하면

素所自樹立使然　제가 평소 세워놓은 바가 그렇게 한 것입니다.

人固有一死　사람은 본디(고固) 한 번 죽지만

或重於泰山　어떤 죽음은 태산보다(어於) 무겁고

或輕於鴻毛　어떤 죽음은 기러기 털(홍모鴻毛)보다 가벼운데

用之所趨異也　이는 죽음을 씀에 추구하는(추趨) 바가 달라서입니다.

▶ 九牛一毛(구우일모) '아홉 마리 소에서 하나의 털'이라는 뜻으로, 아주 많은 것 가
운데 극히 적은 부분을 이르는 말.

▶ 剖符(부부) '부절符節을 쪼개다'는 뜻으로, 제후에 봉함을 이름. 천자가 제후를 봉
할 때에 부절을 양분하여 반쪽은 제후에게 주고 반쪽은 보관했다가 후일 신표로
삼았음.

▶ 丹書(단서) 철제 판에 붉은 글씨로 조정에서 공신에게 하사한 세습 증서로 그 후
예들의 작위와 면죄를 보증함.

▶ 報任安書(보임안서) 보임소경서報任少卿書. 사마천이 친구 임안任安에게 보낸 답
서答書.

▶ 司馬遷(사마천) 전한의 역사가. 이릉李陵이 흉노에 항복한 것을 변호하다가 궁형
宮刑에 처해지자 부친의 뜻을 이어 ≪사기≫를 저술함.

國士無雙 국사무쌍

信數與蕭何語 何奇之 至南鄭 諸將行道 亡者數十人 信度何等已數言
上 上不我用 卽亡 何聞信亡 不及以聞 自追之 人有言上曰 丞相何亡
上大怒 如失左右手 居一二日 何來謁上 上且怒且喜 罵何曰 若亡 何也
何曰 臣不敢亡也 臣追亡者 上曰 若所追者誰 何曰 韓信也 上復罵曰
諸將亡者以十數 公無所追 追信詐也 何曰 諸將易得耳 至如信者 國士
無雙 王必欲長王漢中 無所事信 必欲爭天下 非信 無所與計事者 顧王
策安所 決耳. ≪史記/淮陰侯列傳≫

信數與蕭何語 한신韓信은 자주(삭數) 소하蕭何와 대화를 나누었는데
何奇之 소하는 그를 뛰어나다(기奇)고 여겼다.
至南鄭 한왕漢王이 남정南鄭에 이르렀는데
諸將行道 여러 장수가 길을 가다가
亡者數十人 도망逃亡한 자가 수십 명이었다.
信度何等 한신의 기량(도度)을 소하 등이
已數言上 이미 여러 번 왕에게 아뢰었으나
上不我用 卽亡 왕이 자신을 쓰지 않으니 도망하였다.
何聞信亡 소하가 한신이 도망하였다는 말을 듣고
不及以聞 自追之 왕에게 아뢸(문聞) 겨를도 없이 몸소 한신을 쫓아갔다.
人有言上曰 어떤 사람이 왕에게 말했다.
丞相何亡 "승상 소하가 도망갔습니다."
上大怒 如失左右手 왕은 양손을 잃은 것처럼 크게 화를 냈다.
居一二日 何來謁上 며칠이 지나 소하가 돌아와 왕을 뵙자(알謁)
上且怒且喜 왕은 화도 나고 기쁘기도 하여
罵何曰 소하를 꾸짖으며(매罵) 말했다,
若亡 何也 "그대(약若)가 도망가다니 어찌 된 일인가."

何曰   소하가 말했다.

臣不敢亡也 "신은 감히 도망하지 아니하였습니다.

臣追亡者   신은 도망간 사람을 쫓아간 것입니다."

上曰 若所追者誰   왕이 말했다. "그대가 쫓아간 사람은 누구인가."

何曰 韓信也   소하가 말했다. "한신입니다."

上復罵曰   왕이 다시 꾸짖어 말했다.

諸將亡者以十數 "여러 장수 중에서 도망한 자가 수십인데

公無所追   공은 쫓아간 바가 없고

追信詐也   한신을 쫓아갔다는 것은 거짓이다.(사詐)"

何曰   소하가 말했다.

諸將易得耳 "여러 장수들은 쉽게 얻을 수 있을 따름이나

至如信者   한신과 같은 인물은

國士無雙   나라에 훌륭한 선비(국사國士)로 둘(쌍雙)도 없습니다.

王必欲長王漢中   왕께서 꼭 한중에서 왕을 하려고 한다면

無所事信   한신을 문제 삼을 것이 없습니다만

必欲爭天下   반드시 천하를 다투고자 하신다면

非信   한신이 아니면

無所與計事者   더불어 대사大事를 꾀할(계計) 사람이 없습니다.

顧王策安所   왕의 계책計策이 어디(안安)에 있는지 돌아보시고(고顧)

決耳   결정決定하실 따름입니다.(이耳)"

▸ 國士無雙(국사무쌍) '나라에서 가장 뛰어난 인물은 둘도 없다'는 뜻으로, 매우 뛰
  어난 인재를 이르는 말.
▸ 蕭何(소하. ?~BC193) 유방의 참모로서 천하를 얻도록 도왔으며, 전한의 초대 재
  상을 지냄. 장량張良, 한신韓信과 함께 한나라의 삼걸三傑로 꼽힘.

群鷄一鶴군계일학

稽紹 字延祖 魏中散大夫康之子也 十歲而孤 事母孝謹 以父得罪 靖居
私門 山濤領選 啓武帝曰 康誥有言 父子罪不相及 稽紹賢侔郤缺 宜加
旌命 請爲秘書郎 帝謂濤曰 如卿所言 乃堪爲丞 何但郎也 乃發詔征之
起家爲秘書丞 紹始入洛 或謂王戎曰 昨于稠人中始見稽紹 昂昂然如野
鶴之在鷄群 戎曰 君復未見其父耳. ≪晉書/稽紹傳≫

稽紹 字延祖　혜소稽紹(253~304)의 자는 연조延祖이며　*稽(혜)산 이름.
魏中散大夫康之子也　위나라 중산대부中散大夫 혜강稽康의 아들이다.
十歲而孤　열 살에 부친을 잃고　*孤(고)아버지가 없는 아이.
事母孝謹　어머니를 섬김에 효성스럽고 신중하였는데
以父得罪 靖居私門　선친이 죄를 지어 조용히(靖정) 집에 거하고 있었다.
山濤領選　산도山濤가 인재 선발을 하며
啓武帝曰　무제武帝에게 아뢰었다.　*啓(계)사뢰다.
康誥有言　"<강고康誥(상서尚書 편명)>에 말이 있는데
父子罪不相及　'부자지간의 죄는 서로 미쳐서는 안 된다.'라 했고
稽紹賢　혜소는 현명하기가
侔郤缺　극결郤缺(춘추시대 진晉나라 사람)과 나란히 하므로(侔모)
宜加旌命　마땅히 정명旌命(어진 인재를 등용하는 임금의 명령)을 내려
請爲秘書郎　비서랑秘書郎으로 삼기를 청합니다."
帝謂濤曰　무제는 산도에게 일러 말했다.
如卿所言　"경이 말하는 바와 같다면
乃堪爲丞　비서승秘書丞으로 삼을 만한데
何但郎也　어찌 단지(但단) 비서랑이겠는가."
乃發詔征之　이에 조서를 내려 부르니(征징)
起家爲秘書丞　고향을 떠나 비서승이 되었다.

紹始入洛　혜소가 비로소 낙양에 들어갔을 때

或謂王戎曰　어떤 사람이 왕융王戎(234~305)에게 말했다.

昨于稠人中　"어제 많은 사람(조인稠人) 속에서 　*稠(조)많다. 빽빽하다.

始見嵇紹　처음 혜소를 보았는데

昂昂然如野鶴之在鷄群　드높은 기상이 들의 학이 닭의 무리에 있는

　　　　　　　　　　　　것 같았습니다." 　*昂昂然(앙앙연)의기양양함. 昂(앙)높다.

戎曰　왕융이 말했다.

君複未見其父耳　"그대(군君)는 그 아버지를 보지 못했을 뿐이다."

▶ 群鷄一鶴(군계일학) '무리 지어 있는 닭 가운데 있는 한 마리의 학'이라는 뜻으로,
여러 평범한 사람들 가운데 가장 뛰어난 사람을 이르는 말.

▶ 竹林七賢(죽림칠현) 진晉나라 초기에 노자와 장자의 무위 사상을 숭상하여 죽림
에 모여 청담으로 세월을 보낸 일곱 명의 선비, 산도山濤, 왕융王戎, 유령劉伶, 완
적阮籍, 완함阮咸, 혜강嵇康, 상수向秀를 이름.

群盲撫象 군맹무상

譬如有王 告一大臣 汝牽一象 以示盲者 爾時大臣 受王勅已 多集衆盲
以象示之 時彼衆盲 各以手觸 大臣卽還 而白王言 臣已示竟 爾時大王
卽喚衆盲 各各問言 汝見象耶 衆盲各言 我已得見 王言 象爲何類 其觸
牙者 卽言象形如蘆菔根 其觸耳者 言象如箕 其觸頭者 言象如石 其觸
鼻者 言象如杵 其觸脚者 言象如木臼 其觸脊者 言象如床 其觸腹者 言
象如甕 其觸尾者 言象如繩 善男子 如彼衆盲 不說象體 亦非不說 若是
衆相 悉非象者 離是之外 更無別象 善男子 王喩如來正遍知也 臣喩方
等大涅槃經 象喩佛性 盲喩一切無明衆生. 《大般涅槃經》

譬如有王 告一大臣　비유하면 어떤 왕이 한 대신에게 말하였던 것과 같다.

汝牽一象　"그대는 코끼리 한 마리를 끌고(견牽) 와

以示盲者　맹인에게 보여주시오."

爾時大臣 受王勅已　이때(이시爾時) 대신이 왕의 칙서를 받고

多集衆盲　여러 맹인을 많이 모아

以象示之　코끼리를 그들에게 보여주었다.

時彼衆盲　그때 그 여러 맹인들은

各以手觸　제각기 손으로 만져보았고(촉觸)

大臣卽還 而白王言　대신이 곧 돌아와서 왕에게 아뢰어(백白) 말하였다.

臣已示竟　"신이 이미 보여주기를 마쳤습니다.(경竟)"

爾時大王 卽喚衆盲　그때 대왕은 곧 맹인들을 불러(환喚)

各各問言　각자각자에게 물었다.

汝見象耶　"너희들은 코끼리를 보았느냐."

衆盲各言　여러 맹인들이 각기 말했다.

我已得見　"저희들은 이미 보았습니다."

王言　대왕이 말했다

象爲何類　"코끼리는 무엇과 닮았다(류類)고 생각하느냐."

其觸牙者　상아를 만진 자는

卽言象形如蘆菔根　바로 '코끼리 모양은 무(노복蘆菔) 밑동과 같습니다.'라고 말했고　*蘆(노)무. 갈대. 菔(복)무.

其觸耳者　귀를 만진 자는

言象如箕　'코끼리는 키(기箕)와 같습니다.'라 했고

其觸頭者　머리를 만진 자는

言象如石　'코끼리는 돌과 같습니다.'라 했고

其觸鼻者　코를 만진 자는

言象如杵　'코끼리는 절굿공이(저杵)와 같습니다.'라 했고

77

其觸脚者　다리를 만진 자는

言象如木臼　'코끼리는 나무절구와 같습니다.'라 했고

其觸脊者　등마루(척脊)를 만진 자는

言象如床　'코끼리는 평상과 같습니다.'라 했고

其觸腹者　배를 만진 자는

言象如甕　'코끼리는 항아리(옹甕)와 같습니다.'라고 했고

其觸尾者　꼬리를 만진 자는

言象如繩　'코끼리는 밧줄(승繩)과 같습니다.'라고 했다.

善男子　선남자善男子(부처 가르침을 믿고 선행을 닦는 남자)여

如彼衆盲不說象體 亦非不說　저 맹인들이 코끼리의 몸을 말하지 못
　　　　　　　　　　　　　하는 것 같으나, 또한 말하지 못하는 것이 아니다.

若是　이와 같이

衆相悉非象者　여러 형상이 모두(실悉) 코끼리라는 것은 아니지만

離是之外 更無別象　이 밖을 떠나 다시 코끼리를 구별하지 못한다.

善男子　선남자여

王喻如來正遍知也　왕은 여래如來(석가모니)의 정편지正遍知를 비유
　　　　　　　　한 것이다.

臣喻方等大涅槃經　신은 방등대열반경方等大涅槃經을 비유한 것이다.

象喻佛性　코끼리는 부처의 본성을 비유한 것이다.

盲喻一切無明衆生　맹인은 모든 번뇌(무명無明)의 중생을 비유한 것이다.

▸群盲撫象(군맹무상) '장님 여럿이 코끼리를 만지다'는 뜻으로, 모든 사물을 자기
　의 좁은 소견과 주관으로 그릇되게 판단하는 것을 비유적으로 이르는 말. '군맹평
　상群盲評象, 맹인모상盲人摸象'이라고도 함.

▸正遍知(정변지) 부처 십호十號의 하나. 올바른 깨달음을 얻은 자.

▸코끼리는 석가모니釋迦牟尼, 소경들은 밝지 못한 모든 중생들을 비유함. 중생들이
　석가모니를 부분적으로 이해할 수 있다는 것, 즉 모든 중생들에게는 각기 석가모
　니가 따로 있다는 것을 말함.

君子三樂 군자삼락

孟子曰 君子有三樂 而王天下不與存焉 父母俱存 兄弟無故 一樂也 仰
不愧於天 俯不怍於人 二樂也 得天下英才而教育之 三樂也 君子有三
樂 而王天下不與存焉. ≪孟子/盡心≫

孟子曰　맹자께서 말씀하였다.
君子有三樂　"군자에게 세 가지 즐거움이 있는데
而王天下不與存焉　천하에 왕 노릇 함은 여기에(언焉) 들어 있지 않다.
父母俱存　부모가 모두 생존(구존俱存)해 계시며
兄弟無故　형제가 무고함이
一樂也　첫째 즐거움이요
仰不愧於天　우러러(앙仰) 하늘에 부끄럽지(괴愧) 않고
俯不怍於人　굽어(부俯) 사람들에게 부끄럽지(작怍) 않음이
二樂也　둘째 즐거움이요
得天下英才而教育之　천하의 영특한 인재를 얻어 교육함이
三樂也　셋째 즐거움이다.
君子有三樂　군자가 세 가지 즐거움이 있는데
而王天下不與存焉　천하에 왕 노릇 함은 여기에 들어 있지 않다."

▶ 君子三樂(군자삼락) '군자의 세 가지 즐거움'이라는 뜻으로, 부모 형제가 살아 계
　시고, 하늘과 사람에게 부끄러울 것이 없고, 영재를 얻어 교육을 시키는 것을 말함.

君舟民水 군주민수

夫君者舟也 庶人者水也 水所以載舟
亦所以覆舟 君以此思危 則危可知矣. ≪孔子家語/五儀解≫

夫君者舟也　대저 임금은 배요
庶人者水也　백성은 물이다.
水所以載舟　물은 배를 띄우는 것(소이所以)이지만　*載(재)싣다.
亦所以覆舟　또한 배를 뒤엎는 것이다.　*覆(복)뒤집다. 뒤집히다.
君以此思危　임금이 이로써 위태로움을 생각한다면
則危可知矣　위태로움을 알 수 있는 것이다.

▶ 君舟民水(군주민수) '임금은 배, 백성은 물'이라는 뜻으로, 물은 배를 띄우기도 하지만 뒤엎을 수도 있다는 것에 비유하며. 왕이나 군주는 백성의 뜻을 잘 살펴야 한다는 뜻.
▶ 君者舟也, 庶人者水也, 水則載舟 水則覆舟 君以此思危 則危將焉而不至矣. ≪荀子/王制≫ 임금은 배요, 백성은 물이다. 물은 배를 띄우지만, 물은 배를 뒤엎기도 하니, 군주는 이로써 위태로움을 생각한다면, 위태로움은 장차 이르지 아니할 것이다.

捲土重來 권토중래

勝敗兵家事不期 包羞忍恥是男兒
江東子弟多才俊 捲土重來未可知. ＜題烏江亭/杜牧詩＞

○題烏江亭　제오강정
勝敗兵家事不期　승패란 병가兵家도 기약할 수 없는 일이니

包羞忍恥是男兒　수치羞恥를 안고 참을 줄 아는 것이 남아로다.

江東子弟多才俊　강동의 젊은이 중에는 준재俊才가 많았으니

捲土重來未可知　흙먼지 일으키며(권捲) 다시(중重) 쳐들어왔다면 어
　　　　　　　　찌 되었을까.

▸ 捲土重來(권토중래) '흙먼지를 날리며 다시 오다'는 뜻으로, 패한 자가 세력을 되
찾아 다시 쳐들어옴. 실패하고 떠난 후 실력을 키워 다시 도전하는 모습.

▸ 烏江(오강) 항우가 자결한 곳. 항우가 한의 추격군에 쫓겨 오강포烏江浦에 이르렀
을 때 오강의 정장정長이 배를 타고 강동江東으로 가서 재기할 것을 권했으나, 항
우는 강동의 젊은이 8천 명을 다 잃었으니 그 부형들을 볼 낯이 없다 하여 거절하
고, 백병전을 벌이다가 자결함.

▸ 당나라 시인 두목杜牧<803~852>이 항우가 자결한 장소인 오강정烏江亭을 읊으
며 항우가 오강을 건너 강동으로 가지 않고 자결한 것을 아쉬워한 회고시懷古詩.

錦衣夜行금의야행 · 沐猴而冠목후이관

後數日 羽乃屠咸陽 殺秦降王子嬰 燒其宮室 火三月不滅 收其寶貨 略
婦女而東 秦民失望 於是韓生說羽曰 關中阻山帶河 四塞之 地肥饒 可
都以伯 羽見秦宮室皆已燒殘 又懷思東歸曰 富貴不歸故鄕 如衣錦夜行
韓生曰 人謂楚人沐猴而冠 果然 羽聞之 斬韓生. ≪漢書/陳勝項籍傳≫

後數日 羽乃屠咸陽　며칠 후 항우는 곧 함양咸陽을 도륙屠戮하고

殺秦降王子嬰　진나라의 항복한 왕 자영子嬰을 죽이고

燒其宮室　그 궁실을 불사르니(소燒)

火三月不滅　불이 석 달이 되도록 꺼지지 않았다.

收其寶貨　그 보화를 거두고

略婦女而東　부녀들을 약탈하여(략略) 동으로 가려 하니

秦民失望　진나라 백성들은 실망하였다.

於是韓生說羽曰　이에 한생韓生이 항우를 설득하여 말했다.

關中阻山帶河　"관중關中은 산에 막히고(조阻) 황하가 둘러(대帶)

四塞之　사방을 막고(색塞)

地肥饒　땅도 걸고 기름져(비요肥饒)

可都以伯　도읍하여 백伯이 될 수 있습니다."

羽 見秦宮室皆已燒殘　항우는 진나라의 궁실이 모두 이미 불에 타
　　　　　　　　　　　다 사라짐(소잔燒殘)을 보고

又懷思東歸曰　또 동으로 돌아가기를 생각하고 말했다.

富貴不歸故鄕　"부귀를 이루고도 고향으로 돌아가지 않는 것은

如衣錦夜行　비단옷을 입고 밤에 걷는 것과 같다.(여如)"

韓生曰　한생이 말했다.

人謂楚人沐猴而冠　"사람들은 초나라 사람은 원숭이(후猴)를 목욕(목
　　　　　　　　　沐)시켜서 관을 씌운다고 하는데

果然　과연(과果) 그렇구나.(연然)"

羽聞之 斬韓生　항우는 이 말을 듣고 한생을 참斬하였다.

▶ 錦衣夜行(금의야행) '비단옷을 입고 밤길을 걷다'는 뜻으로, 알아주는 사람이 없
어 보람이 없는 일을 비유하는 말.

▶ 沐猴而冠(목후이관) '목욕한 원숭이가 관을 썼다'는 뜻으로, 의관은 그럴 듯하지
만 생각과 행동이 사람답지 못하다는 말.

▶ 子嬰(자영. ?~BC206) 진秦의 3대이자 마지막 왕. 왕위에 오른 지 46일 만에 유방
에게 투항했지만, 뒤이어 함양咸陽에 입성한 항우에게 살해됨.

杞憂기우

杞國有人 憂天地崩墜 身亡所寄 廢寢食者 又有憂彼之所憂者 因往曉
之曰 天積氣耳 亡處亡氣 若屈伸呼吸 終日在天中行止 奈何憂崩墜乎
其人曰 天果積氣 日月星宿 不當墜邪 曉之者曰 日月星宿 亦積氣中之
有光耀者 只使墜亦不能有中傷 其人曰 奈地壞何 曉者曰 地積塊耳 充
塞四虛 亡處亡塊 若躇步跐蹈 終日在地上行止 奈何憂其壞 其人舍然
大喜 曉之者亦舍然大喜.　《列子/天瑞》

杞國有人 憂天地崩墜 身亡所寄 廢寢食者　기杞나라 사람 중에 하늘
　　　　　　과 땅이 무너지거나 꺼지면(붕추崩墜) 몸이 의지할 곳이 없
　　　　　　음(무亡)을 걱정하여 침식을 폐하는 자가 있었다.
又有憂彼之所憂者　또 그 사람(피彼)이 걱정하는 것을 근심하는 자가
　　　　　　　　　　있어
因往曉之曰　인하여 가서 그를 일깨워(효曉) 말했다.
天積氣耳　"하늘은 기氣가 쌓여 있을 뿐이니
亡處亡氣　기가 없는 곳이 없습니다.
若屈伸呼吸　만약 굽혔다 폈다(굴신屈伸) 하며 호흡하더라도
終日在天中行止　종일 하늘 가운데에서 가고 멈추는 것이니
奈何憂崩墜乎　어찌(내하奈何) 무너져 내릴 것을 걱정하십니까."
其人曰　걱정하던 사람이 말했다.
天果積氣　"하늘이 과연 기가 쌓인 것이라면
日月星宿　해와 달과 별들(성수星宿)은　*宿(수)별자리.
不當墜邪　마땅히 떨어지지 않겠습니까.(아邪)"
曉之者曰　깨달은(효曉) 사람이 말했다.
日月星宿　"해와 달과 별들은
亦積氣中之有光耀者　또한 쌓인 기 중에 빛이 있는 것입니다.

只使墜 다만 떨어지게 하더라도

亦不能有所中傷 또한 부딪혀 안에 상하는 바가 있을 수 없습니다."

其人曰 걱정하던 사람이 말했다.

奈地壞何 "땅이 꺼지면(괴壞) 어찌합니까."

曉者曰 깨달은 자가 말했다.

地積塊耳 "땅도 흙덩어리(괴塊)가 쌓였을 뿐입니다.

充塞四虛 사면의 공허한 곳을 꽉 채워 막아(충색充塞) *塞(색)막다.

亡處亡塊 흙덩어리가 없는 곳이 없습니다.

若蹢步跐蹈 만약 머뭇거리며(저蹢), 걷고, 밟고(차跐), 뛰더라도(도蹈)

終日在地上行止 종일 땅 위에서 가기도 하고 멈추는 것이니

奈何憂其壞 어찌 무너질 것을 걱정합니까."

其人舍然大喜 걱정하던 사람은 근심이 풀려 크게 기뻐하였고

*舍然(석연)석연釋然. 시원하게 풀림. 舍(석)풀리다.

曉之者亦舍然大喜 깨우쳐준 사람 또한 근심을 풀어주어 크게 기뻐하였다.

▶ 杞憂(기우) '기杞나라 사람의 근심'이란 뜻으로, 쓸데없는 걱정을 이르는 말.

奇貨可居기화가거

呂不韋者 陽翟大賈人也 往來販賤賣貴 家累千金 秦昭王四十年 太子死 其四十二年 以其次子安國君爲太子 安國君有子二十餘人 安國君有所甚愛姬 立以爲正夫人 號曰華陽夫人 華陽夫人無子 安國君中男名子楚 子楚母曰夏姬 母愛 子楚爲秦質子於趙 秦數攻趙 趙不甚禮子楚 子楚 秦諸庶孽孫 質於諸侯 車乘進用不饒 居處困 不得意 呂不韋賈邯鄲 見而憐之曰 此奇貨可居 乃往見子楚 說曰 吾能大子之門 子楚笑曰 且

自大君之門 而乃大吾門 呂不韋曰 子不知也 吾門待子門而大 子楚心
知所謂 乃引與坐 深語 呂不韋曰 秦王老矣 安國君得爲太子 竊聞安國
君愛幸華陽夫人 華陽夫人無子 能立適嗣者獨華陽夫人耳 今子兄弟二
十餘人 子又居中 不甚見幸 久質諸侯 卽大王薨 安國君立爲王 則子毋
幾得與長子及諸子 旦暮在前者爭爲太子矣 子楚曰 然 爲之奈何 呂不
韋曰 子貧 客於此 非有以奉獻於親及結賓客也 不韋雖 請以千金爲子
西游 事安國君及華陽夫人 立子爲適嗣 子楚乃頓首曰 必如君策 請得
分秦國與君共之. ≪史記/呂不韋列傳≫

呂不韋者　여불위呂不韋는

陽翟大賈人也　양적陽翟의 큰 상인(고인賈人)이었다.　*翟(적)꿩.

往來販賤賣貴　여러 곳을 오고 가며, 싸게(천賤) 사서(판販) 비싸게(귀
　　　　　　　貴) 팔아(매賣)

家累千金　집에 천금을 모았다.

秦昭王四十年 太子死　진소왕秦昭王 40년(BC267년) 태자太子가 죽었다.

其四十二年　진소왕 42년

以其次子安國君爲太子　차남 안국군安國君을 태자로 삼았다.(위爲)

安國君有子二十餘人　안국군은 20여 명의 아들이 있었다.

安國君有所甚愛姬　안국군에게는 매우 사랑하는 첩(희姬)이 있어

立以爲正夫人　정부인正夫人으로 세우고

號曰華陽夫人　화양부인華陽夫人이라고 불렀는데

華陽夫人無子　화양부인에게는 아들이 없었다.

安國君中男名子楚　안국군의 중남中男(차남次男)의 이름은 자초子楚였는데

子楚母曰夏姬　자초의 어머니는 하희夏姬라고 하는데

母愛　사랑을 받지 못했다.

子楚爲秦質子於趙　때문에 자초는 조나라에 진나라의 질자質子(볼모)
　　　　　　　　가 되었는데

秦數攻趙 진나라가 자주(삭數) 조나라를 공격하자

趙不甚禮子楚 조나라는 자초를 그다지 예우하지 않았다.

子楚秦諸庶孼孫 자초는 진나라의 여러 서얼의 손자로

質於諸侯 제후에게 볼모(질質)가 되었으므로

車乘進用不饒 수레와 재물이 넉넉하지(요饒) 못하고

居處困 不得意 거처도 곤궁하여 뜻을 얻지 못했다.

呂不韋賈邯鄲 여불위가 한단邯鄲(조나라의 수도)에서 장사하다가

見而憐之曰 그를 보고 측은히 여기며 말했다.

此奇貨可居 "이 진귀한 물건(기화奇貨)은 보관해 둘(거居) 만하다."

乃往見子楚 說曰 이에 가서 자초를 보고 달래어(세說) 말했다.

吾能大子之門 "나는 그대(자子)의 가문을 크게 할(대大) 수 있습니다."

子楚笑曰 자초가 웃으며 말했다.

且自大君之門 "우선(차且) 스스로 그대(군君)의 가문을 크게 하고

而乃大吾門 이에 우리 가문을 크게 해주시오."

呂不韋曰 여불위가 말했다.

子不知也 "그대는 알지 못하십니다.

吾門待子門而大 우리 가문은 그대의 가문에 기대어(대待) 커질 것입니다."

子楚心知所謂 자초는 속으로 말하는 바를 알고

乃引與坐 深語 이에 맞아들여 더불어 앉아 깊이 이야기했다.

呂不韋曰 여불위가 다시 말했다.

秦王老矣 "진왕은 늙었으며

安國君得爲太子 안국군은 태자가 되었습니다.

竊聞 가만히(절竊) 듣자니

安國君愛幸華陽夫人 안국군은 화양부인을 사랑하지만

華陽夫人無子 화양부인은 아들이 없으니

能立適嗣者 적사適嗣(적사嫡嗣. 적출嫡出의 사자嗣子) 세울 수 있는 사람은

獨華陽夫人耳 오직(독獨) 화양부인뿐입니다.

今子兄弟二十餘人　지금 그대의 형제는 20여 명이고

子又居中　그대는 또 중남에다가

不甚見幸　그다지 왕의 총애(행幸)를 받지(견見)못해 　*幸(행)임금이 사랑하다.

久質諸侯　오랫동안 제후국에 인질로 있습니다.

卽大王薨　나아가(즉卽) 대왕께서 돌아가시고(홍薨)

安國君立爲王　안국군께서 왕이 되면

則子毋幾得與長子及諸子 旦暮在前者爭爲太子矣　그대는 장자(이복형
　　　　　제 자혜子傒) 및 여러 공자와 더불어 아침저녁으로 앞에서
　　　　　태자가 되는 것을 거의 다툴 수 없을 것입니다.”

子楚曰　자초가 말하였다

然爲之柰何 “그렇다면 어찌해야 합니까.”

呂不韋曰　여불위가 답했다.

子貧 客於此 “그대는 가난하고 여기에 객으로 있어

非有以奉獻於親及結賓客也　어버이에게 봉헌奉獻하거나 빈객과 사
　　　　　귈 수 있는 것이 아닙니다.

不韋雖貧　제가 비록 가난하지만

請以千金爲子西游　청컨대 천금을 가지고 그대를 위해 서西로 가서

事安國君及華陽夫人　안국군과(급及) 화양부인을 섬겨

立子爲適嗣　그대를 적사로 세우려 합니다.”

子楚乃頓首曰　자초가 이에 머리를 숙이며(돈수頓首) 말했다.

必如君策 “반드시 그대의 계획처럼 된다면

請得分秦國與君共之　청컨대 진나라를 나누어 그대와 함께할 수 있
　　　　　을 것입니다.”

▸ 奇貨可居(기화가거) ‘진기한 재물은 잘 보관해 둘 만하다’는 뜻으로, 훗날 큰 이익
　으로 돌아올 물건이나 사람에게 투자해 둠을 이르는 말.

▸ 呂不韋(여불위. ?~BC235) 전국시대 말기 진나라의 재상. 조나라에 인질이 되어
　있었던 진나라 장양왕莊襄王을 도와 그 공로로 승상이 되고 시황제로부터 중부仲

父로 존칭되었지만 밀통密通 사건에 연루되어 실각失脚함. ≪여씨춘추呂氏春秋≫
를 편찬하였음.

難兄難弟난형난제

陳元方子長文 有英才 與季方子孝先 各論其父功德 爭之不能決 咨於
太丘 太丘曰 元方難爲兄 季方難爲弟. ≪世說新語/德行≫

陳元方子長文　진기陳紀(진원방陳元方)의 아들 진군陳群(장문長文)은
有英才　영특한 재능이 있었는데
與季方子孝先　진심陳諶(계방季方)의 아들 진충陳忠(효선孝先)과 더불어
各論其父功德　각기 자기 아버지의 공덕을 논하며
爭之不能決　다투다가 결론을 내릴 수 없어
咨於太丘　할아버지 진식陳寔(태구太丘)에게 여쭈어보니(자咨)
太丘曰　진식이 말했다.
元方難爲兄　원방元方을 형이라 하기도 어렵고
季方難爲弟　계방季方을 아우라 하기도 어렵구나.

▶ 難兄難弟(난형난제) '형이라 하기도 어렵고 아우라 하기도 어렵다'는 뜻으로, 서
로 비슷비슷하여 우열을 가리기 어려움을 비유적으로 이르는 말.
▶ 후한 말 학자 진식陳寔<환제桓帝 때 태구太丘의 장長에 제수됨>은 아들 진기陳
紀, 진심陳諶과 함께 '삼군三君'으로 불림. 진기의 아들 진군陳群도 뛰어난 수재로
재상에 오름.

南橘北枳남귤북지

晏子將使楚 楚王聞之 謂左右曰 晏嬰齊之習辭者也 今方來 吾欲辱之
何以也 左右對曰 爲其來也 臣請縛一人 過王而行 王曰 何爲者也 對曰
齊人也 王曰 何坐 曰 坐盜 晏子至 楚王賜晏子酒 酒酣 吏二縛一人詣
王 王曰 縛者曷爲者也 對曰 齊人也 坐盜 王視晏子曰 齊人固善盜乎
晏子避席對曰 嬰聞之 橘生淮南則橘 生于淮北則爲枳 葉徒相似 其實
味不同 所以然者何 水土異也 今民生長於齊 不盜 入楚則盜 得無楚之
水土使民善盜耶 王笑曰 聖人非所與熙也 寡人反取病焉. ≪晏子春秋≫

晏子將使楚 안자晏子가 초나라에 사신으로 가려고 하자

楚王聞之 謂左右曰 초왕楚王이 이를 듣고 주위에 일러 말했다.

晏嬰齊之習辭者也 "안영晏嬰은 제齊나라에서 말을 잘하는(습사習辭) 사
                    람이다. *晏(안)늦다. 편안하다. 習(습)능하다.

今方來 吾欲辱之 이제 막 오면 그를 욕보이려 하는데

何以也 어떻게 하면 되겠소."

左右對曰 측근이 대답하여 말했다.

爲其來也 "그가 오게 되면

臣請縛一人 신은 청컨대, 한 사람을 묶어(박縛)

過王而行 왕의 앞을 지나서 가겠습니다.

王曰 何爲者也 왕께서 '무엇 하는 자이냐.'라고 하시면

對曰 齊人也 '제나라 사람입니다.'라고 답하겠습니다.

王曰 何坐 왕께서 '무슨 죄를 지었느냐.'고 하시면 *坐(좌)죄입다.

曰 坐盜 '도둑질을 하였습니다.'라고 답하겠습니다."

晏子至 안자晏子가 이르러

楚王賜晏子酒 酒酣 초왕이 안자에게 술을 주고 술이 무르익자(감함酣)

吏二縛一人詣王 두 관리가 한 사람을 묶어 왕에게 이르렀다.(예예詣)

王曰 왕이 말했다.

縛者曷爲者也 "묶인 지는 어떻게(갈曷) 된 것인가."

對曰 대답하여 말했다.

齊人也 坐盜 "제나라 사람인데, 도둑질을 하였습니다."

王視晏子曰 왕이 안자를 보면서 말했다.

齊人固善盜乎 "제나라 사람들은 본디(고固) 도둑질을 잘합니까.(선善)"

晏子避席對曰 안자가 자리를 피하면서 답하여 말했다.

嬰聞之 "제가 듣기로

橘生淮南則橘 귤橘이 회수淮水의 남쪽에서 나면 귤이 되고

生于淮北則爲枳 회수의 북쪽에서 나면 탱자(지枳)가 됩니다.

葉徒相似 잎은 다만(도徒) 서로 비슷할 뿐

其實味不同 열매의 맛은 같지 않습니다.

所以然者何 그렇게 된 까닭(소이연所以然)이 무엇입니까.

水土異也 물과 풍토가 다르기 때문입니다.

今民生長於齊 지금 백성이 제나라에서 태어나 자라서는

不盜 도둑질하지 않는데

入楚則盜 초나라에 오면 도둑질을 하니

得無楚之水土 使民善盜耶 초나라의 물과 토양이 백성으로 하여금
            도둑질을 잘하게 하는 것이 아니라 할 수 있겠습니까."

王笑曰 왕이 웃으며 말했다.

聖人非所與熙也 "성인과는 더불어 희롱하는(희熙) 것이 아닌데

寡人反取病焉 과인이 도리어(반反) 욕을 당했습니다."

▸ 南橘北枳(남귤북지) '남쪽 땅의 귤나무를 북쪽에 옮겨 심으면 탱자나무로 변하다'
  는 뜻으로, 사람도 그 처해 있는 곳에 따라 선하게도 되고 악하게도 됨을 이르는
  말. '귤화위지橘化爲枳'도 같은 의미임.

▸ 晏子(안자. ?~BC500) 춘추시대 말 제나라 정치가. 안영晏嬰의 존칭尊稱. 이름은 영
  嬰, 자는 평중平仲. 영공靈公, 장공莊公, 경공景公 세 군주를 섬기면서 재상을 지냈음.

洛陽紙價貴낙양지가귀

司空張華見 而歎曰 班張之流也 使讀之者 盡而有餘 久而更新 於是豪
貴之家 競相傳寫 洛陽爲之紙貴 初陸機入洛 欲爲此賦 聞思作之 撫掌
而笑 與弟雲書曰 此間有傖父 欲作三都賦 須其成 當以覆酒甕耳 及思
賦出 機絶歎伏 以爲不能加也 遂輟筆焉. ≪晉書/文苑傳≫

司空張華見　사공司空인 장화張華(서진西晉의 문학자 겸 정치가)는 좌사
　　　　　　左思의 <삼도부三都賦>를 보고
而歎曰　감탄하며 말했다.
班張之流也　"반고班固의 <양도부兩都賦>나 장형張衡의 <이경부二
　　　　　　京賦> 부류구나.
使讀之者 盡而有餘　읽는 사람으로 하여금 다하고 남음이 있어
久而更新　오래도록 다시(갱更) 새롭게 하는구나."
於是豪貴之家　이에 부유하고 권세 있는 집안들이
競相傳寫　다투어 돌려가며 베껴 쓰니
洛陽爲之紙貴　낙양洛陽은 이 때문에(위爲) 종이가 비싸졌다.(귀貴)
初陸機入洛　처음 육기陸機가 낙양에 들어와
欲爲此賦　이 부賦를 지으려 했으나
聞思作之　좌사가 이를 지었다는 말을 듣고
撫掌而笑　손바닥을 치면서(무撫) 비웃었다.　　*撫(무)어루만지다. 치다.
與弟雲書曰　동생 육운陸雲에게 편지를 보내(여與) 말했다.
此間有傖父　"요즘 창부傖父(시골뜨기)가 있어　　*창(傖)천하다.
欲作三都賦　<삼도부>를 지으려고 한다는데
須其成　틀림없이(수須) 그것이 완성되고 나면
當以覆酒甕耳　당연히 술독(주옹酒甕)을 덮을(부覆) 뿐일 것이다."
及思賦出　좌사가 <삼도부>를 내어 놓았을 때

機絶歎伏　육기는 매우(절絶) 탄복하여

以爲不能加也　더 이상 덧붙일 수 없다고 생각하고

遂輟筆焉　마침내 붓을 접었다.　*輟(철)그치다.

▸ 洛陽紙價貴(낙양지가귀) '낙양의 종이 값이 오르다'는 뜻으로, 어떤 책이 널리 읽혀 매우 잘 팔리는 것을 비유적으로 이르는 말. '낙양지가고洛陽紙價高, 낙양지가洛陽紙價'라고도 함.

▸ 左思(좌사. 250?~305) 서진 임치臨淄 사람. 자는 태충太沖. 진무제晉武帝의 귀빈貴嬪 좌분左芬의 오빠. 여동생이 궁중에 여관女官으로 들어갔기 때문에 도읍 낙양으로 나와서 10년 동안 구상하여 <삼도부三都賦>를 지었는데, 당시 문단의 영수였던 장화張華에게 절찬을 받아 유명해짐.

▸ 三都賦(삼도부) 진나라 좌사左思가 각 도읍의 풍물을 읊은 촉도부蜀都賦, 오도부吳都賦, 위도부魏都賦.

▸ 兩都賦(양도부) 후한의 반고班固<32~92>가 지은 동도부東都賦, 서도부西都賦.

▸ 二京賦(이경부) 후한의 장형張衡<78~139>이 지은 서경부西京賦, 동경부東京賦.

▸ 陸機(육기. 260~303) 서진의 문인. 자는 사형士衡. 수식어를 사용한 화려한 시풍으로 육조六朝 수사주의修辭主義의 길을 열었고, 문학비평의 방법을 논한 <문부文賦>가 유명함. 동생 陸雲육운<262~303>과 함께 이륙二陸으로 칭송됨.

濫觴 남상

子路盛服而見孔子　孔子曰　由是裾裾何也　昔者江出於岷山　其始出也其源可以濫觴　及其至江之津也　不放舟　不避風　則不可涉也　非維下流水多邪　今女衣服旣盛　顏色充盈　天下且孰肯諫女矣　子路趨而出　改服而入　蓋猶若也　孔子曰　由志之　吾語汝　奮於言者華　奮於行者伐　色知而有能者　小人也　故君子知之曰知之　不知曰不知　言之要也　能之曰能之不能曰不能　行之至也　言要則知　行至則仁　旣仁且知　夫惡有不足矣哉.

《荀子/子道篇》

子路盛服而見孔子　자로가 옷을 잘 차려입고(성복盛服) 공자를 뵈니

孔子曰　공자가 말했다.

由是裾裾何也　"유由(자로 이름)야, 이 성대한 옷차림(거기裾裾)이 무엇
　　　　　　　이냐.

昔者 江出於岷山　옛날에 장강長江은 민산岷山에서 나왔는데

其始出也　그것이 처음 나옴에 근원은

其源可以濫觴　술잔(상觴)을 넘칠(람濫) 만하였는데

及其至江之津也　그 강의 나루(진津)에 이름에 미쳐서는

不放舟 不避風　배를 놓지 않고 바람을 피하지 못하면

則不可涉也　건널(섭涉) 수 없음은

非維下流水多邪　오직 아래로 흘러오며 물이 많아짐이 아니겠느냐.

今女衣服旣盛　지금 너(여女)는 의복이 이미 화려하고

顏色充盈　얼굴빛이 충만한데

天下且孰肯諫女矣　천하에 장차(차且) 누가 기꺼이(긍肯) 너에게 간諫
　　　　　　　　하겠는가."

子路趨而出　자로가 종종걸음 치며(추趨) 나와

改服而入 蓋猶若也　옷을 갈아입고 들어가니 전과 같았다.

孔子曰　공자가 말했다.

由志之 吾語汝　"유야, 기억해(지志) 두어라. 내가 네게 말하는 것을.

奮於言者華　말을 분발奮發하는 자는 떠들썩하고(화華.<화譁>)

奮於行者伐　행동을 분발하는 자는 자랑하고(벌伐)

色知而有能者　알면서 능력이 있음을 꾸미는(색色) 사람은

小人也　소인이다.

故君子知之曰知之　그러므로 군자는 아는 것은 안다고 하고

不知曰不知　모르는 것은 모른다고 하는데

言之要也　이것이 말하는 요령이다.

能之曰能之　할 수 있는 것을 할 수 있다 하고

不能曰不能 할 수 없음을 할 수 없다 하는데
行之至也 이것이 행동의 지극함이다.
言要則知 말함에 요령이 있으면 지혜롭고(지知)
行至則仁 행동이 지극하면 어진 것이다.
既仁且知 이미 어질고 또(차且) 지혜롭다면
夫惡有不足矣哉 대저 어찌(오惡) 부족함이 있겠는가.”

▶ 濫觴(남상) '큰 강물도 그 시초는 한 잔에 넘칠 정도의 물'이라는 뜻으로 사물의 처
  음이나 기원을 말함. 이와 비슷한 말로는 '효시嚆矢, 원조元祖, 비조鼻祖' 등이 있음.

男兒須讀五車書남아수독오거서

碧山學士焚銀魚 白馬卻走深巖居
古人已用三冬足 年少今開萬卷餘
晴雲滿戶團傾蓋 秋水浮階溜決渠
富貴必從勤苦得 男兒須讀五車書. <題柏學士茅屋/杜甫詩>

○ 題柏學士茅屋 백학사柏學士의 초가집을 지나며 지음.
碧山學士焚銀魚 푸른 산의 학사 은어대銀魚袋를 불사르고
白馬卻走深巖居 백마 타고 물러나 피하여(각주卻走) 산야에 은거하였네.
古人已用三冬足 옛사람은 겨울 석 달 독서로 자족自足했는데
年少今開萬卷餘 그대 젊은 나이에 만여 권을 읽었도다.
晴雲滿戶團傾蓋 맑은 구름은 집에 가득 둥근 덮개(개蓋) 기울인 듯하고
秋水浮階溜決渠 가을 물 섬돌에 넘쳐서 도랑(거渠)에 떨어지네.(류溜)
富貴必從勤苦得 부귀는 반드시 부지런히 힘써야 얻는 것이니
男兒須讀五車書 남아는 모름지기 다섯 수레의 책을 읽어야 하느니라.

- 男兒須讀五車書(남아수독오거서) '남아는 모름지기 다섯 수레에 실을 만큼의 책을 읽어야 한다'는 뜻으로, 다독을 권장하는 말.
- 銀魚(은어) 5품 이상의 관리들이 차고 다니던 은銀으로 만든 물고기 모양의 어대魚袋. 당조唐朝에서 삼품三品 이상의 관리는 금어대金魚袋, 오품五品 이상의 관리는 은어대銀魚袋를 관복에 찼다.

老萊之戲노래지희

老萊子楚人 少以孝行 養親 極甘脆 年七十 父母猶存 萊子服斑爛之衣 爲嬰兒戲於親前 言不稱老 爲親取食上堂 足跌而偃 因爲嬰兒啼 誠至發中. ≪蒙求≫

老萊子楚人 노래자老萊子는 초나라 사람으로 *萊(래)명아주.
少以孝行 養親 어려서부터 효행으로 부모님을 봉양하여
極甘脆 맛있고 부드러운(취脆) 음식을 극진히 하였다. *脆(취)무르다.
年七十 父母猶存 나이 일흔에도 어버이 여전히(유猶) 건재하시니
萊子服斑爛之衣 노래자는 색동옷을 입고 *斑(반)얼룩. 爛(란)문채.
爲嬰兒戲於親前 부모 앞에서 어린아이(영아嬰兒)의 장난을 하고
言不稱老 말할 때에는 자신의 늙음을 일컫지 않았다.
爲親取食上堂 부모를 위하여 밥을 가지고 마루에 오르다가
足跌而偃 발이 걸려 넘어져서(질跌) 쓰러지자(언偃)
因爲嬰兒啼 인하여 어린아이처럼 울었으니(제啼)
誠至發中 정성의 지극함이 내심內心에서 나온 것이었다.

- 老萊之戲(노래지희) '노래자老萊子의 재롱'이란 뜻으로, 늙어서도 부모에게 효도를 다한다는 말. '노래반의老萊斑衣, 반의희斑衣戲, 채의오친彩衣娛親'이라고도 함.
- 老萊子(노래자) 춘추시대의 초나라의 은사隱士. 난을 피하여 몽산蒙山 남쪽에서 농사를 지으면서 살았는데 70세에 어린아이 옷을 입고 어린애 장난을 하여서 늙은 부모를 위안하였고, ≪노래자老萊子≫ 15편을 지었다고 전함.

駑馬十駕노마십가

夫驥一日而千里 駑馬十駕 則亦及之矣 將以窮無窮 逐無極與 其折骨
絕筋 終身不可以相及也 將有所止之 則千里雖遠 亦或遲或速 或先或
後 胡爲乎其不可以相及也. ≪荀子/修身≫

夫驥一日而千里 무릇 천리마(기驥)는 하루에 천 리를 달리지만
駑馬十駕 둔한(노駑) 말도 열흘 동안 달리면
則亦及之矣 또한 천 리 길에 미칠 수 있다.
將以窮無窮 장차 끝이 없는 것을 다하여
逐無極與 끝이 없는 것을 쫓을 것인가.
其折骨絕筋 그것은 뼈가 부러지고(절折) 힘줄(근筋)이 끊어져서
終身不可以相及也 죽을 때까지도 미칠 수 없을 것이다.
將有所止之 장차 그치는 바가 있다면
則千里雖遠 천 리 길이 비록 멀다고 할지라도
亦或遲或速 또한 혹은 더디고(지遲) 혹은 빠르며
或先或後 혹은 먼저 하고 혹은 뒤에 하더라도
胡爲乎其不可以相及也 어찌하여서(호위호胡爲乎) 미칠 수 없겠는가.

▶ 駑馬十駕(노마십가) '걸음이 느린 노마도 준마가 하루 동안 달리는 길을 열흘이면
  갈 수 있다'는 뜻으로, 재주가 없는 자도 열심히 노력하면 재주 있는 사람을 따를
  수 있다는 말. 말이 하루에 수레를 끌고 다닐 수 있는 거리를 일가一駕라 함.

老馬之智노마지지

管仲隰朋從桓公伐孤竹　春往冬反　迷惑失道　管仲曰　老馬之智可用也
乃放老馬而隨之　遂得道　行山中無水　隰朋曰　蟻冬居山之陽　夏居山之
陰　蟻壤一寸　而仞有水　乃掘地　遂得水　以管仲之聖而隰朋之智　至其所
不知　不難師於老馬與蟻　今人不知以其愚心而師聖人之智　不亦過乎.

≪韓非子/說林≫

管仲隰朋從桓公　관중管仲과 습붕隰朋이 환공桓公을 따라
伐孤竹　고죽국孤竹國을 칠 때
春往冬反　봄에 가서 겨울에 돌아오다가(반反)
迷惑失道　미혹되어 길을 잃었다.
管仲曰　관중이 말했다.
老馬之智可用也　"늙은 말의 지혜를 이용할 만하다."
乃放老馬而隨之　이에 늙은 말을 풀어(방放) 그 말을 따라가
遂得道　드디어 길을 찾았다.
行山中無水　산속을 가다가 물이 없어
隰朋曰　습붕이 말했다.
蟻冬居山之陽　"개미(의蟻)는 겨울에는 산의 남쪽(양陽)에 살고
夏居山之陰　여름에는 산의 북쪽(음陰)에 산다.
蟻壤一寸　한 치쯤 개미집(의양蟻壤)이 있으면
而仞有水　그 아래 여덟 자(인仞) 땅속에 물이 있을 것이다."
乃掘地　遂得水　이에 땅을 파서(굴掘) 마침내 물을 얻었다.
以管仲之聖而隰朋之智　관중과 같은 성인과 습붕과 같은 지혜로운 사람도
至其所不知　알지 못하는 것에 이르러서는
不難師於老馬與蟻　늙은 말과(여與) 개미에게 배우는 것을 어렵게 여
　　　　　　　　기지 않았는데

今人不知以其愚心而師聖人之智　지금 사람들은 그 어리석은 마음으
　　　　　　　　로 성인의 지혜를 스승으로 삼음(師師)을 알지 못하니
不亦過乎　또한 잘못(過過)이 아닌가.

▶ 老馬之智(노마지지) '늙은 말의 지혜'라는 뜻으로, 하찮은 것일지라도 장기나 장
　점을 지니고 있음을 일컬음.
▶ 桓公(환공. 재위. BC685~BC643) 춘추시대 제나라 15대 임금. 춘추오패春秋五霸
　의 한 사람. 성은 강姜, 이름은 소백小白. 관중을 등용하여 부국강병책富國強兵策
　을 썼음.

壟斷농단

古之爲市也　以其所有　易其所無者　有司者治之耳　有賤丈夫焉　必求龍
斷而登之　以左右望　而罔市利　人皆以爲賤　故從而征之　征商　自此賤丈
夫始矣. ≪孟子/公孫丑≫

古之爲市也　옛날에 시장이란
以其所有　그가 가진 것으로
易其所無者　그가 없는 것을 바꾸는(易易) 곳(者者)으로
有司者治之耳　유사有司(시장을 맡은 관리)는 그것을 다스릴 뿐이었다.
有賤丈夫焉　어떤 천장부賤丈夫(언행이 비루鄙陋한 사내)가 있어
必求龍斷　반드시 농단龍斷(높은 언덕)을 찾아　*龍(롱)언덕.<롱壟>
而登之　以左右望　그 곳에 올라가서 좌우로 바라보면서
而罔市利　시장의 이익을 그물질하였다.(罔罔)
人皆以爲賤　사람들은 다 천하게 여겼다.
故從而征之　그러므로 가서 그에게 세금을 받았으니　*征(정)세금 받다.

98

征商　장사꾼에게 세금을 받은 것은
自此賤丈夫始矣　이 천장부로부터(자自) 비롯되었다.

▶ 壟斷(농단) '높이 솟은 언덕'이라는 뜻으로, 가장 유리한 위치에서 이익이나 권력
을 독점하는 것을 비유하여 하는 말.

多多益善다다익선

上常從容與信 言諸將能不 各有差 上問曰 如我能將幾何 信曰 陛下不
過能將十萬 上曰 於君何如 曰 臣多多而益善耳 上笑曰 多多益善 何爲
爲我禽 信曰 陛下不能將兵 而善將將 此乃信之所以爲陛下禽也 且陛
下所謂天授 非人力也. ≪史記/淮陰侯列傳≫

上常從容與信　한고조漢高祖가 일찍이(상常) 조용(종용從容)히 한신韓信과
言諸將能不　여러 장수(제장諸將)의 능하고 능하지 못함에 대해 말했는데
各有差　각자 차이가 있었다.
上問曰　왕이 물어 말했다.
如我能將幾何　"나라면 얼마 정도의 군사를 거느릴(장將) 수 있겠는가."
信曰　한신이 말했다.
陛下不過能將十萬　"폐하께서는 십만을 거느릴 수 있음에 지나지(과
過) 않습니다."
上曰　왕이 말했다.
於君何如　"그대(군君)는 어떠한가.(하여何如)"
曰　한신이 말했다.
臣多多而益善耳　"신은 많으면 많을수록 더욱(익益) 좋을(선善) 따름입
니다."

上笑曰　왕이 웃으며 말했다.

多多益善　"많으면 많을수록 더욱 좋다면서

何爲爲我禽　어찌하여(하위何爲) 나에게 사로잡히게(금禽) 되었는가."

信曰　한신이 말했다.

陛下不能將兵　"폐하는 병졸을 거느릴 수 없지만

而善將將　장수(장將)를 잘(선善) 거느리십니다.

此乃信之所以爲陛下禽也　이것이 곧(내乃) 제가 폐하께 사로잡히게
　　　　　　　　　　　　　　　된 까닭(소이所以)입니다.

且陛下所謂天授　또한 폐하는 이른바 하늘이 주는(수授) 것이지

非人力也　사람의 힘으로 되는 게 아닙니다."

▶多多益善(다다익선) 많으면 많을수록 더욱 좋다는 말.

斷機之戒단기지계·孟母斷機맹모단기

孟子之少也 旣學而歸 孟母方績 問曰 學何所至矣 孟子曰 自若也 孟母
以刀斷其織 孟子懼而問其故 孟母曰 子之廢學 若吾斷斯織也 夫君子
學以立名 問則廣知 是以居則安寧 動則遠害 今而廢之 是不免於廝役
而無以離於禍患也 何以異於織績而食 中道廢而不爲 寧能衣其夫子 而
長不乏糧食哉 女則廢其所食 男則墮於修德 不爲竊盜 則爲虜役矣 孟
子懼 旦夕勤學不息 師事子思 遂成天下之名儒. ≪列女傳/母儀傳≫

孟子之少也　맹자가 어렸을 때

旣學而歸　배움을 마치고(기旣) 돌아왔는데

孟母方績　맹자의 어머니가 막 베를 짜다가　*績(적)길쌈하다.

問曰　물어 말하였다

學何所至矣 "학문이 어느 경지에 이르렀느냐."

孟子曰 맹자가 말했다.

自若也 "전과 같습니다."

孟母以刀斷其織 맹자의 어머니는 칼로 짜던 베를 끊거늘

孟子懼而問其故 맹자는 두려워 그 이유(고故)를 물으니

孟母曰 맹자의 어머니가 말했다.

子之廢學 "네(자子)가 학문을 그만두는 것은

若吾斷斯織也 내가 이 베를 끊는 것과 같다.

夫君子學以立名 무릇 군자는 배워서 이름을 세우고

問則廣知 물어서 지식을 넓힌다.

是以居則安寧 이 때문에 거처함은 편안하고

動則遠害 움직임은 해로움을 멀리한다.

今而廢之 지금 배움을 그만두면(폐廢)

是不免於廝役 일꾼(시역廝役)에서 벗어나지 못하고

而無以離於禍患也 재앙이나 환란에서 벗어날 수 없으니

何以異於織績而食 베를 짜서 먹는 것과 어찌 다르겠는가.

中道廢而不爲 중도에 그만두고 하지 않는다면

寧能衣其夫子 而長不乏糧食哉 어떻게(녕寧) 남편과 자식을 입히고
　　　　　　　　　　　　　　오래도록 양식을 떨어지지(핍乏) 않게 할 수 있겠는가.

女則廢其所食 여자가 베를 짜서 먹는 것을 그만두고

男則墮於修德 남자가 덕을 닦는 것을 게으르면　*墮(타)게으르다.

不爲竊盜 도적(절도竊盜)이 되지 않으면

則爲虜役矣 하인(노역虜役)이 될 것이다."　*虜(로)종. 하인.

孟子懼 맹자는 두려워(구懼)

旦夕勤學不息 밤낮으로 부지런히 공부하고 쉬지 아니하고

師事子思 자사子思를 스승으로 섬겨

遂成天下之名儒 마침내 천하의 이름난 선비가 되었다.(성成)

▶ 斷機之戒(단기지계)·孟母斷機(맹모단기) '베틀의 실을 끊는 훈계訓戒, 맹자의 어머니가 베틀의 날실을 끊는다'는 뜻으로, 학문을 중도에서 그만두면 짜던 베의 날실을 끊는 것처럼 아무 쓸모없음을 경계한 말.

▶ 子思(자사. BC483?~BC402?) 춘추시대 노나라의 유가儒家. 이름은 급伋, 자사子思는 자이며 성은 공孔. 공자의 손자이자 리鯉의 외아들.

斷頭將軍 단두장군

先主入益州 還攻劉璋 飛與諸葛亮等 泝流而上 分定郡縣 至江州 破璋
將巴郡太守嚴顔 生獲顔 飛呵顔曰 大軍至 何以不降而敢拒戰 顔答曰
卿等無狀 侵奪我州 我州但有斷頭將軍 無有降將軍也 飛怒 令左右牽
去斫頭 顔色不變曰 斫頭便斫頭 何爲怒邪 飛壯而釋之 引爲賓客.

≪三國志/蜀書/張飛傳≫

先主入益州 선주先主(유비劉備)가 익주益州로 들어간 뒤

還攻劉璋 군을 돌려 유장劉璋을 공격했고

飛與諸葛亮等 장비張飛는 제갈량諸葛亮과 함께

泝流而上 물을 거슬러 올라가며(소泝)

分定郡縣 군현들을 나누어 평정했다.

至江州 강주江州에 이르러

破璋將巴郡太守嚴顔 유장의 장수 파군태수 엄안嚴顔을 격파하고

生獲顔 산 채로 엄안을 붙잡았다.

飛呵顔曰 장비가 엄안을 꾸짖으며(가呵) 말했다.

大軍至 "대군이 이르렀는데

何以不降而敢拒戰 어찌 항복하지 않고 감히 맞서 싸웠느냐."

顔答曰 엄안이 말했다.

卿等無狀 "그대들(경등卿等)이 무례(무상無狀)하게

侵奪我州　우리의 주州를 침탈했으니

我州但有斷頭將軍　우리의 주에는 다만 머리가 잘리는 장군은 있을 뿐

無有降將軍也　항복하는 장군(항장降將)은 있을 수 없소."

飛怒　장비가 성내며

令左右牽去斫頭　측근들로 하여금 끌고(견牽) 가 머리를 베게(작斫) 했지만

顔色不變曰　엄안은 안색도 변하지 않고 말했다.

斫頭便斫頭　"머리를 베려면 곧(변便) 벨 것이지

何爲怒邪　어째서(하위何爲) 화를 내는가.(야邪)"

飛壯而釋之　장비가 장하게 여겨(壯) 풀어주고(석釋)

引爲賓客　불러서 빈객으로 삼았다.

▸ 斷頭將軍(단두장군) '머리가 달아난 장군'이란 뜻으로, 죽어도 항복하지 않는 장 군을 이르는 말.
▸ 張飛(장비. ?~221) 삼국시대 촉한蜀漢의 장수. 자는 익덕益德<익덕翼德>. 시호는 환후桓侯. 관우關羽와 더불어 당대 최고의 용장으로 일컬어짐. 오吳나라 토벌 도 중 부하 장달張達과 범강范彊에게 암살됨.
▸ 諸葛亮(제갈량. 181~234) 촉한의 정치가. 자는 공명孔明, 시호는 충무忠武. 촉한 유비의 책사로 활약해 유비가 촉의 황제가 되자 승상에 오름.

斷腸 단장

桓公入蜀 至三峽中 部伍有得猨子者 其母緣岸哀號 行百餘里不去 遂 跳上船 至便卽絕 破視其腹中 腸皆寸寸斷 公聞之怒 命黜其人.

《世說新語/黜免篇》

桓公入蜀　동진東晉 환공桓公(환온桓溫)이 촉蜀에 들어가다가

至三峽中　삼협三峽에 이르렀는데

部伍有得猨子者　부대원 중에 원숭이(원猨) 새끼를 잡아 온 자가 있었다.

其母緣岸 그 어미 원숭이가 언덕(안岸)을 따라오며(연緣)

哀號 슬프게 부르짖으며(애호哀號)

行百餘里不去 백여 리를 갔는데도 떠나지 않고

遂跳上船 마침내 배에 뛰어오르더니(도상跳上)

至便卽絕 곧(변즉便卽) 죽어버렸는데

破視其腹中 원숭이의 배를 갈라서 보니

腸皆寸寸斷 창자(장腸)가 다 마디마디 끊어져 있었다.

公聞之怒 공이 이를 듣고 화를 내며

命黜其人 그 사람을 내치라고(출黜) 명하였다. *黜(출)내치다. 물리치다.

▶ 斷腸(단장) '창자가 끊어지다'는 뜻으로, 창자가 끊어지는 것과 같은 심한 슬픔이
나 괴로움.

▶ 桓溫(환온. 312~373) 동진의 명장으로 여러 차례 전공을 세웠으며, 특히 촉蜀 땅
에 자리 잡은 성한成漢 성권을 정벌하고 세 차례에 걸쳐 북벌을 감행하여 위세를
떨침.

▶ 三峽(삼협) 구당협瞿塘峽, 무협巫峽, 서릉협西陵峽. 양자강揚子江에 있는 세 개의
거대한 협곡이 만나는 구간. 현재 삼협댐 공정으로 매몰된 상태임.

螳螂拒轍 당랑거철

蘧伯玉曰 汝不知夫螳螂乎 怒其臂以當車轍 不知其不勝任也 是其才之
美者也 戒之愼之 積伐而美者以犯之 幾矣. 《莊子/人間世》

蘧伯玉曰 거백옥蘧伯玉(춘추시대 위나라 대부)이 말했다. *蘧(거)대자리.

汝不知夫螳螂乎 "당신은 저(부夫) 사마귀(딩랑螳螂)를 모르십니까.

怒其臂 앞발을 치켜들고 *臂(비)팔뚝.

以當車轍 수레바퀴(거철車轍)를 맞서는데

不知其不勝任也　감당하지(승임勝任) 못함을 알지 못합니다.

是其才之美者也　이는 그 재주를 훌륭하다 하는 자이니

戒之愼之　경계하고 삼가야(신愼) 합니다.

積伐而美者　그대(이而)의 훌륭함을 지나치게(적積) 뽐내면서(벌伐)

以犯之 幾矣　그를 거스르면(범犯) 위태롭게 됩니다.”　*幾(기)위태롭다.

▶ 螳螂拒轍(당랑거철) '사마귀가 수레바퀴를 막다'는 뜻으로, 자기 능력도 가늠하지
　않고 강적에게 덤비는 것을 비유하는 말.

螳螂窺蟬당랑규선

吳王欲伐荊 告其左右曰 敢有諫者死 舍人有少孺子者 欲諫不敢 則懷
丸操彈 遊於後園 露沾其衣 如是者三旦 吳王曰 子來何苦沾衣如此 對
曰 園中有樹 其上有蟬 蟬高居悲鳴飮露 不知螳螂在其後也 螳螂委身
曲附欲取蟬 而不顧知黃雀在其傍也 黃雀延頸欲啄螳螂 而不知彈丸在
其下也 此三者 皆務欲得其前利 而不顧其後之有患也 吳王曰 善哉 乃
罷其兵.　≪說苑/正諫≫

吳王欲伐荊　춘추시대 오왕吳王(수몽壽夢)이 형荊(초楚)을 치려고(벌伐)

告其左右曰　좌우 신하에게 알려 말했다.

敢有諫者死　“감히 간하는 자가 있으면 죽이리라.”

舍人有少孺子者　사인舍人 중에 소유자少孺子란 자가 있었는데

欲諫不敢　간하고 싶었으나 감히 간하지 못하고

則懷丸操彈　동그란 돌멩이(환丸)를 가지고 잡아(조操) 튕기며(환彈)

遊於後園　후원에서 노닐면서

露沾其衣　이슬에 옷을 적셨다.(점沾)

如是者三旦   이와 같이 한 것이 세 번의 아침이었다.

吳王曰   오왕이 물었다

子來   "그대(자子)는 와서

何苦沾衣如此   어찌 힘들게 이와 같이 옷을 적시는가.(점沾)"

對曰   대답하여 말했다.

園中有樹   "후원에 한 그루 나무가 있는데

其上有蟬   그 위에 매미(선蟬)가 있습니다.

蟬高居   매미는 나무 높은 곳에 머물면서

悲鳴飮露   슬피 울며 이슬을 마시면서도

不知螳螂在其後也   사마귀(당랑螳螂)가 그 뒤에 있음을 알지 못합니다.

螳螂委身曲附   사마귀는 몸을 맡겨 굽혀서 붙이고

欲取蟬   매미를 취하려고 하면서

而不知黃雀在其傍也   참새(황작黃雀)가 그 곁에 있음을 알지 못합니다.

黃雀延頸   참새는 목(경頸)을 늘이어

欲啄螳螂   사마귀를 쪼려고 하면서

而不知彈丸在其下也   새총(탄환彈丸)이 그 아래에 있음을 모릅니다.

此三者   이 셋은

皆務欲得其前利   모두 힘써 눈앞의 이익을 얻으려고 하면서

而不顧在其後之有患也   그 뒤에 우환이 있음을 돌아보지 않습니다."

吳王曰   오왕이 말했다.

善哉   "훌륭하도다."

乃罷其兵   이에 전쟁을 그만두었다.

▸ 螳螂窺蟬(당랑규선) '사마귀가 매미를 잡으려고 엿보다'는 말로, 눈앞의 이익에
어두워 뒤에 따를 걱정거리를 생각하지 않는다는 뜻. '당랑재후螳螂在後, 당랑포
선螳螂捕蟬'이라고도 함.

▸ 吳王(오왕. BC620~BC561) 춘추시대 오나라 군주.<재위. BC585~561> 성은 姬,
이름은 승乘, 자는 수몽壽夢. 수몽이 군주에 오르며 국세가 크게 신장되었고, 왕호
를 칭하기 시작함.

大杖則走 대장즉주

曾子耘瓜 誤斬其根 曾晳怒 建大杖以擊其背 曾子仆地 而不知人久之
有頃乃蘇 欣然而起 進於曾晳曰 嚮也叅得罪於大人 大人用力敎叅 得
無疾乎 退而就房 援琴而歌 欲令曾晳而聞之 知其體康也 孔子聞之而
怒 告門弟子曰 叅來勿內 曾叅自以爲無罪 使人請於孔子 子曰 汝不聞
乎 昔瞽瞍有子曰舜 舜之事瞽瞍 欲使之 未嘗不在於側 索而殺之 未嘗
可得 小箠則待過 大杖則逃走 故瞽瞍不犯不父之罪 而舜不失烝烝之孝
今叅事父 委身以待暴怒 殪而不避 旣身死 而陷父於不義 其不孝孰大
焉 汝非天子之民也 殺天子之民 其罪奚若 曾叅聞之曰 叅罪大矣 遂造
孔子而謝過. ≪孔子家語/六本≫

曾子耘瓜   증자가 참외밭을 매다가

誤斬其根   잘못하여(오誤) 그 뿌리를 베자(참斬)

曾晳怒   아버지 증석曾晳이 화가 나서   *晳(석)밝다.

建大杖以擊其背   큰 막대기(장杖)를 들어 증자의 등을 쳤다.

曾子仆地   증자가 땅에 넘어져(부仆)

而不知人久之   오랫동안 사람도 알아보지 못하다가

有頃乃蘇   잠깐(경頃) 있다가 비로소(내乃) 깨어나더니(소蘇)

欣然而起   기쁜 표정(흔연欣然)으로 일어나

進於曾晳曰   증석에게 나아가 말했다.

嚮也叅得罪於大人   "아까(향嚮) 제(삼叅)가 아버님께 잘못을 했을 때

大人用力敎叅   아버님께서 힘을 들여 저를 훈계하셨으니

得無疾乎   병환이라도 나지 않으셨습니까."

退而就房   물러나 방으로 가서는

援琴而歌   거문고를 타며 노래를 하였는데

欲令曾晳而聞之 知其體康也　증석이 이를 듣고 몸이 괜찮음을 알게
　　　　　　　　　　　　　하고자 하였다.

孔子聞之而怒　공자는 이를 듣고 화를 내며

告門弟子曰　제자들에게 말했다.

參來勿內　"증삼(曾參)이 오면 들이지(납內) 마라."　*內(납)들이다.<납納>

曾參自以爲無罪　증삼은 스스로 잘못이 없다고 생각하였으므로

使人請於孔子　사람을 시켜 공자에게 뵙기를 청하였는데

子曰　공자가 말했다.

汝不聞乎　"너희들은 듣지 못하였느냐.

昔瞽瞍有子曰舜　옛날에 고수瞽瞍에게 순舜이라는 아들이 있었는데

舜之事瞽瞍　순이 아버지 고수를 섬김에

欲使之　그를 시키려(사使) 할 때에는

未嘗不在於側　일찍이 그 곁(측側)에 있지 않은 적이 없었지만

索而殺之　순을 찾아서(색索) 죽이려 할 때에는

未嘗可得　일찍이 찾을 수 없었다.

小棰則待過　작은 회초리로 때릴 때는 그대로 맞았고　*棰(추)때리다.

大杖則逃走　큰 몽둥이로 때리려고 하면 달아나 버렸다.

故瞽瞍不犯不父之罪　그래서 고수는 그가 아비답지 못하다는 죄를
　　　　　　　　　　　범하지 않았고

而舜不失烝烝之孝　순도 또한 지극한(증증烝烝) 효도를 잃지 않았다.

今參事父　지금 증삼은 아버지를 섬김에

委身以待暴怒　그 몸을 내맡겨(위委) 마음대로 때리도록 하고

殪而不避　거의 죽기(에殪)에 이르러도 피하지 않았으니

旣身死　이미 몸이 죽어

而陷父於不義　아버지를 불의不義에 빠지게(함陷) 하였다면

其不孝孰大焉　그 불효가 무엇(숙孰)이 이보다(언焉) 크겠는가.

汝非天子之民也　너희들은 천자의 백성이 아닌가.

殺天子之民　천자의 백성을 죽이게 되면

其罪奚若　그 죄가 어떻겠는가.(해약奚若)"

曾參聞之曰　증삼이 이 말을 듣고 말했다.

參罪大矣　"나의 죄가 크도다."

遂造孔子而謝過　드디어 공자에게 나아가 잘못을 빌었다.

▸ 大杖則走(대장즉주) '큰 몽둥이로 때리려고 하면 달아나다'는 뜻으로, 크게 화가
  나서 몽둥이로 쳐 죽이려 할 때는 달아나서 어버이가 불의를 범하지 않도록 함을
  말함.

道見桑婦도견상부

晉文公出會　欲伐衛　公子鉏仰天而笑　公問何笑　曰　臣笑鄰之人有送其
妻適私家者　道見桑婦　悅而與言　然顧視其妻　亦有招之者矣　臣竊笑此
也　公寤其言　乃止　引師而還　未至　而有伐其北鄙者矣. ≪列子/說符≫

晉文公　진문공晉文公(BC697~BC628)이

出會　나라 밖으로 나가 제후들을 모아

欲伐衛　위나라를 치려고(벌伐) 하자

公子鉏仰天而笑　공자 서鉏가 하늘을 우러러보며 크게 웃었다.

公問何笑　문공이 어찌 웃는가 묻자

曰　서가 대답했다.

臣笑　"신이 웃은 것은

鄰之人有送其妻適私家者　이웃 사람 중에 그 아내가 사가私家(친정)

　　　　　　　로 가는(적適) 것을 배웅하는(송送) 자가 있었는데

道見桑婦　길가에서 뽕잎을 따는 여자를 보고

109

悅而與言　즐겁게 더불어 이야기하다가

然顧視其妻　그런데 자신의 아내를 돌아보니(고顧)

亦有招之者矣　역시 아내에게 유혹하는 남자가 있었습니다.

臣竊笑此也　신은 이 일을 생각하고 남몰래(절竊) 웃었습니다."

公寤其言　문공은 그 말의 뜻을 깨닫고(오寤)

乃止 引師而還　곧 계획을 멈추고 군사(사師)를 이끌고 돌아왔다.

未至　문공이 미처 돌아오지 않았는데

而有伐其北鄙者矣　진의 북쪽 변경(북비北鄙)을 침범하는 자가 있었다.

▸ 道見桑婦(도견상부) '길에서 뽕잎 따는 여자를 만나다'는 말로, 눈앞에 보이는 일
　시적인 이익을 좇다가 가지고 있는 것까지 다 놓치는 것을 비유한 말.

韜光養德도광양덕

完名美節 不宜獨任 分些與人 可以遠害全身
辱行汚名 不宜全推 引些歸己 可以韜光養德.　《菜根譚》

完名美節　완전한 명예와 아름다운 절개는

不宜獨任　혼자서 차지해서는 안 된다.

分些與人　조금(사些)은 나누어 남에게 주어야(여與)

可以遠害全身　해를 멀리하고 몸을 보전할 수 있다.

辱行汚名　욕된 행실과 더러운 이름은

不宜全推　온전히 남에게 미루어서는 안 되니

引些歸己　조금은 끌어다 나에게 돌려야

可以韜光養德　빛을 감추고(도韜) 덕을 기를 수 있다.

▶ 韜光養德(도광양덕) '빛을 감추고 덕을 기르다'는 말로, 밖으로 재능의 빛을 감추고 안으로 덕을 쌓음. *韜光養晦(도광양회) '빛을 감추고 어둠 속에서 은밀히 힘을 기르다'는 뜻으로, 자신의 재능이나 명성을 드러내지 않고 참고 기다림.

桃園結義도원결의

玄德遂以己志告之 雲長大喜 同到張飛莊上 共議大事 飛曰 我莊後 有
一桃園 花開正盛 明日當於園中 祭告天地 我三人結爲兄弟 協力同心
然後可圖大事 玄德 雲長齊聲應曰 如此甚好 次日於桃園中 備下烏牛
白馬 祭禮等項 三人焚香再拜 而說誓曰 念劉備 關羽 張飛 雖然異姓
旣結爲兄弟 則同心協力 救困扶危 上報國家 下安黎庶 不求同年同月
同日生 只願同年同月同日死 皇天后土 實鑒此心 背義忘恩 天人共戮
誓畢 拜玄德爲兄 關羽次之 張飛爲弟 祭罷天地 復宰牛設酒 聚鄕中勇
士 得三百餘人 就桃園中痛飮一醉. 《三國志演義》

玄德　현덕玄德(유비의 자)이
遂以己志告之　마침내 자신의 뜻을 그에게 말하자
雲長大喜　운장雲長(관우의 자)이 크게 기뻐하여
同到張飛莊上　함께 장비張飛의 집에 이르러　*莊(장)별장. 씩씩하다.
共議大事　함께 큰일을 의논하였다.
飛曰　장비가 말했다.
我莊後 有一桃園　"우리 집 뒤에 도원桃園이 있는데
花開正盛　꽃이 피어 한창이니
明日當於園中　내일 마땅히 도원에서
祭告天地　천지에 제사하여 고하고
我三人結爲兄弟　우리 세 사람이 형제가 되기를 맺어

協力同心　힘을 합하고 마음을 함께한 연후에

然後可圖大事　큰일을 꾀할(도圖) 수 있습니다."

玄德雲長　현덕과 운장이

齊聲應曰　소리를 같이하여(제齊) 응하여 말했다.

如此甚好　"그거 참 좋소."

次日於桃園中　다음 날 도원에서

備下烏牛白馬 祭禮等項　검은 소(오우烏牛)와 흰말의 희생犧牲과 제사

　　　　　　　　　　　　　예물 등을 갖추고(비하備下)

三人焚香再拜　세 사람이 분향재배하고

而說誓曰　맹서하며 말했다.

念劉備關羽張飛　"생각건대 유비와 관우와 장비가

雖然異姓 旣結爲兄弟　비록 성은 다르나 이미 형제가 되기를 맺었으니

則同心協力　마음을 같이하고 힘을 합하여

救困扶危　곤란함을 구하고 위태로움을 도와서

上報國家　위로는 나라에 보답하고

下安黎庶　아래로는 백성(여서黎庶)을 편안히 하되　*黎(려)검다. 많다.

不求同年同月同日生　같은 해, 같은 달, 같은 날에 나기를 구하지 않고

但願同年同月同日死　다만 같은 해, 같은 달, 같은 날에 죽기를 원합니다.

皇天后土　하늘의 신과 땅의 신(황천후토皇天后土)께서는

實鑒此心　진실로 이 마음을 살피시어(감鑒)

背義忘恩　의를 등지고 은혜를 잊으면

天人共戮　하늘과 사람이 함께 죽이소서.(륙戮)"

誓畢　맹서를 마치고(필畢)

拜玄德爲兄　현덕에게 절하여 형으로 삼고

關羽次之 張飛爲弟　관우가 그 다음이 되고, 장비가 아우가 되었다.

祭罷天地　천지에 지내는 제사를 마치고(파罷)

復宰牛設酒　다시(부復) 소를 잡고(재宰) 술을 준비하여

聚鄉中勇士 得三百餘人　마을의 용사들을 모아(취취聚) 삼백여 명을 얻어

就桃園中　도원에 나아가(취취就)

痛飮一醉　맘껏 마시고(통음痛飮) 모두(일一) 취하였다.

▶ 桃園結義(도원결의) '도원桃園에서 의형제를 맺었다'는 뜻으로, 의형제를 맺음. 뜻
이 맞는 사람끼리 함께 일을 추진할 때를 비유하는 말.

▶ 關羽(관우. ?~219) 삼국시대 촉한蜀漢의 장수. 자는 운장雲長. 시호는 장목후壯繆
侯<장목후壯穆侯라고도 씀>. 중국의 민간에서 충의忠義와 무용武勇의 상징으로
여겨져 무성武聖이나 관성제군關聖帝君, 관제성군關帝聖君 등으로 숭배됨.

讀書亡羊독서망양

臧與穀 二人相與牧羊 而俱亡其羊 問臧奚事 則挾策讀書 問穀奚事 則
博塞以游 二人者 事業不同 其於亡羊均也 伯夷死名於首陽之下 盜跖
死利於東陵之上 二人者 所死不同 其於殘生傷性均也 奚必伯夷之是而
盜跖之非乎 天下盡殉也 彼其所殉仁義也 則俗謂之君子 其所殉貨財也
則俗謂之小人 其殉一也 則有君子焉 有小人焉 若其殘生損性 則盜跖
亦伯夷已 又惡取君子小人於其間哉. ≪莊子/騈拇≫

臧與穀　장臧(사내종)과 곡穀(계집종) *臧(장)착하다.

二人相與牧羊　둘이 사이좋게(상여相與) 양을 치러 갔다가

而俱亡其羊　함께(구俱) 그 양을 잃어버렸다.(망亡)

問臧奚事　사내종에게 어찌 된(해奚) 일이냐고 묻자

則挾策讀書　'서책(간책簡策)을 끼고(협挾) 책을 읽고 있었다.'라고 하였고

問穀奚事　계집종에게 어찌 된 일이냐고 묻자

則博塞以遊　'주사위놀이(박색博塞)를 하면서 놀았다.'고 하였다.

二人者事業不同　두 사람이 하던 일은 같지 않았지만

其於亡羊均也　양을 잃어버림에 있어서는 같은 것이다.

伯夷死名於首陽之下　백이伯夷는 수양산首陽山 아래에서 명분名分
　　　　　　　　　　때문에 죽었고

盜跖死利於東陵之上　도척盜跖(춘추시대 도둑)은 동릉위에서 이익利益
　　　　　　　　　　때문에 죽었다.

二人者 所死不同　두 사람이 죽은 방법은 달랐지만

其於殘生傷性均也　그들이 삶을 해치고(잔殘) 목숨을 손상損傷시킴은
　　　　　　　　　같은데

奚必伯夷之是　어찌(해奚) 반드시 백이가 옳고(시是)

而盜跖之非乎　도척이 그른가.(비非)

天下盡殉也　천하 사람들은 모두 따라서 죽는다.(순殉)

彼其殉仁義也　저들이 인의를 따라서 죽으면

則俗謂之君子　속인은 그를 군자라고 한다.

其所殉貨財也　그가 재물을 따라서 죽으면

則俗謂之小人　속인은 그를 소인이라고 한다.

其殉一也　그들이 따라서 죽은 것은 같은데

則有君子焉 有小人焉　어떤 이는 군자이고, 어떤 이는 소인이다.

若其殘生損性　그 삶을 해치고(잔殘) 목숨을 손상시킴은

則盜跖亦伯夷已　도척도 또한 백이일 따름인데(이已)

又惡取君子小人於其間哉　또 어찌(오惡) 그 사이에서(어於) 군자와 소
　　　　　　　　　　　　인을 고르는가.

▶ 讀書亡羊(독서망양) '책을 읽다가 양을 잃었다'는 뜻으로, 다른 일에 정신 뺏겨 중
요한 일을 소홀히 하는 것을 비유하는 말. 장臧과 곡穀이 양을 잃었다는 '장곡망
양臧穀亡羊'도 같은 의미임.

▶ 伯夷(백이) 은나라 말 처사. 고죽국孤竹國의 공자公子. 주周나라 무왕武王이 은나
라 주왕紂王을 치려 할 때 동생 숙제叔齊와 함께 무왕에게 간하였으나, 받아들여
지지 않고 주의 천하가 되자 수양산에 들어가 고사리를 캐 먹으며 숨어 살다가 굶
어 죽었다.

- 장자莊子는 양을 잃은 두 사람의 비유에 이어, 명분을 위해 죽은 백이와 욕심 때문에 죽은 도척의 죽음을 본성을 해쳤다는 점에서 동일시하면서, 인의를 위해 몸을 바치면 군자라 하고 재물을 탐하다 죽으면 소인이라고 하는 세속적 편견을 비판함.

獨眼龍독안용

克用時年二十八 於諸將最少 而破黃巢 復長安 功第一 兵勢最強 諸將
皆畏之 克用一目微 時人謂之獨眼龍. ≪資治通鑑≫

克用時年二十八　이극용李克用은 당시 나이 28세로
於諸將最少　여러 장수(제장諸將) 중에서 가장 나이가 어렸지만
而破黃巢　황소黃巢의 난을 진압하고
復長安 功第一　장안을 회복回復하는 데 공이 제일이었다.
兵勢最強　병사의 세력이 가장 강하여
諸將皆畏之　여러 장수들은 그를 모두 두려워하였다.(외畏)
克用一目微　이극용은 한쪽 눈이 감기다시피 작아서(미微)
時人謂之獨眼龍　당시 사람들은 그를 독안용獨眼龍이라 했다.

- 獨眼龍(독안용) '애꾸눈의 용'이라는 뜻으로, 애꾸눈을 가진 영웅을 이르는 말. 독안獨眼은 원래 애꾸눈을 뜻하는데 이극용의 한쪽 눈이 감기다시피 작아서 당시 사람들은 그를 독안용獨眼龍이라 불렀음.
- 李克用(이극용. 856~906) 당대唐代 돌궐족 출신 장군. 923년에 후량後梁을 멸하고 후당後唐을 세운 이존욱李存勖은 그의 아들이며, 그에 의해 태조太祖 무제武帝라 추증 받음.
- 黃巢(황소. ?~884) 당나라 희종僖宗 때 반란군 수령. 과거 낙방 후 소금 밀매업을 하던 황소는 875년 수천 명의 추종자들을 모아 반란을 일으켜 전체를 휩쓸며 881년에는 수도 장안長安을 점령하고, 대제大齊의 황제라 칭하였으나 884년 관군의 반격으로 자결. 10년간의 반란으로 당은 급격하게 쇠퇴하여 황소의 부하 장군이었던 주전충朱全忠<852~912>에 의해 멸망함.

豚蹄一酒 돈제일주

威王八年 楚大發兵加齊 齊王 使淳于髡之趙請救兵 齎金百斤 車馬十
駟 淳于髡仰天大笑 冠纓索絶 王曰 先生少之乎 髡曰 何敢 王曰 笑豈
有說乎 髡曰 今者臣從東方來 見道傍有禳田者 操一豚蹄 酒一盂 祝曰
甌窶滿篝 汚邪滿車 五穀蕃熟 穰穰滿家 臣見其所持者狹而所欲者奢
故笑之 於是齊威王乃益齎黃金千溢 白璧十雙 車馬百駟 髡辭而行 至
趙 趙王與之精兵十萬 革車千乘 楚聞之 夜引兵而去. ≪史記/滑稽列傳≫

威王八年　제위왕齊威王 8년에
楚大發兵加齊　초나라가 크게 군대를 일으켜 제나라를 압박했다.
齊王 使淳于髡之趙請救兵　제위왕은 순우곤淳于髡(전국시대 제나라 사람)
　　　　　　　으로 하여금 조나라에 가서(之) 구원병을 청하게 하면서
齎金百斤 車馬十駟　황금 백 근과 사두마차 열 대를 가져가게 하였다.
　　　　　　　*齎(재)가져가다. 駟(사)사마駟馬. 말 네 필.
淳于髡仰天大笑　순우곤이 하늘을 우러러보며 크게 웃으니
冠纓索絶　갓끈(관영冠纓)이 다(삭索) 끊어질 정도였다.　*索(삭)다하다.
王曰　왕이 물었다.
先生少之乎　"선생은 이것을 적다고 생각하시오."
髡曰　순우곤이 말했다.
何敢　"어찌 감히 그렇다고 하겠습니까."
王曰　왕이 말했다.
笑豈有說乎　"웃는 데는 그(기豈) 할 말이 있을 것이오."
髡曰　순우곤이 말했다.
今者臣從東方來　"오늘 신이 동쪽으로부터(종從) 오면서
見道傍有禳田者　길가에서 풍작을 비는(양禳) 사람을 보았는데
操一豚蹄 酒一盂　돼지 발굽(돈제豚蹄) 하나와 술 한 사발(우盂)을 잡고

116

祝曰　빌면서 말하였습니다.

甌窶滿簋　'높은 곳에 있는 좁은 땅(구루甌窶. 구루甌樓)에서는 대바구
　　　　　니(루簋)에 넘치고

洿邪滿車　낮은 땅에서는 수레에 가득 차며 *洿邪(오사)움푹 파인 땅의
　　　　　전지田地. 洿(오)웅덩이. 邪(사)기울다, 비스듬하다.

五穀蕃熟　오곡이 풍성하게 익어

穰穰滿家　풍년 들어(양穰) 집안에 넘쳐나게 해주십시오.'

臣見其所持者狹 而所欲者奢　신은 그 손에 잡고 있는 것은 조금이면
　　　　　　　　　서(협狹) 원하는 것은 지나침(사奢)을 보았기 때문에

故笑之　웃은 것입니다."

於是齊威王　이에 제위왕은

乃益齎黃金千溢 白璧十雙 車馬百駟　곧 황금 천 일溢, 백벽白璧 열
　　　　　　　　　　　쌍, 사두마차 백 대를 가지고 가게 하였다.

髠辭而行 至趙　순우곤이 작별 인사를 하고 출발하여 조나라에 이르자

趙王與之精兵十萬 革車千乘　조나라 왕은 제나라에 정병精兵 십만과
　　　　　　　　　　가죽 수레 천 승乘을 내주었다.(여與)

楚聞之　초나라는 이 소식을 듣고

夜引兵而去　밤중에 군사를 돌려(인병引兵) 돌아갔다.

▶ 豚蹄一酒(돈제일주) '돼지 발굽과 술 한 잔'이란 뜻으로, 작은 물건이나 정성으로
　큰 것을 구하려고 하는 것을 비유하는 말.

▶ 齊威王(제위왕. ?~BC320) 전국시대 제나라의 군주로 제환공齊桓公의 아들.
　BC356년에 등극하여 재임 중에 개혁을 통하여 부국강성한 나라를 만들었고, 스스
　로 왕으로 칭하였는데, 이후 제나라 군주는 후작이나 공작이 아닌 왕으로 칭함.

東家食西家宿동가식서가숙

齊人有女 二人求之 東家子醜而富 西家子好而貧 父母疑不能決 問其
女定所欲適 難指斥言者 偏袒令我知之 女便兩袒 怪問其故 云 欲東家
食西家宿 此爲兩袒者也. ≪藝文類聚≫

齊人有女 제나라 사람에게 딸이 있어
二人求之 두 사람이 그에게 구혼하였는데
東家子醜而富 동쪽 집 아들은 못생겼으나(추醜) 부자이며
西家子好而貧 서쪽 집 아들은 잘생겼으나 가난하였다.
父母疑不能決 부모는 헷갈려 결정할 수 없어
問其女定所欲適 그 딸에게 시집가고(적適) 싶은 곳을 정하라고 묻고
難指斥言者 지적하여(지척指斥) 말하는 것이 어려우면
偏袒 한쪽 소매를 걷어(편단偏袒) *袒(단)소매를 걷어 올리다.
令我知之 우리로 하여금 알게 하라고 하였다.
女便兩袒 딸은 곧(변便) 두 소매를 걷어 올렸다.
怪問其故 이상하게 여겨 그 이유(고故)를 물으니
云 欲東家食西家宿 "동쪽 집에서 먹고 서쪽 집에서 자고 싶습니다.
此爲兩袒者也 이 때문에 양 소매를 걷은 것입니다."라고 하였다.

▶ 東家食西家宿(동가식서가숙) '동쪽 집에서 밥 먹고 서쪽 집에서 잠자다'는 뜻으로,
본래의 뜻은 지나친 욕심을 꼬집는 의미였으나, 일정한 거처가 없이 떠돌아다니며
지냄을 이름.

董狐之筆 동호지필

趙穿攻靈公於桃園 宣子未出山而復 大史書曰 趙盾弑其君 以示於朝
宣子曰 不然 對曰 子爲正卿 亡不越竟 反不討賊 非子而誰 宣子曰 嗚
呼 詩曰 我之懷矣 自詒伊慼 其我之謂矣 孔子曰 董狐 古之良史也 書
法不隱 趙宣子 古之良大夫也 爲法受惡 惜也 越竟乃免.

《春秋左氏傳/宣公》

趙穿攻靈公於桃園 조조천趙穿이 도원에서 진영공晉靈公을 치자(공攻)
宣子未出山 조선자趙宣子(조돈趙盾)는 국경의 산을 나가기 전에
而復 돌아왔다.(복復)
大史書曰 趙盾弑其君 태사(동호董狐)는 조돈(조천의 형)이 그 임금을
　　　　　　　　　　시해弑害했다고 기록하고 　*弑(시)윗사람을 죽이다.
以示於朝 조정의 신하들에게 보이니
宣子曰 조선자가 말했다.
不然 "그렇지 않다."
對曰 태사가 답하였다.
子爲正卿 "그대(자子)는 정경正卿으로
亡不越竟 도망가되 국경을 넘지(월越) 않았고 　*竟(경)지경地境.
反不討賊 돌아와서는 역적을 치지 않았으니
非子而誰 그대가 아니고 누구이겠는가."
宣子曰 선자가 말했다.
嗚呼 詩曰 "아,(오호嗚呼) ≪시경≫에
我之懷矣 '나는 나라를 생각하다가
自詒伊慼 자신에게 저(이伊) 근심(척慼)을 끼쳤네.(이詒)'라고 하였는데
其我之謂矣 그것은 나를 일컬음이도다."
孔子曰 공자가 말했다.

董狐 古之良史也 　"동호董狐는 옛날에 훌륭한 사관으로　*董(동)성.

書法不隱 　법에 의해서 쓰는 깃을 숨기지 않았으며

趙宣子 古之良大夫也 　조선자는 옛날 어진 대부로

爲法受惡 　사관의 법을 위하여 오명을 받아들였다.

惜也 　애석하다.　*惜(석)아깝다.

越竟乃免 　국경을 넘었다면 이에 오명을 면할 수 있었을 것인데."

▸ 董狐之筆(동호지필) '동호董狐의 붓'이라는 뜻으로, 역사를 기록함에 권세를 두려
워하지 않고, 사실을 숨기지 아니하고 그대로 적는 일을 뜻함.

▸ 趙盾(조돈) 춘추시대 진晉나라의 대부. 조선자趙宣子. 조선맹趙宣盟. 이름은 돈盾,
시호는 선宣.

▸ 董狐(동호) 춘추시대 진晉의 사관史官. 조천趙穿이 영공靈公을 시해할 때 조돈이
시해에 직접 가담하지는 않았지만, 승상으로서 구차하게 몸을 피해 국경 부근으로
달아난 점, 국내에 있으면서도 국난을 구하려고 하지 않은 점, 영공을 시해한 이
들을 사후에 벌하지 않은 점 등 중대한 과오를 필주筆誅하기 위해 '조돈이 도원桃
園에서 주군 이고夷皐<영공>를 시해했다.'고 기록했다. 이 같은 직필直筆로 인해
후세에 양사良史로 칭송되고 있다.

得魚忘筌득어망전

筌者所以在魚 得魚而忘筌 蹄者所以在兎 得兎而忘蹄 言者所以在意
得意而忘言 吾安得夫忘言之人 而與之言哉. ≪莊子/外物≫

筌者所以在魚 　통발(전筌)은 물고기를 잡는 것인데

得魚而忘筌 　물고기를 잡고 나면 통발은 잊어버린다.

蹄者所以在兎 　올가미(제蹄)는 토끼를 잡는 것인데

得兎而忘蹄 　토끼를 잡고 나면 올가미는 잊어버린다.

言者所以在意 　말이란 생각을 전하기 위한 것인데

得意而忘言 생각을 전하고 나면 곧 말을 잊어버린다.

吾安得夫忘言之人 而與之言哉 내가 어찌하면 (뜻을 얻고) 말을 잊어
　　　　　　　　　　　　　　버린 사람과 더불어 말할 수 있을까.

▸ 得魚忘筌(득어망전) '물고기를 잡고 나면 통발을 잊다'는 뜻으로, 뜻한 바를 이룬
　후에는 그 수단이나 과정에 대하여는 애착을 갖지 말라는 말. 오늘날에는 토사구
　팽兎死狗烹처럼 배은망덕의 뜻으로도 사용됨.
▸ 장자莊子는 망언忘言을 끌어내기 위해 망전忘筌과 망제忘蹄를 전제前提함. 장자
　가 말하는 말을 잊은 사람이란 말 같은 것은 잊어버려 그에 얽매이지 않는 참된
　뜻을 깨달은 사람을 가리킴.

得隴望蜀득롱망촉

秋八月 帝自上邽晨夜東馳 賜岑彭等書曰 兩城若下 便可將兵南擊蜀虜
人苦不知足 旣平隴 復望蜀 每一發兵 頭須爲白.　≪後漢書/岑彭傳≫

秋八月　가을 팔월에
帝自上邽　황제(광무제光武帝)는 상규上邽에서부터(자自)
晨夜東馳　밤낮으로 동쪽으로 달리며(치馳)
賜岑彭等書曰　잠팽岑彭 등에게 글을 내려(사賜) 말했다.
兩城若下　"만약 두 성을 함락陷落시키면
便可將兵南擊蜀虜　곧(변便) 병사를 거느리고(장將) 남쪽으로 촉蜀 땅
　　　　　　　　　　의 오랑캐(공손술公孫述)를 칠 것이다.
人苦不知足　사람들은 만족함을 모름에 고생苦生하는데
旣平隴　이미 농서隴西(외효隗囂)를 평정하고
復望蜀　다시(부復) 촉(공손술)을 바라는구나.
每一發兵　한 번 군대를 일으킬 때마다
頭須爲白　머리와 수염(수須)이 하얗게 센다."

- 得隴望蜀(득롱망촉) '농隴땅을 얻고 나니 촉蜀땅을 바라다'는 뜻으로, 인간의 욕심은 한이 없음을 비유해 이르는 말.
- 光武帝(광무제. BC6~57) 후한의 초대 황제.<재위. 25~57> 한漢(전한)을 빼앗았던 왕망王莽을 멸하고 후한을 세워 왕조를 재건함. 고조高祖 유방의 9세손으로 본명은 유수劉秀, 자는 문숙文叔, 묘호廟號는 세조世祖, 시호諡號는 광무光武.
- 岑彭(잠팽. ?~35) 후한 남양南陽 극양棘陽 사람. 자는 군연君然. 왕망王莽 때 극양현장縣長을 역임했는데 나중에 유수劉秀에게 귀순하여 유수가 즉위하자 정위廷尉에 오르고, 대장군을 맡음. 성도成都 부근에서 공손술公孫述이 보낸 자객에게 살해당함.

登龍門등용문

河津 一名龍門 水險不通 魚鼈之屬 莫能上 江海大魚 薄集龍門下數千 不得上 上則爲龍. ≪後漢書/李應傳≫

河津 一名龍門　하진河津은 일명 용문龍門이니
水險不通　물이 험하여 배가 통하지 못하고
魚鼈之屬 莫能上　물고기와 자라(별鼈) 무리(속屬)가 오를 수 없었다.
江海大魚　강과 바다의 큰 물고기들이
薄集龍門下數千　용문의 아래로 수천이 모여들었지만　*薄(박)모이다.
不得上　올라갈 수가 없었고
上則爲龍　오른다면 용이 되었다.

- 登龍門(등용문) '용문龍門에 오르다'는 뜻으로, 물고기가 용문에 올라가면 용이 된다는 말로, 어려운 관문을 통과하여 출세하게 됨. 또는 그 관문을 이름.

麻姑搔痒 마고소양

麻姑手爪不如人爪形 蔡經心中私言 若背大癢時 得此爪以爬背 當佳也
方平已知經心中所言 卽使人牽經鞭之 曰 麻姑神人也 汝何忽謂其爪可以
爬背耶 便見鞭著經背 亦不見有人持鞭者 方平告經曰 吾鞭不可妄得也.

《神仙傳》

麻姑手爪   선녀 마고麻姑의 손톱(수조手爪)은
不如人爪形   사람의 손톱 모양과 달랐다.
蔡經心中私言   채경蔡經은 마음속으로 중얼거렸다.
若背大癢時   만일 등(배背)이 많이 가려울(양癢) 때
得此爪以爬背   이 손톱으로 등을 긁는다면(파爬)
當佳也   당연히 좋을 거야.
方平   신선 방평方平은
已知經心中所言   이미 채경이 마음속으로 중얼거린 내용을 알고
卽使人牽經鞭之   곧 사람을 시켜 그를 끌어다(견牽) 채찍질(편鞭)하게 하고
曰   말했다
麻姑神人也   "마고는 신인神人이어늘
汝何忽謂其爪可以爬背耶   너는 어찌하여 느닷없이(홀忽) 마고의 손톱으로
　　　　　　　　　　　　등을 긁을 수 있을 것을 생각했느냐.(위謂)"
便見鞭著經背   문득 채찍이 채경의 등을 때리는(착著) 것만 보이고
亦不見有人持鞭者   또한 회초리를 들고 있는 자는 보이지 않았다.
方平告經曰   방평이 채경에게 말했다.
吾鞭不可妄得也   "내 채찍은 함부로 맞을 수 있는 것이 아닐세."

▶ 麻姑搔痒(마고소양) '마고麻姑라는 손톱이 긴 선녀가 가려운 데를 긁다'는 뜻으로,
　일이 뜻대로 됨을 비유해 이르는 말. '마고파양麻姑爬痒'이라고도 함.

磨杵作針 마저작침

磨針溪 在眉州象耳山下 世傳李白讀書山中 學未成 棄去 過是溪 逢老
媼方磨鐵杵 白問 何爲 媼曰 欲作針耳 白感其言 還卒業 媼自言姓武
今溪旁有武氏巖. ≪方輿勝覽≫

磨針溪　마침계磨針溪는
在眉州象耳山下　미주眉州의 상이산象耳山 아래에 있다.
世傳李白讀書山中　세상에 전하기를 이백李白이 산중에서 책을 읽다가
學未成 棄去　배움을 다 이루지 못한 채 포기抛棄하고 떠나며
過是溪　이 시내를 지나다가
逢老媼方磨鐵杵　한창 쇠공이(철저鐵杵)를 갈고(마磨) 있는 할머니(온
　　　　　　　　　媼)를 만났다.
白問　이백이 물었다.
何爲　"무엇(하何)을 하고 계십니까."
媼曰　할머니가 말했다.
欲作針耳　"바늘(침針)을 만들려고 할 뿐이오."
白感其言　이백은 이 말에 깨달아(감感)
還卒業　돌아가서(환還) 학업을 마쳤다.(졸卒)
媼自言姓武　할머니는 스스로 성이 무武라고 말했는데
今溪旁有武氏巖　지금도 시내 옆(방旁)에 무씨武氏 바위가 있다.

▸ 磨杵作針(마저작침) '쇠공이를 갈아서 바늘을 만들다'는 뜻으로, 한번 일을 시작
　했으면 끝까지 흔들림 없이 노력해야 성공 할 수 있음을 비유한 말. '도끼를 갈아
　바늘을 만들다'는 '마부작침磨斧作針', '쇠로 된 공이를 갈아 바늘을 만들다'는
　'철저마침鐵杵磨針'이라고도 함.
▸ 李白(이백. 701~762) 당나라 시인. 자는 태백太白, 호는 청련거사靑蓮居士. 두보
　杜甫와 함께 '이두李杜'로 병칭되는 중국의 대표 시인이며, 시선詩仙이라 불림.
　1,100여 편의 작품이 현존함.

望梅止渴망매지갈

魏武行役失汲道 軍皆渴 乃令曰 前有大梅林 饒子 甘酸 可以解渴 士卒
聞之 口皆水出 乘此得及前源. ≪世說新語/假譎≫

魏武行役　위무제魏武帝(조조曹操)가 행군 도중에
失汲道　급도汲道(물을 길어 나르는 길)를 잃어(실失)
軍皆渴　사병들이 모두 목말라(갈渴) 하니
乃令曰　이에 명하여 말했다.
前有大梅林　"앞에 큰 매화나무 숲이 있어
饒子 甘酸　열매가 무성하고(요饒) 달고 새콤하니(감산甘酸)
可以解渴　갈증渴症을 풀 수 있을 것이다."
士卒聞之　사병들이 그 말을 듣고
口皆水出　입에 모두 군침이 돌았고
乘此得及前源　이 덕에 물 앞의 수원에 이를 수 있었다.

▸ 望梅止渴(망매지갈) '매실을 기대하며 갈증을 풀다'는 뜻으로, 공상空想으로 마음
  의 위안을 얻는다는 말.

亡羊補牢망양보뢰

莊辛謂楚襄王曰 君王左州侯 右夏侯 輦從鄢陵君與壽陵君 專淫逸侈靡
不顧國政 郢都必危矣 襄王曰 先生老悖乎 將以爲楚國祅祥乎 莊辛曰
臣誠見其必然者也 非敢以爲國祅祥也 君王卒幸四子者不衰 楚國必亡
矣 臣請辟于趙 淹留以觀之 莊辛去之趙 留五月 秦果擧鄢郢巫上蔡陳
之地 襄王流揜于城陽 于是使人發騶 徵莊辛于趙 莊辛曰 諾 莊辛至 襄

王曰 寡人不能用先生之言 今事至于此 爲之奈何 莊辛對曰 臣聞鄙語
曰 見兎而顧犬 未爲晩也 亡羊而補牢 未爲遲也 臣聞昔湯武以百里昌
桀紂以天下亡 今楚國雖小 絶長續短 猶以數千里 豈特百里哉.

≪戰國策/楚策≫

莊辛   전국시대 초나라 장신莊辛이

謂楚襄王曰   초양왕楚襄王(경양왕頃襄王)에게 말했다.

君王左州侯 右夏侯   "왕의 왼쪽은 주후州侯가 오른쪽은 하후夏侯가

輦從鄢陵君與壽陵君   수레(련輦)는 언릉군鄢陵君과 수릉군壽陵君이
　　　　　　　　　　　따르면서

專淫逸侈靡   오로지 음란(음일淫逸)과 사치(치미侈靡)만을 일삼으며

不顧國政   나라의 정치를 돌아보지 않으니

郢都必危矣   영도郢都(초楚의 도읍)는 반드시 위태로워질 것입니다."

襄王曰   양왕이 말했다.

先生老悖乎   "선생은 늙어 망령(노패老悖)이 들었소.

將以爲楚國祅祥乎   어찌 초나라에 괴이한 조짐(요상祅祥)이 있다고 생
　　　　　　　　　각하는가."

莊辛曰   장신이 말했다.

臣誠見其必然者也   "신이 자세히(성誠) 보니 그들은 분명히 그러할
　　　　　　　　　사람들이오니

非敢以爲國祅祥也   감히 나라에 괴이한 조짐이 있다고 생각하는 것
　　　　　　　　　이 아니겠습니까.

君王 卒幸四子者不衰   왕께서 끝내(졸卒) 네 사람을 총애함을(행행幸) 줄
　　　　　　　　　　이지(최衰) 않으시면

楚國必亡矣   초나라는 틀림없이 망할 것입니다.

臣請辟于趙   신은 청컨대 조나라로 떠나서(피벽辟)

淹留以觀之   오래 머무르며(엄류淹留) 지켜보겠습니다."

莊辛去之趙　留五月　장신이 조나라로 떠나 다섯 달을 머무르자

秦果擧鄢郢巫上蔡陳之地　진나라는 과연 조의 언鄢, 영郢, 무巫, 상채
　　上蔡, 진陳의 땅을 쳐서 함락시키니(거擧)　*擧(거)쳐서 멸망시키다.

襄王流揜于城陽　양왕은 눈물을 흘리며 성양으로 피신하였다.(엄揜)

于是使人發騶　이에 사람에게 말을 보내

徵莊辛于趙　조나라에서 장신을 불러오게(징徵) 하니

莊辛曰諾　장신이 말했다. "좋습니다.(낙諾)"

莊辛至　襄王曰　장신이 이르자 양왕이 말했다.

寡人不能用先生之言　"과인이 선생의 말을 듣지 않다가

今事至于此　지금 일이 여기에 이르렀으니

爲之奈何　이를 어찌(내하奈何)해야 하는가."

莊辛對曰　장신이 대답하여 말했다.

臣聞鄙語曰　"신이 듣건대 속담에

見兔而顧犬　'토끼를 보고 사냥개를 돌아보는 것은

未爲晚也　늦은 것이 아니며

亡羊而補牢　양을 잃고 우리(뢰牢)를 고치는 것도

未爲遲也　늦은(지遲) 것은 아니다.'고 하였습니다.

臣聞　또 신은 듣건대

昔湯武以百里昌　옛날 상商의 탕왕湯王과 주周의 무왕武王은 일백
　　　　　　　　　리의 좁은 땅으로 번창하였고

桀紂以天下亡　하夏의 걸桀과 은殷의 주紂는 천하를 가지고도 망하
　　　　　　　　였습니다.

今楚國雖小　지금 초나라가 비록 작지만

絕長續短　긴 것을 잘라 짧은 것을 기우면(절장보단絕長補短)

猶以數千里　오히려 수천 리가 될 것이니

豈特百里哉　어찌 다만(특特) 일백 리일 뿐이겠습니까."

▸ 亡羊補牢(망양보뢰) '양을 잃고서 그 우리를 고치다'는 뜻으로, 이미 어떤 일을 실패한 뒤에 뉘우쳐도 소용이 없음. 또는 실패한 후에 일을 대비함. 원래 양을 잃은 뒤에 우리를 고쳐도 늦지 않다는 긍정적인 의미였으나 후에 부정적인 의미로 쓰임. 같은 뜻으로 '사후약방문死後藥方文, 실마치구失馬治廐, 만시지탄晩時之歎' 등이 있음.

▸ 絶長續短(절장속단) 남는 것을 옮겨서 부족한 데를 채움. 절장보단絶長補短.

▸ 莊辛(장신) 전국시대 초나라 사람. 대부를 지냄. 초장왕楚莊王의 후예여서 장莊을 성으로 삼았다 함. 양릉군陽陵君에 봉해짐.

望雲之情망운지정

薦授幷州法曹叅軍 親在河陽 仁傑登太行山 反顧 見白雲孤飛 謂左右曰 吾親舍其下 瞻悵久之 雲移乃得去. ≪新唐書/狄仁傑傳≫

薦授幷州法曹叅軍　적인걸狄仁傑은 병주幷州의 법조참군法曹叅軍에
　　　　　　　　　천수薦授되었는데
親在河陽　부모는 하양河陽에 있었다.
仁傑登太行山　적인걸이 태항산太行山에 올라가
反顧　뒤를 돌아보며(반고反顧)
見白雲孤飛　흰 구름이 외롭게 떠가는 것을 보며
謂左右曰　주위 사람들에게 말했다.
吾親舍其下　"나의 부모님이 저 구름 아래에 거처하시지.(사舍)"
瞻悵久之　서글피(창悵) 오래도록 바라보다가(첨瞻)
雲移乃得去　구름이 흘러가자 이에 내려갔다.

▸ 望雲之情(망운지정) '구름을 바라보며 그리워하다'는 뜻으로, 객지에 나온 자식이 고향의 부모를 그리는 정을 가리키는 말. '망운지회望雲之懷'라고도 하며, 같은 의미의 '백운고비白雲孤飛'와 '백운친사白雲親舍'도 여기에서 유래됨.

▸ 狄仁傑(적인걸. 630~700) 측천무후則天武后가 세운 무주武周시대<690~705>의

재상으로, 중종中宗을 다시 태자로 세우도록 하여 당왕조의 부활에 공을 세웠으며 수많은 인재들을 천거하여 당의 중흥에 크게 기여함.

梅妻鶴子매처학자

林逋隱於武林之西湖 不娶無子 所居多植梅畜鶴 泛舟湖中 客至則放鶴
致之 因謂妻梅子鶴云. ≪詩話總龜≫

林逋隱居杭州孤山 常畜兩鶴 縱之則飛入雲霄 盤旋久之 復入籠中 逋
常泛小艇 遊西湖諸寺 有客至逋所居 則一童子出應門 延客坐 爲開籠
縱鶴 良久 逋必棹小船而歸 蓋嘗以鶴飛爲驗也. ≪夢溪筆談/人事≫

林逋隱於武林之西湖 임포林逋는 무림武林의 서호西湖에 은거했는데
不娶無子 장가들지(취취娶) 않아 자식이 없었다.
所居多植梅畜鶴 사는 곳은 대부분 매화를 심고 학을 길렀다.(휵축畜)
泛舟湖中 호수에 배를 띄웠는데
客至 손님이 찾아오면
則放鶴致之 동자는 학을 풀어(방방放) 그를 불렀다.(치치致)
因謂妻梅子鶴云 인하여 처매자학妻梅子鶴이라 부른다.

林逋隱居杭州孤山 임포는 항주杭州의 고산孤山에 은거하며
常畜兩鶴 늘 두 마리 학을 길렀는데
縱之則飛入雲霄 풀어주면 높은 하늘(운소雲霄)에 날아올라
盤旋久之 한참을 빙빙 돌다가(반선盤旋)
復入籠中 다시 새장(농롱籠)으로 돌아왔다.
逋常泛小艇 임포는 늘 작은 배(정정艇)를 띄워

129

遊西湖諸寺　서호의 여러 절을 유람하였는데

有客至逋所居　손님이 임포가 사는 곳에 찾아오면

則一童子出應門　동자가 문에 나가 응하여

延客坐　손님을 맞아(연延) 앉히고

爲開籠縱鶴　새장을 열어 학을 풀어 놓으면(종縱)

良久　한참 후에(양구良久)

逋必棹小船而歸　임포가 작은 배를 저어(도棹) 돌아왔으니

蓋嘗以鶴飛爲驗也　아마도(개蓋) 늘(상嘗) 학이 나는 것을 신호로 삼았
　　　　　　　　기 때문이다.　*驗(험)표징表徵. 증거.

▸ 梅妻鶴子(매처학자) '매화를 아내로 삼고 학을 자식으로 삼다'는 뜻으로, 속세를
　떠나 유유자적하는 생활을 가리키는 말.
▸ 林逋(임포. 967~1028) 북송의 시인. 자는 군복君復. 시호는 화정선생和靖先生. 서
　호西湖의 고산孤山에 은거하며, 매화와 학을 사랑하면서 독신으로 생애를 마침.

麥秀之嘆 맥수지탄

箕子朝周 過故殷虛 感宮室毀壞 生禾黍 箕子傷之 欲哭則不可 欲泣爲其
近婦人 乃作麥秀之詩 以歌詠之 其詩曰 麥秀漸漸兮 禾黍油油 彼狡僮兮
不與我好兮 所謂狡童者紂也 殷民聞之 皆爲流涕.　《史記/宋微子世家》

箕子朝周　기자箕子가 주周나라를 배알拜謁하려

過故殷虛　옛 은나라 도읍지를 지나는데

感宮室毀壞 生禾黍　궁실은 무너지고(훼괴毀壞) 벼와 기장(禾黍)이 자
　　　　　　　　란 것을 한탄하였다.(감感)

箕子傷之　기자는 마음이 아파

欲哭則不可　곡哭하려고 하였지만 하지 못하였는데

欲泣爲其近婦人 읍泣한 것은 부인네들과 가깝기 때문이었다.

乃作麥秀之詩 以歌詠之 이에 맥수麥秀의 시를 지어 이를 노래했다.

其詩曰 그 시는 이러했다.

麥秀漸漸兮 "보리 이삭 점점 자람이여(혜兮)

禾黍油油 벼와 기장도 무성하구나.(유유油油)

彼狡僮兮 저 교활한 아이(동僮)여

不與我好兮 나와 서로 좋을 수가 없었네."

所謂狡童者紂也 이른바 교동狡童은 주왕紂王이다.

殷民聞之 은나라 백성들은 이를 듣고

皆爲流涕 모두 눈물(체涕)을 흘렸다.

▶ 麥秀之嘆(맥수지탄) '기자箕子가 은나라가 망한 후에도 보리만 무성하게 자란 것을 탄식하다'는 뜻으로, 고국의 멸망을 한탄함을 일컬음.

▶ 箕子(기자) 은나라 주왕紂王의 숙부로 주왕의 폭정을 간하다 받아들여지지 않자 미친 척을 하여 유폐幽閉됨. 은나라가 멸망한 뒤 석방되었으나 유민遺民들을 이끌고 주周를 벗어나 북으로 이주하였다 함. 비간比干, 미자微子와 함께 은나라 삼인三仁으로 불림.

▶ 殷墟(은허) 은허殷墟. 하남성河南省 안양현安陽縣 소둔촌小屯村에 있는 고대 은나라 수도의 유적. 기원전 14세기에서 기원전 11세기까지 은나라 후기의 도읍이 있던 곳.

▶ 紂王(주왕. ?~BC1046) 은殷<상商>의 마지막 군주. 성은 자子, 이름은 수受, 신辛. 지혜롭고 용맹하였으나 달기妲己에 빠진 후 주색을 일삼고 포학한 정치를 하여 주나라 무왕에게 살해됨.

孟母三遷맹모삼천

鄒孟軻之母也 號孟母 其舍近墓 孟子之少也 嬉遊爲墓間之事 踴躍築埋 孟母曰 此非吾所以居處子也 乃去舍市傍 其嬉戲爲賈人衒賣之事

孟母又曰 此非吾所以居處子也 復徙舍學宮之傍 其嬉遊乃設俎豆揖讓
進退 孟母曰 眞可以居吾子矣 遂居之 及孟子長 學六藝 卒成大儒之名
君子謂孟母善以漸化 詩云 彼妹者子 何以予之 此之謂也.

鄒孟軻之母也　추鄒나라 맹가孟軻(맹자)의 어머니는
號孟母　맹모孟母라 한다.
其舍近墓　그 집(사舍)이 묘에 가까우니
孟子之少也　맹자가 어려서
嬉遊爲墓間之事 踴躍築埋　묘에서 하는 일인 뛰고 쌓고 묻기(용약축매
　　　　　　　　　　　　踴躍築埋)를 하며 즐겁게(희嬉) 놀았다.(유遊)
孟母曰　맹모는 말했다.
此非吾所以居處子也　"여기는 내가 아들을 살게 할 곳이 아니다."
乃去舍市傍　이에 집을 시장 부근(방傍)으로 옮기니
其嬉戱爲賈人衒賣之事　장사꾼(고인賈人)이 물건을 파는(현衒) 일을 하
　　　　　　　　　　　며 즐겁게 놀았다.　*賈(고)장사. (가)값.
孟母又曰　맹모는 또 말했다.
此非吾所以居處子也　"여기도 내가 아들을 살게 할 곳이 아니다."
復徙舍學宮之傍　다시(부復) 집을 학당 곁에 옮기니(사徙)
其嬉遊乃設俎豆揖讓進退　제기(조두俎豆)를 벌여 놓고 읍양진퇴揖讓
　　　　　　　　　　　進退하며 즐겁게 놀았다. *俎豆(조두)나무로 만든 제기.
孟母曰　맹모는 말했다.
眞可以居吾子矣　"진정으로 내 아들을 살게 할 만하구나."
遂居之　마침내(수遂) 거기에서 살았다.
及孟子長　맹자가 자라며
學六藝　육예六藝(예禮, 악樂, 사射, 어御, 서書, 수數)를 배워
卒成大儒之名　마침내(졸卒) 대유大儒의 명성을 이루었다.

君子謂孟母善以漸化　군자는 맹모가 좋은 것으로 점차(漸漸) 교화시

　　　　　　　　　켰다고 이른다.

詩云　≪시경≫에

彼姝者子　'저 아름다운 그대에게　*姝(주)예쁘다.

何以予之　무엇으로 보답할까.'라고 했는데　*予(여)주다.

此之謂也　이것을 이름이구나.

▶ 孟母三遷(맹모삼천) '맹자의 어머니가 세 번 이사했다'는 뜻으로, 교육에 있어서
　환경이 중요함을 일컬음.
▶ 鄒(추) 추鄒나라. 맹자가 태어난 곳으로, 춘추시대 산동성山東省 추성시鄒城市 일
　대에 있던 나라.

毛遂自薦모수자천·囊中之錐낭중지추

秦之圍邯鄲　趙使平原君求救　合從於楚　約與食客門下有勇力　文武備具
者　二十人偕　平原君曰　使文能取勝　則善矣　文不能取勝　則歃血於華屋
之下　必得定從而還　士不外索　取於食客門下足矣　得十九人　餘無可取
者　無以滿二十人　門下有毛遂者前　自贊於平原君曰　遂聞君將合從於楚
約與食客門下二十人偕　不外索　今少一人　願君卽以遂備員而行矣　平原
君曰　先生處勝之門下　幾年於此矣　毛遂曰　三年於此矣　平原君曰　夫賢
士之處世也　譬若錐之處囊中　其末立見　今先生處勝之門下　三年於此矣
左右未有所稱誦　勝未有所聞　是先生無所有也　先生不能　先生留　毛遂
曰　臣乃今日請處囊中耳　使遂蚤得處囊中　乃穎脫而出　非特其末見而已
平原君竟與毛遂偕　十九人相與目笑之而未發也　毛遂比至楚　與十九人
論議　十九人皆服.　≪史記/平原君傳≫

秦之圍邯鄲　전국시대 진나라가 수도 한단邯鄲을 포위하자

趙使平原君求救 合從於楚　조나라는 평원군平原君을 보내 초나라에
　　　　　　　　　　　도움(구救)을 청하고 합종하도록 했다.

約與食客門下有勇力 文武備具者 二十人偕　평원군은 식객과 문하에
　　　　　　　　서 용력이 있고 문무를 겸비한 자 20명과 함께하기로(해
　　　　　　　　偕) 약속했다.

平原君曰　평원군이 말했다.

使文能取勝 則善矣　"문文으로 성공할 수 있게 한다면 좋지만(선善)

文不能取勝　문으로 성공할 수 없다면

則歃血於華屋之下　화려한 궁궐 아래에서 피를 마셔(삽혈歃血)

必得定從而還　반드시 합종을 정하고 돌아오겠습니다.

士不外索　선비는 밖에서 찾지(색索) 않고

取於食客門下足矣　식객과 문하에서 취하면 족할 것입니다."

得十九人　19명을 찾았으나

餘無可取者　나머지는 취할 만한 사람이 없어

無以滿二十人　20명을 채울 수 없었다.

門下有毛遂者前　문하에 모수毛遂라는 자가 있어 앞으로 나와(전前)

自贊於平原君曰　평원군에게 자찬하며 말했다.

遂聞君將合從於楚 約與食客門下二十人偕 不外索　"저는 군께서 장차
　　　　　초나라와 합종을 위해 식객과 문하 20명과 함께하기로 약
　　　　　속하고, 밖에서 찾지 않는다고 들었습니다.

今少一人　지금 1명이 적으니

願君卽以遂備員而行矣　군께서는 즉시 저(수遂)를 인원에 갖추어 가
　　　　　　　　　　기를 원합니다."

平原君曰　평원군이 말했다.

先生處勝之門下　"선생이 나(조승趙勝)의 문하에 있은 지(처處)

幾年於此矣　지금까지 몇 해(기년幾年)입니까."

毛遂曰　모수가 말했다.

三年於此矣　"지금까지 3년입니다."

平原君曰　평원군이 말했다.

夫賢士之處世也　"무릇 어진 선비가 세상에 처함은

譬若錐之處囊中　비유하면(비譬) 송곳(추錐)이 주머니(낭囊) 안에 있는 것과 같아　*譬若(비약)비유하건데 ～와 같다.

其末立見　그 끝이 곧(입立) 드러나 보이는데

今先生處勝之門下　지금 선생은 나의 문하에 있는 지

三年於此矣　지금까지 3년인데

左右未有所稱誦　주위에서 칭송한 바가 없고

勝未有所聞　내가 들은 바가 없으니

是先生無所有也　이는 선생께서 재주가 있는 것이 없음입니다.

先生不能 先生留　선생은 같이 갈 수 없으니 선생은 남으십시오."

毛遂曰　모수가 말했다.

臣乃今日請處囊中耳　"신은 이에 오늘 주머니 속에 처해달라고 청할 뿐입니다.

使遂蚤得處囊中　저로 하여금 일찍이(조蚤) 주머니 속에 처할 수 있게 해주셨다면

乃穎脫而出　이내 뾰족한 끝(영穎)이 빠져나왔을 것이며　*穎(영)송곳 끝.

非特其末見而已　다만(특特) 그 끝이 드러날 뿐만은 아니었을 것입니다"

平原君竟與毛遂偕　평원군은 마침내(경竟) 모수와 더불어 함께하기로 했다.(해偕)

十九人相與目笑之　19명은 서로 더불어 눈짓하며 그를 비웃으며(소笑)

而未發也　소리 내지는 않았다

毛遂比至楚　모수는 초나라에 이르기에 앞서(비比)

與十九人論議　19명과 논쟁을 벌였는데

十九人皆服　19명 모두 감복感服하였다.

▸ 毛遂自薦(모수자천) '모수毛遂가 자신을 천거薦擧했다'는 뜻으로, 자기가 자기를 추천하는 것을 이르는 말.

▸ 囊中之錐(낭중지추) '주머니 속의 송곳'이라는 뜻으로, 주머니 속의 송곳은 가만히 있어도 주머니를 뚫고 나오듯, 능력이 뛰어난 사람은 숨어 있어도 남의 눈에 드러남을 비유함.

▸ 平原君(평원군) 전국시대 조나라 혜문왕惠文王의 동생 조승趙勝의 봉호. 맹상군孟嘗君, 춘신군春申君, 신릉군信陵君과 함께 '전국사공자戰國四公子'로 불리며, 혜문왕, 효성왕孝成王시대<BC298~BC245> 세 차례 조나라 승상을 역임했으며 식객이 3천에 달했다 함.

▸ 合從連衡(합종연횡) 전국시대 군사 동맹 형태인 소진蘇秦의 합종설合從說과 장의張儀의 연횡설連衡說. 합종은 한韓, 위魏, 조趙, 연燕, 초楚, 제齊 6국이 동맹을 맺어 최강국인 진나라에 맞서는 것이고, 연횡은 여섯 나라가 진나라에 복종하는 것을 일컬음. 진은 합종을 타파한 뒤 여섯 나라를 차례로 멸망시켜 중국을 통일하였다.

▸ 歃血(삽혈) 옛날 회맹會盟할 때 말이나 소 등의 가축을 죽여 그 피를 입술에 묻혀 굳은 마음을 표시하는 것을 말함.

名正言順명정언순

子路曰 衛君待子而爲政 子將奚先 子曰 必也正名乎 子路曰 有是哉 子之迂也 奚其正 子曰 野哉 由也 君子於其所不知 蓋闕如也 名不正 則言不順 言不順 則事不成 事不成 則禮樂不興 禮樂不興 則刑罰不中 刑罰不中 則民無所錯手足 故君子名之 必可言也 言之 必可行也 君子於其言 無所苟而已矣. ≪論語/子路≫

子路曰 자로가 말했다.
衛君待子 "위나라 군주가 선생님을 기다려
而爲政 정치를 한다면
子將奚先 선생께서는 장차 무엇(해奚)을 우선하시렵니까."
子曰 공자께서 대답하셨다.

必也正名乎　“반드시 명분을 바로잡아야 할 것이다.”

子路曰　자로가 말했다.

有是哉　“이러하시군요.

子之迂也　선생님의 현실에 맞지 않으심이　*迂(우)현실에 둔하다.

奚其正　어떻게(해奚) 바로잡겠습니까.”

子曰　공자께서 말씀하셨다.

野哉 由也　“거칠구나, 유由(자로 이름)는

君子於其所不知　군자는 알지 못하는 것에 대해서는

蓋闕如也　대개 부족한 듯이 하는 것이다.　*闕如(궐여)빠지다. 부족하다.

名不正 則言不順　명분이 바르지 않으면 말이 이치에 순조롭지 않고

言不順 則事不成　말이 순조롭지 않으면 일이 이루어지지 않고

事不成 則禮樂不興　일이 이루어지지 않으면 예악이 일어나지 않고

禮樂不興 則刑罰不中　예악이 일어나지 않으면 형벌이 알맞지 않고

刑罰不中　형벌이 알맞지 않으면

則民無所錯手足　백성들이 손발을 둘(조錯) 곳이 없다.

故君子名之　그러므로 군자가 이름을 붙이면

必可言也　반드시 말할 수 있어야 하고

言之　말을 하면

必可行也　반드시 행할 수 있어야 하는 것이니

君子於其言　군자는 그 말에 대하여

無所苟而已矣　구차苟且히 함이 없을 뿐이다.(이이의而已矣)”

▸ 名正言順(명정언순) 명분名分이 정당正當하고 말이 이치에 맞음.

矛盾모순

楚人有鬻盾與矛者 譽之曰 吾盾之堅 莫能陷也 又譽其矛曰 吾矛之利
於物無不陷也 或曰 以子之矛 陷子之盾 何如 其人不能應也 夫不可陷
之盾與無不陷之矛 不可同世而立.　≪韓非子/難一≫

楚人　초나라 사람 중에
有鬻盾與矛者　방패(순盾)와 창(모矛)을 파는(육鬻) 사람이 있어
譽之曰　방패를 자랑하여(예譽) 말했다.
吾盾之堅　"내 방패의 견고함은
莫能陷也　어떤 것으로도 뚫을 수가 없습니다."
又譽其矛曰　또 그 창을 자랑하며 말했다.
吾矛之利　"내 창의 예리銳利함은
於物無不陷也　물건을 뚫지 못함이 없습니다."
或曰　어떤 사람(혹或)이 말했다.
以子之矛 陷子之盾　"당신(자子)의 창으로 당신의 방패를 뚫는다면
何如　어떻게 됩니까."
其人不能應也　그 사람은 응할 수 없었다.
夫不可陷之盾與無不陷之矛　무릇 뚫을 수 없는 방패와 뚫지 못함이
　　　　　　　　　　　　　없는 창은
不可同世而立　이 세상에 함께 존재할 수가 없다.

▸ 矛盾(모순) '창과 방패'라는 뜻으로, 앞뒤가 서로 맞지 않는 말이나 행동을 이르는 말.
▸ 한비자는 요堯의 명찰明察과 순舜의 덕화德化를 서로 비교하기 어려우며, 둘을 동
　일한 관점에서 기릴 수 없다는 것을 설명하기 위해 모순의 비유를 들었음.

木鷄목계

紀渻子爲王養鬪鷄 十日而問 鷄已乎 曰未也 方虛憍而恃氣 十日又問
曰未也 猶應嚮景 十日又問 曰未也 猶疾視而盛氣 十日又問 曰幾矣 鷄
雖有鳴者 已无變矣 望之似木鷄矣 其德全矣 異鷄無敢應 見者反走矣.

≪莊子/達生≫

紀渻子　기성자紀渻子는

爲王養鬪鷄　왕(주선왕周宣王)을 위해서 싸움닭(투계鬪鷄)을 길렀다.

十日而問　열흘이 되어 왕이 물었습니다.

鷄已乎　"싸움닭으로서 완성되었는가." *已(이)끝나다. 완성되다.

曰未也　말했다. "아닙니다.

方虛憍　한창 들뜨고 교만憍慢하며 *憍(교)교만하다.

而恃氣　기운만을 믿습니다.(시恃)"

十日又問　열흘이 지나 또 물으니

曰未也　말했다. "아닙니다.

猶應嚮景　여전히(유猶) 그림자(영景)를 향하여(향嚮) 대응합니다."

十日又問　열흘이 지나 또 물으니

曰未也　말했다. "아닙니다.

猶疾視而盛氣　여전히 노려보며(질시疾視)하며 기세등등합니다."

十日又問　열흘이 지나 또 물으니

曰幾矣　말했다. "거의 다 되었습니다.(기幾)

鷄雖有鳴者　다른 닭이 비록 울어도

已无變矣　이미 변함이 없습니다.(무无)

望之似木鷄矣　보면 마치 목계木鷄와 같습니다.(사似)

其德全矣　그 덕이 온전해졌습니다.

異鷄無敢應　다른 닭들이 감히 응하지 못하고
見者反走矣　본 닭은 도리어(반反) 달아나 버립니다."

▶ 木鷄(목계) '나무 닭'이라는 뜻으로, 나무로 만든 닭처럼 완전히 감정을 제어할 줄
　아는 능력을 이르는 말. 나무로 만든 닭처럼 흔들림이 없이 자기의 감정을 제어할
　수 있는 덕을 '목계지덕木鷄之德'이라 함.
▶ 周宣王(주선왕. 재위. BC827~BC782) 서주西周의 11대 왕. 성은 희姬, 이름은 정
　靜, 정靖. 여왕厲王의 아들.

猫項懸鈴 묘항현령

群鼠會話曰 穿庾捿 生活可潤 但所懼 獨猫而已 鼠言曰 若懸鈴子 庶得
聞聲而遁死矣 群鼠喜躍曰 子言是矣 吾何所懼耶 大鼠徐言曰 是則是
矣 然猫項 誰能爲我懸鈴耶 群鼠愕然.　《禦眠楯》

群鼠會話曰　쥐 떼들(군서群鼠)이 모여서 얘기하며 말했다.
穿庾捿　"곳간(유庾)을 뚫고 깃들어 살면(서捿)
生活可潤　생활이 윤택할 텐데
但所懼 獨猫而已　다만 두려운 것은 오직(독獨) 고양이(묘猫)뿐이로다."
鼠言曰　어떤 한 마리 쥐가 말했다.
若懸鈴子　"만약(약若) 고양이 목에 방울(영자鈴子)을 매달면(현懸)
庶得聞聲而遁死矣　거의(서庶) 소리를 듣고서 죽음을 피할(둔遁) 수 있
　　　　　　　　　을 것이다."
群鼠喜躍曰　쥐 떼들이 기뻐 날뛰면서 말했다.
子言是矣　"자네(자子)의 말이 옳다.(시是)
吾何所懼耶　우리들이 무엇을 두려워할 것인가.(야耶)"
大鼠徐言曰　어떤 큰 쥐가 천천히 말했다.

是則是矣　"옳기는(시是) 옳으나

然猫項　그러나 고양이 목에

誰能爲我懸鈴耶　누가 우리를 위하여 방울을 매달 수 있겠는가."

群鼠愕然　쥐 떼들이 깜짝 놀라고(악연愕然) 말았다.

▸ 猫項懸鈴(묘항현령) '고양이 목에 방울 달다'는 뜻으로, 실행하지 못할 일을 공연히 의논만 한다는 말. 이론적으로는 옳으나 실행하기 어려움.

目不見睫 목불견첩

楚莊王欲伐越 莊子諫曰 王之伐越 何也 曰 政亂兵弱 莊子曰 臣患智之如目也 能見百步之外而不能自見其睫 王之兵自敗於秦晉 喪地數百里此兵之弱也 莊蹻爲盜於境內 而吏不能禁 此政之亂也 王之弱亂 非越之下也 而欲伐越 此智之如目也 王乃止 故知之難 不在見人 在自見 故曰 自見之謂明.　≪韓非子/喩老≫

楚莊王欲伐越　초장왕楚莊王이 월나라를 정벌하려고 하니

莊子諫曰　장자莊子가 간하여 말했다.

王之伐越 何也　"왕께서 월나라를 정벌하려 함은 어째서입니까."

曰　장왕이 말했다.

政亂兵弱　"월나라는 정치가 혼란하고 군대가 약하기 때문이오."

莊子曰　장자가 말했다

臣患智之如目也　"신이 우려하는 것은 지혜란 눈과 같아서

能見百步之外　백 보 밖은 볼 수 있지만

而不能自見其睫　자신의 눈썹(첩睫)을 볼 수 없음입니다.

王之兵自敗於秦晉　왕의 군대는 진秦나라와 진晉나라에 패배하고

141

喪地數百里　수백 리의 땅을 잃었으니(상喪)

此兵之弱也　군대가 약하기 때문입니다.

莊蹻爲盜於境內　나라 안에 장교莊蹻란 자가 도적질을 일삼는데

而吏不能禁　관리들이 막을 수 없으니

此政之亂也　이는 정치가 혼란한 것입니다.

王之弱亂　왕의 군대가 약하고 정치가 혼란하여

非越之下也 而欲伐越　월나라가 아래가 아닌데 월나라를 치려고 하니

此智之如目也　이는 지혜가 눈과 같은 것입니다.”

王乃止　왕이 이에 정벌 계획을 멈추었다.

故知之難　그러므로 안다는 것의 어려움은

不在見人 在自見　다른 사람을 보는 데 있지 않고 자신을 보는 데 있고

故曰 自見之謂明　그러므로 자신을 볼 수 있는 것을 현명賢明이라고
　　　　　　　　　한다.

▸ 目不見睫(목불견첩) '눈은 눈썹을 보지 못하다'는 뜻으로, 사람이 남의 허물은 볼
　줄 알아도 자신을 제대로 보지는 못함을 비유한 말.

▸ 楚莊王(초장왕) 춘추시대 초나라 군주.<재위. BC614~BC591> 춘추오패春秋五霸
　의 한 사람.

武陵桃源무릉도원

晉太元中 武陵人 捕魚爲業 緣溪行 忘路之遠近 忽逢桃花林 夾岸數百
步 中無雜樹 芳草鮮美 落英繽紛 漁人甚異之 復前行 欲窮其林 林盡水
源 便得一山 山有小口 彷彿若有光 便捨船 從口入 初極狹 纔通人 復
行數十步 豁然開朗 土地平曠 屋舍儼然 有良田美池桑竹之屬 阡陌交
通 鷄犬相聞 其中往來種作 男女衣著 悉如外人 黃髮垂髫 竝怡然自樂

見漁人 乃大驚 問所從來 具答之 便要還家 設酒殺鷄作食 村中聞有此
人 咸來問訊 自云 先世避秦時亂 率妻子邑人 來此絶境 不復出焉 遂與
外人間隔 問今是何世 乃不知有漢 無論魏晉 此人 一一爲具言 所聞皆
歎惋 餘人各復延至其家 皆出酒食 停數日 辭去 此中人語云 不足爲外
人道也 旣出 得其船 便扶向路 處處誌之 及郡下 詣太守 說如此 太守
卽遣人隨其往 尋向所誌 遂迷不復得路 南陽劉子驥 高尙士也 聞之 欣
然規往 未果 尋病終 後遂無問津者.　(桃花源記/陶淵明)

晉太元中　진晉나라 태원太元(376~396) 연간에
武陵人 捕魚爲業　무릉武陵 사람이 고기잡이를 업으로 하였는데
緣溪行　시내를 따라 나아가다가
忘路之遠近　길의 멀고 가까운 것을 잊어버렸다.
忽逢桃花林　홀연히 복숭아 숲을 만났는데
夾岸數百步　언덕을 끼고(협夾) 수백 보를 걸어가도
中無雜樹　그곳에는 잡목은 없고
芳草鮮美　꽃다운 풀이 곱고 아름다웠으며
落英繽紛　떨어지는 꽃들이 흩날리고(빈분繽紛) 있었다.
漁人甚異之　어부는 매우 이를 기이하게 여기고
復前行 欲窮其林　다시(부復) 앞으로 가면서 그 숲 끝까지 가보려 했다.
林盡水源　숲이 끝나는 수원水源에
便得一山　문득(변便) 산이 하나 있었다.
山有小口　산에는 작은 동굴이 있어
彷彿若有光　마치 빛을 발하고 있는 듯하여
便捨船 從口入　곧(변便) 배에서 내려 입구를 따라 들어갔다.
初極狹　초입初入은 매우 좁아서(협狹)
纔通人　겨우(재纔) 사람 한명이 통할 만하더니
復行數十步　다시(부復) 수십 보를 걸어가자

豁然開朗　탁 트이고(활연豁然) 밝아졌다.

土地平曠　토지는 평탄하고 넓으며

屋舍儼然　집들은 장엄하고 엄숙하였다.(엄연儼然)

有良田美池桑竹之屬　기름진 전답, 아름다운 연못, 뽕나무, 대나무
　　　　　　　　　　같은 것들이 있고　*屬(속)무리.

阡陌交通　밭 사이의 길(천맥阡陌)은 교차해서 통하고

鷄犬相聞　닭 우는 소리와 개 짖는 소리가 들렸다.

其中往來種作　그곳에는 사람들이 오고 가며 농사를 짓고 있었는데

男女衣著 悉如外人　남녀의 옷차림은 모두(실悉) 외인外人 같았다.

黃髮垂髫　노인(황발黃髮)과 아이들(수초垂髫)　*髫(초)늘어뜨린 머리.

竝怡然自樂　모두 기쁘게 스스로 즐기고 있었다.

見漁人 乃大驚　어부를 보더니 이에 매우 놀라며

問所從來　어디서 왔는지를 물었다.

具答之　자세히 그들에게 대답해 주었다.

便要還家　곧 집에 가기를 청하여

設酒殺鷄作食　술을 내고 닭을 잡아 음식을 마련하였다.

村中聞有此人　마을 사람은 이런 사람이 있다는 소문을 듣고

咸來問訊　모두(함咸) 와서 물어보고(문신問訊)

自云　스스로 말했다.

先世避秦時亂　"선대에 진秦나라 때의 난리를 피해

率妻子邑人　처자와 마을 사람들을 거느리고(솔率)

來此絶境 不復出焉　이 외딴곳에 와서, 다시 이곳을(언焉) 나가지 않아

遂與外人間隔　마침내 바깥 사람들과 단절되었습니다.(간격間隔)"

問今是何世　지금이 어느 시대인지를 물었는데

乃不知有漢　이에 한漢나라가 있었음을 몰랐고

無論魏晉　위魏와 진晉나라는 말할 것도 없었다.

此人一一爲具言　어부가 하나하나 자세히 말해 주자

所聞皆歎惋　듣고 모두 탄식했다.(탄완歎惋)

餘人各復延至其家　나머지 사람들도 제각기 다시 자기 집으로 데려가

皆出酒食　모두 술과 음식을 냈다.

停數日 辭去　며칠을 머문 뒤, 떠난다는 작별 인사를 했다.

此中人語云　이곳 사람들이 일러 말했다.

不足爲外人道也　"바깥 사람들에게 말해서는(도道) 안 됩니다."

旣出 得其船　이윽고 동굴을 나와서, 배를 타고

便扶向路　곧 지난번(향向) 길을 따라 나오면서

處處誌之　곳곳에 표시(지誌)를 해 두었다.

及郡下　고을에 내려와

詣太守 說如此　태수에게 나아가(예詣) 이러한 상황을 설명했다.

太守卽遣人隨其往　태수는 곧 사람을 보내 어부가 간 곳을 따라가게
　　　　　　　　　하여

尋向所誌　지난번 표시해 놓은 것을 찾았으나(심尋)

遂迷不復得路　끝내 미궁에 빠져 다시 길을 찾지 못했다.

南陽劉子驥 高尙士也　남양南陽의 유자기劉子驥는 고상한 선비로

聞之　이를 듣고

欣然規往　기뻐하며 찾아갈 것을 꾀하였으나　*規(규)꾀. 책략.

未果　결과를 이루지 못하고

尋病終　얼마 되지 않아(심尋) 병으로 죽었다.　*尋(심)얼마 되지 않아.

後遂無問津者　그 후에는 마침내 나루를 묻는 사람이 없었다.

▶ 武陵桃源(무릉도원) '무릉武陵에 있는 복숭아꽃 흘러오는 수원水源'이라는 뜻으
　로, 속세를 떠난 별천지別天地를 이르는 말.
▶ 桃花源記(도화원기) 동진의 도연명陶淵明<365∼427. 이름은 잠潛, 자는 연명淵明,
　원량元亮, 호는 오류선생五柳先生>이 이상향理想鄕을 그린 작품.

無何有之鄉 무하유지향

天根遊於殷陽 至蓼水之上 適遭無名人而問焉 曰 請問爲天下 無名氏
曰 去 汝鄙人也 何問之不豫也 予方將與造物者爲人 厭則又乘夫莽眇
之鳥 以出六極之外 而遊無何有之鄉 以處壙垠之野 汝又何以治天下感
予之心爲 又復問 無名氏曰 汝遊心於淡 合氣於漠順物自然而無容私焉
而天下治矣. ≪莊子/應帝王≫

天根遊於殷陽 천근天根(인명人名)이 은산殷山의 남쪽에서 노닐 적에
至蓼水之上 요수蓼水의 강가에 이르러
適遭無名人而問焉 마침(적適) 무명인無名人을 만나(조遭) 물으며
曰 말했다.
請問爲天下 "천하를 다스리는(위爲) 일에 내해서 묻겠습니다."
無名氏曰 무명인이 말했다.
去 汝鄙人也 "저리 가시오. 그대(여汝)는 비천한 사람이로구나.
何問之不豫也 어찌 물음이 즐겁지(예豫) 않은가.
予方將與造物者爲人 나(여予)는 이제 곧(방장方將) 조물자와 벗이 되어
厭則又乘夫莽眇之鳥 실증나면 또 저 아득히(망묘莽眇) 나는 새를 타고
以出六極之外 육극六極(상하동서남북. 천지사방)의 밖으로 나가서
而遊無何有之鄉 그 어떠한 인위가 없는 곳(향鄉)에서 노닐며
以處壙垠之野 끝없이 넓은 들판에 머물려 한다.
汝又何帠 당신은 또 무슨 까닭(하예何帠)으로　*帠(예)법. 법칙.
以治天下感予之心爲 천하를 다스리는 일로 내 마음을 흔드는가."
又復問 또다시(부복又復) 묻자
無名氏曰 무명씨가 말했다.
汝遊心於淡 "그대가 마음을 담담淡淡한 곳에서 노닐고
合氣於漠 기기氣를 적막寂寞한 곳에 부합시켜

146

順物自然　만물의 자연에 순응順應하여

而無容私焉　거기에(언焉) 사사로움을 넣지 않는다면

而天下治矣　천하는 다스려질 것이다."

▸ 無何有之鄕(무하유지향) 어떠한 인위도 없는 자연 그대로의 낙토樂土. 즉 사람이 손대지 않은 자연 그대로의 세계로 장자가 말하는 무위자연無爲自然의 이상향理想鄕을 말함.

刎頸之交문경지교 · 肉袒負荊육단부형

旣罷歸國 以相如功大 拜爲上卿 位在廉頗之右 廉頗曰 我爲趙將 有攻城野戰之大功 而藺相如徒以口舌爲勞 而位居我上 且相如素賤人 吾羞不忍爲之下 宣言曰 我見相如 必辱之 相如聞 不肯與會 相如每朝時 常稱病 不欲與廉頗爭列 已而相如出 望見廉頗 相如引車避匿 於是舍人相與諫曰 臣所以去親戚而事君者 徒慕君之高義也 今君與廉頗同列 廉君宣惡言而君畏匿之 恐懼殊甚 且庸人尙羞之 況於將相乎 臣等不肖 請辭去 藺相如固止之 曰 公之視廉將軍孰與秦王 曰 不若也 相如曰 夫以秦王之威 而相如廷叱之 辱其羣臣 相如雖駑 獨畏廉將軍哉 顧吾念之 彊秦之所以不敢加兵於趙者 徒以吾兩人在也 今兩虎共鬪 其勢不俱生 吾所以爲此者 以先國家之急而後私讎也 廉頗聞之 肉袒負荊 因賓客至藺相如門謝罪 曰 鄙賤之人 不知將軍寬之至此也 卒相如驩 爲刎頸之交.　≪史記/廉頗藺相如列傳≫

旣罷歸國　회맹(민지회맹澠池會盟)을 마치고 나라에 돌아오자

以相如功大　혜문왕惠文王은 인상여藺相如의 공로를 크게 여겨

拜爲上卿　벼슬을 내려(배拜) 상경上卿으로 삼으니

位在廉頗之右　직위가 염파廉頗의 위(우右)에 있었다.

廉頗曰　염파가 말했다.

我爲趙將　"내가 조나라 장수가 되어

有攻城野戰之大功　성을 치고 들에서 싸운 큰 공이 있고

而藺相如　인상여는

徒以口舌爲勞　다만(도徒) 입과 혀만으로 공로를 삼았는데

而位居我上　직위가 내 위에 있으며

且相如素賤人　또 상여는 본디(소素) 천한 사람이니

吾羞 不忍爲之下　나는 부끄러워 그의 아래 됨을 참지 못하겠다."

宣言曰　선언하여 말했다.

我見相如 必辱之　"내 상여를 보면 반드시 그를 욕보이리라."

相如聞 不肯與會　상여는 듣고 조회에 참여參與하지 않았다.

相如每朝時 常稱病　상여는 조회 때마다 늘 병을 핑계 삼아

不欲與廉頗爭列　염파와 반열班列을 다투려 하지 않았다.

已而相如出　그 후(이이已而) 상여는 나오다가

望見廉頗　염파를 바라보고는

相如引車避匿　상여는 수레를 끌고 피하여 숨었다.(피닉避匿)

於是舍人相與諫曰　이에 사인들이 더불어 간하며 말했다.

臣所以去親戚而事君者　"신들이 부모와 친척을 떠나 군을 섬김은

徒慕君之高義也　다만 군의 높은 뜻을 사모하였기 때문입니다.

今君與廉頗同列　이제 군과 염파는 같은 반열인데

廉君宣惡言　염군은 나쁜 말(악언惡言)을 내뱉고

而君畏匿之　군은 두려워 그를 피하며　*匿(익)숨다.

恐懼殊甚　두려움(공구恐懼)이 유달리(수殊) 심하니

且庸人尚羞之　범인凡人(용인庸人)도 오히려 이를 부끄러워할진대

況於將相乎　하물며 장상將相에 있어서야.

臣等不肖 請辭去　신들은 불초하여 청컨대 물러나 떠나겠습니다."

藺相如固止之 曰　인상여가 굳게 만류하면서 말했다.

148

公之視廉將軍孰與秦王 "공들은 염장군과 진왕秦王을 누가 낫다(무섭다)고 보는가."

曰 不若也 말했다. "진왕만 못합니다."

相如曰 상여는 말했다.

夫以秦王之威 "무릇 진왕의 위세에도

而相如廷叱之 나는 조정에서 그를 질책叱責하고

辱其羣臣 뭇 신하들을 욕보였는데

相如雖駑 내가 비록 둔하나(노둔)

獨畏廉將軍哉 유독 염장군을 두려워하겠는가.

顧吾念之 우리를 돌아보아(고顧) 생각건대

彊秦之 강한 진나라가

所以不敢加兵於趙者 조나라에 감히 무력을 가하지 못한 까닭은

徒以吾兩人在也 다만(도徒) 우리 두 사람이 있기 때문인데

今兩虎共鬪 이제 두 호랑이가 함께 싸운다면

其勢不俱生 그 형세는 함께(구俱) 살지는 못하니

吾所以爲此者 내가 이렇게 하는 까닭은

以先國家之急 국가의 위급함을 먼저 하고

而後私讎也 사사로운 원한(수讎)을 뒤로하기 때문이다."

廉頗聞之 염파는 이 말을 듣고

肉袒負荊 윗옷을 벗고 가시나무(형荊)를 등에 지고

因賓客至藺相如門 빈객으로 인상여의 집 문에 이르러

謝罪 曰 사죄하며 말했다.

鄙賤之人 "비천한 사람이

不知將軍寬之至此也 장군의 너그러움이(관寬) 여기에 이르렀음을 알지 못했습니다."

卒相與驩 마침내(졸卒) 서로 기뻐하며(환驩)

爲刎頸之交 문경지교刎頸之交가 되었다.

- 刎頸之交(문경지교) '목을 베어 줄 수 있는 사귐'이라는 뜻으로, 목이 잘리는 한이 있어도 마음을 변치 않고 사귀는 친한 사이.
- 肉袒負荊(육단부형) '윗옷을 벗고 가시나무를 지나'는 뜻으로, 남에게 자신의 잘못을 인정하고 사죄하는 것을 의미하며, '부형청죄負荊請罪'라고도 함. 육단肉袒은 복종, 항복, 사죄의 표시로 윗옷의 한쪽을 벗어 상체의 일부를 드러내는 일.
- 민지회맹澠池會盟에서 진나라의 소왕昭王이 소국 조나라를 얕보고 혜문왕惠文王에게 모욕을 주었는데, 인상여가 그 자리에서 소왕에게 모욕을 되돌려 주어 진나라의 기세를 꺾었고, 염파장군은 만일의 사태를 대비하여 대군을 주둔시켜 진나라의 공격을 대비한 일이 있었음.

門前雀羅문전작라

太史公曰 夫以汲鄭之賢 有勢則賓客十倍 無勢則否 況衆人乎 下邽翟公有言 始翟公爲廷尉 賓客闐門 及廢 門外可設雀羅 翟公復爲廷尉 賓客欲往 公乃大署其門曰 一死一生 乃知交情 一貧一富 乃知交態 一貴一賤 交情乃見 汲鄭亦云 悲夫. 《史記/汲鄭列傳》

太史公曰 태사공太史公(사마천司馬遷의 자칭)이 말했다.
夫以汲鄭之賢 "저 급암汲黯과 정당시鄭當時와 같은 어진 이도
有勢則賓客十倍 권세가 있으면 빈객이 열 배가 되고
無勢則否 권세가 없어지면 그렇지 않는데
況衆人乎 하물며(황況) 보통 사람들임에랴.
下邽翟公有言 하규下邽 사람 적공翟公의 말이 있으니
始翟公爲廷尉 적공이 처음으로 정위廷尉가 되었을 때
賓客闐門 빈객들이 문안에 가득하였으나(전闐)
及廢 벼슬에서 물러나자
門外可設雀羅 문밖에 참새 그물(작라雀羅)을 칠만 하였고
翟公復爲廷尉 적공이 다시(부復) 정위가 되자

賓客欲往　빈객들이 몰려오려 하므로

翟公乃大署其門曰　적공은 이에 대문에 크게 써(서署) 붙여 말했다.

一死一生 乃知交情　'한 번 죽고 한 번 삶에 사귀는 정을 알고

一貧一富 乃知交態　한 번 가난하고 한 번 부함에 사귐의 태도 알며

一貴一賤 交情乃見　한 번 귀하고 한 번 천함에 사귀는 정이 나타나네.'

汲鄭亦云 悲夫　급암과 정당시 또한 이러하니 슬프도다.(비부悲夫)"

▸ 門前雀羅(문전작라) '문 앞에 참새 그물을 치다'는 뜻으로, 권력이나 재물을 잃으
　면 찾아오는 사람이 드물어진다는 말. '문전성시門前成市'는 상대의 의미임.
▸ 급암汲黯과 정당시鄭當時는 한무제漢武帝<전한 7대 황제. 재위. BC141~BC87> 때 인물.

物換星移물환성이

滕王高閣臨江渚　佩玉鳴鑾罷歌舞

畫棟朝飛南浦雲　朱簾暮捲西山雨

閑雲潭影日悠悠　物換星移度幾秋

閣中帝子今何在　檻外長江空自流.　<滕王閣/王勃詩>

○ 滕王閣　등왕각

滕王高閣臨江渚　높은 등왕누각 강가에 서 있는데　*渚(저)물가.

佩玉鳴鑾罷歌舞　패옥佩玉 소리 방울(란鑾) 소리 가무도 사라졌네.

畫棟朝飛南浦雲　단청한 마룻대에 아침에 남포의 구름이 날고

朱簾暮捲西山雨　붉은 발은 저물녘에 서산의 비 거두네.(권捲)

閑雲潭影日悠悠　한가로운 구름과 못 그림자는 언제나 유유한데

物換星移度幾秋　사물이 바뀌고 별이 옮겨 가 몇 해(추秋)나 지났는고.

閣中帝子今何在　누각에 있던 왕자는 지금 어디에 있는가

檻外長江空自流　난간(함檻) 밖 긴 강물만 부질없이 절로 흐르네.

‣ 物換星移(물환성이) '사물이 바뀌고 별자리가 옮겨 가다'는 뜻으로, 사물이 바뀌고 세월이 흘러감을 이르는 말.
‣ 王勃(왕발. 647~674) 당나라 초기의 대표적 시인. 자는 자안子安. 양형楊炯, 노조린盧照鄰, 낙빈왕駱賓王과 더불어 초당初唐 4걸四傑이라 불림.
‣ 滕王閣(등왕각) 당 고조高祖의 아들 이원영李元嬰이 영휘永徽 4년<653> 홍주자사洪州刺史로 있을 때 지은 누각으로, 그때 이원영이 등왕滕王으로 봉작封爵되었기에 등왕각으로 불림.
‣ 당 고종高宗 때인 676년 중양절에 홍주도독 염공閻公이 등왕각에서 주연을 열고 손님들을 청했는데 마침 왕발이 아버지를 뵈러 가는 길에 남창南昌을 지나다가 이 연회에 참석하여 즉석에서 <등왕각서滕王閣序>와 <등왕각시滕王閣詩>를 지음.

尾生之信미생지신

尾生 與女子期於梁下 女子不來 水至不去 抱梁柱而死. ≪莊子/盜跖≫

尾生 춘추시대 노나라 미생尾生은

與女子期於梁下 여자와 다리(량梁) 아래에서 기약했으나

女子不來 여자가 오지 않자

水至不去 물이 불어와도 떠나지 않다가

抱梁柱而死 다리(량梁) 기둥을 안고(포抱) 죽었다.

‣ 尾生之信(미생지신) '미생尾生의 믿음'이라는 뜻으로, 우직하게 약속만을 굳게 지킴, 또는 융통성이 없이 약속만을 굳게 지킴을 비유함.
‣ 장자莊子는 공자와 대화를 나누는 도척의 입을 빌려 미생의 융통성 없고 어리석음을 통박하였고, 전국시대 소진蘇秦은 연燕나라의 소왕昭王에게 설파說破할 때에 이 이야기를 예로 들어 자신의 신의를 강조하였음.

盤根錯節반근착절

鄧騭兄弟以詡異其議 因此不平 欲以吏法中傷詡 後朝歌賊甯季等數千
人 攻殺長吏 屯聚連年 州郡不能禁 乃以詡爲朝歌長 故舊皆弔詡曰 得
朝歌何衰 詡笑曰 志不求易 事不避難 臣之職也 不遇盤根錯節 何以別
利器乎. ≪後漢書/虞詡傳≫

鄧騭兄弟 등즐鄧騭 형제는
以詡異其議 우후虞詡가 그들의 의견과 달랐기 때문에
因此不平 이로 인해 못마땅하게 생각하여
欲以吏法中傷詡 관리의 법으로 우후를 중상中傷하려 하였다.
後朝歌 후에 조가현朝歌懸에서
賊甯季等數千人 비적匪賊 영계甯季 등 수천 명이 *甯(녕)차라리.
攻殺長吏 장리長吏(수령守令)를 공격해 죽이고
屯聚連年 여러 해 주둔駐屯(둔취屯聚)하였는데
州郡不能禁 주군州郡에서는 억제할 수 없었고
乃以詡爲朝歌長 이에 등즐은 우후를 조가현장으로 삼았다.
故舊皆弔詡曰 옛 친구들이 모두 위로하며 우후에게 말했다.
得朝歌何衰 "조가현에서 어찌 쇠衰할 수 있겠는가."
詡笑曰 우후는 웃으며 말했다.
志不求易 "뜻은 쉬움(이易)을 구하지 않고
事不避難 일은 어려움을 피하지 않음이
臣之職也 신하의 직분이네.
不遇盤根錯節 서린(반盤) 뿌리와 섞인(착錯) 마디를 만나지 않는다면
何以別利器乎 무엇으로(하이何以) 날카로운 기구를 구별할 수 있겠는가."

▸ 盤根錯節(반근착절) '뒤얽힌 뿌리와 엉클어진 마디'라는 뜻으로, 복잡하게 얽혀 해결하기가 매우 어려운 상황이나, 세상일에 난관이 많음을 이르는 말. '반착盤錯'이라고도 함.
▸ 虞詡(우후) 후한 무평武平 사람. 자는 승경升卿. 안제安帝 영초永初 4년<110>에 조가朝歌의 장長에 임명되어 어려운 상황에서 비적匪賊<떼 지어 다니는 도적>을 소탕하는 공을 세움.

班門弄斧반문농부

采石江邊一堆土 李白之名高千古
來來往往一首詩 魯班門前弄大斧.   <題李白墓詩/梅之渙詩>

○ 題李白墓詩   이백李白의 묘의 시에 쓰다.

采石江邊一堆土   채석采石 강변의 흙 한 무더기(퇴堆)

李白之名高千古   이백의 이름은 천고에 드높네.

來來往往一首詩   오가는 사람마다 시 한 수씩 남기니

魯班門前弄大斧   노반魯班의 문 앞에서 도끼(부斧)를 다루네.(롱弄)

▸ 班門弄斧(반문농부) '노반魯班의 문 앞에서 도끼를 다루다'는 뜻으로, 전문가 앞에서 자신의 보잘것없는 재주를 과시하는 사람을 두고 비웃는 말.
▸ 魯班(노반) 춘추시대 노나라 사람으로, 성은 공수公輸, 이름은 반般<반班, 반盤>인데 후세 사람들이 그를 노반魯班이라고 호칭하고 목수의 조사祖師로 추앙하였음.
▸ 후세 사람들이 채석기采石磯를 찾을 때 근처 이백의 묘를 찾아 그를 회고하며 시를 남기는 일이 많았는데, 명말明末 시인 매지환梅之渙이 이백의 묘를 지나다가 그들이 남긴 보잘것없는 시를 보고 비웃으며 이 시를 지음.

伴食宰相반식재상

三年 盧懷愼爲黃門監 懷愼淸謹儉素 妻子不免饑寒 所居不蔽風雨 姚
崇嘗謁告十餘日 政事委積 懷愼不能決 崇出 須臾裁決盡 顧謂齊澣曰
我爲相何如 澣曰 可謂救時之相 懷愼知才不及 每事推崇 時謂之伴食
宰相. ≪十八史略≫

三年 개원開元(당현종唐玄宗 때 연호. 713~741) 3년
盧懷愼 爲黃門監 노회신盧懷愼(?~716)은 황문감黃門監이 되었다.
懷愼淸謹儉素 노회신은 청렴하고 신중하고 검소하였으나
妻子不免饑寒 아내와 자식은 굶주림과 추위(기한饑寒)를 면치 못하였고
所居不蔽風雨 사는 곳은 비바람을 가리지(폐蔽) 못하였다.
姚崇 요숭姚崇(651~721)이
嘗謁告十餘日 일찍이 10여 일 휴가를 청하자(알고謁告)
政事委積 정사政事가 쌓이니(위적委積)
懷愼不能決 노회신은 결정할 수가 없었다.
崇出 요숭은 휴가를 마치고 나와
須臾裁決盡 잠깐 동안에 결재하여 다 처결하고
顧謂齊澣曰 자미사인紫微舍人 제한齊澣을 돌아보며 말했다.
我爲相何如 "내가 재상 되기가 어떠한가."
澣曰 제한이 말했다. *澣(한)빨다
可謂救時之相 "시대를 구할 재상이라 이를 만합니다."
懷愼知才不及 노회신은 재주가 미치지 못함을 알고
每事推崇 매사를 요숭에게 미루었다.(추推)
時謂之伴食宰相 당시 사람들은 그를 반식재상伴食宰相이라 하였다.

傍若無人 방약무인

荊軻旣至燕 愛燕之狗屠及善擊筑者高漸離 荊軻嗜酒 日與狗屠及高漸
離飮於燕市 酒酣以往 高漸離擊筑 荊軻和而歌於市中 相樂也 已而相
泣 傍若無人者 荊軻雖游於酒人乎 然其爲人沈深好書 其所游諸侯 盡
與其賢豪長者相結 其之燕 燕之處士田光先生亦善待之 知其非庸人也.

《史記/刺客列傳》

荊軻旣至燕　형가荊軻는 이미 연나라에 이르러
愛燕之狗屠及善擊筑者高漸離　연나라의 개백정과(급及) 축筑을 잘 타는
　　　　　　　　고점리高漸離와 친하게 지냈다.(애愛)
荊軻嗜酒　형가는 술을 즐겨(기嗜)
日與狗屠及高漸離　날마다 개백정과 고점리와 더불어
飮於燕市　연나라 저자에서 술 마시고
酒酣以往 高漸離擊筑　술이 거나해져(감酣) 고점리가 축을 타면(격擊)
荊軻和而歌於市中　형가는 이에 화답하여 저자에서 노래를 부르며
相樂也 已而相泣　서로 즐기다가 그 후(이이已而) 서로 울었는데
傍若無人者　옆(방旁.<방傍>)에 사람이 없는 것처럼 했다.(약若)
荊軻雖游於酒人乎　형가는 비록 술꾼들과 놀았지만
然其爲人沈深好書　사람됨이 한 생각에 골똘하고 책 읽기를 좋아하고
其所游諸侯　그가 유랑하며 거쳐 간 제후국에서
盡與其賢豪長者相結　모두 현자, 호걸, 장자長者와 더불어 서로 교류
　　　　　　　　를 맺었다.

其之燕　그가 연나라에 가니(지之)

燕之處士田光先生　연나라 처사 전광선생田光先生

亦善待之　또한 그를 잘 대우했는데

知其非庸人也　그가 보통 사람(용인庸人)이 아님을 알았기 때문이다.

‣ 傍若無人(방약무인) '곁에 사람이 없는 것같이 하다'는 뜻으로, 주위에 있는 다른 사람을 전혀 의식하지 않고 제멋대로 행동하는 것을 이르는 말.
‣ 荊軻(형가. ?~BC227) 전국시대 위나라 자객刺客. 연나라 태자 단丹을 위해 진왕 秦王 정政<시황제始皇帝>을 죽이려다 실패하여 살해됨.

背水陣 배수진

諸將效首虜　畢賀　因問信曰　兵法右倍山陵　前左水澤　今者將軍令臣等
反背水陣　曰破趙會食　臣等不服　然竟以勝　此何術也　信曰　此在兵法　顧
諸君不察耳　兵法不曰　陷之死地而後生　置之亡地而後存　且信非得素拊
循士大夫也　此所謂　驅市人而戰之　其勢非置之死地　使人人自爲戰　今
予之生地　皆走　寧尙可得而用之乎　諸將皆服曰　善　非臣所及也.

《史記/淮陰侯列傳》

諸將效首虜　여러 장수는 적의 수급首級과 포로捕虜를 아뢰고(효效)

畢賀　축하를 마치자(필畢)

因問信曰　인하여 한신韓信에게 물으며 말했다.

兵法右倍山陵　"병법에는 '산릉山陵을 우로 하여 등지고(패倍)

前左水澤　수택水澤을 앞으로 하여 좌로 한다.'고 하였는데

今者將軍　이번에 장군께서는

令臣等反背水陣　신들로 하여금 도리어(반反) 물을 등지고(배背) 진을
　　　　　　　　치게 하시고

曰破趙會食 '조나라 군대를 깬 다음 회식하겠다.'라고 하셨습니다.

臣等不服 저희들은 속으로 따르지 않았습니다. *服(복)좇다. 따르다.

然竟以勝 此何術也 그러나 마침내 이겼는데, 이것은 무슨 전술입니까."

信曰 한신이 말했다.

此在兵法 "이것도 병법에 있는데

顧諸君不察耳 다만(고顧) 제군이 살피지 않았을 뿐이오.

兵法不曰 병법에 말하지 않았소.

陷之死地而後生 '사지死地에 빠뜨린 후에야 살고

置之亡地而後存 망지亡地에 놓은 뒤에야 생존한다.'고

且信非得素拊循士大夫也 또한 내(신信)가 평소 어루만진(부순拊循) 사
대부들을 얻은 것이 아니고

此所謂驅市人 이것은 이른바 저잣거리 사람을 몰아세워(구驅)

而戰之 싸우는 것이니

其勢非置之死地 使人人自爲戰 그 형세가 그들을 사지에 두어(치置)
사람들로 하여금 자신을 위해 싸우게 하는 것이 아니고

今予之生地 그들(지之)에게 생지生地를 주었더라면(여予)

皆走 모두 달아났을 것이니

寧尚可得而用之乎 어떻게(녕寧) 더욱이(상尚) 그들을 얻어서 쓸 수 있
었겠는가."

諸將皆服曰 장수들이 모두 탄복歎服하여 말했다.

善 非臣所及也 "훌륭합니다.(선善) 저희들이 미칠 바가 아닙니다."

▶背水陣(배수진) '물을 등지고 치는 진'이라는 뜻으로, 어떤 일에 결사적인 각오로
임한다는 말.

158

杯中蛇影배중사영

嘗有親客 久闊不復來 廣問其故 答曰 前在坐 蒙賜酒 方欲飮 見杯中有
蛇 意甚惡之 旣飮而疾 於時河南聽事壁上有角 漆畫作蛇 廣意杯中蛇
卽角影也 復置酒於前處 謂客曰 酒中復有所見不 答曰 所見如初 廣乃
告其所以 客豁然意解 沈疴頓愈. ≪晉書/樂廣傳≫

嘗有親客 악광樂廣은 일찍이 친한 손님이 있었는데
久闊不復來 오랫동안 소식이 없고(구활久闊) 다시 찾아오지 않았다.
廣問其故 答曰 악광이 그 까닭을 물으니, 답하였다.
前在坐 蒙賜酒 "전에 자리에서 내려주시는(사사賜) 술을 받았을(몽蒙) 때
方欲飮 막 술을 마시려 하는데
見杯中有蛇 잔(배杯) 속에 뱀(사蛇)이 있는 것을 보고
意甚惡之 마음속으로 매우 그것을 추하게 여겼으나
旣飮而疾 이미 마시고 병이 났습니다."
於時河南聽事壁上有角 그때에 하남河南의 청사 벽 위에 각궁角弓이
　　　　　　　　　　　　　있었는데
漆畫作蛇 칠화漆畫로 뱀을 그렸다.
廣意杯中蛇卽角影也 악광은 잔 속의 뱀이 각궁의 그림자라고 생각
　　　　　　　　　　했다.
復置酒於前處 다시(부復) 그전의 자리에 술상을 차리고(치置)
謂客曰 손님에게 말했다.
酒中復有所見不 "술 안에 다시 보이는 것이 있습니까, 없습니까."
答曰 답하였다.
所見如初 "보이는 것이 처음과 같습니다."
廣乃告其所以 악광이 이에 그 까닭(소이所以)을 말하니
客豁然意解 손님은 툭 트인 듯이(활연豁然) 마음이 풀리고

沈痾頓愈　묵은 병(침아沈痾)이 대번에(돈頓) 나았다.　．

▸ 杯中蛇影(배중사영) '술잔 속에 비친 뱀의 그림자'라는 뜻으로, 쓸데없는 의심을
　품고 고민하는 것을 비유하는 말. '배궁사영杯弓蛇影'이라고도 하며, '의심생암귀
　疑心生暗鬼'와 의미가 통함.
▸ 樂廣(악광. ?~304) 삼국시대 위나라 말에서 서진西晉 초 때 남양南陽 육양淯陽
　사람. 자는 언보彦輔. 왕연王衍과 함께 당시 명성이 높았음.

白駒過隙백구과극

人生天地之間 若白駒之過隙 忽然而已 注然勃然 莫不出焉 油然漻然
莫不入焉 已化而生 又化而死 生物哀之 人類悲之 解其天弢 墮其天袠
紛乎宛乎 魂魄將往 乃身從之 乃大歸乎.　≪莊子/知北遊≫

人生天地之間　사람이 천지 사이에 살아 있는 것은
若白駒之過隙　흰말(구駒)이 틈(극隙) 앞을 지나가는 것처럼
忽然而已　순간일 뿐입니다.
注然勃然　줄줄이 쑥쑥 자라나서　*주注와 발勃은 만물이 생겨나는 모양.
莫不出焉　생성되지 않음이 없으며
油然漻然　스르르 흘러가서 죽음으로　*유油와 류漻는 만물이 소멸되는 모양.
莫不入焉　들어가지 않음이 없습니다.
已化而生　이미 변화해서 태어나고
又化而死　또 변화해서 죽게 되면
生物哀之　태어난 사물은 이를 슬퍼하고
人類悲之　사람들은 이를 비통해합니다.
解其天弢　하늘의 활 통(도弢)에 갇혀 있다가 풀려나고
墮其天袠　하늘의 칼집(질袠)에 매여 있다가 떨어져

紛乎宛乎 　이리저리 흩날리고 굴러　*紛(분)어지럽다. 宛(완)굽다.

魂魄將往 　혼백이 장차 돌아가려 하면

乃身從之 　이에 몸도 이를 따를 것이니

乃大歸乎 　바로 크게 돌아가는 것(죽음)입니다.

▶ 白駒過隙(백구과극) '흰말이 흰 말이 문틈 앞을 지나가다'는 뜻으로, 세월이 덧없
이 빨리 지나가는 것 또는 덧없는 인생을 이르는 말. '극구광음隙駒光陰'이라고도
하며, '광음여류光陰如流, 광음여시光陰如矢' 등과 의미가 통함.

百年河淸백년하청

冬 楚子囊伐鄭 討其侵蔡也 子駟子國子耳欲從楚 子孔子蟜子展欲待晉
子駟曰 周詩有之曰 俟河之淸 人壽幾何 兆云詢多 職競作羅 謀之多族
民之多違 事滋無成 民急矣 姑從楚 以紓吾民 晉師至 吾又從之 敬共幣
帛 以待來者 小國之道也 犧牲玉帛 待於二竟 以待彊者而庇民焉 寇不
爲害 民不罷病 不亦可乎.　《春秋左氏傳/襄公》

冬 楚子囊伐鄭　겨울에 춘추시대 초나라 자낭子囊이 정나라를 친 것은

討其侵蔡也　정나라가 채나라를 친 일에 대한 공격이었다.

子駟子國子耳　자사子駟와 자국子國과 자이子耳는

欲從楚　초楚를 따르려 했고

子孔子蟜子展　자공子孔과 자교子蟜와 자전子展은

欲待晉　진晉을 기다리려고 했다.

子駟曰　자사가 말했다.

周詩有之曰　"주周나라 시에 말하기를

俟河之淸　'황하가 맑아지기를 기다린다면(사俟)

人壽幾何 사람의 수명은 얼마라야 되는가.

兆云詢多 점을 쳐(조兆) 많은 계책을 물으면(순詢)

職競作羅 다만(직職) 다투어 얽어매는 그물을 만드는 것이다.'고 하였다.

謀之多族 계책을 내는 사람이 많고

民之多違 백성들이 어긋남이 많으면

事滋無成 일은 더욱(자滋) 이루지 못할 것이다.

民急矣 백성들이 위급하게 되었으니

姑從楚 잠시(고姑) 초나라에 복종服從하여

以紓吾民 백성들의 위급을 풀어주고(서紓)

晉師至 진나라 군이 쳐들어오면

吾又從之 우리는 또 그들에 복종하면 될 것이다.

敬共幣帛 공경히 폐백을 받들어

以待來者 쳐들어오는 나라를 기다리는 것이

小國之道也 작은 나라가 생존하는 방법이니

犧牲玉帛 희생과 옥백玉帛을 가지고

待於二竟 진과 초의 국경(경竟)에서 기다리다가

以待彊者 而庇民焉 강한 나라를 대접하여 백성을 보호한다면(비庇)

寇不爲害 외구外寇가 해를 끼치지 않아

民不罷病 백성이 피로하고 괴롭지(피병罷病) 않을 것이니 *罷(피)고달프다.

不亦可乎 이 또한 옳지(가可) 않겠는가."

▶ 百年河淸(백년하청) '백 년이 지나야 황하가 맑아 질 것이다'라는 뜻으로, 오랫동안 기다려도 바람이 이루어질 가망이 없음을 비유한 말.

▶ 정鄭나라는 진晉나라의 원병을 기다리는 것은 황하가 맑아지기를 기다리는 것처럼 이루어질 가망이 없다고 설득한 자사子駟의 말에 따라 초나라와 화친하여 위기를 모면하였다.

伯樂一顧 백락일고

蘇代爲燕說齊 未見齊王 先說淳于髡曰 人有賣駿馬者 比三旦立市 人
莫之知 往見伯樂曰 臣有駿馬 欲賣之 比三旦立於市 人莫與言 願子還
而視之 去而顧之 臣請獻一朝之賈 伯樂乃還而視之 去而顧之 一旦而
馬價十倍 今臣欲以駿馬見於王 莫爲臣先後者 足下有意爲臣伯樂乎 臣
請獻白璧一雙 黃金千鎰 以爲馬食 淳于髡曰 謹聞命矣 入言之王而見
之 齊王大說蘇子. ≪戰國策/燕策≫

蘇代爲燕說齊 소대蘇代가 연나라를 위하여 제나라에 유세하려 하면서
未見齊王 아직 제왕齊王을 뵙지 않고
先說淳于髡曰 먼저 대신인 순우곤淳于髡에게 말했다.
人有賣駿馬者 "어떤 사람이 준마를 팔려고
比三旦立市 잇달아(비比) 3일 아침을 시장에 서 있었지만
人莫之知 사람들은 아무도 준마를 알아보지 못했습니다.
往見伯樂曰 그래서 백락伯樂에게 가서 뵙고 말했습니다.
臣有駿馬 欲賣之 '저에게 준마가 있어 이를 팔려고
比三旦立於市 잇달아 3일 아침을 시장에 서 있었지만
人莫與言 아무도 묻는 사람이 없었습니다.
願子還而視之 원컨대 선생(자子)께서 제 말을 돌아보아 보시고
去而顧之 가시면서 이를 돌아보아 주십시오. *顧(고)돌아보다.
臣請獻一朝之賈 그러면 제가 하루 치 벌이를 드리겠습니다.'
伯樂乃還而視之 백락이 이에 한번 돌아서 이를 보고
去而顧之 가면서 뒤돌아보았더니
一旦而馬價十倍 하루아침에 말 값이 10배가 되었습니다.
今臣欲以駿馬見於王 지금 저는 준마를 이끌고 대왕을 만나려고 하나
莫爲臣先後者 저를 앞뒤에서 위해줄 사람이 아무도 없습니다.

足下有意爲臣伯樂乎　귀하(족하足下)께서 저를 위해 백락이 되어 주실
　　　　　　　　　생각이 있으신지요.
臣請獻白璧一雙 黃金千鎰 以爲馬食　제가 청컨대 백벽白璧 한 쌍과 황
　　　　　　　　금 천 일鎰을 말 먹이로 생각하시라고 드리겠습니다."
淳于髡曰　순우곤이 말했다.
謹聞命矣　"삼가 명을 알았습니다.(문문聞)"
入言之王而見之　들어가서 왕에게 말하고 소대를 만나게 하니
齊王大說蘇子　제왕은 소자蘇子(소대蘇代)를 매우 기쁘게 맞았다.(열說)

▸ 伯樂一顧(백락일고) '백락이 한번 돌아보다'는 말로, 명마도 백락을 만나야 세상에
　알려지듯이 현명한 사람도 그를 알아주는 자를 만나야 출세할 수 있음을 비유한 말.
▸ 蘇代(소대) 전국시대 종횡가縱橫家. 합종책合縱策을 주장한 소진蘇秦의 아우.
▸ 伯樂(백락) 주周나라 때 말을 잘 감정하던 사람. 본명은 손양孫陽. 원래 백락은 전
　설에 나오는 천마天馬를 주관하는 별자리인데 손양이 말에 대한 지식이 워낙 탁
　월하여 그렇게 불림. 후에 인재를 잘 발견하여 등용하는 사람을 비유함.

白龍魚服 백룡어복

吳王欲從民飮酒 伍子胥諫曰 不可 昔白龍下淸泠之淵 化爲魚 漁者豫
且射中其目 白龍上訴天帝 天帝曰 當是之時 若安置而形 白龍對曰 我
下淸泠之淵化爲魚 天帝曰 魚固人之所射也 若是 豫且何罪 夫白龍天
帝貴畜也 豫且宋國賤臣也 白龍不化 豫且不射 今棄萬乘之位 而從布
衣之士飮酒 臣恐其有豫且之患矣 王乃止.　≪說苑/正諫≫

吳王欲從民飮酒　오왕吳王이 백성들과 어울려 술을 마시려고 하자
伍子胥諫曰　오자서伍子胥가 간하였다.　*胥(서)서로.
不可　"안 됩니다.

昔白龍　옛날에 백룡白龍(전설상 하신河神)이

下淸冷之淵　청령淸冷(전설상 연못)에 내려와(하下)

化爲魚　물고기로 변하였는데

漁者豫且　어부 예저豫且가　*且(저)공경스럽다.

射中其目　그 눈을 쏘아 맞히자(사중射中)

白龍上 訴天帝　백룡은 하늘에 올라가 천제에게 호소呼訴하였습니다.

天帝曰　천제가 물었습니다.

當是之時　'당시에

若安置而形　너(약若)는 어디(안安)에 있었고 어떤 모습이었느냐.'

白龍對曰　백룡이 대답했습니다.

我下淸冷之淵 化爲魚　'청령으로 내려가 물고기로 변해 있었습니다.'

天帝曰　천제가 말했습니다.

魚固人之所射也　'물고기는 본디(고固) 사람들이 쏘아 잡는 것이다.

若是　네가 이 모양을 하고 있었는데

豫且何罪　예저에게 무슨 죄가 있느냐.'

夫白龍天帝貴畜也　무릇 흰 용은 천제의 귀한 동물이고

豫且宋國賤臣也　예저는 송나라의 미천한 신하입니다.

白龍不化　백룡이 모습을 바꾸지 않았다면

豫且不射　예저 또한 쏘지 않았을 것입니다.

今棄萬乘之位　지금 만승萬乘의 지위를 버리고(기棄)

而從布衣之士飮酒　포의지사布衣之士와 어울려 술을 마신다면

臣恐其有豫且之患矣　신은 예저 같은 환란이 있을까 두렵습니다."

王乃止　왕은 이에 그만두었다.

▸ 白龍魚服(백룡어복) '백룡白龍이 물고기의 옷을 입었다'는 뜻으로, 높은 지위에
　있는 사람이 남 모르게 나가 다니다가 욕을 당함을 비유하거나, 신분이 높은 사람
　이 서민의 옷을 입고 미행하는 것을 비유하는 말.
▸ 布衣之士(포의지사) 베옷 입은 선비. 벼슬이 없는 한미寒微한 선비.

▶ 伍子胥(오자서. ?~BC484) 춘추시대 초나라 사람. 이름은 원員. 아버지와 형이 초나라 평왕平王에게 피살되자 오나라를 섬겨 복수함. 오나라 왕 합려闔閭를 보좌하여 강대국으로 키웠으나, 합려의 아들 부차夫差에게 중용되지 못하고 모함을 받아 자결함.

百聞不如一見백문불여일견

時充國年七十餘 上老之 使御史大夫丙吉 問誰可將者 充國對曰 亡踰
於老臣者矣 上遣問焉 曰 將軍度羌虜何如 當用幾人 充國曰 百聞不如
一見 兵難隃度 臣願馳至金城 圖上方略 然羌戎小夷 逆天背畔 滅亡不
久 願陛下以屬老臣 勿以爲憂 上笑曰諾. ≪漢書/趙充國傳≫

時充國年七十餘   그 때 조충국趙充國이 70여 세로
上老之   한선제漢宣帝는 그를 늙었다고 여겨
使御史大夫丙吉 問誰可將者   어사대부 병길丙吉로 하여금 '장수로
                           삼을 만한 자가 누구인가.' 묻게 하자
充國對曰   조충국이 대답하여 말했다.
亡踰於老臣者矣   "신보다 나은(유踰) 자는 없습니다."
上遣問焉曰   황제는 또 사람을 보내 그에게(언焉) 묻게 하였다.
將軍度羌虜何如   "장군의 생각에 강로羌虜(강족 오랑캐)가 어떠하며
當用幾人   마땅히 얼마의 병사를 동원해야 하는가."
充國曰   조충국이 말했다.
百聞不如一見   "백 번 듣는 것은 한 번 보는 것만 못합니다.
兵難隃度   군사는 멀리서 헤아리기(탁度) 어려우니   *隃(유)넘다. 멀다.
臣願馳至金城   신은 원컨대 금성金城으로 달려가(치馳)
圖上方略   방략方略(방법方法과 계략計略)을 그려 올리겠습니다.

然羌戎小夷　그러나 강융羌戎은 소이小夷로

逆天背畔　하늘을 거스르고 배반하였으니　*畔(반)배반하다.

滅亡不久　오래지 않아서 멸망할 것입니다.

願陛下以屬老臣　원컨대 폐하께서 신에게 맡기신다면(촉屬)

勿以爲憂　걱정하지 마소서.”

上笑曰諾　황제는 웃으며 말했다. “좋소.(낙諾)”

- 百聞不如一見(백문불여일견) 여러 번 듣는 것이 한 번 보는 것보다 못함.
- 漢宣帝(한선제. BC91~BC49) 서한의 10대 황제 유순劉詢.<재위. BC73~BC49> 무제의 증손으로 재위기간 동안 이치吏治와 황제권 강화에 힘을 쏟았고, 소제昭帝 와 더불어 '소선중흥昭宣中興'이라 불림.
- 趙充國(조충국. BC137~BC52) 서한의 무장武將. 자는 옹손翁孫, 농서隴西 상규上 邽 사람. 소제昭帝가 서거 후 곽광霍光과 더불어 선제宣帝 옹립에 적극 참여하여 영평후營平侯로 봉해짐. 말년에 선제의 명을 받아 강족羌族을 쳤고, 73세 때 다시 강족을 치러 갔다.

白眉백미

蜀漢馬良 字季常 兄弟五人 皆用常爲字 幷有才名 鄕里爲之諺曰 馬氏
五常 白眉最長 良眉中 有白眉 故以稱之.　《三國志》

蜀漢馬良 字季常　촉한 마량馬良의 자는 계상季常이니

兄弟五人 皆用常爲字　형제 다섯 모두 상常을 사용하여 자를 지었고

幷有才名　나란히(병幷) 재주 있다는 평판이 있었다.

鄕里爲之諺曰　마을 사람들이 그것 때문에 속말(언諺)로 말했다.

馬氏五常　“마씨馬氏 오상五常에서

白眉最長　흰 눈썹(백미白眉)이 있는 자가 가장 낫다.(장長)”

良眉中有白眉　마량은 눈썹 가운데 흰 눈썹이 있어
故以稱之　그런 까닭에 그렇게 일컫는다.

▸ 白眉(백미) '흰 눈썹'이라는 뜻으로, 여럿 중에서 가장 뛰어난 사람이나 물건을 이르는 말.
▸ 蜀漢(촉한. 221~263) 삼국三國의 하나. 전한 경제景帝의 후손 현덕玄德 유비劉備가 촉蜀<사천성四川省>에 세운 나라로 도읍은 성도成都. 263년 2대로 위魏나라에게 망함.
▸ 馬良(마량. 187~222) 삼국시대 촉한의 장수. 유비가 관우의 복수를 위하여 손권을 공격한 이릉夷陵 전투에서 사망함. 마속馬謖<190~228>의 형.

伯牙絶絃백아절현・知音지음

伯牙鼓琴　鍾子期聽之　方鼓琴而志在太山　鍾子期曰　善哉乎鼓琴　巍巍乎若太山　少選之間　而志在流水　鍾子期又曰　善哉乎鼓琴　湯湯乎若流水　鍾子期死　伯牙破琴絶弦　終身不復鼓琴　以爲世無足復爲鼓琴者.

《呂氏春秋/本味》

伯牙鼓琴　백아伯牙가 거문고를 타면(고고鼓)
鍾子期聽之　종자기鍾子期가 그것을 들었다.
方鼓琴　바야흐로 거문고를 타면서(고고鼓)
而志在太山　생각이 태산에 있으면
鍾子期曰　종자기가 말했다.
善哉乎鼓琴　"좋구나. 거문고를 탐이여.
巍巍乎若太山　높고도 높음(외외巍巍)이 태산 같도다." *巍(외)높다.
少選之間　잠시(소선少選) 후　*選(선)잠시.
而志在流水　생각이 흐르는 물에 있으면

鍾子期又曰　종자기가 또 말했다.

善哉乎鼓琴　"좋구나. 거문고를 탐이여.

湯湯乎若流水　세찬 것(상상湯湯)이 흐르는 물 같도다."

*湯(상)물이 세차게 흐르다. (탕)끓이다.

鍾子期死　종자기가 죽자

伯牙破琴絶弦　백아는 거문고를 부수고 줄을 끊고서(절현絶弦)

終身不復鼓琴　죽을 때까지(종신終身) 다시는 거문고를 타지 않았는데

以爲世無足復爲鼓琴者　세상에 다시(부복復) 위하여 거문고를 탈 만한
사람이 없다고 생각했기 때문이다.

▸ 伯牙絶絃(백아절현) '백아伯牙가 거문고의 줄을 끊었다'는 뜻으로, 자기를 알아주
는 참다운 벗을 잃은 것을 비유하는 말.
▸ 知音(지음) '소리를 알아듣다'는 뜻으로 자기의 속마음을 알아주는 친구를 이르는 말.
▸ 伯牙(백아) 춘추시대 초나라 사람. 성은 유兪, 거문고의 명수名手. 성련成連에게
거문고를 배워 거문고의 대가가 되었다 함.
▸ 鍾子期(종자기) 춘추시대 초나라의 음악가. 음률에 정통했으며 백아와 우의가 돈
독했음.

白眼視 백안시

阮籍不拘禮教 能爲靑白眼 見俗禮之士 以白眼對之 及嵆喜來, 卽籍爲
白眼 喜不懌而退 喜弟康聞之 乃齊酒挾琴造焉 籍大悅 乃見靑眼 由是
禮法之士疾之若讐.　≪晉書/阮籍傳≫

阮籍不拘禮教　완적阮籍은 예교禮敎에 구속되지 않았고

能爲靑白眼　청안靑眼과 백안白眼을 능하게 하였다.

見俗禮之士　세속의 예의에 얽매인 선비를 보면

以白眼對之　백안으로 그들을 대했다.

及嵇喜來　어느 날 혜희嵇喜가 찾아오자　*嵇(혜)산 이름.<혜嵇>

卽籍爲白眼　나아가(즉卽) 완적은 백안으로 대하니

喜不懌而退　혜희는 기분이 상해 돌아갔다.　*懌(역)기뻐하다.

喜弟康聞之　혜희의 동생 혜강嵇康이 이 소식을 듣고

乃齊酒挾琴造焉　술을 갖추고 거문고를 끼고(협挾) 찾아오니(조造)

籍大悅 乃見靑眼　완적은 크게 기뻐하며 곧(내乃) 청안으로 보았다.

由是　이로 말미암아

禮法之士疾之若讐　예법을 중시하는 선비들은 그를 원수怨讐처럼 미
　　　　　　　　　워했다.(질疾)

▸ 白眼視(백안시) '흰 눈자위로 흘겨보다'는 뜻으로, 남을 업신여기거나 무시하는
　태도로 흘겨봄.
▸ 靑眼視(청안시) '푸른 눈동자로 보다'는 뜻으로, 남을 달갑게 여겨 좋은 마음으로 봄.
▸ 완적阮籍<210~263>과 혜강嵇康<223~262>은 죽림칠현으로 삼국시대 위나라
　사상가이며 문학가이다.

伯兪泣杖 백유읍장

伯兪有過 其母笞之泣 其母曰 他日笞 子未嘗見泣 今泣何也 對曰 他日
兪得罪 笞常痛 今母之力 不能使痛 是以泣.　≪說苑/建本≫

伯兪有過　한백유韓伯兪(한漢나라 때 효자)가 잘못(과過)이 있어

其母笞之泣　어머니가 그를 매질하니(태笞) 울거늘　*笞(태)매질하다.

其母曰　어머니가 말했다.

他日笞　"전에 매질할 때는

子未嘗見泣　네(子)가 일찍이 울지(泣泣) 않다가
今泣何也　지금 우는 것은 무엇 때문이냐.”
對曰　백유가 말했다.
兪得罪　笞常痛　“제가 잘못했을 때에는 매가 항상 아프더니
今母之力　不能使痛　지금은 어머니의 힘이 아프게 할 수가 없으니
是以泣　이런 까닭에(시이是以) 우는 것입니다.”

▸ 伯兪泣杖(백유읍장) ‘백유伯兪가 매를 맞으며 울다’는 뜻으로, 늙고 쇠약해진 어
　머니의 모습을 보며 슬퍼함. 곧 어버이에 대한 지극한 효심을 이르는 말. ‘백유지
　효伯兪之孝, 백유지읍伯兪之泣’이라고도 함.

病入膏肓병입고황

公疾病　求醫於秦　秦伯使醫緩爲之　未至　公夢疾爲二豎子　曰　彼良醫也
懼傷我　焉逃之　其一曰　居肓之上　膏之下　若我何　醫至　曰　疾不可爲也
在肓之上　膏之下　攻之不可　達之不及　藥不至焉　不可爲也.

《春秋左氏傳/成公》

公疾病　진경공晉景公(춘추시대 진晉의 군주)이 갑자기 병이 들어
求醫於秦　진秦나라에 의원을 구하였다.
秦伯　진백秦伯(진나라 군주)이
使醫緩爲之　의완醫緩을 보내 치료하게 하였는데
未至　의완이 이르기 전에
公夢疾爲二豎子　공은 꿈에 병이 두 더벅머리아이가 되었는데
　　　*二豎子(이수자)두 아이로 화신化身한 병마病魔. 豎(수)세우다. 더벅머리.
曰　그들이 말했다.

彼良醫也 "그(피彼)는 훌륭한 의원으로

懼傷我 焉逃之 우리를 해칠까 두려우니 어디로(언焉) 도망가야 할까."

其一曰 그 한 명이 말했다.

居肓之上 膏之下 "황肓의 위와 고膏의 아래에 있으면

若我何 우리를 어떻게 하겠는가."

醫至 曰 의원이 이르러 말했다.

疾不可爲也 "이 병은 고칠 수 없습니다.

在肓之上 膏之下 병이 황의 위와 고의 아래 사이에 있어

攻之不可 達之不及 뜸도 할 수 없고, 침도 이르지 못하여

藥不至焉 약을 써도 미치니 못하니

不可爲也 어찌할 수 없습니다."

▶ 病入膏肓(병입고황) '병이 고황膏肓에까지 들다'는 뜻으로, 병이 깊어져 더 이상 치료가 불가능한 것을 비유하는 말. 고황은 심장心臟과 횡격막橫膈膜의 사이. 병이 그 속에 생기면 낫기 어렵다는 부분. 膏肓는 가슴 밑의 적은 비계, 황肓은 가슴 위의 얇은 막膜. *泉石膏肓(천석고황) 샘과 돌이 고황에 들었다는 뜻으로, 고질병이 되다시피 산수풍경을 좋아함을 일컫는 말.

覆車之戒복거지계

魏文侯與大夫飮酒 使公乘不仁爲觴政 曰 飮不釂者浮以大白 文侯飮而不盡釂 公乘不仁擧白浮君 君視而不應 侍者曰 不仁退 君已醉矣 公乘不仁曰 周書曰 前車覆 後車戒 蓋言其危 爲人臣者不易 爲君亦不易 今君已設令 令不行可乎 君曰善 擧白而飮 飮畢曰 以公乘不仁爲上客.

≪說苑/善說≫

鄙諺曰 不習爲吏 視已成事 又曰 前車覆 後車戒 夫三代之所以長久者
其已事可知矣 然而不能從者 是不法聖智也 秦世之所以亟絶者 其轍跡
可見也 然而不避 是後車又將覆也 夫存亡之變 治亂之機 其要在是矣.

≪漢書/賈誼傳≫

魏文侯與大夫飮酒　　전국시대 위문후魏文侯가 대부들과 술을 마시며
使公乘不仁爲觴政　　공승불인公乘不仁으로 하여금 상정觴政(주령酒令.
　　　　　　　　　　벌주놀이)을 하게 하고
曰　　말했다.
飮不釂者　　"술을 마시되 다 들이켜지(조釂) 않는 자는
浮以大白　　대백大白(큰 술잔)으로 벌주를 내리겠다." *浮(부)벌罰.
文侯飮而不盡釂　　그런데 문후가 한 번에 다 들이켜지 않자
公乘不仁擧白浮君　　공승불인이 잔을 들어(거擧) 임금에게 벌주를 드
　　　　　　　　　　렸는데
君視而不應　　임금은 보기만 하고 응하지 않았다.
侍者曰　　임금의 시중이 말했다.
不仁退 君已醉矣　　"불인은 물러나시오. 임금께서는 이미 취하셨습니다."
公乘不仁曰　　그러자 공승불인이 말했다.
周書曰 前車覆 後車戒　　"≪주서周書≫에 '앞 수레가 뒤집힌(복覆) 것
　　　　　　　　　　은 뒤 수레의 경계이다.'라고 했으니
蓋言其危　　대개 위태로움에 대해 말한 것입니다.
爲人臣者不易　　남의 신하 노릇 하는 것도 쉽지(이易) 않지만
爲君亦不易　　군주 노릇 하기 또한 쉽지 않습니다.
今君已設令　　지금 임금께서 이미 주령酒令을 세워 놓고
令不行可乎　　주령이 시행되지 않는다면 괜찮은 것입니까."
君曰善　　임금은 "옳다."고 말하고
擧白而飮　　그 잔을 들어 마셨다.

飮畢曰　다 마신 다음 말했다.　*畢(필)마치다.

以公乘不仁爲上客　"공승불인을 상객上客(귀빈貴賓)으로 삼겠다."

鄙諺曰　속담(비언鄙諺)에

不習爲吏　"'관리가 되려고 따로 익히지 말고

視已成事　이미 이루어진 일을 보라.'고 했고

又曰 前車覆 後車戒　또 '앞 수레가 뒤집힌 것은 뒤 수레의 경계이
　　　　　　　　　　다.'라고 하였으니

夫三代之所以長久者　하夏, 은殷, 주周 3대가 장구한 것은

其已事可知矣　이미 지난 일을 알고 있었기 때문이다.

然而不能從者　그런데도 이를 따를 수 없는 것은

是不法聖智也　성인의 지혜를 법 삼지 않았기 때문이다.

秦世之所以亟絕者　진秦나라가 매우 빨리(극亟) 망한 까닭을

其轍跡可見也　그 수레바퀴 자국(철적轍跡)으로 볼 수 있습니다.

然而不避　그런데도 피하지 않는다면

是後車又將覆也　뒤 수레는 또한 장차 뒤집힐 것입니다.

夫存亡之變 治亂之機　무릇 나라의 존망의 변화와 치란治亂의 조짐(기機)

其要在是矣　그 요점이 이에 있습니다."

▶ 覆車之戒(복거지계) '앞의 수레가 뒤집히는 것을 보고 미리 경계하다'는 뜻으로,
앞사람의 실패를 거울삼아 뒷사람이 똑같은 실패를 하지 않도록 조심함을 이르는
말. '복철지계覆轍之戒'라고도 함.

▶ 魏文侯(위문후. BC472~BC396) 성은 희姬, 씨는 위魏, 이름은 사斯, 도都. 전국시
대 위나라의 개국군주. BC.445년에 위환자魏桓子의 뒤를 이어 즉위했다. 위나라
는 BC403년에 한韓, 조趙나라와 함께 주왕周王 및 각 제후국으로부터 정식으로
국가로 승인받았다.

覆巢破卵복소파란

孔融被收 中外惶怖 時融兒大者九歲 小者八歲 二兒故琢釘戲 了無遽
容 融謂使者曰 冀罪止於身 二兒可得全不 兒徐進曰 大人豈見覆巢之
下 復有完卵乎 尋亦收之.　《世說新語/言語》

孔融被收　공융孔融이 (조조의 사자에게) 잡혀가니 　*收(수)잡다.

中外惶怖　안과 밖에서 두려워하고 있는데(황포惶怖)

時融兒大者九歲　그때 공융의 자식이 큰놈은 아홉 살

小者八歲　작은놈은 여덟 살인데

二兒故琢釘戲　두 아이는 본래대로(고故) 탁정琢釘놀이를 하며

了無遽容　전혀(료了) 당황한 기색(거용遽容)이 없었다.　*遽(거)갑작스럽다.

融謂使者曰　공융이 사자에게 말했다.

冀罪止於身 二兒可得全不　"죄는 나 자신에게 그치고, 두 아이는 온
　　　　　　　　전할 수 있기를 바라오. 아니 되오." *冀(기)바라다.

兒徐進曰　아이가 천천히 나아가 말했다.

大人豈見覆巢之下 復有完卵乎　"대인(아버지)께서는 엎어진(복覆) 둥지
　　　　　(소巢) 아래에 다시(부復) 온전한 알이 있음을 보셨습니까."

尋亦收之　얼마 되지 않아(심尋) 아이들도 잡아갔다.

▸ 覆巢破卵(복소파란) '둥지를 뒤엎고 알을 깨다'는 뜻으로, 부모의 재난에 자식도
　화를 당함. 또는 근본이 망하면 지엽枝葉도 따라 망함을 비유하여 이르는 말. '복
　소무완란覆巢無完卵, 소훼란파巢毀卵破'도 같은 의미임. *覆巢餘卵(복소여란) '엎
　어진 둥지에서 깨어지지 않고 남은 알'이라는 뜻으로, 멸망한 집안에서 살아남은
　자식을 이름.

▸ 孔融(공융. 153~208) 후한 말기 정치가, 문학가. 자는 문거文擧. 문필에 능하여
　건안칠자建安七子의 한 사람으로 불림. 당시 세력을 확장하고 있던 조조曹操를 비
　판 조소하다가 일족과 함께 처형됨.

附耳細語부이세어

昔黃相國喜 微時行役 憩于路上 見田夫駕二牛而耕者 問曰 二牛何者
爲勝 田夫不對 輟耕而至 附耳細語曰 此牛勝 公怪之曰 何以附耳相語
田夫曰 雖畜物 其心與人同也 此勝則彼劣 使牛聞之 寧無不平之心乎
公大悟 遂不復言人之長短云. ≪芝峯類說≫

昔黃相國喜　옛날 황희黃喜정승(상국相國)이

微時行役　벼슬하지 않았을 때(미시微時) 길을 가던 중에

憩于路上　길가에서 쉬다가(게憩)

見田父駕二牛而耕者　농부가 두 마리의 소에 멍에 씌워(가駕) 밭가는
　　　　　　　　　　　것을 보고

問曰　물어 말했다.

二牛何者爲勝　"두 마리의 소 중에서 어느 놈이 나은가.(승勝)"

田夫不對　농부는 대답하지 않고

輟耕而至　밭 갈기를 멈추고(철輟) 이르러

附耳細語曰　귀에 대고 나직이 말했다.　*附(부)붙이다.

此牛勝　"이 소가 낫습니다."

公怪之曰　공이 이를 이상하게 여겨 말했다.

何以附耳相語　"어찌하여 귀에 대고 말하는가."

田父曰　농부가 말했다.

雖畜物 其心與人同也　"비록 가축이나 그 마음은 사람과 같습니다.

此勝則彼劣　이놈이 나으면 저놈은 못할 것이니(렬劣)

使牛聞之　만약(사使) 이를 소가 듣는다면

寧無不平之心乎　어찌(녕寧) 불평하는 마음이 없겠습니까."

公大悟　공은 크게 깨달아(대오大悟)

遂不復言人之長短云　마침내 다시(부復) 남의 장단점을 말하지 않았
　　　　　　　　　　　다고 한다.

▶ 附耳細語(부이세어) '귀에 대고 나직이 말하다'는 뜻으로, 남의 장단점을 함부로 말하지 말라는 말.

不爭之德부쟁지덕

善爲士者不武 善戰者不怒 善勝敵者不與 善用人者爲之下 是謂不爭之
德 是謂用人之力 是謂配天 古之極. ≪道德經≫

善爲士者不武 훌륭한 무사는 무력을 쓰지 않고
善戰者不怒 싸움을 잘하는 자는 성내지 않으며
善勝敵者不與 적을 잘 이기는 자는 맞대응하지 않으며
善用人者爲之下 사람을 잘 쓰는 자는 그의 아래가 된다.
是謂不爭之德 이를 일러 싸우지 않는 덕이라 하고
是謂用人之力 이를 일러 사람을 쓰는 힘이라 하며
是謂配天 이를 일러 하늘과 짝함(배配)이라 하니
古之極 옛날의 지극한 도이다.

▶ 不爭之德(부쟁지덕) '다투지 않는 덕'이라는 뜻으로, 상대와 싸우지 않고도 이길 수 있는 능력.

焚書坑儒분서갱유

臣請史官非秦記 皆燒之 非博士官所職 天下敢有藏詩書百家語者 悉詣
守尉雜燒之 有敢偶語詩書者棄市 以古非今者族 吏見知不擧者與同罪
令下三十日不燒 黥爲城旦 所不去者 醫藥卜筮種樹之書 若欲有學法令
以吏爲師 制曰可……

始皇聞亡 乃大怒曰 吾前收天下書不中用者 盡去之 悉召文學方術士甚
衆 欲以興太平 方士欲練以求奇藥 今聞韓衆去不報 徐市等費以巨萬計
終不得藥 徒姦利相告日聞 盧生等吾尊賜之甚厚 今乃誹謗我 以重吾不
德也 諸生在咸陽者 吾使人廉問 或爲訞言以亂黔首 於是使御史悉案問
諸生 諸生傳相告引 乃自除犯禁者四百六十餘人 皆坑之咸陽 使天下知
之 以懲後. ≪史記/秦始皇本紀≫

臣請 "신(이사李斯)은 청컨대
史官非秦記　사관은 진나라 기록이 아니면
皆燒之　모두 그것을 불태우게 하시고(소소燒)
非博士官所職　박사 관직이 아니면서
天下敢有藏詩書百家語者　천하에 감히 시경詩經, 서경書經, 제자백
　　　　　　가諸子百家의 어록을 감추고(장장藏) 있는 자가 있으면
悉詣守尉　모두(실悉) 지방관(수위守尉)을 보내 *詣(예)이르다. 가다.
雜燒之　모아(잡雜) 그것들을 태우게(소소燒) 하시고
有敢偶語詩書者　감히 시경, 서경을 마주보며 말하는(우어偶語) 자가
　　　　　　있으면
棄市　저자거리에서 처형(기시棄市)하시고
以古非今者　옛것으로써 오늘날을 비방하는 자는
族　멸족滅族시키고
吏見知不擧者　관리가 보고 알면서도 들춰내지 않는 자는
與同罪　그들과 더불어 죄를 동일하게 하시고
令下三十日不燒　명이 내린 지 30일 지났는데도 태워 버리지 않는다면
黥爲城旦　묵형黥刑을 가하여 성단형城旦刑에 처하십시오.
所不去者　태워 버리지 말아야 할 것은
醫藥卜筮種樹之書　의약, 점술(복서卜筮), 농업(종수種樹)에 관한 책입
　　　　　　니다. *筮(서)점. 점치다.

若欲有學法令　만약 법령을 배우고자 하는 자가 있으면

以吏爲師　관리를 스승으로 삼게 하옵소서.”

制曰可　시황始皇이 말했다. “그렇게 하라.”　*制(제)천자天子의 말.

……

始皇聞亡　시황은 그들이 도망했다는 소식을 듣고

乃大怒曰　크게 화를 내며 말했다.

吾前收天下書　“내가 전에 천하의 책들을 거두어

不中用者盡去之　쓸모없는 것은 모두 태워 없애 버렸다.

悉召文學方術士甚衆　매우 많은 학자와 방술사方術士를 다 부름은

欲以興太平　태평성세를 일으키고자 한 것이고

方士欲練以求奇藥　방사들은 제련법을 익혀 선약仙藥을 구하려 함인데

今聞韓衆去不報　지금 듣자 하니 한중韓衆은 떠나더니 소식이 없고

徐市等費以巨萬計　서불徐市 등은 거금을 쓰고도

終不得藥　끝내(종終) 선약을 구하지 못한 채

徒姦利　다만(도徒) 간사한 이익을 챙긴다며

相告日聞　서로 고발하는 말만 매일 들린다.

盧生等吾尊　노생盧生 등을 내가 존중해서

賜之甚厚　그들에게 매우 많은 것을 하사하였는데　*賜(사)하사하다.

今乃誹謗我　이제 나를 비방하며　*誹(비)헐뜯다.

以重吾不德也　나의 부덕을 가중시키고 있다.　*重(중)거듭하다.

諸生在咸陽者　함양咸陽에 있는 유생들을

吾使人廉問　내가 사람을 시켜 살펴(염廉) 알아보니(문問)

或爲訞言以亂黔首　어떤 자(혹或)는 요사한 말로 백성들(검수黔首)을 어지럽혔다.”　*訞(요)요사하다. 黔(검)검다.

於是 使御史悉案問諸生　이에 어사에게 이런 자들을 모두 심문審問(안문案問)하게 하니

諸生傳相告引　유생들이 서로가 서로를 끌고 들어가 고발하였다.

乃自除犯禁者四百六十餘人   이에 몸소 법적으로 못하게 것을 어긴
                (빔금犯禁) 자 460여 명을 죽여(제除)   *除(제)죽이다.
皆坑之咸陽   모두 이들을 함양에 묻고   *坑(갱)묻다.
使天下知之 以懲後   천하에 이를 알려서 후세에 경계로 삼게 했다.

▸ 焚書坑儒(분서갱유) 책을 불태우고 선비를 산 채로 묻어 죽임. 학문과 선비의 뜻
  을 가혹하게 탄압하는 폭정을 이르는 말.
▸ 棄市(기시) 사람들이 많이 모인 곳에서 죄인의 목을 베고 시체를 길거리에 버려두
  는 형벌.
▸ 黥(경) 묵형墨刑. 죄인의 이마에 먹줄로 죄명을 써넣던 형벌.
▸ 城旦(성단) 죽을 때까지 변방에서 아침부터 성벽만을 쌓는 형벌.
▸ 始皇(시황. BC259~BC210) 진秦나라의 초대 황제. 이름은 정政. 장양왕將養王의
  아들. 13세 때에 진왕辰王이 되어 BC221년에 중국을 통일하고 스스로 시황제始
  皇帝라 칭함.
▸ 告引(고인) 죄를 발뺌하기 위하여 두 사람 이상이 서로 남이 죄를 지었다고 상대
  편을 끌어들이는 일.

拂鬚塵 불수진

初 丁謂出準門至參政 事準甚謹 嘗會食中書 羹汚準鬚 謂起 徐拂之 準
笑曰 參政國之大臣 乃爲官長拂鬚耶. 謂甚愧之.   ≪宋史/寇準傳≫

初 丁謂出準門至參政   처음에 정위丁謂(966~1037)는 구준寇準(961~1023.
                북송北宋 정치가)의 내각으로 나와 참정參政에 이르렀는데
事準甚謹   구준을 섬김이 매우 공손하였다.
嘗會食中書   이전에 모여서 먹던 중에 글을 쓰다가
羹汚準鬚   국(갱羹)물이 구준의 수염(수鬚)에 묻자
謂起 徐拂之   정위가 일어나 천천히 그것을 털었다.(불拂)

準笑曰　구준이 웃으며 말했다.

叄政國之大臣　"참정은 나라의 대신인데

乃爲官長拂鬚耶　관장官長을 위하여 수염을 터는가."

謂甚愧之　정위는 매우(심甚) 부끄러워했다.(괴愧)

▸ 拂鬚塵(불수진) '수염의 먼지를 털어주다'는 뜻으로, 윗사람이나 권력자에게 아부
　하거나 비굴한 태도를 보이는 것을 비유하는 말. '불수拂鬚'라고도 함.

不惑불혹

子曰 吾十有五而志于學 三十而立 四十而不惑 五十而知天命 六十而
耳順 七十而從心所欲 不踰矩.　《論語》

子曰　공자께서 말씀하셨다.

吾十有五而志于學　"나는 열다섯 살에 학문에 뜻을 두었고

三十而立　서른 살에 자립하였고

四十而不惑　마흔 살에 사리에 의혹하지 않았고

五十而知天命　쉰 살에 천명을 알았고

六十而耳順　예순 살에 귀로 들으면 그대로 이해되었고

七十而從心所欲　일흔 살에 마음이 하고자 하는 바를 좇아도

不踰矩　법도(구矩)를 넘지(유踰) 않았다.

▸ 不惑(불혹) '어떤 유혹誘惑에도 넘어가지 않았다'는 뜻으로, 마흔 살을 일컫는 말.
▸ 이 글에서 유래하여 15세는 지학志學, 30세는 이립而立, 40세는 불혹不惑, 50세는
　지천명知天命, 60세는 이순耳順, 70세는 종심從心, 종심소욕從心所欲이라 함.

鵬程萬里봉정만리

北冥有魚 其名爲鯤 鯤之大 不知其幾千里也 化而爲鳥 其名爲鵬 鵬之
背 不知其幾千里也 怒而飛 其翼若垂天之雲 是鳥也 海運則將徙於南
冥 南冥者天池也 齊諧者志怪者也 諧之言曰 鵬之徙於南冥也 水擊三
千里 搏扶搖而上者九萬里 去以六月息者也. ≪莊子/逍遙遊≫

北冥有魚 북명北冥에 물고기가 있어 *冥(명)어둡다. 바다.
其名爲鯤 그 이름을 곤鯤이라 하는데 *鯤(곤)곤어鯤魚.<상상의 큰 물고기>
鯤之大 不知其幾千里也 곤의 크기는 몇천 리인지 알지 못한다.
化而爲鳥 其名爲鵬 변하여 새가 되면 그 이름을 붕鵬이라 하는데
鵬之背 不知其幾千里也 붕새의 등(배背)은 몇천 리인지 알 수가 없다.
怒而飛 힘껏 날아오르련
其翼若垂天之雲 그 날개(익翼)가 하늘에 드리운 구름과 같다.
是鳥也 이 새는
海運則將徙於南冥 바다가 움직이면 남명南冥으로 날아가려 하는데
南冥者 天池也 남명은 하늘의 못이다.
齊諧者志怪者也 재해齊諧는 기이한 일들을 기록하였는데
諧之言曰 재해는 말했다.
鵬之徙於南冥也 "붕새가 남명으로 날아감에
水擊三千里 물결치는 것이 삼천 리요
搏扶搖而上者 회오리바람(부요扶搖)을 치고(박搏) 올라가는 것이
九萬里 구만 리이며
去以六月息者也 여섯 달을 날아가고서 쉰다."

▶鵬程萬里(봉정만리) '붕새가 날아갈 길이 만 리'라는 뜻으로, 머나먼 노정路程, 또
  는 아주 양양한 장래를 비유적으로 이르는 말.

▸ 圖南(도남) '붕새가 날개를 펴고 남명南冥으로 날아가려고 하다'는 뜻으로, 웅대한 일을 계획하고 있음을 비유적으로 이르는 말.

髀肉之嘆 비육지탄

備住荊州數年　嘗於表坐起至厠　見髀裏肉生　慨然流涕　還坐　表怪問備
備曰　吾常身不離鞍　髀肉皆消　今不復騎　髀裏肉生　日月若馳　老將至矣
而功業不建　是以悲耳.　《三國志/蜀志》

備住荊州數年　유비劉備는 형주荊州에 여러 해 머물렀는데
嘗於表坐　일찍이 유표劉表(142~208. 후한 말 정치가)와의 자리에서(좌坐)
起至厠　일어나 뒷간(측厠)에 갔는데
見髀裏肉生　넓적다리(비髀) 안쪽에 살이 붙은 것을 보고
慨然流涕　還坐　슬퍼하면서(개연慨然) 눈물(체涕)을 흘리고 자리에 돌
　　　　　　아오니
表怪問備　유표가 괴이하여 유비에게 물으니
備曰　유비가 말했다.
吾常身不離鞍　"저는 항상 몸이 안장鞍裝을 떠나지 않아서
髀肉皆消　넓적다리(비髀) 살이 다 사라졌는데(소消)
今不復騎　지금 다시(부復) 말을 타지(기騎) 않으니
髀裏肉生　넓적다리 안쪽에 군살이 붙었습니다.
日月若馳　老將至矣　세월은 치달아서(치馳) 늙음이 장차 이를 것인데
而功業不建　공업을 세우지 못했으니
是以悲耳　이 때문에(시이是以) 슬플 따름입니다."

▸ 髀肉之嘆(비육지탄) '넓적다리에 살이 붙음을 탄식하다'는 뜻으로, 별로 하는 일 없이 허송세월虛送歲月하면서 능력을 발휘하지 못하는 것을 비유하는 말.

牝鷄之晨 빈계지신

王曰 古人有言曰 牝鷄無晨 牝鷄之晨 惟家之索 今商王受 惟婦言是用
昏棄厥肆祀 弗答 昏棄厥遺王父母弟 不迪 乃惟四方之多罪逋逃 是崇
是長 是信是使 是以爲大夫卿士 俾暴虐于百姓 以姦宄于商邑 今予發
惟恭行天之罰. ≪書經/周書≫

王曰　무왕武王이 말했다.
古人有言曰　"옛사람 말에
牝鷄無晨　'암탉(빈계牝鷄)은 새벽(신晨)을 알림이 없으니
牝鷄之晨　암탉이 새벽을 알리면
惟家之索　집안이 오직 쓸쓸해진다.(삭索)'고 하였다.
今商王受　지금 상왕商王 수受(주왕紂王)는
惟婦言是用　오직 부인(달기妲己)의 말만을 써서
昏棄厥肆祀　어리석게 그 조상의 제사를 버려두고
弗答　보답報答하지 않으며　*肆祀(사사)조상의 제사. 사肆는 제사명.
昏棄厥遺王父母弟　어리석게 그(궐厥) 남겨진 왕부모의 동생(백이와 숙
　　　　　　　　　　　　제)을 버려두고
不迪　도리로 대우하지 않고　*迪(적)이끌다. 도리.
乃惟四方之多罪逋逃　이에 오직 사방의 죄 많은 도망자들(포도逋逃)을
是崇是長　이에 높이고 이에 우두머리로 삼으며
是信是使　이에 믿고 이에 부려서(사使)
是以爲大夫卿士　이에 이들을 대부와 경사卿士로 삼으니
俾暴虐于百姓 以姦宄于商邑　백성들에게 포학하고 상나라 고을에 간
　　　　　　　사한 짓과 도적질을 하게 하도다.　*宄(귀)도둑. 俾(비)하여금.
今予發　이제 나(여予) 발發(무왕의 이름)은
惟恭行天之罰　오직 하늘의 벌을 삼가(공恭) 행하느니라."

▸ 牝鷄之晨(빈계지신) '암탉이 울어 새벽을 알리다'는 뜻으로, 암탉이 울면 집안이
망한다는 말. 아내가 남편을 업신여겨 집안일을 자기 마음대로 처리함을 일컬음.
▸ 武王(무왕) 주周나라를 건국한 왕. 성은 희姬, 이름은 발發, 문왕文王 희창姬昌의
둘째 아들이므로 중발仲發이라고도 한다. BC1046년 서쪽 제후들을 규합하여 상
商을 멸망시키고 호경鎬京으로 도읍을 옮기고 봉건제도를 실시함.

氷心玉壺빙심옥호

寒雨連江夜入吳　平明送客楚山孤
洛陽親友如相問　一片氷心在玉壺.　<芙蓉樓送辛漸/王昌齡詩>

○芙蓉樓送辛漸　부용루芙蓉樓에서 신점辛漸을 보내며.
寒雨連江夜入吳　차가운 비 강 따라 밤새 오吳나라로 들고
平明送客楚山孤　그대 보내는 새벽(평명平明) 초나라 산들이 외롭네.
洛陽親友如相問　낙양洛陽의 친구들 내 소식 묻거든
一片氷心在玉壺　한 조각 얼음 같은 마음 옥병(옥호玉壺)에 있다 하게.

▸ 氷心玉壺(빙심옥호) '얼음같이 맑은 마음이 옥 항아리에 있다'는 뜻으로, 마음이
맑고 티 없이 깨끗함을 이르는 말.
▸ 王昌齡(왕창령. 698~755?) 당나라 시인. 자는 소백少伯 칠언절구에 뛰어나며 주
로 변방의 풍광을 노래함. 안녹산의 난 때에 피살됨.

氷炭不相容빙탄불상용

冰炭不可以相幷兮　吾固知乎命之不長
哀獨苦死之無樂兮　惜予年之未央.　<七諫-自悲/東方朔>

氷炭不可以相幷兮　얼음과 숯(빙탄氷炭)은 서로 함께할 수 없음이여
吾固知乎命之不長　내 진실로(고固) 목숨이 길지 못할 것을 알았노라.
哀獨苦死之無樂兮　즐거움도 없이 슬프게 홀로 고통스럽게 죽음이여
惜予年之未央　내(여予) 연수年數를 다하지(앙央) 못함을 안타까워하노라.

▶ 氷炭不相容(빙탄불상용) '얼음과 숯<불>은 서로 용납할 수 없다'는 뜻으로, 군자
와 소인은 서로 화합하지 못함을 비유함. 또는 서로 화합할 수 없는 사이. '빙탄지
간氷炭之間이라고도 함.

▶ 칠간七諫<초방初放, 침강沈江, 원세怨世, 원사怨思, 자비自悲, 애명哀命, 유간謬
諫>은 한무제漢武帝 때 동방삭東方朔이 자신과 처지가 흡사한 굴원屈原<전국시
대 초나라 정치가, 문학가>을 추모해 굴원이 고향을 떠나 괴로워하는 모습을 그린
7수인데, 이 시는 '자비自悲'의 일부분으로 아첨과 참언을 일삼는 간신들과는 공
존할 수 없음을 읊었다.

▶ 東方朔(동방삭) 한무제漢武帝 때 사람. 자는 만천曼倩. 벼슬이 금마문金馬門 시중
侍中에 이르고 해학諧謔, 변설辯舌, 직간直諫으로 이름이 났음. 속설에 서왕모西王
母의 복숭아를 훔쳐 먹어 장수하였으므로 삼천갑자三千甲子 동방삭이라고 일컬음.

四面楚歌사면초가

項王軍壁垓下　兵少食盡　漢軍及諸侯兵圍之數重　夜聞漢軍四面皆楚歌
項王乃大驚曰　漢皆已得楚乎　是何楚人之多也　項王則夜起　飮帳中　有
美人名虞　常幸從　駿馬名騅　常騎之　於是項王乃悲歌慷慨　自爲詩曰　力
拔山兮氣蓋世　時不利兮騅不逝　騅不逝兮可奈何　虞兮虞兮奈若何　歌數
闋　美人和之　項王泣數行下　左右皆泣　莫能仰視.　《史記/項羽本紀》

項王軍　항왕項王(항우)의 군대는
壁垓下　해하垓下를 굳게 지키고 있었으나 *壁(벽)(진지를) 굳게 지키다.
兵少食盡　병사는 부족하고 식량은 다하였고
漢軍及諸侯兵　한군과(급及) 제후들의 병사가

圍之數重　그를 여러 겹으로 포위하였다.

夜聞漢軍四面皆楚歌　밤에 한나라 군사가 사방(사면四面)에서 초나라

　　　　　　　　　　노래(초가楚歌)를 부르는 것이 들리니

項王乃大驚曰　항왕은 이에 크게 놀라며(경驚) 말했다.

漢皆已得楚乎　"한나라가 이미 초나라 땅을 다 얻었는가.

是何楚人之多也　어찌하여 (한나라 진영에) 초나라 사람이 이렇게 많은가."

項王則夜起　항왕은 밤에 일어나서

飲帳中　장막 안(장중帳中)에서 술을 마셨다.

有美人名虞　우희虞姬라고 불리는 미인이 있어

常幸從　늘 사랑을 받으면서(행幸) 따랐고　*幸(행)임금의 사랑을 받다.

駿馬名騅 常騎之　추騅라고 불리는 준마는 항상 타고 다녔다.

於是項王乃悲歌慷慨　이에 항우는 슬프게 노래 부르며 강개하였고

自爲詩曰　스스로 시(해하가坟下歌)를 지어 말했다.

力拔山兮氣蓋世　"힘은 산을 뽑고(발拔) 기개는 세상을 덮는데(개蓋)

時不利兮騅不逝　때가 불리하니 오추마烏騅馬도 나아가지(서逝) 않네.

騅不逝兮可奈何　오추마가 달리지 않으니 어찌할 수 있겠는가.

虞兮虞兮奈若何　우희虞姬여, 우희여, 너(약若)를 어찌할꼬."

歌數闋　몇 번 노래하고 마치자(결闋)

美人和之　우미인이 그 노래에 화답하니

項王泣數行下　항왕의 눈물이 몇 줄기(항行) 흘러내렸다.

左右皆泣　좌우의 신하들은 모두 울었고

莫能仰視　아무도 쳐다볼 수가 없었다.

▸四面楚歌(사면초가) '사방에서 들리는 초나라 노래'라는 뜻으로, 적에게 둘러싸인
　상태나 누구의 도움도 받을 수 없는 고립 상태에 빠짐을 이르는 말.

▸坟下歌(해하가) 초나라 항우가 지은 가사歌辭의 이름. 해하坟下에서 한나라 고조
　高祖에게 포위되었을 때 형세가 이미 기울어져 앞날이 다한 것을 강개하여 지음.

▸虞美人(우미인. ?~BC202) 진秦나라 말 항우의 총희寵姬. 절세의 미인으로, 항우
　가 한나라 유방에게 해하에서 포위되었을 때 자살하였다고 함.

徙木之信사목지신 · 道不拾遺도불습유

令旣具 未布 恐民之不信 已乃立三丈之木於國都市南門 募民有能徙置
北門者予十金 民怪之 莫敢徙 復曰 能徙者予五十金 有一人徙之 輒予
五十金 以明不欺 卒下令 令行於民朞年 秦民之國都 言初令之不便者
以千數 於是太子犯法 衛鞅曰 法之不行 自上犯之 將法太子 太子君嗣
也 不可施刑 刑其傅公子虔 黥其師公孫賈 明日 秦人皆趨令 行之十年
秦民大說 道不拾遺 山無盜賊 家給人足 民勇於公戰 怯於私鬪 鄕邑大
治 秦民初言令不便者 有來言令便者 衛鞅曰 此皆亂化之民也 盡遷之
於邊城 其後民莫敢議令. ≪史記/商君列傳≫

令旣具 未布 법령을 이미 갖추었으나(구具) 아직 공포하지 않음은
恐民之不信 백성들이 믿지 않을까 염려했기 때문이다.
已乃立三丈之木於國都市南門 오래지 않아(이내已乃) 세 길 되는 나무
　　　　　　　　　　　를 도성의 저자의 남문에 세우고
募民有能徙置北門者予十金 북문에 옮겨(사徙) 놓을 수 있는 사람이
　　　　　　　　있으면 10금을 주겠다고(여予) 백성을 모집募集하였다.
民怪之 백성들은 이상하게 여기고
莫敢徙 아무도 감히 옮기지 않으므로
復曰 다시(부復) 말했다.
能徙者予五十金 "옮길 수 있는 자에게 50금을 주겠다."
有一人徙之 어떤 한 사람이 이것을 옮기니
輒予五十金 바로(첩輒) 50금을 주어서
以明不欺 속이지(기欺) 않는다는 것을 밝히고
卒下令 마침내(졸卒) 법령을 공포하였다.
令行於民朞年 백성에게 법령이 시행되자 1년 동안에 *朞(기)돌. 1주년.
秦民之國都 진秦나라 백성들이 도성에 가서(지之)

言初令之不便者　처음 법령이 불편한 것을 말하는 자가

以千數　수천이나 되었다.

於是太子犯法　그런 중에 태자가 법을 어겼다.(범犯)

衛鞅曰　위앙衛鞅(공손앙公孫鞅)은 말했다.

法之不行　"법이 잘 시행되지 않음은

自上犯之　위에 있는 자부터(자自) 법을 어기기 때문이다."

將法太子　태자를 처벌하려 하였으나

太子君嗣也　태자는 임금의 후사後嗣라

不可施刑　형벌에 처할 수 없다 하여

刑其傅公子虔　그의 사부師傅 공자公子 건虔을 처벌하고

黥其師公孫賈　그의 스승 공손가公孫賈를 경형黥刑(묵형墨刑)에 처하였다.

明日 秦人皆趨令　다음날부터 진나라 백성들은 모두 법을 따랐다.(추趨)

行之十年　법을 시행한 지 10년에

秦民大說　진나라 백성들은 크게 기뻐하고(열說)

道不拾遺　길에 떨어져 있는 것을 줍지(습拾) 않았다.　*遺(유)떨어뜨리다.

山無盜賊　산에는 도적이 없어졌고

家給人足　집안이 넉넉해지고 인구가 많아졌고

民勇於公戰　백성은 전쟁에 용감하고

怯於私鬪　사사로이 다투는 일을 피하니(겁怯)

鄕邑大治　향읍鄕邑이 잘 다스려졌다.

秦民初言令不便者　진나라 백성 중에 처음에 법령의 불편을 말한 자로

有來言令便者　법령의 편리함을 말하러 온 자가 있었다.

衛鞅曰　위앙은 말했다.

此皆亂化之民也　"이들은 모두 교화를 어지럽히는 백성이다."

盡遷之於邊城　다 변방의 성으로 이주시켰다.(천遷)

其後民莫敢議令　그 뒤 백성들은 아무도 감히 법에 대해 의논하지
　　　　　　　　　못하였다.

▸徙木之信(사목지신) '나무를 옮기는 믿음'이라는 뜻으로, 백성에 대한 위정자의 신의를 이르는 말. '이목지신移木之信'이라고도 함.

▸道不拾遺(도불습유) 길에 떨어져 있는 것을 줍지 않는다는 뜻으로, 나라가 잘 다스려져 백성의 풍속이 돈후함을 비유해 이르는 말.

▸衛鞅(위앙) 전국시대 진秦나라 사람. 본명은 공손앙公孫鞅. 위나라 공족公族으로 진에서 임용된 후 큰 공을 세워 옛 상商 땅을 받았으므로 상앙商鞅 혹은 상군商君이라 불렀음. 위나라에 벼슬하려 했지만 받아주지 않자 진나라로 가서 효공孝公에게 채용됨. 부국강병의 계책을 세워 여러 방면에 걸친 대개혁을 단행함으로써 후일 진제국秦帝國 성립의 기반을 세움.

駟不及舌사불급설

棘子成曰 君子質而已矣 何以文爲 子貢曰 惜乎 夫子之說君子也 駟不及舌 文猶質也 質猶文也 虎豹之鞹 猶犬羊之鞹. ≪論語/顔淵≫

棘子成曰　극자성棘子成(위나라 대부)이 말했다.

君子質而已矣　"군자는 질質(바탕)뿐이니(이이의而已矣)

何以文爲　문文을 어디(하何)에 쓰겠는가."

子貢曰　자공子貢이 말했다.

惜乎　"애석하군요.

夫子之說君子也　부자夫子(극자성)의 말은 군자답지만

駟不及舌　사마駟馬 수레(사駟)도 혀(설舌)에는 미치지 못합니다.

文猶質也　문채는 바탕과 같고(유猶)

質猶文也　바탕은 문채와 같아야 하는 것이니

虎豹之鞹　범이나 표범(호표虎豹)의 털 제거한 가죽은　*鞹(곽)가죽.

猶犬羊之鞹　개나 염소의 털 제거한 가죽과 같습니다."

- ▶ 駟不及舌(사불급설) '네 마리 말이 끄는 수레도 혀에는 미치지 못하다'는 말로, 소문은 빨리 퍼지니 말을 삼가라는 뜻.
- ▶ 문文과 질質은 동등하니 서로 없어서는 안 된다. 만일 반드시 모두 그 문을 버리고 홀로 그 질만 보존한다면 군자와 소인이 분별될 수 없음을 말한 것이다. 만약 털이 없다면 호랑이 가죽이나 표범 가죽인지, 개 가죽이나 염소 가죽인지 구별할 수 없듯이, 학문이나 예악이 없다면 군자인지 야만인인지 구별할 수 없다는 말.
- ▶ 子貢(자공) 공문십철孔門十哲의 한 사람. 성은 단목端木. 이름은 사賜. 자공子貢은 자. 정치에 뛰어나 노魯, 위衛의 재상이 되었음. 공자 제자 중에서 제일가는 부자였으므로 경제적으로 공자를 도왔다고 함.

射石爲虎 사석위호

廣出獵 見草中石 以爲虎而射之 中石沒鏃 視之石也 因復更射之 終不能復入石矣 廣所居郡聞有虎 嘗自射之 及居右北平射虎 虎騰傷廣 廣亦竟射殺之. ≪史記/李將軍列傳≫

廣出獵 見草中石　이광李廣이 사냥(렵獵)을 나와 풀 속에 돌을 보고
以爲虎而射之　호랑이라고 여겨(이위以爲) 그것을 쏘았다.(사射)
中石沒鏃　돌에 명중命中하여 화살촉(촉鏃)이 박혔는데
視之石也　그것을 보니 돌이었다.
因復更射之　인하여 거듭 쏘았으나　*復(부)다시. 更(갱)다시.
終不能復入石矣　끝내(종終) 다시 돌에 박히게 할 수 없었다.
廣所居郡聞有虎　이광은 거주하는 고을에서 호랑이가 있다는 것을
　　　　　　　　들으면
嘗自射之　늘(상嘗) 자신이 호랑이를 쏘았다.
及居右北平射虎　우북평右北平에 있을 때 호랑이를 쏘았는데
虎騰傷廣　호랑이가 솟구쳐 올라(등騰) 이광을 다치게 하였는데
廣亦竟射殺之　이광 역시 끝내(경竟) 호랑이를 쏘아 죽었다.

▸ 射石爲虎(사석위호) '돌을 호랑이로 알고 쏘았더니 돌에 화살이 꽂혔다'는 뜻으로, 어떤 일이든 최선을 다하면 이룰 수 있음을 이르는 말. 돌에 화살이 깊이 박혔다는 '중석몰족中石沒鏃'과 통함.

▸ 李廣(이광. ?~BC119) 한문제漢文帝 때 명장. 활을 잘 쏘고 병사를 아끼어 병사들로부터 칭송을 받았으며, 흉노와의 전쟁에서 큰 공을 세워 사람들이 비장군飛將軍이라 불렀음. 원수元狩 4년<BC119> 대장군 위청衛靑을 따라 흉노를 공격했다가 길을 잃고 문책을 받자 자결함.

蛇足 사족

楚有祠者 賜其舍人巵酒 舍人相謂曰 數人飮之不足 一人飮之有餘 請畫地爲蛇 先成者飮酒 一人蛇先成 引酒且飮之 乃左手持巵 右手畫蛇曰 吾能爲之足 未成 一人之蛇成 奪其巵曰 蛇固無足 子安能爲之足 遂飮其酒 爲蛇足者 終亡其酒.　《戰國策/齊策》

楚有祠者　초나라에 제사를 지낸 사람이 있어　*祠(사)제사.
賜其舍人巵酒　그 사인들에게 한 잔(치巵)의 술을 내렸더니(사賜)
舍人相謂曰　사인들이 서로 일러 말했다.
數人飮之不足　"여러 사람이 마시기에는 부족하고
一人飮之有餘　한 사람이 마시기에는 남음이 있으니
請畫地爲蛇　청컨대 땅바닥에 그려 뱀(사蛇)을 만들어
先成者飮酒　먼저 완성하는 사람이 술을 마시기로 합시다."
一人蛇先成　한 사람의 뱀이 먼저 완성되어
引酒且飮之　술잔을 들고 마시려다가　*且(차)장차 ~하려고 하다.
乃左手持巵　이에 왼손으로는 술잔을 잡고
右手畫蛇曰　오른손으로는 뱀을 그리면서 말했다.
吾能爲之足　"나는 뱀의 발도 그릴 수 있다."

未成 一人之蛇成　미처 완성하기 전에 한 사람의 뱀이 완성되어

奪其巵曰　그 술잔을 빼앗으며(탈탈奪) 말했다.

蛇固無足　"뱀은 본디(고固) 발이 없는데

子安能爲之足　자네(자子)는 어찌(안安) 이것에 발을 그릴 수 있는가."

遂飮其酒　마침내 그 술을 마시니

爲蛇足者　뱀의 발을 그리려던 사람은

終亡其酒　결국(종終) 술을 잃고(망亡) 말았다.

▶ 蛇足(사족) '뱀을 그리고 발을 더하다는 화사첨족畫蛇添足의 준말'로, 하지 않아도 될 일을 공연스레 하는 것. 쓸데없는 군더더기.

四知사지·暮夜無知모야무지

楊震遷東萊太守 當之郡 道經昌邑 故所擧荊州茂才王密 爲昌邑令 謁見
至夜懷金十斤以遺震 震曰 故人知君 君不知故人 何也 密曰 暮夜無知
者 震曰 天知 神知 我知 子知 何謂無知 密愧而出.　≪後漢書/楊震傳≫

楊震遷東萊太守　양진楊震이 동래태수東萊太守로 옮겨(천遷)

當之郡　동래군으로 감(지之)에 당하여

道經昌邑　도중道中에 창읍昌邑을 지나가게 되었다.

故所擧　예전(고故)에 천거薦擧했던

荊州茂才王密　형주荊州땅의 무재茂才(수재秀才)인 왕밀王密이

爲昌邑令　창읍 현령이었는데

謁見　양진을 만나 뵙고(알현謁見)나서

至夜　밤이 되자

懷金十斤以遺震　금 10근을 품고 와서 양진에게 바치려(유遺) 하니

震曰 양진이 말했다.

故人知君 "옛 친구(고인故人)인 나는 그대(군君)를 잘 알고 있는데

君不知故人 何也 그대가 옛 친구인 나를 알지 못함은 무슨 까닭인가."

密曰 왕밀이 말했다.

暮夜無知者 "깊은 밤(모야暮夜)에 아는 사람이 없습니다."

震曰 양진이 말했다.

天知 神知 "하늘이 알고 귀신이 알고

我知 子知 내가 알고 그대가 알고 있는데

何謂無知 어찌 아는 사람이 없다 하는가."

密愧而出 왕밀이 부끄러워하며(괴愧) 나갔다.

▶ 四知(사지) '하늘이 알고 귀신이 알고 그대가 알고 내가 안다'는 말로, 비밀은 언
  젠가는 반드시 탄로 나게 마련임을 이르는 말.
▶ 暮夜無知(모야무지) 깊은 밤이라 아는 사람은 없다는 뜻으로, 깊은 밤중에 하는
  일이라서 아무도 보고 듣는 사람이 없음을 이르는 말.
▶ 楊震(양진. 54~124) 후한의 학자. 홍농弘農 화음華陰 사람으로 자는 백기伯起.
  '관서공자關西孔子'란 평판을 받은 학자로 50여 세에 처음 벼슬하여 사도司徒로
  승진되었으며 청백리淸白吏로 칭송됨.

三顧草廬삼고초려

臣本布衣 躬耕南陽 苟全性命於亂世 不求聞達於諸侯 先帝不以臣卑鄙
猥自枉屈 三顧臣於草廬之中 諮臣以當世之事 由是感激 遂許先帝以驅
馳 後値傾覆 受任於敗軍之際 奉命於危難之間 爾來二十有一年矣.

(出師表/諸葛亮)

臣本布衣　신(제갈량)은 본디(本) 벼슬 없는 선비(포의布衣)로

躬耕南陽　남양南陽에서 몸소(궁躬) 밭을 갈며

苟全性命於難世　진실로(구苟) 어지러운 세상에서 생명을 보존하고

不求聞達於諸侯　제후에게 이름이 문달聞達을 구하지 않았더니

先帝不以臣卑鄙　선제(유비)께서 신을 비천하다 여기지 않으시고

猥自枉屈　외람되게(외猥) 몸소 왕림枉臨(왕굴枉屈)하시어　*枉(왕)굽다.

三顧臣於草廬之中　세 번이나 신을 초려草廬 안으로 찾으시어

諮臣以當世之事　신에게 당시 세상의 일을 물으시니(자諮)

由是感激　이로 말미암아 감격하여

遂許先帝以驅馳　마침내 선제께 힘써 일할 것(구치驅馳)을 허락하였더니

後值傾覆　그 뒤 나라가 기울어져 엎어짐(경복傾覆)을 만나(치値)

受任於敗軍之際　그 패전한 즈음(제際)에 임무를 받고

奉命於危難之間　위급한 때(간間)에 명령을 받듦이

爾來二十有一年矣　그 이래로 21년입니다.

▶ 三顧草廬(삼고초려) '초가집을 세 번 찾아가다'는 뜻으로, 유능한 인재를 맞아들이기 위하여 참을성 있게 노력하는 것을 비유하는 말.
▶ 不求聞達(불구문달) 출세하여 이름이 세상에 드날리기를 바라지 않음. 명예를 구하지 않음.
▶ 出師表(출사표) 촉한의 승상 제갈량諸葛亮<181~234>이 위나라를 토벌하러 떠날 때 후주後主 유선劉禪<재위. 223~263>에게 바친 상소문.

三人成虎삼인성호

龐蔥與太子質于邯鄲 謂魏王曰 今一人言市有虎 王信之乎 王曰 否 二
人言市有虎 王信之乎 王曰 寡人疑之矣 三人言市有虎 王信之乎 王曰
寡人信之矣 龐蔥曰 夫市之無虎明矣 然而三人言而成虎 今邯鄲去大梁

也遠於市 而議臣者過於三人矣 願王察之矣 王曰 寡人自爲知 於是辭
行 而讒言先至 後太子罷質 果不得見. ≪戰國策/魏策≫

龐蔥與太子　방총龐蔥(위나라 충신)이 태자와 더불어　*蔥(총)파.
質於邯鄲　한단邯鄲(조나라의 수도)에 볼모로 가면서(질질)
謂魏王曰　위왕魏王(惠王혜왕)에게 일러 말했다.
今一人言市有虎　"지금 한 사람이 저자에 호랑이가 있다고 말하면
王信之乎　왕께서는 이를 믿으시겠습니까."
王曰 否　왕이 말했다. "믿지 않는다."
二人言市有虎　"두 사람이 저자에 호랑이가 있다고 말하면
王信之乎　왕께서는 이를 믿으시겠습니까."
王曰 寡人疑之矣　왕이 말했다. "과인은 그것을 의심할 것이다."
三人言市有虎　"세 사람이 저자에 호랑이가 있다고 말하면
王信之乎　왕께서는 이 말을 믿으시겠습니까."
王曰 寡人信之矣　왕이 말했다. "과인은 그것을 믿을 것이다."
龐蔥曰　방총이 말했다.
夫市之無虎明矣　"무릇 저자에 호랑이가 없음은 분명합니다.
然而三人言而成虎　그러나 세 사람이 말하면 호랑이가 만들어집니다.
今邯鄲去大梁也　지금 한단邯鄲에서 대량大梁(위나라의 수도)의 거리는
遠於市　저자보다(어於) 멀고
而議臣者過於三人矣　신을 의논하는 자가 세 사람을 넘을 것입니다.
願王察之矣　원컨대 왕께서 이를 살피시기 바랍니다."
王曰 寡人自爲知　왕이 말했다. "과인 스스로도 알고 있소."
於是辭行　이에 사례辭禮를 올리고 갔는데
而讒言先至　참언이 먼저 이르렀다.　*讒(참)참소하다. 헐뜯다.
後太子罷質　뒤에 태자는 인질에서 풀려났지만
果不得見　과연 방총을 볼 수 없었다.

196

▶ 三人成虎(삼인성호) '세 사람이 범을 만들어내다'는 뜻으로, 거짓말이라도 여러 사람이 말하면 남이 참말로 믿기 쉽다는 말.

▶ 魏惠王(위혜왕. BC400~BC334) 전국시대 위나라의 3대 군주.<재위. BC370~BC334> 성은 희姬. 씨는 위魏. 휘는 앵罃. 혜성왕惠成王으로 불리며, 맹자에는 양혜왕梁惠王으로, 장자에는 문혜군文惠君으로 기록됨.

喪家之狗상가지구

孔子適鄭 與弟子相失 孔子獨立郭東門 鄭人或謂子貢曰 東門有人 其
顙似堯 其項類皐陶 其肩類子産 然自要以下 不及禹三寸 纍纍若喪家
之狗 子貢以實告孔子 孔子欣然笑曰 形狀未也 而謂似喪家之狗 然哉
然哉. ≪史記/孔子世家≫

孔子適鄭　공자가 정나라에 갔을 때(적適)
與弟子相失　제자들과 더불어 서로 흩어져
孔子獨立郭東門　공자는 홀로 성(곽郭) 동문에 서 있게 되었다.
鄭人或謂子貢曰　정나라 어떤 사람(혹或)이 자공子貢에게 말했다.
東門有人　"동문에 어떤 사람이 있는데
其顙似堯　그 이마(상顙)는 요임금과 비슷하며
其項類皐陶　그 목(항項)은 고요皐陶(순임금의 신하)와 닮았고(류類)
其肩類子産　그 어깨(견肩)는 자산子産(춘추시대 대부)과 닮았으나
然自要以下　허리(요要.<요腰>) 아래로는
不及禹三寸　우禹임금에 세 치쯤 미치지 못하며
纍纍若喪家之狗　지쳐서 초라한 모습(누누纍纍)이 상갓집 개와 같더이다."
子貢以實告孔子　(서로 만난 후에) 자공이 사실대로 공자에게 알리니
孔子欣然笑曰　공자는 기쁘게(흔연欣然) 웃으며 말했다.

形狀未也 "외모(형상形狀)는 그렇지 않지만

而謂似喪家之狗 상갓집 개와 비슷하다고 말한 것은

然哉 然哉 그렇지, 그랬겠구나."

▶ 喪家之狗(상가지구) '상갓집 개'라는 뜻으로, 수척하고 초라한 모습으로 여기저기를 떠돌아다니며 얻어먹을 것만 찾아다니는 사람을 비유한 말.

傷弓之鳥 상궁지조

天下合縱 趙使魏加見楚春申君曰 君有將乎 曰 有矣 僕欲將臨武君 魏加曰 臣少之時好射 臣願以射譬之 可乎 春申君曰 可 加曰 異日者 更羸與魏王處京臺之下 仰見飛鳥 更羸謂魏王曰 臣爲王 引弓虛發而下鳥 魏王曰 然則射可至此乎 更羸曰 可 有閒 雁從東方來 更羸以虛發而下之 魏王曰 然則射可至此乎 更羸曰 此孼也 王曰 先生何以知之 對曰 其飛徐而鳴悲 飛徐者 故瘡痛也 鳴悲者 久失群也 故瘡未息而驚心未至也 聞弦音 引而高飛 故瘡隕也 今臨武君嘗爲秦孼 不可爲拒秦之將也.

《戰國策/楚策》

天下合縱 천하가 합종合縱(합종合從)을 하자

趙使魏加 조나라의 사신 위가魏加가

見楚春申君曰 초의 춘신군을 뵙고(현견見) 말했다.

君有將乎 "춘신군께서는 쓸 만한 장군이 있습니까."

曰 춘신군이 말했다.

有矣 "있소이다.

僕欲將臨武君 나(복僕)는 임무군臨武君을 장군으로 삼으려 하오."

魏加曰 위가가 말했다.

臣少之時好射 "제가 어릴 때 활쏘기를 좋아하였는데

臣願以射譬之   제가 활쏘기로 비유하기 원하는데

可乎   괜찮겠습니까."

春申君曰   춘신군이 말했다.

可   "그러시오."

加曰   위가가 말했다.

異日者 更羸與魏王處京臺之下   "이전에 경리更羸가 위왕魏王과 경대

京臺 아래에 있을 때   *羸(리)여위다.

仰見飛鳥   우러러 나는 새를 보았습니다.

更羸謂魏王曰   경리가 위왕에게 말했습니다.

臣爲王   '제가 왕을 위해서

引弓虛發而下鳥   활시위만 당겨 새를 떨어뜨리겠습니다.'

魏王曰   위왕이 말했습니다.

然則射可至此乎   '그렇다면 활쏘기 기술이 여기에 까지 이를 수 있

는가.'

更羸曰   경리가 말했습니다.

可   '가능하지요.'

有閒 雁從東方來   잠시 후 기러기가 동쪽에서 날아오고 있었습니다.

更羸以虛發   경리가 빈 활의 시위를 당기자

而下之   기러기가 땅에 떨어졌습니다.

魏王曰   위왕이 말했습니다.

然則射可至此乎   '활쏘기가 이런 경지에 이를 수 있구나.'

更羸曰   경리가 말했습니다.

此孼也   '이 기러기는 상처 입고 외로운 놈입니다.'   *孼(얼)무너지다. 서자.

王曰   왕이 말했습니다.

先生何以知之   '선생은 어떻게 그것을 알았소.'

對曰   대답했습니다.

其飛徐而鳴悲   '나는 것도 느리고 우는 소리가 슬펐습니다.

飛徐者　나는 것이 느린(서徐) 것은

故瘡痛也　옛 상처(고창故瘡)가 아프기 때문이고　*瘡(창)상처.

鳴悲者　우는 것이 슬픈 것은

久失群也　오래 무리를 잃었기 때문입니다.

故瘡未息　옛 상처가 아직 아물지 않고　*息(식)그치다.

而驚心未至也　놀란(경驚) 마음도 아직 없어지지 않아

聞弦音　활시위(현弦) 소리만 듣고

引而高飛　날개를 당겨서(인引) 높이 날려고 하다가

故瘡隕也　옛 상처가 도져 떨어진(운隕) 것입니다.'

今臨武君嘗爲秦孽　지금 임무군은 일찍이 진나라에 패배를 당하여

不可爲拒秦之將也　진나라를 막는(거拒) 장군이 될 수 없습니다."

▸ 傷弓之鳥(상궁지조) '활에 다친 새'라는 뜻으로, 한번 놀란 사람이 조그만 일에도 겁을 내어 위축됨을 비유해 이르는 말. '경궁지조驚弓之鳥'라고도 함.
▸ 春申君(춘신군. ?~BC238) 전국시대 말기 초나라의 정치가로 고열왕考烈王 재위 기에 재상으로 활약했으며, 본명은 황헐黃歇. 춘신군은 봉호封號. 제나라의 맹상군孟嘗君, 조나라의 평원군平原君, 위나라의 신릉군信陵君과 함께 전국 말기 '전국사공자戰國四公子'로 불림.

相思病상사병 · 鴛鴦之契원앙지계

宋康王舍人韓憑 娶妻何氏 美 康王奪之 憑怨 王囚之 論爲城旦 妻密遺
憑書 繆其辭曰 其雨淫淫 河大水深 日出當心 旣而王得其書 以示左右
左右莫解其意 臣蘇賀對曰 其雨淫淫 言愁且思也 河大水深 不得往來
也 日出當心 心有死志也 俄而憑乃自殺 其妻乃陰腐其衣 王與之登臺
妻遂自投臺 左右攬之 衣不中手而死 遺書於帶曰 王利其生 妾利其死
願以屍骨賜憑合葬 王怒 弗聽 使里人埋之 冢相望也 王曰 爾夫婦相愛

200

不已 若能使冢合 則吾弗阻也 宿昔之間 便有大梓木 生於二冢之端 旬
日而大盈抱 屈體相就 根交於下 枝錯於上 又有鴛鴦雌雄各一 恒棲樹
上 晨夕不去 交頸悲鳴 音聲感人 宋人哀之 遂號其木曰 相思樹 相思之
名 起於此也 南人謂 此禽卽韓憑夫婦之精魂 今睢陽有韓憑城 其歌謠
至今猶存. ≪搜神記≫

宋康王舍人韓憑　송강왕宋康王(?~BC286)의 사인 한빙韓憑이

娶妻何氏　장가들어 하씨何氏를 아내로 맞았는데(취처娶妻)

美 康王奪之　아름다워서 강왕이 그녀를 빼앗았다.

憑怨 王囚之　한빙이 원망하자, 왕은 그를 가두고(수囚)

論爲城旦　논하여 성단城旦(종일 성을 쌓는 형벌)의 형벌에 처했다.

妻密遺憑書　아내가 은밀히 한빙에게 편지를 보내며

繆其辭曰　그 말을 얽어서(무繆) 말했다.

其雨淫淫　"비가 많이 내려 *淫淫(음음)비가 오랫동안 많이 내리는 모양.

河大水深　강이 넓어지고 물이 깊어졌는데

日出當心　해가 뜨면 마음을 먹을 것입니다."

旣而王得其書　이미 왕이 그 편지를 손에 넣고

以示左右　주위 사람에게 보였으나

左右莫解其意　주위 사람 아무도 그 뜻을 풀지 못했다.

臣蘇賀對曰　신하인 소하蘇賀가 대답하여 말했다.

其雨淫淫　'비가 많이 내리다.'는

言愁且思也　근심하고 그리워함을 말합니다,

河大水深　'강이 넓어지고 물은 깊어졌다.'는

不得往來也　왕래할 수 없음입니다.

日出當心　'해가 뜨면 마음을 먹는다.'는

心有死志也　마음에 죽을 뜻이 있음입니다.

俄而憑乃自殺　얼마 후(아이俄而) 한빙은 곧(내乃) 자살하였다.

其妻　한빙의 아내는

乃陰腐其衣　이에 몰래(음陰) 그녀의 옷을 너덜너덜하게 만들고서

王與之登臺　왕이 그녀와 함께 누대에 올랐는데

妻遂自投臺　아내는 마침내 누대에서 자신을 던지니

左右攬之　주위 사람들이 그녀를 잡아당겼으나(람攬)

衣不中手而死　옷이 손에 잡히지 않아 죽었다.

遺書於帶曰　띠(대帶)에 글을 남겼는데 이러했다.

王利其生　"왕은 삶을 이롭게 여기지만

妾利其死　첩은 죽음을 이롭게 여깁니다.

願以屍骨賜憑合葬　시신屍身의 뼈라도 한빙과 합장合葬하여 주시기
　　　　　　　　　를 바라옵니다."

王怒　弗聽　왕은 노하여 들어주지 않았다.

使里人埋之　마을 사람을 시켜 그녀를 묻었는데(매埋)

冢相望也　무덤(총冢)이 서로 바라보았다.

王曰　왕이 말했다.

爾夫婦相愛不已　"너희(이爾) 부부가 서로 사랑함이 그치지(이已) 않으니

若能使冢合　만약 무덤을 하나로 합하게 할 수 있다면

則吾弗阻也　나는 막지(조阻) 않겠다."

宿昔之間　숙석지간宿昔之間(하룻밤 사이의 짧은 시간. 석昔은 석夕과 통함)에

便有大梓木　문득 큰 가래나무(재목梓木)가

生於二冢之端　두 무덤의 끝(단端)에 생기더니

旬日而大盈抱　열흘이 지나자 크게 한 아름 가득 차고(영포盈抱)

屈體相就　몸은 굽어서 서로 다가가고

根交於下　뿌리는 밑에서 서로 섞이고

枝錯於上　가지는 위에서 얽혔다.(착錯)

又有鴛鴦雌雄各一　또 원앙 암수 한 쌍이 있어

恒棲樹上　늘 나무 위에 깃들어 살았으며(서棲)

晨夕不去　아침저녁으로 떠나지 않으며

交頸悲鳴　서로 목(경頸)을 엇대어 안고 슬피 울어

音聲感人　그 소리가 사람을 감동시켰다.

宋人哀之　송나라 사람들이 그것을 슬퍼하였고

遂號其木曰 相思樹　마침내 그 나무를 '상사수相思樹'라고 불렀다.

相思之名 起於此也　상사라는 이름은 여기에서 기원한다.

南人謂　남인南人들은

此禽卽韓憑夫婦之精魂　이 새가 곧 한빙 부부의 혼령(정혼精魂)이라 한다.

今睢陽有韓憑城　지금도 수양睢陽에는 한빙성韓憑城이 있고

其歌謠至今猶存　그 노래가 지금까지 그대로(유猶) 존재하고 있다.

▶ 相思病(상사병) '서로 생각하는 병'이란 뜻으로, 남녀 간에 못 잊어 그리워 생기는 병.

▶ 鴛鴦之契(원앙지계) '원앙鴛鴦의 서약'이란 뜻으로, 금슬이 좋은 부부를 원앙새에 비유하여 이르는 말.

塞翁之馬새옹지마

近塞上之人 有善術者 馬無故亡而入胡 人皆弔之 父曰 此何遽不爲福乎 居數月 其馬 將胡駿馬而歸 人皆賀之 其父曰 此何遽不能爲禍乎 家富良馬 其子好騎 而折其髀 人皆弔之 其父曰 此何遽不爲福乎 居一年 胡人大入塞 丁壯者 引弦而戰 近塞之人 死者十九 此獨以跛之故 父子相保. ≪淮南子/人生訓≫

近塞上之人　변방(새塞) 가까이 사는 사람 중에

善術者　점술占術을 잘하는 자가 있었는데

馬無故亡　말이 까닭(고故) 없이 도망하여(망亡)

而入胡 오랑캐 땅으로 들어갔다.

人皆弔之 사람들이 모두 그를 위로하니(조弔)

父曰 그 노인이 말했다.

此何遽不爲福乎 "이것이 어찌 갑작스레(거遽) 복이 되지 않겠소."

居數月 몇 달 있으니

其馬將胡駿馬而歸 그 말이 오랑캐 준마를 거느리고(장將) 돌아왔다.

人皆賀之 사람들이 모두 그를 축하하니

其父曰 그 노인이 말했다.

此何遽不能爲禍乎 "이것이 어찌 뜻밖으로 화가 되지 않을 수 있겠소."

家富良馬 집에 좋은 말이 많아

其子好騎 그의 아들이 말타기를 좋아하여

而折其髀 떨어져서 넓적다리(비髀)가 부러졌다.(절折)

人皆弔之 사람들이 모두 이를 위로하니

其父曰 그 노인이 말했다.

此何遽不爲福乎 "이것이 어찌 뜻밖의 복이 되지 않겠소."

居一年 일 년이 지난 뒤

胡人大入塞 오랑캐들이 크게 국경을 쳐들어오니

丁壯者 引弦而戰 장정壯丁들이 활시위(현弦)를 당겨 싸워

近塞之人 변방 가까이에 사는 사람은

死者十九 죽은 자가 열에 아홉이었으나

此獨以跛之故 이 사람만이 절름발이(파跛)인 까닭에(고故)

父子相保 부자가 서로 목숨을 보존하였다.

▶ 塞翁之馬(새옹지마) '변방 노인의 말'이라는 뜻으로, 인생의 길흉화복吉凶禍福은
예측하기 어려움을 일컫는 말.

▶ 十九(십구)열에 아홉. 분모와 분자 연용連用한 분수.

噬臍 서제

楚文王伐申 過鄧 鄧祈侯曰 吾甥也 止而享之 騅甥聃甥養甥請殺楚子
鄧侯弗許 三甥曰 亡鄧國者 必此人也 若不早圖 後君噬臍 其及圖之乎
圖之 此爲時矣 鄧侯曰 人將不食吾餘 對曰 若不從三臣 抑社稷實不血
食 而君焉取餘 弗從 還年 楚子伐鄧 十六年 楚復伐鄧 滅之.

≪春秋左氏傳/莊公≫

楚文王伐申　춘추시대 초문왕楚文王이 신申나라를 치러 가는 길에
過鄧　등鄧나라를 지나니
鄧祈侯曰 吾甥也　등나라 기후祈侯는 "나의 생질甥姪이다." 하고
止而享之　초문왕을 머무르게(지止) 하고 대접했다.
騅甥聃甥養甥　추생騅甥과 담생聃甥과 양생養甥이
請殺楚子　초문왕(초자楚子)을 죽이기를 청하였으나
鄧侯弗許　등후鄧侯는 그것을 허락許諾하지 않았다.
三甥曰　삼생三甥이 말했다.
亡鄧國者 必此人也　"등나라를 멸망시킬 사람은 반드시 이 사람입니다.
若不早圖　만약 일찍 도모圖謀하지 않는다면
後君噬臍　훗날 임금께서는 배꼽(제臍)을 물어뜯을(서噬) 것입니다.
其及圖之乎　그때에야 도모하려 하십니까.
圖之 此爲時矣　도모하시려면 지금이 때입니다."
鄧侯曰　등후가 말했다.
人將不食吾餘　"사람들은 내가 남긴 제물을 먹으려 하지 않을 것이다."
對曰　세 사람이 말했다.
若不從三臣　"만일 저희 세 신하의 말을 따르지 않으신다면
抑社稷實不血食　또한(억抑) 사직은 마침내(실實) 제사를 받지 못할 것
인데　*血食(혈식)털과 피가 있는 희생물을 종묘에 바쳐 제사지냄.

而君焉取餘　왕께서 어디(언焉)에서 남긴 제물을 취하겠습니까."

弗從　등후는 그 말을 따르지 않았다.

還年 楚子伐鄧 (신나라를 토벌하고) 돌아오는 해에 초문왕은 등나라를
　　　　　　　쳤고(벌伐)

十六年　노장공魯莊公(BC706~BC662) 16년에

楚復伐鄧 滅之　초나라는 다시(부復) 등나라를 쳐서 멸망시켰다.

▶ 噬臍(서제) '배꼽을 깨물려고 하다'는 뜻으로. 일이 그릇된 뒤에는 후회하여도 아
　무 소용이 없음을 비유한 말. '서제막급噬臍莫及'이라고도 함. '후회막급後悔莫及'
　의 의미이다. 서제막급은 배꼽을 물려고 해도 입이 닿지 않는다는 뜻으로, 사냥꾼
　에게 잡힌 사향노루가 자신의 배꼽에서 나는 사향 냄새 때문에 붙잡힌 줄로 여겨
　자신의 배꼽을 물어뜯었다는 데서 유래함.

▶ 楚文王(초문왕. 재위. BC690~BC675) 춘추시대 초나라 18대 군주. 성명은 웅자熊
　貲. 무왕武王 웅통熊通의 아들. 무왕의 업적을 계승하여 초나라가 남방에서 가장
　강한 국가가 되게 만들었음.

席卷 석권

太史公曰 魏豹彭越雖故賤 然已席卷千里 南面稱孤 喋血乘勝 日有聞
矣 懷畔逆之意 及敗 不死而虜囚 身被刑戮 何哉 中材已上且羞其行 況
王者乎 彼無異故 智略絕人 獨患無身耳 得攝尺寸之柄 其雲蒸龍變 欲
有所會其度 以故幽囚而不辭云.　≪史記/魏豹彭越列傳≫

太史公曰　태사공太史公(사마천의 자칭)은 말한다.

魏豹彭越　위표魏豹(?~BC204)와 팽월彭越(?~BC196)은

雖故賤　비록 원래(고故) 신분이 천하였지만

然已席卷千里　이미 천 리의 땅을 석권席卷하고

南面稱孤　남쪽을 바라보며 고孤(왕의 겸칭謙稱)라 칭했다.

喋血乘勝　이들은 피를 밟고(첩혈喋血. 전쟁터에 나감) 승리를 타서

日有聞矣　나날이 명성(문문聞)이 높아졌다.

懷畔逆之意 及敗　그러나 반역畔逆할 마음을 품었다가 실패하더니

不死而虜囚　자결하지 않고 붙잡혀(로수虜囚)

身被刑戮 何哉　몸소 형륙刑戮을 당한(피被) 것은 무슨 까닭인가.

中材已上　중간 정도의 재능을 가진 사람도

且羞其行　또한 그러한 행위를 부끄러워하는데(수羞)

況王者乎　하물며 왕이었던 사람임에랴.

彼無異故　그들에게는 다른 까닭(고故)이 없다.

智略絶人　지략이 남보다 뛰어났지만(절絶)

獨患無身耳　다만(독獨) 자기 몸이 없어지는 것만을 걱정할 뿐이었고

得攝尺寸之柄　얼마 되지 않는 권력(척촌지병尺寸之柄)을 얻어 쥐고서(섭攝)

其雲蒸龍變　그들은 운증용변雲蒸龍變하는 것처럼

欲有所會其度　기량(도度)을 발휘할 수 있는 때를 만나고자 한 것이다.

以故幽囚而不辭云　이러한 이유(이고以故)로 잡히는 것을 마다하지 않
　　　　　　　　　았다고 말하는 것이다. *幽囚(유수)잡아 가둠.

▸席卷(석권) '멍석을 말다'는 뜻으로, 멍석을 말듯이 영토를 취하거나 무서운 기세
　로 세력을 펼치는 것을 비유하는 말.
▸南面(남면) 임금이 남쪽을 향하여 신하의 조례를 받았던 데서, 왕이 됨을 뜻함.
▸雲蒸龍變(운증용변) '물이 증발蒸發하여 구름이 되고 뱀이 변變하여 용이 되어 승
　천하다'는 말로, 영웅호걸이 기회를 얻어 흥성함을 비유하는 말.

雪泥鴻爪 설니홍조

人生到處知何似　應似飛鴻蹈雪泥
泥上偶然留指爪　鴻飛那復計東西
老僧已死成新塔　壞壁無由見舊題
往日崎嶇君記否　路長人困蹇驢嘶.　<和子由澠池懷舊/蘇軾詩>

○ 和子由澠池懷舊　자유子由의 시 민지회구澠池懷舊에 화답함.
人生到處知何似　인생길 이르는 곳 무엇과 비슷한가.(사似)
應似飛鴻蹈雪泥　기러기가 눈 녹은 진창(설니雪泥) 밟는 것과 같네.
泥上偶然留指爪　진흙 위에 우연히 발자국(지조指爪) 남겼어도
鴻飛那復計東西　기러기 날아가면 어떻게(나那) 다시 동서를 헤아리랴.
老僧已死成新塔　노승은 이미 죽어 새 탑塔이 되었고
壞壁無由見舊題　벽이 무너져 옛날 쓴 시 찾아볼 길이 없네.
往日崎嶇君記否　지난날 험하던 길(기구崎嶇) 그대(군君)는 기억나는가.
路長人困蹇驢嘶　길은 멀고 사람은 지쳤고 저는(건蹇) 나귀(려驢) 울어
　　　　　　　　댔었지.(시嘶)

▸雪泥鴻爪(설니홍조) '눈 녹은 진흙땅 위에 기러기 발자국'이란 뜻으로, 눈이 녹으면
　기러기의 발자국이 없어지듯 인생의 자취가 흔적이 없음을 비유적으로 이르는 말.
▸子由(자유. 1039~1112) 북송의 문인 소철蘇轍의 자. 호 영빈穎濱. 아버지 소순蘇
　洵, 형 소식蘇軾과 함께 삼소三蘇로 불리며, 모두 당송팔대가에 속함.
▸澠池(민지) 하남성河南省 서부에 있는 현.

聲東擊西 성동격서

夫飛鳥之摯也 俛其首 猛獸之攫也 匿其爪 虎豹不外其牙 而噬犬不見
齒 故用兵之道 示之以柔 而迎之以剛 示之以弱 而乘之以強 爲之以歙
而應之以張 將欲西 而示之以東 先忤而後合 前冥而後明 若鬼之無迹
若水之無創 故所鄕非所之也 所見非所謀也 擧措動靜 莫能識也 若雷
之擊 不可爲備 所用不復 故勝可百全 與玄明通 莫知其門 是謂至神.

≪淮南子/兵略訓≫

夫飛鳥之摯也　대저 나는 새가 먹이를 낚아챔(지摯)에

俛其首　그 머리를 숙이고(면俛)

猛獸之攫也　맹수가 먹이를 잡을(확攫) 때에는

匿其爪　그 발톱을 숨긴다.(익匿)

虎豹不外其牙　범과 표범은 어금니를 드러내지 않으며

而噬犬不見齒　무는(서噬) 개는 이빨을 보이지 않는다.

故用兵之道　그러므로 용병의 도는

示之以柔 而迎之以剛　부드러움을 보이면서도 군셈으로 대응하고

示之以弱 而乘之以強　약함을 보이면서도 강함으로 승세를 타고

爲之以歙 而應之以張　움츠리며(흡歙) 행하면서도 펴서 대응하며

將欲西 而示之以東　서쪽으로 가려고 한다면 동쪽으로 가는 것처럼
　　　　　　　　보인다.

先忤而後合　먼저 어긋나게(오忤) 하고 뒤에 합치시키고

前冥而後明　앞에서 어둡게(명冥) 했으면 뒤에서 밝게 한다.

若鬼之無迹　귀신이 자취(적迹)가 없는 것과 같고

若水之無創　물이 비롯된(창創) 곳이 없는 것과 같다.

故所鄕非所之也　그러므로 향하는(향鄕) 곳이 실제로 가는(지之) 곳이
　　　　　　　아니며

209

所見非所謀也　보이는 것이 꾀하는 것이 아니다.
擧措動靜 莫能識也　거조擧措와 동정動靜을 아무도 알 수 없고
若雷之擊 不可爲備　벼락을 치는(격격擊) 것과 같아서 방비할 수 없으며
所用不復　사용한 전술은 다시 쓰지 않기 때문에
故勝可百全　승리를 완전히 할 수 있으며
與玄明通　심오한 지혜와 통하여
莫知其門　아무도 그 문을 알지 못한다.
是謂至神　이를 지신至神(더할 수 없이 신령함)이라 이른다.

▶聲東擊西(성동격서) '동쪽에서 소리를 지르고 서쪽을 치다'는 뜻으로, 이쪽을 치는 척하고 저쪽을 침, 곧 상대편에게 그럴듯한 속임수를 써서 공격하는 것을 이르는 말.

城下之盟 성하지맹

楚伐絞 軍其南門 莫敖屈瑕曰 絞小而輕 輕則寡謀 請無扞采樵者以誘
之 從之 絞人獲三十人 明日 絞人爭出 驅楚役徒於山中 楚人坐其北門
而覆諸山下 大敗之 爲城下之盟而還. 《春秋左氏傳/桓公》

楚伐絞　춘추시대 초나라가 교絞나라를 침공하여
軍其南門　그 남문에 진을 쳤다.(군軍)
莫敖屈瑕曰　막오莫敖(관명官名)인 굴하屈瑕가 무왕武王에게 말했다.
絞小而輕　"교나라는 작고 사람들이 경솔한데
輕則寡謀　경솔하면 지모가 적은 것이니
請無扞采樵者以誘之　청컨대, 호위병 없이 땔나무를 하는(采樵채초)
　　　　병사로 그들을 유인誘引하십시오." *扞(한)막다. 호위하다.
從之　무왕이 그의 말을 따르니

210

絞人獲三十人　교나라 군대가 나무꾼 30명을 사로잡아 갔고

明日 絞人爭出　다음 날 교나라 사람들이 다투어 나와서

驅楚役徒於山中　산속으로 초나라 역도役徒(나무꾼)를 몰아갔는데(구驅)

楚人坐其北門　이 틈을 타서 초나라 군대가 북문을 지키고

而覆諸山下　산 아래에 복병을 두어　*覆(부)복병伏兵.

大敗之　교나라를 크게 패퇴시키고

爲城下之盟而還　성 아래에서 항복의 맹약盟約을 맺고 돌아왔다.

▶ 城下之盟(성하지맹) '성 아래에서 맺는 맹약'이란 뜻으로, 적군이 성 밑까지 쳐들
　어와서 항복하고 체결하는 굴욕적인 강화講和를 이르는 말.
▶ 屈瑕(굴하. ?~BC699) 초무왕楚武王 웅통熊通의 아들. 성은 미芈, 씨는 굴屈. 초
　나라 귀족 굴屈씨의 시조로 굴원屈原의 조상.

洗耳세이

許由隱於沛澤之中　堯以天下讓之　乃而遁於中岳　潁水之陽　箕山之下
堯又召爲九州長　由不欲聞之　洗耳於潁水濱　時其友巢父　牽犢欲飮之
見由洗耳　問其故　對曰　堯欲召我爲九州長　惡聞其聲　是故洗耳　巢父曰
子若處高岸深谷　人道不通　誰能見子　子故浮游　欲聞求其名譽　污吾犢
口　牽犢上流飮之.　≪高士傳≫

許由隱於沛澤之中　허유許由(요순시대 현인)가 패택沛澤에 은거하고
　　　　　　　　　있었는데

堯以天下讓之　요堯임금이 그에게 천하를 선양禪讓하려고 하자

乃而遁於中岳 潁水之陽 箕山之下　이에 영수潁水의 남쪽 기산箕山의
　　　　　　　　　아래 중악中岳에 숨어버렸다.(둔遁)

堯又召爲九州長　요임금이 다시(우又) 구주九州의 장長을 삼으려고 부르자(소召)

由不欲聞之　허유는 그 말을 듣고 싶지 않아

洗耳於潁水濱　영수가에서 귀를 씻었다.(세이洗耳)　*濱(빈)물가.

時其友巢父　마침 친구 소부巢父가　*巢(소)새집. 보금자리.

牽犢欲飮之　송아지(독犢)를 끌고 와서(견牽) 물을 먹이려다가

見由洗耳 問其故　허유가 귀를 씻는 것을 보고 그 까닭(고故)을 물으니

對曰　허유가 대답했다.

堯欲召我爲九州長　"요임금이 나를 불러 구주의 장을 삼고 싶어 했는데

惡聞其聲 是故洗耳　그 소리를 듣기 싫어(오惡) 이 때문에 귀를 씻었네."

巢父曰　소부가 말했다.

子若處高岸深谷　"자네(자子)가 높은 언덕 깊은 계곡에 거처한다면

人道不通　사람 다니는 길이 통하지 않을 것이니

誰能見子　누가 그대를 볼 수 있겠는가.

子故浮游　그대가 일부러(고故) 떠돌며(부유浮游)

欲聞求其名譽　명예를 구함을 들리게 하려고

汚吾犢口　내 송아지의 입을 더럽히는구려.(오汚)"

牽犢上流飮之　상류로 송아지를 끌고 가서 물을 먹였다.

▶洗耳(세이) '더러운 말을 들으면 귀를 깨끗이 씻다'는 뜻으로, 세속에 물들지 않고 고결한 삶을 살아가려는 의지를 이르는 말. '영천세이潁川洗耳, 기산세이箕山洗耳'라고도 함.

▶許由巢父(허유소부) 허유許由와 소부巢父. 부귀영화를 마다하는 사람을 비유적으로 이르는 말.

成蹊 성혜

太史公曰 傳曰 其身正 不令而行 其身不正 雖令不從 其李將軍之謂也
余睹李將軍 悛悛如鄙人 口不能道辭 及死之日 天下知與不知 皆爲盡
哀 彼其忠實心 誠信於士大夫也 諺曰 桃李不言 下自成蹊 此言雖小 可
以諭大也.　≪史記/李將軍列傳≫

太史公曰　태사공太史公(사마천 자칭)은 말한다.
傳曰　≪논어≫에
其身正　‘자신이 바르면
不令而行　명령하지 않더라도 행하고
其身不正　자신이 바르지 않으면
雖令不從　비록 명을 내려도 따르지 않을 것이다.’고 했다.
其李將軍之謂也　이는 이장군(이광李廣. 한문제漢文帝 때 명장)을 일컬음
　　　　　　　　일 것이다.
余睹李將軍　내(여余)가 이장군을 보건대(도睹)
悛悛如鄙人　진중하고 말이 적음(전전悛悛)이 시골 사람(비인鄙人)과 같고
口不能道辭　입으로는 말도 제대로 못 했다.　*道(도)말하다.
及死之日　하지만 그가 죽는 날에 이르러
天下知與不知　천하에서 그를 아는 자나 모르는 자나
皆爲盡哀　모두 슬픔을 다했는데
彼其忠實心　그(피彼)의 충직하고 진실한 마음이
誠信於士大夫也　참으로(성誠) 사대부들에게 믿음을 얻었기 때문이다.
諺曰　속담에
桃李不言　‘복숭아와 자두는 말이 없으나
下自成蹊　그 아래에는 저절로(자自) 작은 길(혜蹊)이 이루어진다.’고
　　　　　하였는데

此言雖小　이 말은 비록 작지만

可以諭大也　깨우침(유諭)은 크다고 할 만하다.

▸ 成蹊(성혜) '샛길이 생기다'는 뜻으로, 덕이 있는 사람은 자신을 드러내지 않아도 자연히 사람들이 흠모하여 모여드는 것을 비유한 말.

小隙沈舟소극침주

關尹子曰 勿輕小事 小隙沈舟 勿輕小物 小蟲毒身 勿輕小人 小人賊國
能周小事 然後能成大事 能積小物 然後能成大物 能善小人 然後能契
大人. ≪關尹子/第九藥章≫

關尹子曰　관윤자關尹子가 말했다.

勿輕小事　작은 일을 소홀히 하지 말라

小隙沈舟　작은 틈(극隙)이 배를 가라앉힌다.(침沈)

勿輕小物　미물이라고 경시하지 말라

小蟲毒身　작은 벌레가 몸을 상하게 한다.(독毒)

勿輕小人　소인을 가벼이 보지 말라

小人賊國　소인이 나라를 해친다.(적賊)

能周小事　작은 일을 두루 살핀 연후에

然後能成大事　큰일을 이룰 수 있고

能積小物　작은 물건을 충분히 쌓은 연후에

然後能成大物　큰 물건을 이룰 수 있고

能善小人　소인과 잘 지낸 연후에

然後能契大人　대인과 맺어질(계契) 수 있다.

▸ 小隙沈舟(소극침주) '작은 틈이 배를 가라앉히다'는 뜻으로, 작은 일을 게을리 하면 큰 재앙이 닥치게 됨을 이르는 말.

214

小兒辯日 소아변일

孔子東遊　見兩小兒辯鬪　問其故　一兒曰　我以日始出時去人近　而日中
時遠也　一兒以日初出遠　而日中時近也　一兒曰　日初出大如車蓋　及日
中則如盤盂　此不爲遠者小　而近者大乎　一兒曰　日初出滄滄凉凉　及其
日中如探湯　此不爲近者熱　而遠者凉乎　孔子不能決也　兩小兒笑曰　孰
爲汝多知乎.　≪列子/湯問≫

孔子東遊　공자가 동쪽으로 유람하다가
見兩小兒辯鬪　두 어린아이가 말다툼(변투辯鬪)하는 것을 보고
問其故　그 이유(고故)를 물으니
一兒曰　한 아이는
我以日始出時　"저는 해가 처음 떠올랐을 때
去人近　사람과의 거리가 가깝고
而日中時遠也　해가 중천에 있을 때 멉니다."라고 했고
一兒以日初出遠　다른 한 아이는 "해가 처음 떠올랐을 때 멀고
而日中時近也　해가 중천에 있을 때 가깝습니다."라고 했다.
一兒曰　처음의 한 아이가 말했다.
日初出　"해가 처음 떠올랐을 때는
大如車蓋　수레 덮개(거개車蓋)처럼 크지만
及日中則如盤盂　해가 중천에 이르면 접시나 사발(반우盤盂)과 같으니
此不爲遠者小　而近者大乎　이는 먼 것은 작아 보이고, 가까운 것은
커 보이기 때문이 아니겠습니까."
一兒曰　다른 한 아이가 말했다.
日初出　"해가 처음 떠올랐을 때는
滄滄凉凉　차갑고(창창滄滄) 서늘하지만(량凉)
及其日中如探湯　그 해가 중천에 이르게 되면 열을 만지는 것 같으니

215

此不爲近者熱 而遠者凉乎　이는 가까운 것이 뜨겁고, 먼 것이 서늘하
　　　　　　　　　　　　기 때문이 아니겠습니까.”

孔子不能決也　공자는 결정할 수가 없었다.

兩小兒笑曰　두 어린아이는 웃으면서 말했다.

孰爲汝多知乎　“누가(숙孰) 선생께서 아는 것이 많다고 합니까.”

▶ 小兒辯日(소아변일) ‘어린아이가 해를 가지고 말다툼하다’는 뜻으로, 서로 자기
　입장이나 의견을 내세우지만 뾰족한 해결 방법이 없는 것을 비유하는 말.

宋襄之仁송양지인

宋子姓　商紂庶兄微子啓之所封也, 後世至春秋　有襄公玆父者　欲霸諸侯
與楚戰　公子目夷　請及其未陣擊之　公曰　君子不困人於阨　遂爲楚所敗
世笑以爲宋襄之仁.　≪十八史略≫

宋子姓　춘추시대 송나라는 자씨子氏 성姓으로

商紂庶兄微子啓之所封也　상商의 주왕紂王의 서형庶兄 미자계微子
　　　　　　　　　　　　啓가 주무왕周武王에게 봉해진 곳이다.

後世至春秋　후세에 춘추시대에 이르러

有襄公玆父者　양공襄公 자부玆父라는 자가 있어

欲霸諸侯　제후들에게 패권霸權을 갖고자 하여　*霸(패)으뜸.

與楚戰　초나라와 더불어 싸웠다.

公子目夷　공자 목이目夷가

請及其未陣擊之　초가 진陣을 갖추기 전에 칠 것을 청하니

公曰　양공이 말했다.

君子不困人於阨　“군자는 남이 어려움에 빠졌을 때 괴롭히지(곤困)
　　　　　　　　않는다.”　*阨(액)막히다.

216

逐爲楚所敗　마침내 초나라에 패배를 당하니
世笑以爲宋襄之仁　세상 사람들은 송양宋襄의 어짊이라고 하며 비웃었다.

▸ 宋襄之仁(송양지인) '송나라 양공의 어짊'이라는 뜻으로. 쓸데없는 인정을 베풀거
　나 불필요한 동정이나 배려를 하는 어리석은 행동을 비유하는 말.
▸ 宋襄公(송양공. 재위. BC650~BC637) 성은 자子, 이름은 자보茲甫. 춘추시대 송
　나라 군주로 춘추오패春秋五霸 중 한 사람으로 보기도 함.
▸ 微子(미자) 이름은 계啓. 기자箕子, 비간比干과 더불어 은나라의 삼인三仁 중 한 사람.
　은나라 주왕紂王에게 몇 차례나 간언하다가 듣지 않자 결국 주나라로 귀의하였다.

漱石枕流수석침류

孫楚字子荊 太原中都人 才藻卓絕 爽邁不群 多所陵傲 缺鄉曲之譽 年
四什與始叄鎭東軍事 終馮翊太守 初楚少時欲隱居 謂王濟曰 當欲枕石
漱流 誤云漱石枕流 濟曰 流非可枕 石非可漱 楚曰 所以枕流 欲洗其耳
所以漱石 欲厲其齒.　≪蒙求≫

孫楚字子荊　서진西晉 손초孫楚(?~293)의 자는 자형子荊이고
太原中都人　태원太原 중도中都 사람이다.
才藻卓絕　재기와 문재文才(재조才藻)가 아주 뛰어나고(탁절卓絕)
爽邁不群　호방함과 고매함(상매爽邁)함이 출중出衆(불군不群)하지만
多所陵傲　남을 업신여긴(능오陵傲) 바가 많아서　*陵(능)업신여기다.
缺鄉曲之譽　향곡鄉曲(시골구석)에서 평판(예譽)이 좋지 않았다.(결缺)
年四什　나이 마흔에
與始叄鎭東軍事　비로소 진동鎭東 군사軍事에 참여하여
終馮翊太守　마침내(종終) 풍익태수馮翊太守가 되었다.　*翊(익)돕다.
楚少時欲隱居　손초가 젊었을 때 은거하고자 하여

謂王濟曰　왕제王濟에게

當欲枕石漱流　마땅히 돌을 베개 삼고(침枕) 흐르는 물에 양치질(수漱)
　　　　　　　하고자 한다고 할 것을

誤云漱石枕流　잘못하여 "돌로 양치질하고 흐르는 물을 베개 삼겠
　　　　　　　다."고 말하니

濟曰　왕제가 말했다.

流非可枕　"흐르는 물은 베개 삼을 수 있는 것이 아니고

石非可漱　돌은 양치질할 수 있는 것이 아니네."

楚曰　손초는 말했다.

所以枕流　"흐르는 물을 베개 삼는다는 것은

欲洗其耳　귀를 씻고자(세洗) 함이요

所以漱石　돌로 양치질한다는 것은

欲厲其齒　이를 단련하려는 것이네."　*厲(려)갈다.

▶ 漱石枕流(수석침류) '돌로 양치질하고 흐르는 물을 베개 삼는다'는 뜻으로, 실수
　를 인정하려 들지 않거나, 남에게 지지 않으려고 억지를 부리는 것을 비유하는 말.

水魚之交 수어지교

於是與亮情好日密　關羽張飛等不悅　先生解之曰　孤之有孔明猶魚之有
水也　願諸君勿復言　羽飛乃止.　≪三國志/蜀書≫

於是與亮 情好日密　이에 제갈량諸葛亮과 정분情分과 호의好誼가 날
　　　　　　　　로 친밀親密해졌지만　*密(밀)가깝다.

關羽張飛等不悅　관우關羽와 장비張飛 등은 기뻐하지 않았는데

先生解之曰　유비劉備가 타이르며 말했다.

孤之有孔明 "내(고孤)가 공명孔明이 있음은

猶魚之有水也 물고기가 물이 있는 것과 같다네.(유猶)

願諸君勿復言 바라건대 그대들(제군諸君)은 다시(부復) 말하지 말게."

羽飛乃止 관우와 장비는 이에 그만두었다.

▸ 水魚之交(수어지교) '물과 물고기의 사귐'이라는 뜻으로, 고기가 물을 떠나서는
  잠시도 살 수 없는 것과 같이 아주 밀접한 관계를 비유하는 말.

守株待兔 수주대토

宋人 有耕田者 田中有株 兔走觸株 折頸而死 因釋其耒 而守株 冀復得
兔 兔不可復得 而身爲宋國笑 今欲以先王之政 治當世之民 皆守株之
類也. ≪韓非子/五蠹≫

宋人有耕田者 춘추시대 송나라 사람으로 밭을 가는 자가 있었다.

田中有株 밭에 그루터기(주株)가 있었는데

兔走觸株 토끼가 달리다가 그루터기에 부딪쳐(촉觸)

折頸而死 목(경頸)이 부러져(절折) 죽었다.

因釋其耒 이 일로 인하여 쟁기(뢰耒)를 풀고(석釋)

而守株 그루터기를 지키며

冀復得兔 다시(부復) 토끼를 얻기만 바랐지만(기冀)

兔不可復得 토끼를 다시 얻을 수 없었고

而身爲宋國笑 그 자신은 송나라 사람들의 웃음거리가 되었다.

今欲以先王之政 治當世之民 지금 선왕의 정치로 현재의 백성을 다
스리려는 것은

皆守株之類也 다 그루터기를 지키던 사람의 부류이다.

▶ 守株待兎(수주대토) '그루터기를 지키며 토끼를 기다리다'는 뜻으로, 고지식하고 융통성이 없어 구습과 전례만 고집하거나, 노력하지 않고 요행만을 기대하는 것을 비유하는 말.

▶ 법가法家인 한비韓非는 유가가 주장한 요순의 이상적인 왕도정치를 시대에 뒤떨어진 사상이라고 비판하면서, 이 글을 비유로 들어, 새로운 시대 흐름을 따르지 않고 예전의 낡은 관습만을 지키려 한다고 꼬집음.

壽則多辱수즉다욕

堯觀乎華 華封人曰 嘻 聖人 請祝聖人 使聖人壽 堯曰 辭 使聖人富 堯
曰 辭 使聖人多男子 堯曰 辭 封人曰 壽富多男子 人之所欲也 女獨不
欲 何邪 堯曰 多男子則多懼 富則多事 壽則多辱 是三者 非所以養德也
故辭 封人曰 始也我以女爲聖人邪 今然君子也 天生萬民 必授之職 多
男子而授之職 則何懼之有 富而使人分之 則何事之有 夫聖人 鶉居而
鷇食 鳥行而無彰 天下有道 則與物皆昌 天下無道 則修德就閑 千歲厭
世 去而上仙 乘彼白雲 至於帝鄕 三患莫至 身常無殃 則何辱之有 封人
去之 堯隨之曰 請問 封人曰 退已. ≪莊子/天地≫

堯觀乎華　요임금이 화華라는 고장을 유람했는데

華封人曰　화의 국경지기(봉인封人. 변경을 지키던 벼슬아치)가 말했다.

嘻 聖人　"아,(희嘻) 성인이시여

請祝聖人　성인을 축원祝願하기를 청합니다.

使聖人壽　성인으로 하여금 오래 살게 하소서."

堯曰 辭　요임금이 말했다. "사양辭讓하겠네."

使聖人富　"성인으로 하여금 부유하게 하소서."

堯曰 辭　요임금이 말했다. "사양하겠네."

使聖人多男子　"성인으로 하여금 아들을 많이 두게 하소서."

堯曰 辭   요임금이 말했다. "사양하겠네."

封人曰   국경지기가 말했다.

壽富多男子   "오래 살고 부유하고 아들이 많음은

人之所欲也   사람이 바라는(欲欲) 것인데

女獨不欲 何邪   당신(女女)은 유독(獨獨) 바라지 않으니 어째서입니까."

堯曰   요임금이 말했다.

多男子則多懼   "아들이 많으면 걱정(懼懼)이 많아지고

富則多事   부유하게 되면 일이 많아지고

壽則多辱   오래 살면 욕될 일이 많아지니

是三者   이 셋은

非所以養德也   덕을 기르는 방법(所以所以)이 아니라네.

故辭   그 때문에 사양하는 것이네."

封人曰   국경지기가 말했다.

始也我以女爲聖人邪   "처음에 나는 당신을 성인이라 여겼는데

今然君子也   지금은 그런데 군자 정도이군요.

天生萬民   하늘이 만백성을 낳으면

必授之職   반드시 그들에게 직분職分을 줍니다.(授授)

多男子而授之職   아들이 많아도 직분을 준다면

則何懼之有   무슨 걱정이 있겠습니까.

富而使人分之   부유해지더라도 사람들에게 그것을 나누면

則何事之有   무슨 일이 있겠습니까.

夫聖人   무릇 성인은

鶉居而鷇食   메추라기(鶉鶉)처럼 살고, 새 새끼(鷇鷇)처럼 먹으며

鳥行而無彰   새처럼 날아다니면서도 드러남(彰彰)이 없습니다.

天下有道   천하에 도가 있다면

則與物皆昌   만물과 더불어 모두 번창繁昌하며

天下無道   천하에 도가 없으면

則修德就閒 도를 닦으면서 한가롭게 지냅니다.

千歲厭世 천세千歲를 살다가 세상이 싫어지면(염厭)

去而上仙 속세를 떠나서 신선세계로 올라갑니다,

乘彼白雲 저 흰 구름을 타고서(승乘)

至於帝鄕 천제가 사는 곳(제향帝鄕)에 이를 것입니다.

三患莫至 세 가지 근심이 이르지 않고

身常無殃 몸은 항상 재앙災殃이 없으니

則何辱之有 무슨 욕됨이 있겠습니까."

封人去之 국경지기가 그곳을 떠나가자

堯隨之曰 요임금이 그를 따라가며 말했다.

請問 "가르침을 주십시오."

封人曰 국경지기가 말했다.

退已 "물러가시오"

▶ **壽則多辱**(수즉다욕) '오래 살면 욕됨이 많다'는 뜻으로, 오래 살수록 고생이나 망신이 많음을 이르는 말.

▶ **鶉居鷇食**(순거구식) 메추라기처럼 주거가 일정하지 않고, 갓 부화한 어린 새처럼 먹이를 가리지 않는다는 말로 일정한 거처 없이 간편하고 검소하게 생활하는 것. '구식순거鷇食鶉居'라고도 함. 메추라기는 항상 야거野居하여 일정한 방소가 없음.

菽麥不辨숙맥불변

十八年春 王正月庚申 晉欒書中行偃使程滑弑厲公 葬之于翼東門之外
以車一乘 使荀罃士魴逆周子于京師而立之 生十四年矣 大夫逆于淸原
周子曰 孤始願不及此 雖及此 豈非天乎 抑人之求君 使出命也 立而不從
將安用君 二三子用我今日 否亦今日 共而從君 神之所福也 對曰 群臣之

願也 敢不唯命是聽 庚午 盟而入 館于伯子同氏 辛巳 朝于武宮 逐不臣
者七人 周子有兄而無慧 不能辨菽麥 故不可立. ≪春秋左氏傳/成公≫

十八年春 王正月庚申　18년 봄 주왕周王 정월 경신일庚申日에
晉欒書中行偃　진晉의 난서欒書와 중항언中行偃이
使程滑弒厲公　정활程滑로 하여금 진여공晉厲公을 죽이게(시弒) 하여
葬之于翼東門之外　익읍翼邑의 동문 밖에 장사지냈는데
以車一乘　장거葬車(葬送하는 수레) 1승乘으로 하였다.　*乘(승)수레.
使荀罃士魴逆周子于京師而立之　순앵荀罃과 사방士魴로 하여금 서울
　　　　　　　(경사京師)에서 주자周子를 맞이하여(역逆) 세우게 하였는데
生十四年矣　나이 열넷이었다.
大夫逆于淸原　대부들이 청원淸原에서 맞이하니
周子曰　주자가 말했다.
孤始願不及此　나(고孤)는 처음에 이곳까지는 이르려 하지 않았는데
雖及此　비록 여기까지 이르기는 하였지만
豈非天乎　어찌 하늘의 뜻이 아니겠소.
抑人之求君　또한(억抑) 사람들이 임금을 구하는 것은
使出命也　명을 내게 함인데
立而不從　세워 놓고도 따르지 않는다면
將安用君　장차 임금을 어디(안安)에 쓰겠소.
二三子用我今日　그대들(이삼자二三子)이 나를 필요로 함도 오늘이며
否亦今日　그렇지 않은 것도 오늘이오.
共而從君　공손히 임금을 따른다면　*共(공)공손하다.<共恭>
神之所福也　신이 복을 내릴 것이오."
對曰　대답하여 말했다.
群臣之願也　"뭇 신하들의 바람이니
敢不唯命是聽　감히 명을 따르지(청聽) 않겠습니까."

223

庚午 盟而入 경오일庚午日에 맹약하고 들어가

館于伯子同氏 대부 백자동씨伯子同氏의 집에서 머물렀다.(관館)

辛巳 朝于武宮 신사일辛巳日에 무궁武宮에 조현朝見하고

逐不臣者七人 신하노릇을 하지 않은 사람 일곱 명을 쫓아냈다.(축逐)

周子有兄而無慧 주자에게는 형이 있었으나 지혜롭지 못하여

不能辨菽麥 콩(숙菽)과 보리(맥麥)도 분간할(변辨) 수 없었기 때문에

故不可立 임금으로 세울 수 없었다.

▶ 菽麥不辨(숙맥불변) '콩과 보리를 분간하지 못하다'는 뜻으로, 어리석고 못난 사람을 비유하는 말. '숙맥菽麥'이라고도 함. 비슷한 말로는 '목불식정目不識丁, 어로불변魚魯不辨' 등이 있음.

▶ 厲公(여공) 진여공晉厲公. 춘추시대 진晉의 23대 군주. 재위 말기에 황음무도하여 결국 난서欒書와 중항언中行偃에게 살해당함.

▶ 周子(주자) 진도공晉悼公. 이름은 주周이며 주자周子는 당시의 존칭.

▶ 以車一乘(이거일승) 군주의 장례는 7승으로 격식을 갖추는데, 1승으로 하여 군주의 예로 장사 지내지 않은 것을 말함. 승은 수레를 세는 양사로, 한 대의 수레를 네 필의 말이 끄는 것.

脣亡齒寒순망치한 · 輔車相依보거상의

晉侯復假道於虞以伐虢 宮之奇諫曰 虢虞之表也 虢亡 虞必從之 晉不可啓 寇不可翫 一之謂甚 其可再乎 諺所謂 輔車相依 脣亡齒寒者 其虞虢之謂也. 《春秋左氏傳/僖公》

晉侯 진헌공晉獻公(춘추시대 진晉의 제후)이

復假道於虞 다시(부復) 우虞나라에 길을 빌려(가假)

以伐虢 괵虢나라를 치려고 하자

宮之奇諫曰 궁지기宮之奇가 간하였다.

224

虢虞之表也 "괵나라는 우나라의 표피表皮입니다.

虢亡 虞必從之 괵나라가 망하면 우나라도 반드시 망할 것입니다.

晉不可啓 진나라에 길을 열어주어도(계啓) 안되고

寇不可翫 도적에게 놀아나서도(완翫) 안됩니다. *寇(구)도적.

一之謂甚 길을 빌려 준 것이 한 번도 심한데

其可再乎 다시 할 수가 있습니까.

諺所謂 속담에 이른바

輔車相依 덧방나무(輔)와 수레바퀴가 서로 의지하고

脣亡齒寒者 입술(순脣)이 없어지면 이가 시리다는 것은

其虞虢之謂也 우나라와 괵나라를 말한 것입니다."

▶ 脣亡齒寒(순망치한) '입술이 없으면 이가 시리다'는 뜻으로, 가까운 사이에 있는 하나가 망하면 다른 하나도 그 영향을 받아 온전하기 어려움을 비유적으로 이르는 말.

▶ 輔車相依(보거상의) '덧방나무와 수레바퀴가 서로 의지하다'는 뜻으로, 서로 이해가 미치는 것이 긴밀한 관계를 말함. 덧방나무는 수레의 양쪽 가장자리에 덧대는 나무.

▶ 假道滅虢(가도멸괵) '길을 빌려서 괵虢나라를 멸망시키다'는 뜻으로, 처음에는 다른 나라의 길을 임시로 빌려 쓰다가 마침내 그 나라를 쳐서 없앰.

▶ 宮之奇(궁지기) 춘추시대 우虞나라 사람. 궁기宮奇라고도 하며 대부를 지냄. BC655년 진나라 헌공이 괵을 치기 위해 우나라에 길을 빌려달라고 했을 때, 보거상의輔車相依와 순망치한脣亡齒寒의 예를 들면서 반대했지만 듣지 않자 가족들을 데리고 나라를 떠남. 그해 겨울 괵을 멸망시킨 진나라가 돌아오면서 우나라도 멸망시킴.

繩鋸木斷승거목단·水滴石穿수적석천

張乖崖爲崇陽令 一吏自庫中出 視其鬢傍巾下有一錢 詰之 乃庫中錢也 乖崖命杖之 吏勃然曰 一錢何足道 乃杖我耶 爾能杖我 不能斬我也 乖崖 援筆判曰 一日一錢 千日千錢 繩鋸木斷 水滴石穿 自仗劍下階 斬其首.

≪鶴林玉露≫

張乖崖爲崇陽令　장괴애張乖崖가 숭양崇陽 현령縣令이었을 때

一吏自庫中出　한 관리가 창고 안에서 나오는데

視其鬢傍巾下有一錢　그의 귀밑머리(빈방鬢傍)의 두건 아래에 동전 한 닢이 있는 것을 보고

詰之 乃庫中錢也　따져 물으니(힐詰) 바로(내乃) 창고 안의 돈이었다.

乖崖命杖之　장괴애가 그에게 칠(장杖) 것을 명하니

吏勃然曰　관리는 발끈하여(발연勃然) 말했다.

一錢何足道　"동전 한 닢을 가지고 어찌 말할(도道) 수 있으며

乃杖我耶　이에 나를 칠 수 있습니까.

爾能杖我　그대(이爾)는 나를 때릴 수는 있어도

不能斬我也　나를 벨(참斬) 수는 없을 것입니다."

乖崖援筆判曰　장괴애는 붓을 들어(원援) 판결하여 말했다.

一日一錢 千日千錢　"하루에 일 전이면 천 일이면 일천 전이요

繩鋸木斷　실톱(승거繩鋸)으로도 나무를 자를 수 있고

水滴石穿　물방울(적滴)도 돌을 뚫을(천穿) 수 있다."

自仗劍下階　손수 칼을 잡고(장검仗劍) 계단을 내려가

斬其首　그의 머리를 베었다.(참斬)

▸ 繩鋸木斷(승거목단)·水滴石穿(수적석천) '실톱으로 나무를 자를 수 있고, 물방울도 돌을 뚫을 수 있다'는 뜻으로, 작은 힘이라도 끊임없이 노력하면 성공할 수 있다는 의미.

▸ 張乖崖(장괴애. 946~1015) 북송의 관리이자 문학가. 벼슬은 추밀직학사樞密直學士, 예부상서禮部尙書를 지냈으며, 시호가 충정忠定이기 때문에 장충정張忠定으로 일컬어짐.

時雨之化 시우지화

孟子曰 君子之所以教者五 有如時雨化之者 有成德者 有達財者 有答
問者 有私淑艾者 此五者 君子之所以教也.   ≪孟子/盡心≫

孟子曰   맹자께서 말씀하였다.
君子之所以教者五   "군자가 가르치는 방법(소이所以)이 다섯 가지이니
有如時雨化之者   때맞추어 비가 내리듯이 가르치는 경우가 있고
有成德者   덕을 이루게 하는 경우가 있으며
有達財者   재질을 통달하게 하는 경우가 있고
有答問者   물음에 답하는 경우가 있으며
有私淑艾者   혼자 몸을 닦게 해주는 경우가 있다.
此五者 君子之所以教也   이 다섯 가지가 군자가 가르치는 방법이다."

▶時雨之化(시우지화) '때를 맞추어 내리는 비와 같은 교화'라는 뜻으로, 초목이 때
  맞추어 내리는 비에 힘입어 잘 자라는 것처럼 제때에 교육이 이루어지거나 교화
  가 널리 미침을 비유하는 말.
▶私淑艾(사숙애) 혼자서 학문과 덕을 닦음. 사私는 남몰래<절竊> 마음속으로, 숙淑
  은 선善, 애艾는 치治의 뜻. 사숙私淑은 직접 가르침을 받지 않았으나 마음속으로
  그 사람을 본받아서 도나 학문을 배우거나 따름을 일컬음.

食少事煩 식소사번

司馬懿看畢 心中大怒 乃佯笑曰 孔明視我爲婦人耶 卽受之 令重待來
使 懿問曰 孔明寢食及事之煩簡若何 使者曰 丞相夙興夜寐 罰二十以
上皆親覽焉 所啖之食 日不過數升 懿顧謂諸將曰 孔明食少事煩 其能
久乎 使者辭去 回到五丈原 見了孔明 具說 司馬懿受了巾幗女衣 看了

書札 幷不嗔怒 只問丞相寢食及事之煩簡 絕不提起軍旅之事 某如此應
對 彼言 食少事煩 豈能長久 孔明嘆曰 彼深知我也. ≪三國志演義≫

司馬懿看畢 사마의司馬懿는 서신을 보고 나서

心中大怒 마음속으로는 크게 노하였으나

乃佯笑曰 곧 거짓으로(양佯) 웃음을 띠며 말했다.

孔明視我爲婦人耶 "공명孔明이 나를 부녀자로 보는구나."

卽受之 곧 그것을 받고

令重待來使 온 사자를 귀히 대접하게 했다.

懿問曰 사마의가 물었다.

孔明寢食及事之煩簡 若何 "공명의 침식과(급及) 일의 많고(번煩) 적음
                      이 어떠한가.(약하若何)"

使者曰 사자가 말했다.

丞相夙興夜寐 "승상은 일찍(숙夙) 일어나고 밤늦게 잠을 주무십니다.

罰二十以上皆親覽焉 그리고 벌 20대 이상은 다 친히 보십니다.

所啖之食 먹는(담啖) 음식은

日不過數升 하루에 몇(수數) 되에 지나지 않습니다."

懿顧謂諸將曰 사마의가 여러 장수를 돌아보고 일러 말했다.

孔明食少事煩 "공명이 먹는 것은 적고 일은 많으니(식소사번食少事煩)

其能久乎 어찌(기其) 오래 살 수 있겠소."

使者辭去 사자가 인사하고 떠나

回到五丈原 오장원五丈原으로 돌아와서

見了孔明 具說 공명을 뵙고 갖추어 말했다.

司馬懿受了巾幗女衣 "사마의는 부녀자 두건(건귁巾幗)과 여자 옷을
                  받고 난 뒤

看了書札 서신을 보고 나서도

幷不嗔怒 아울러 진노嗔怒(진노瞋怒)하지 않고 *嗔(진)성내다.

228

只問丞相寢食及事之煩簡 단지 승상의 침식과 일의 많고 적은 것만
　　　　　　　　　　　　　을 물을 뿐
絶不提起軍旅之事 결코(절絶) 군사에 대한 일을 제기하지 않았습니다.
某如此應對 제가(모某) 물음에 따라 응대하니 *某(모)자기의 겸칭.
彼言 食少事煩 豈能長久 그(피彼)는 '먹는 것은 적고 일은 많으니 어
　　　　　　　　　　　　찌 오래 살 수 있겠는가.'라고 말했습니다."
孔明嘆曰 공명이 탄식하며 말했다.
彼深知我也 "그는 나를 깊이 아는구나."

▶ 食少事煩(식소사번) '먹는 것은 적고 일은 번거롭다'는 뜻으로, 몸을 돌보지 않고
　바쁘게 일한다는 뜻.
▶ 司馬懿(사마의. 179~251) 삼국시대 위나라의 정치가이자 군략가로 자는 중달仲
　達. 조조 부자에게 중용되어 여러 차례 군사를 이끌고 제갈량과 대항하여 북벌 계
　획을 저지함. 그의 손자인 사마염司馬炎은 진晉나라를 세운 후 사마의에게 선제宣
　帝라는 시호를 추증함.
▶ 夙興夜寐(숙흥야매) '아침에 일찍 일어나고 밤에는 늦게 자다'는 뜻으로, 아침 일
　찍부터 밤늦게까지 직무에 몰두하여 부지런히 일함을 이르는 말.
▶ 五丈原(오장원) 234년 촉나라의 제갈공명이 위나라 장수 사마의와 싸우다가 병사
　한 곳. 촉은 공명의 목상木像을 진두陳頭에 내걸었는데, 이를 본 사마의는 싸우지
　도 않고 퇴진하였으므로 죽은 공명이 산 중달仲達<사마의의 자>을 도망치게 하다
　는 '사공명주생중달死孔明走生仲達'이란 말을 낳았음.

食指動식지동

楚人獻黿於鄭靈公 公子宋與子家將見 子公之食指動 以示子家曰 他日
我如此 必嘗異味 及入 宰夫將解黿 相視而笑 公問之 子家以告 及食大
夫黿 召子公而弗與也 子公怒 染指於鼎 嘗之而出 公怒 欲殺子公 子公
與子家謀先 子家曰 畜老猶憚殺之 而況君乎 反譖子家 子家懼而從之
夏弑靈公. ≪春秋左氏傳/宣公≫

楚人獻黿於鄭靈公　춘추시대 초나라 사람이 정영공鄭靈公에게 자라
　　　　　　　　　　(원黿)를 바쳤다.(헌獻)

公子宋與子家　공자公子 송宋(자공子公)과(여與) 자가子家가

將見　영공을 뵈려(현見) 하였는데

子公之食指動　자공의 식지食指가 움직이니

以示子家曰　자가에게 보이면서 말했다.

他日我如此　"전에도 내 식지가 이처럼 움직였는데

必嘗異味　반드시 별미別味(이미異味)를 맛보았다네.(상嘗)"

及入　궁에 들어가니

宰夫將解黿　재부宰夫(요리사)가 자라를 요리하려고 했으므로

相視而笑　서로 바라보며 웃었다.

公問之　영공이 웃는 이유를 묻자

子家以告　자가는 그 이유를 말했다.

及食大夫黿　대부들에게 자라 고기를 먹일 때

召子公 而弗與也　자공을 불러놓고(소召) 자라 고기를 주지(여與) 않으니

子公怒　자공은 노하여

染指於鼎　자라가 들어 있는 솥에 손가락(지指)을 넣어(염染)

嘗之而出　그 손가락을 맛보면서 나가 버렸다.

公怒 欲殺子公　영공은 노하여 자공을 죽이려고 하였다.

子公與子家謀先　자공과 자가가 먼저 칠 것을 모의함에

子家曰　자가가 말했다.

畜老猶憚殺之　"늙은 가축도 오히려 죽이기 꺼리는데(탄憚)

而況君乎　하물며 임금임에랴."

反譖子家　자공이 도리어(반反) 자가를 영공에게 참소譖訴하려 하거늘

子家懼而從之　자가는 두려워 자공을 따라

夏弒靈公　여름에 영공을 시해弒害하였다.　*弒(시)윗사람을 죽이다.

- 食指動(식지동) '집게손가락이 움직이다'는 뜻으로, 음식에 욕심을 내거나, 야심을 품는다는 말.
- 鄭靈公(정영공. ?~BC605) 춘추시대 정나라의 군주. 이름은 이夷, 자는 자학子貉. 정영공 원년<BC605> 대부 자공과 자가에게 시해당함.

十年磨劍십년마검

十年磨一劍 霜刃未曾試
今日把贈君 誰有不平事.   <劍客/賈島詩>

○ 劍客 검객
十年磨一劍   십 년 동안 한 자루 칼을 갈아왔으나(마磨)
霜刃未曾試   서릿발 같은 칼날 아직 써보지 않았네.
今日把贈君   오늘 이 칼을 그대(군君)에게 주노니
誰有不平事   누가 불평하는 일이 있겠는가.

- 十年磨劍(십년마검) '십 년간 칼을 갈다'는 뜻으로, 목적을 위해 때를 기다리며 준비를 게을리하지 않는다는 뜻.
- 賈島(가도. 777~841) 중당中唐<766~835년>의 때의 시인. 자는 낭선浪仙 과거에 실패하고 출가出家하여 법호를 무본無本이라 했다가, 후에 한유韓愈와 교유하면서 환속함.

阿堵物아도물

王夷甫雅尙玄遠 常嫉其婦貪濁 口未嘗言錢字 婦欲試之 令婢以錢遶牀
不得行 夷甫晨起 見錢閣行 呼婢曰 擧卻阿堵物.   ≪世說新語/規箴≫

王夷甫　서진西晉의 왕이보王夷甫(왕연王衍. 256~311)는

雅尙玄遠　고상高尙하고 심원深遠하여

常嫉其婦貪濁　항상 그 부인의 탐욕(탐탁貪濁)을 싫어하였으며(질嫉)

口未嘗言錢字　입으로 일찍이 돈 전錢 자를 말하지 않았다.

婦欲試之　부인이 그를 시험하고 싶어

令婢以錢遶牀　여종(비婢)으로 하여금 돈을 침상에 둘러놓게(요遶) 하니

不得行　걸어 다닐 수가 없었다.

夷甫晨起　왕이보가 새벽에 일어나

見錢閣行　돈이 길을 방해하는(애閣) 것을 보고

呼婢曰　여종을 불러 말했다.

擧卻阿堵物　이 물건(아도물阿堵物)을 다(거擧) 치워라.(각卻)　*擧(거)다. 모두.

▶ 阿堵物(아도물) '이 물건'이란 뜻으로 돈을 가리킴. 아도阿堵는 육조六朝시대의
　구어로 '이' 혹은 '이것'이라는 뜻. '아도물'은 '이 물건'이란 말인데 왕이보王夷甫
　의 일화로 인해 돈의 별칭이 되었다.
▶ 王衍(왕연. 256~311) 자는 이보夷甫. 죽림칠현의 한 사람인 왕융王戎의 종제從
　弟. 현언玄言을 잘 말했고, 노장老莊에 대해 논의하기를 좋아함. 의리義理가 일정
　하지 않아 상황에 따라 잘 바꿔 구중자황口中雌黃이라 불렸음. *口中雌黃(구중자
　황) 입 속에 있는 자황이라는 말로, 자황은 누른빛의 물감으로 옛날 책은 누른 종
　이로 되어 있어 틀린 글자가 있을 때에는 자황으로 칠해서 지워버리고 그 위에 고
　쳐 쓴 데서, 이랬다저랬다 그때그때 수시로 말을 바꾸는 행태를 빗댄 말.

我將東徙아장동사

梟逢鳩 鳩曰 子將安之 梟曰 我將東徙 鳩曰 何故 梟曰 鄕人皆惡我鳴 以
故東徙 鳩曰 子能更鳴 可矣 不能更鳴 東徙 猶惡子之聲. ≪說苑/談叢≫

梟逢鳩　올빼미(효梟)가 비둘기를 만나자

鳩曰　비둘기(구鳩)가 말했다.

子將安之　"너(자子)는 장차 어디(안安)로 가려 하느냐."

梟曰　올빼미가 말했다.

我將東徙　"나는 장차 동쪽으로 이사하려고 한다." *徙(사)옮기다.

鳩曰　비둘기가 말했다.

何故　"무엇 때문인가."

梟曰　올빼미가 말했다.

鄕人皆惡我鳴　"마을 사람 모두 내 울음소리를 싫어하니(오惡)

以故東徙　이 때문에(이고以故) 동쪽으로 이사하려고 한다."

鳩曰　비둘기가 말했다.

子能更鳴 可矣　"네 울음을 고칠(경更) 수 있으면 괜찮겠지만

不能更鳴　울음소리를 고칠 수 없다면

東徙　동쪽으로 이사하더라도

猶惡子之聲　여전히(유猶) 너의 소리를 싫어할 것이다."

▸我將東徙(아장동사) '나는 장차 동쪽으로 이사 가려 하다'는 뜻으로, 자신의 허물을 고치려고 하지는 않고 남의 탓만 하는 것을 비유하는 말. 나쁜 근본을 고치지 않고는 어디에 가도 같다는 의미. '효장동사梟將東徙'라고도 함.

眼中之釘안중지정

在禮在宋州 人尤苦之 已而罷去 宋人喜而相謂曰 眼中拔釘 豈不樂哉 旣而復受詔居職 乃籍管內 口率錢一千 自號拔釘錢.　≪新五代史/趙在禮傳≫

在禮在宋州　조재례趙在禮가 송주宋州에 벼슬하고 있을 때

人尤苦之 (가렴주구苛斂誅求로) 백성들이 더욱 그를 힘들어했다.

已而罷去　그 후(이이已而) 그가 관직을 그만두고(파罷) 떠나자

宋人喜而相謂曰　송주 사람들이 모두 기뻐하며 말했다.

眼中拔釘　"눈에 박힌 못(정釘)이 빠졌으니

豈不樂哉　어찌 즐겁지 아니한가."

既而　얼마 안 있어(기이既而)

復受詔居職　다시 조서詔書를 받고 그 직책에 앉았다.

乃籍管內　口率錢一千　이에 관할하는 지역에 구율口率(인두세人頭稅)

　　　　　　　　　　일천 전을 과세課稅하며　*籍(적)구실. 세금.

自號拔釘錢　스스로 못 빼는 돈(발정전拔釘錢)이라 일컬었다.

▸眼中之釘(안중지정) '눈 속에 못'이라는 뜻으로, 몹시 밉거나 싫어 늘 눈에 거슬리
　는 사람을 이르는 말. 눈엣가시.
▸拔釘錢(발정전) 오대五代시기에 후진後晉의 조재례趙在禮가 실시한 악세惡稅.

殃及池魚 앙급지어

宋桓司馬有寶珠　抵罪出亡　王使人問珠之所在　曰　投之池中　於是竭池
而求之　無得　魚死焉.≪呂氏春秋/孝行覽≫

宋桓司馬　춘추시대 송나라 사마司馬인 환桓은

有寶珠　진귀한 구슬을 가지고 있었는데

抵罪出亡　죄를 지어 벌을 받게(저죄抵罪) 되자 도망갔다.

王使人問珠之所在　왕이 사람을 시켜 구슬이 있는 곳을 물으니

曰　환이 대답했다.

投之池中　"연못 속에 던졌소."
於是竭池而求之　이에 연못의 물을 다 퍼내고 구슬을 찾았으나(구求)
無得 魚死焉　찾지 못하고 물고기만 죽고 말았다.

▸殃及池魚(앙급지어) '재앙災殃이 연못의 물고기에 미치다'는 뜻으로, 직접적인 관
　계가 없지만 좋지 않은 영향을 받게 되는 경우를 말함.

野鼠婚야서혼

野鼠 欲爲其子擇高婚 初謂惟天最尊 遂求之於天 天曰 我雖兼包萬有
非日月 則無以顯吾德 野鼠求之於日月 日月曰 我雖普照 惟雲蔽之 彼
居吾上乎 野鼠求之於雲 雲曰 我雖使日月失明 惟風吹散 彼居吾上乎
野鼠求之於風 風曰 我雖能散雲 惟田間石佛 吹之不倒 彼居吾上乎 野
鼠求之於石佛 石佛曰 我雖不畏風 惟野鼠穿我足底 則傾倒 彼居吾上
乎 野鼠於是傲然自得曰 天下之尊 莫我若也 遂婚於野鼠.　《旬五志》

野鼠　두더지(야서野鼠)가
欲爲其子擇高婚　그 자식을 위하여 좋은 혼처를 택하려고 하였는데
初謂惟天最尊　처음에는 오직 하늘이 가장 높다고 생각하여(위謂)
遂求之於天　드디어 하늘에 혼처를 구하니
天曰　하늘이 말했다.
我雖兼包萬有　"내가 비록 만물을 다 안고 있지만
非日月　해와 달이 아니면
則無以顯吾德　나의 덕을 드러낼 수가 없다네."
野鼠求之於日月　두더지는 해와 달에게 혼처를 구하니
日月曰　해와 달이 말했다.

235

我雖普照 "내 비록 널리(보普) 비추지만

惟雲蔽之 오직 구름이 가리니(폐蔽)

彼居吾上乎 구름이 내 위에 있다네."

野鼠求之於雲 두더지가 구름에게 혼처를 구하니

雲曰 구름이 말했다.

我雖使日月失明 "내 비록 해와 달로 하여금 밝음을 잃게 하지만

惟風吹散 오직 바람이 불면(취吹) 흩어지니(산散)

彼居吾上乎 바람이 내 위에 있다네."

野鼠求之於風 두더지가 바람에게 혼처를 구하니

風曰 바람이 말했다.

我雖能散雲 "나는 비록 구름을 흩어지게 할 수 있지만

惟田間石佛 오직 저 밭 사이의 돌부처(석불石佛)는

吹之不倒 불어도 쓰러지지 않으니

彼居吾上乎 그것이 내 위에 있다네."

野鼠求之於石佛 두더지가 돌부처에게 혼처를 구하니

石佛曰 돌부처가 말했다.

我雖不畏風 "내 비록 바람을 두려워하지(외畏) 않지만

惟野鼠穿我足底 오직 두더지가 내 발밑을 뚫으면(천穿)

則傾倒 기울어 넘어지니(경도傾倒)

彼居吾上乎 두더지가 내 위에 있다네."

野鼠於是傲然自得曰 두더지가 이에 거만한 모습(오연傲然)으로 만족
                    하면서 말했다. *傲(오)거만하다.

天下之尊 莫我若也 "천하의 높은 것이 우리만 한 것이 없도다."

遂婚於野鼠 드디어 두더지에게 청혼請婚하였다.

▸ 野鼠婚(야서혼) '두더지의 혼인'이란 뜻으로, 제 분수에 넘치는 허영심虛榮心, 또
  는 동류同類끼리 가장 잘 어울림을 비유하는 말.

弱冠약관

人生十年曰幼 學 二十曰弱 冠 三十曰壯 有室 四十曰強 而仕 五十曰
艾 服官政 六十曰耆 指使 七十曰老 而傳 八十九十曰耄 七年曰悼 悼
與耄雖有罪 不加刑焉 百年曰期 頤. ≪禮記/曲禮≫

人生十年曰幼 學 사람이 나서 열 살이 되면 유幼라 하는데, 배우기
　　　　　　　　 시작한다.
二十曰弱 冠 스물을 약弱이라 하는데, 관례冠禮를 한다.
三十曰壯 有室 서른을 장壯이라 하는데, 아내(실室)를 맞이한다.
四十曰強 而仕 마흔을 강強이라 하는데, 벼슬에 나아간다.
五十曰艾 服官政 쉰을 애艾라 하는데, 관정官政에 복무服務한다.
六十曰耆 指使 예순을 기耆라 하는데, 지휘指揮하여 일을 시킨다.
七十曰老 而傳 일흔을 노老라 하는데, 집안일을 넘겨준다.
八十九十曰耄 여든과 아흔을 모耄라 하고　*耄(모)늙은이.
七年曰悼 일곱 살을 도悼라 하는데
悼與耄雖有罪 不加刑焉 모와 도는 죄를 지어도 형벌을 가하지 않는다.
百年曰期 頤 백 살을 기期라 하여 봉양을 받는다.　*頤(이)턱. 봉양하다.

▸弱冠(약관) 남자가 스무 살에 관례冠禮를 한다는 데서, 남자의 스무 살 된 때를 일
　컫는 말. 쉰 살은 '애년艾年', 예순 살은 '기년耆年', 백 살은 '기이期頤'라 함.

若烹小鮮약팽소선

凡法令更則利害易 利害易則民務變 民務變謂之變業 故以理觀之 事大
衆而數搖之 則少成功 藏大器而數徙之 則多敗傷 烹小鮮而數撓之 則
賊其宰 治大國而數變法 則民苦之 是以有道之君貴靜 不重變法 故曰
治大國者若烹小鮮. ≪韓非子/解老≫

凡法令更 則利害易   무릇 법령이 변경되면 이해가 달라지고(역易)

利害易 則民務變   이해가 달라지면 백성들의 일(무務)도 바뀐다.

民務變謂之變業   백성의 일이 바뀌는 것(변變)을 직업을 바꾼다고 한다.

故以理觀之   그러므로 이치로 살펴보면

事大衆   많은 사람들을 일하게 하면서

而數搖之 則少成功   자주(삭數) 일을 바꾸면 성공이 적어질 것이고

藏大器   큰 물건을 보관하면서(장藏)

而數徙之 則多敗傷   자주 이를 옮기면(사徙) 손상이 많아질 것이고

烹小鮮而數撓之   작은 생선(鮮)을 삶으면서(팽烹) 자주 뒤집으면(요撓)

則賊其宰   저민 것을 해치게(적賊) 될 것이고   *宰(재)저미다. 썰다

治大國而數變法   큰 나라를 다스리면서 자주 법령을 바꾸면

則民苦之   백성들이 이를 고통스러워할 것이다.

是以有道之君貴靜   이 때문에 도를 터득한 군주는 안정을 소중히 여겨

不重變法   법을 자주(중重) 바꾸지 않는다.

故曰 治大國者若烹小鮮   그러므로 노자老子는 '큰 나라를 다스리는
것은 작은 생선을 삶듯이 하여야 한다.'고 하였다.

▶若烹小鮮(약팽소선) '작은 생선을 삶는 삶듯이 하여야 한다'는 뜻으로, 가만히 두
  고 지켜보며 조심히 기다리는 정치를 비유하는 말.

▶老子(노자) 춘추시대의 사상가. 성은 이李, 이름은 이耳, 자는 담聃, 백양伯陽. 도
  가의 시조로서, 상식적인 인의와 도덕에 구애되지 않고 만물의 근원인 도를 좇아
  서 살 것을 역설하고, 무위자연을 존중함.

238

良禽擇木 양금택목

孔文子之將攻大叔也 訪於仲尼 仲尼曰 胡簋之事 則嘗學之矣 兵之事
未之聞也 退命駕而行 曰 鳥則擇木 木豈能擇鳥 文子遽止之曰 圉豈敢
度其私 訪衛國之難也 將止 魯人以幣召之 乃歸.　≪春秋左氏傳/哀公≫

孔文子之將攻大叔也　위나라 공문자孔文子가 태숙질大叔疾을 공격하려고
訪於仲尼　공자에게 물었다.　*訪(방)묻다. 찾다.
仲尼曰　공자가 말했다.
胡簋之事 則嘗學之矣　"제사(호궤胡簋)의 일은 일찍이(상嘗) 배웠지만
甲兵之事　군사(갑병甲兵)의 일은
未之聞也　아직 깨우치지(문聞) 못했습니다."
退命駕　물러나와 수레에 말을 메우라고(가駕) 명하며
而行曰　떠나면서 말했다.
鳥則擇木　"새(공자)가 나무를 고르는 법이지
木豈能擇鳥　나무(공문자)가 어찌 새를 선택할 수 있는가."
文子遽止之曰　공문자가 급히(거遽) 공자를 제지制止하며 말했다.
圉豈敢度其私　어圉(공문자 이름)가 어찌 감히 사사로운 일을 꾀하려
　　　　　　　하였겠습니까.(탁度)
訪衛國之難也　위衛나라의 어려운 일에 대해서 물으려 했던 것입니다.
將止　이에 위나라에 머물려고 하였는데　*止(지)머무르다.
魯人以幣召之　노나라 사람이 폐백幣帛을 보내어 그를 부르므로(소召)
乃歸　이에 노나라로 돌아왔다.

▶ 良禽擇木(양금택목) '현명한 새는 나무를 가려서 둥지를 트다'는 뜻으로, 현명한 사
　람은 자기의 재능을 알아주고 키워줄 수 있는 훌륭한 사람을 선택하여 섬긴다는 뜻.
▶ 孔文子(공문자) 춘추시대 위나라의 대부. 이름은 어圉.
▶ 胡簋(호궤) 예기禮器의 이름. 하夏에서는 호胡, 주周에서는 궤簋라 함.

羊頭狗肉 양두구육

靈公好婦人而丈夫飾者 國人盡服之 公使吏禁之曰 女子而男子飾者 裂
其衣 斷其帶 裂衣斷帶 相望而不止 晏子見 公問曰 寡人使吏禁女子而
男子飾 裂斷其衣帶 相望而不止者 何也 晏子對曰 君使服之於內 而禁
之於外 猶懸牛首於門 而賣馬肉於內也 公何以不使內勿服 則外莫敢爲
也 公曰善 使內勿服 踰月而國莫之服. ≪晏子春秋/內篇≫

靈公　제나라 영공靈公은
好婦人而丈夫飾者　부인이면서 남자 복식을 한 것을 좋아하니
國人盡服之　나라 사람들이 다 남자 옷을 입었다.(복服)
公使吏禁之曰　영공은 관리를 시켜 이를 금하라고 하면서 말했다.
女子而男飾者　"여자이면서 남자 복식服飾을 한 자는
裂其衣 斷其帶　그의 옷을 찢고,(렬裂) 그 허리띠를 끊어라."
裂衣斷帶　그러나 옷을 찢고 허리띠를 잘라도
相望而不止　보아도 그치지 않았다.
晏子見　안자晏子(안영晏嬰의 존칭尊稱)가 알현謁見하니
公問曰　영공이 물었다.
寡人使吏禁女子而男子飾 裂斷其衣帶　"과인이 관리로 하여금 여자이
　　　　　면서 남자 복식을 입는 것을 금하고 그 옷과 허리띠를 찢
　　　　　고 끊도록 하였는데
相望而不止者 何也　보아도 그치지 않는 것은 어째서인가."
晏子對曰　안자가 대답하였다.
君使服之於內　"임금께서 궁궐 안에서는 그것을 입게 하면서
而禁之於外　궁궐 밖에서 이를 금하시니
猶懸牛首於門 而賣馬肉於內也　문 밖에 소의 머리를 걸어 놓고(현懸)
　　　　　안에서 말고기를 파는 것(매賣)과 같습니다.(유猶)

公何以不使內勿服　임금께서는 어찌 안에서 입지 못하게 하지 않으
　　　　　　　　십니까.
則外莫敢爲也　그러면 밖에서 아무도 감히 입지 않을 것입니다.
公曰善　영공은 '좋습니다.' 하고
使內勿服　궁궐 안 사람들로 하여금 입지 못하게 하였다.
踰月　한 달이 넘어가자(유踰)
而國莫之服　나라 사람들이 아무도 입지 않았다.

▶ 羊頭狗肉(양두구육) '양 머리에 개고기'라는 뜻으로, 겉과 속이 다른 속임수를 꼬
　집는 말. 이 글은 소머리에 말고기라는 '우수마육牛首馬肉'으로 되어 있음.

梁上君子양상군자

時歲荒民儉 有盜夜入其室 止於梁上 寔陰見 乃起自整拂 呼命子孫 正
色訓之曰 夫人不可不自勉 不善之人未必本惡 習以性成 遂至於此 梁
上君子者是矣 盜大驚 自投於地 稽顙歸罪 寔徐譬之曰 視君狀貌 不似
惡人 宜深剋己反善 然此當由貧困 令遺絹二匹 自是一縣無復盜竊.

≪後漢書/陳寔傳≫

時歲荒民儉　그 해 흉년이 들어 백성들이 빈궁貧窮하였다.(검儉)
有盜夜入其室　어떤 도둑이 밤에 진식陳寔의 집에 들어와
止於梁上　들보 위에 숨어 있었다.
寔陰見　진식이 몰래(음陰) 보고
乃起自整拂　이에 일어나 몸소 의복을 정제하고(정불整拂)
呼命子孫　자손들을 불러서
正色訓之曰　엄숙하게 그들을 훈계하며 말했다.

夫人不可不自勉 "무릇 사람은 스스로 힘쓰지 않을 수 없다.

不善之人未必本惡 착하지 않은 사람도 반드시 본래 악한 것은 아니다.

習以性成 나쁜 습관이 오래되면 천성이 되어

遂至於此 마침내 여기에 이르렀다.

梁上君子者是矣 들보(량梁) 위에 있는 군자가 바로 이런 사람이다."

盜大驚 自投於地 도둑이 매우 놀라서 스스로 바닥에 내려와

稽顙歸罪 이마(상顙)를 조아리고(계稽) 죄를 부끄러워했다.(귀歸)

寔徐譬之曰 진식이 천천히 그를 깨우쳐(비譬) 말했다.

視君狀貌 "그대의 용모(상모狀貌)를 보니

不似惡人 악한 사람 같지 않네.

宜深剋己反善 마땅히 깊이 자기를 이기어(극剋) 착한 사람으로 돌아
와야(반反) 할 것이오.

然此當由貧困 그러나 이 일은 마땅히 빈곤에 말미암았을 것이오."

令遺絹二匹 그에게 명주(견絹) 두 필을 보내게 하니

自是 이로부터(자시自是)

一縣無復盜竊 이 고을에는 다시 도둑(도절盜竊)이 없어졌다.

▸梁上君子(양상군자) '들보 위의 군자'라는 뜻으로, 도둑을 완곡하게 부르는 말.

▸習以性成(습이성성) 습여성성習與性成. 습관이 오래되면 마침내 천성이 됨. 나쁜
버릇이 몸에 배면 고치기 어려움.

▸陳寔(진식. 104~187) 후한의 정치가. 자는 중궁仲弓. 시호는 문범선생文范先生.
환제桓帝 때 태구太丘의 장에 제수되었는데, 송사를 판정하는 것이 매우 공정하였
음. 아들 진기陳紀, 진심陳諶과 함께 명성을 얻어 '삼군三君'으로 불렸음.

楊布之狗양포지구

楊朱之弟楊布 衣素衣而出 天雨 解素衣 衣緇衣而反 其狗不知而吠之
楊布怒 將擊之 楊朱曰 子毋擊也 子亦猶是 曩者使女狗白而往 黑而來
子豈能毋怪哉.　≪韓非子/說林下≫

楊朱之弟楊布　양주楊朱(전국시대의 학자) 동생 양포楊布가

衣素衣而出　흰옷을 입고 외출했다가

天雨 解素衣　하늘에서 비가 내려 흰옷을 벗고

衣緇衣而反　검은 옷(치의緇衣)으로 바꿔 입고 돌아왔는데　*緇(치)검다.

其狗不知而吠之　그의 개가 주인을 알아보지 못하고 짖어댔다.(폐吠)

楊布怒 將擊之　양포가 화가 나서 개를 때리려(격擊) 하자

楊朱曰　양주가 말했다.

子毋擊也　"너(자子)는 때리지 말거라.

子亦猶是　너 또한 이와 같을(유猶) 것이다.

曩者使女狗白而往　이전(낭자曩者)에 만일(사使) 너의(여女) 개가 흰 털
　　　　　　　　　　로 나갔다가

黑而來　검은 털로 돌아왔다면

子豈能毋怪哉　네가 어찌 괴이하게 생각하지 않을 수 있었겠느냐."

▶楊布之狗(양포지구) '양포楊布의 개'란 뜻으로, 겉모습이 변한 것을 보고, 속까지
　변해버렸다고 판단하는 사람을 일컫는 말로, 겉모습의 변화를 보고 섣불리 판단하
　는 것을 경계해야 함을 이름. '백왕흑귀白往黑歸'라고도 함.

養虎遺患양호유환

是時 漢兵盛食多 項王兵罷食絶 漢遣陸賈說項王 請太公 項王弗聽 漢
王復使侯公往說項王 項王乃與漢約 中分天下 割鴻溝以西者爲漢 鴻溝
而東者爲楚 項王許之 卽歸漢王父母妻子 軍皆呼萬歲 漢王乃封侯公爲
平國君 匿弗肯復見 曰 此天下辯士 所居傾國 故號爲平國君 項王已約
乃引兵解而東歸 漢欲西歸 張良陳平說曰 漢有天下太半 而諸侯皆附之
楚兵罷食盡 此天亡楚之時也 不如因其機而遂取之 今釋弗擊 此所謂養
虎自遺患也 漢王聽之. 《史記/項羽本紀》

是時 漢兵盛食多　이때 한漢나라 병사들은 많고 식량이 넉넉했으나

項王兵 罷食絶　항왕項王(항우)의 병사들은 지치고(피罷) 군량도 떨어
　　　　　　　져 있었다.

漢遣陸賈說項王 請太公　한왕漢王(유방)은 육가陸賈를 보내 항우를 설
　　　　　　　득해 태공太公(유방의 아버지)을 보내줄 것을 청하게 하였으나

項王弗聽　항왕는 듣지 않았다.

漢王 復使侯公往說項王　한왕은 다시(부復) 후공侯公을 보내 항우를
　　　　　　　설득하게 하였는데

項王乃與漢約　항우는 이에 한나라와 약조를 맺어

中分天下　천하를 반으로 나누어

割鴻溝以西者爲漢　홍구鴻溝를 갈라 서쪽을 한나라로 하고

鴻溝而東者爲楚　홍구 동쪽을 초나라로 하기로 하니

項王許之　항왕는 이를 허락하고

卽歸漢王父母妻子　곧 한왕의 부모와 처자를 돌려보냈다.(귀歸)

軍皆呼萬歲　한나라 군사들은 모두 만세를 불렀다.

漢王乃封侯公爲平國君　한왕은 이에 후공을 평국군平國君에 봉하고 나서

匿弗肯復見 曰　사특邪慝하여 다시는 만나지 않겠다며 말했다.

此天下辯士　"이 사람 후공은 천하의 변사로

所居傾國　거처하는 곳마다 나라를 기울게 할 것이다.

故號爲平國君　그런 까닭으로 평국군이라 부른다."

項王已約　항왕은 이미 약정을 하고 나서

乃引兵解　이에 군대를 철수하여(인병引兵) 해산시키고　*引(인)물러나다.

而東歸　동쪽으로 돌아갔다.

漢欲西歸　한왕도 서쪽으로 돌아가려 하자

張良陳平說曰　장량張良과 진평陳平이 설득하여 말했다.

漢有天下太半　"한나라는 천하의 태반太半을 차지했고

而諸侯皆附之　제후들도 모두 이 한나라에 붙고 있습니다.

楚兵罷食盡　초나라 병사들은 지치고 식량도 다하여 갑니다.

此天亡楚之時也　이는 하늘이 초나라를 망하게 하는 때이니

不如因其機而遂取之　그 기회를 따라서(인因) 마침내 초나라를 취하
　　　　　　　　　　　　는 것이 낫습니다.

今釋弗擊　지금 놓아주고(석釋) 치지 않는다면

此所謂　이는 이른바

養虎自遺患也　호랑이를 길러 스스로 우환을 남기는 것입니다."

漢王聽之　한왕은 그 말을 받아들였다.

▸養虎遺患(양호유환) '호랑이를 길러 우환을 남기다'는 뜻으로, 화근을 길러서 스
스로 걱정거리를 산다는 것을 이르는 말.

▸유방은 장량과 진평의 계책에 따라 말머리를 돌려 항우를 추격하였고, 이듬해 한
신과 팽월 등의 군사와 연합하여 해하垓下에서 항우의 초나라 군대를 섬멸한다.
항우는 달아나다가 오강烏江에 이르러 자결하였고, 유방은 마침내 천하를 차지하
고 한나라를 창업創業하게 된다.

漁父之利어부지리

趙且伐燕 蘇代爲燕謂惠王曰 今日臣來 過易水 蚌方出曝 而鷸啄其肉
蚌合而箝其喙 鷸曰 今日不雨 明日不雨 卽有死蚌 蚌亦謂鷸曰 今日不
出 明日不出 卽有死鷸 兩者不肯相舍 漁者得而幷禽之 今趙且伐燕 燕
趙久相支 以弊大衆 臣恐强秦之爲漁父也 故願王之熟計之也 惠王曰善
乃止. ≪戰國策/燕策≫

趙且伐燕　전국시대 조나라가 장차 연나라를 치려 하자
蘇代爲燕謂惠王曰　소대蘇代가 연나라를 위하여 조혜왕에게 말했다.
今日臣來 過易水　"오늘 신이 오면서 역수易水를 지나오는데
蚌方出曝　조개(방蚌)가 막 나와서 햇볕을 쬐고(폭曝) 있는데
而鷸啄其肉　도요새(휼鷸)가 조갯실을 쪼았습니다.(탁啄)
蚌合而箝其喙　조개가 입을 다물고 그 부리(훼喙)를 물었습니다.(겸箝)
鷸曰　도요새가 말했다.
今日不雨　'오늘 비가 내리지 않고
明日不雨　내일도 비가 내리지 않으면
卽有死蚌　곧 말라 죽은 조개가 있을 것이다.'
蚌亦謂鷸曰　조개도 또한 도요새에게 말했다.
今日不出 明日不出　'오늘 나가지 못하고 내일도 나가지 못하면
卽有死鷸　곧 굶어 죽은 도요새가 있을 것이다.'
兩者不肯相舍　둘이 서로 놓으려 하지 않으니(사舍)
漁者得而幷禽之　어부가 겸하여 잡을<금禽> 수 있었습니다.

　　　　　*得而(득이) ~할 수 있다.<득이得以>

今趙且伐燕　지금 조나라가 연나라를 치려고 한다면
燕趙久相支　연나라와 조나라는 오래도록 서로 버티다가(지支)

246

以弊大衆 백성들을 피폐하게 할 것입니다. *弊(폐)폐단. 해지다.

臣恐強秦之爲漁父也 신은 강한 진秦나라가 어부가 될까 두렵습니다.

故願王之熟計之也 이 때문에(고故) 왕께서 익히(숙熟) 이를 헤아리시
　　　　　　　　　기를 바랍니다.”

惠王曰善 혜왕이 “좋소.”라고 하고,

乃止 이에 (연나라 정벌을) 그만두었다.

▶漁父之利(어부지리) ‘어부漁父의 이득’이라는 뜻으로, 둘이 서로 싸우다 엉뚱한
　사람이 이익을 얻게 됨을 비유하는 말. ‘방휼지쟁蚌鷸之爭’이라고도 함.

掩耳盜鈴 엄이도령

范氏之亡也 百姓有得鍾者 欲負而走 則鍾大不可負 以椎毀之 鍾況然
有音 恐人聞之而奪己也 遽揜其耳 惡人聞之可也 惡己自聞之悖矣 爲
人主而惡聞其過 非猶此也 惡人聞其過尙猶可.　　≪呂氏春秋/自知≫

范氏之亡也 춘추시대 진晉나라의 범씨范氏가 패망했을 때

百姓有得鍾者 백성 중에 범씨의 종을 훔치려는 자가 있어

欲負而走 짊어지고(부負) 달아나려 하였지만

則鍾大不可負 종이 커서 짊어질 수 없었다.

以椎毀之 몽치(추椎)로 깨니

鍾況然有音 종에서 황연況然(종소리의 형용)히 소리가 났다.

恐人聞之而奪己也 남이 종소리를 듣고 자신의 종을 빼앗을(탈奪) 것
　　　　　　　　을 두려워

遽揜其耳 급히 자신의 귀를 막았다.(엄揜)

惡人聞之可也 남이 종소리를 듣기를 싫어함(오惡)은 괜찮으나

惡己自聞之悖矣　자신이 종소리를 듣기를 싫어함은 잘못이다.(패悖)

爲人主而惡聞其過　군주가 되어 자신의 잘못을 듣기 싫어함은

非猶此也　이와 같지(유猶) 않겠는가.

惡人聞其過尙猶可　남이 잘못을 듣기를 싫어함은 오히려(유猶) 괜찮다.

▸掩耳盜鈴(엄이도령) '귀를 막고 방울을 훔치다'는 말로, 자신이 듣지 않는다고 남
　도 듣지 않는 줄로 안다는 뜻. 원래는 귀를 가리고 종을 훔친다는 '엄이도종掩耳
　盜鐘'이었는데, 후에 '종鐘' 대신 '령鈴'으로 쓰게 됨.

餘桃之罪 여도지죄

昔者彌子瑕有寵於衛君 衛國之法 竊駕君車者罪刖 彌子瑕母病 人聞有
夜告彌子 彌子矯駕君車以出 君聞而賢之 曰 孝哉 爲母之故 忘其犯刖
罪 異日 與君遊於果園 食桃而甘 不盡 以其半啖君 君曰 愛我哉 忘其
口味 以啖寡人 及彌子色衰愛弛 得罪於君 君曰 是固嘗矯駕吾車 又嘗
我以餘桃 故彌子之行未變於初也 而以前之所以見賢 而後獲罪者 愛憎
之變也 故有愛於主 則智當而加親 有憎於主 則智不當見罪 而加疏 故
諫說談論之士 不可不察愛憎之主而後說焉.　《韓非子/說難》

昔者彌子瑕 有寵於衛君　옛날 미자하彌子瑕는 위령공衛靈公에게 총
　　　　　　　　　　　　애를 받았다.　*瑕(하)허물.

衛國之法　위나라의 국법은

竊駕君車者　몰래(절竊) 왕의 수레를 타는(가駕) 자는

罪刖　월형刖刑(발꿈치 베는 형벌)을 받았다.

彌子瑕母病　어느 날 미자하의 어머니가 병이 들자

人聞有夜告彌子　사람이 듣고서 밤에 미자하에게 알려주었다.

彌子　미자하는

矯駕君車以出　위법으로 왕의 수레를 타고 나갔다.　*矯(교)속이다.

君聞而賢之曰　왕은 그것을 듣고 그를 어질게 여기며 말했다.

孝哉 爲母之故　"효성스럽구나. 어머니의 변고變故 때문에

忘其犯刖罪　월형을 범한다는 것을 잊었구나."

異日 與君遊於果園　어떤 날 왕과 함께 과수원에서 노닐 적에

食桃而甘　복숭아를 먹어보니 달아

不盡 以其半啖君　다 먹지 않고 반을 왕에게 드렸다.　*啖(담)씹다. 먹이다.

君曰　왕이 말했다.

愛我哉　"나를 사랑하는구나.

忘其口味　제 입에서 맛본 것을 잊어버리고

以啖寡人　과인에게 먹게 하는구나."

及彌子色衰　미자하의 얼굴색이 쇠해지고

愛弛　왕의 아낌도 느슨해졌는데(이弛)

得罪於君　미자하가 왕에게 죄를 짓자

君曰　왕이 말했다.

是固嘗矯駕吾車　"이놈은 진실로(고固) 일찍이 위법으로 과인의 수레
　　　　　　　　를 탔고

又嘗我以餘桃　또한 먹다 남은 복숭아를 나에게 맛보게(상嘗) 했다."

故彌子之行未變於初也　미자하의 행동은 처음과 변하지 아니하였지만

而以前之所以見賢　전에는 어질게 보였던 것인데

而後獲罪者　후에 죄를 얻게 된 것은

愛憎之變也　애증愛憎이 변했기 때문이다.

故有愛於主　그러므로 왕에게 총애를 받으면

則智當而加親　지혜가 마땅하다하여 더 친해지지만

有憎於主　왕에게 미움을 받으면

則智不當見罪　지혜도 부당하여 죄를 받아

249

而加疏   더 소원疏遠해진다. *疏(소)멀어지다.
故諫說談論之士   그러므로 간언을 하거나 논의를 하려는 선비는
不可不察愛憎之主而後說焉   군주의 애증을 살핀 후에 말하지 않으면
안 된다.

▸ 餘桃之罪(여도지죄) '남은 복숭아를 먹인 죄'란 뜻으로, 애증의 변화가 심함을 비유한 말.
▸ 衛靈公(위영공. 재위. BC534~BC493) 춘추시대 위나라의 군주. 성은 희姬, 이름은 원元. 재위 기간 중 공자가 망명해 와서 받아들임.

廬山眞面目 여산진면목

橫看成嶺側成峰 遠近高低各不同
不識廬山眞面目 只緣身在此山中. <題西林壁/蘇軾詩>

○ 題西林壁   서림사西林寺 벽에 쓰다.
橫看成嶺側成峰   앞에서 보면 산마루요 옆에서 보면 봉우리라
遠近高低各不同   원근과 고저에 따라 제각각이네.
不識廬山眞面目   여산廬山의 참모습을 알지 못함은
只緣身在此山中   단지 이 몸이 이 산속에 있기 때문이네.(연緣)

▸ 廬山眞面目(여산진면목) '여산의 참모습'이라는 뜻으로, 너무도 깊고 유원하여 그 참모습을 파악하기 어려움을 비유하는 말.
▸ 廬山(여산) 강서성江西省 구강현九江縣에 위치하며, 삼면이 물로 싸여 있고 서쪽의 만학천암萬壑千巖이 항상 안개에 싸여 있어 그 진면목을 알 수 없다는 명산.

逆鱗역린

夫龍之爲蟲也 柔可狎而騎也 然其喉下有逆鱗徑尺 若人有嬰之者 則必
殺人 人主亦有逆鱗 說者能無嬰人主之逆鱗 則幾矣.　≪韓非子/說難≫

夫龍之爲蟲也　대저 용이라고 하는 동물은 　*蟲(충)동물의 총칭.
柔可狎而騎也　유순하여 가까이하여(압狎) 탈 수 있지만
然其喉下　그러나 목(후喉) 아래에
有逆鱗徑尺　지름(경徑)이 한 자나 되는 거슬러 난 비늘(역린逆鱗)이 있어
若人有嬰之者　만약 사람 중에 그것을 건드리는(영嬰) 자가 있으면
則必殺人　반드시 그 사람을 죽인다.
人主亦有逆鱗　임금 또한 거슬러 난 비늘이 있으니
說者　유세遊說하는 자가
能無嬰人主之逆鱗　임금의 역린을 건드리지 않을 수 있다면
則幾矣　유세의 도에 가까운(기幾) 것이다.

▸ 逆鱗(역린) '용의 턱밑에 거슬러 난 비늘'이란 말로, 이것을 건드리면 용이 크게
　노한다는 전설에서 임금의 분노를 비유적으로 이르는 말.
▸ 한비자가 자신의 유세가 받아들여지지 않는 설움과 안타까움과 어려움을 말한
　≪한비자韓非子≫ <세난說難(유세의 어려움)>편의 마지막 구절.

役夫夢역부몽

周之尹氏大治産 其下趣役者 侵晨昏而弗息 有老役夫筋力竭矣 而使之
彌勤 晝則呻呼而卽事 夜則昏憊而熟寐 精神荒散 昔昔夢爲國君 居人
民之上 總一國之事 遊燕宮觀 恣意所欲 其樂無比 覺則復役 人有慰喩

其勤者 役夫曰 人生百年 晝夜各分 吾晝爲僕虜 苦則苦矣 夜爲人君 其
樂無比 何所怨哉 尹氏心營世事 慮鍾家業 心形俱疲 夜亦昏憊而寐 昔
昔夢爲人僕 趨走作役 無不爲也 數罵杖撻 無不至也 眠中喭囈呻呼 徹
旦息焉 尹氏病之 以訪其友 友曰 若位足榮身 資財有餘 勝人遠矣 夜夢
爲僕 苦逸之復 數之常也 若欲覺夢兼之 豈可得邪 尹氏聞其友言 寬其
役夫之程 減己思慮之事 疾幷少間. ≪列子/周穆王≫

周之尹氏大治産　주周나라에 윤씨라는 사람이 재산을 크게 불리었고
其下趣役者　그 밑에서 일하는 하인들은　*趣役者(취역자)일꾼. 하인.
侵晨昏而弗息　새벽부터 저녁까지 쉬지 못하였다.
有老役夫筋力竭矣　어느 늙은 하인은 근력筋力이 다했으나(갈竭)
而使之彌勤　그로 하여금 더욱(미彌) 일에 힘쓰게 하였다.
晝則呻呼而卽事　낮에는 신음呻吟(신호呻呼)하면서 일 나가고(즉卽)
夜則昏憊　밤에는 지쳐서(혼비昏憊)　*憊(비)고달프다.
而熟寐　깊이 잠에 빠졌는데
精神荒散　정신이 산만散漫해지니
昔昔夢爲國君　밤마다(석석昔昔) 꿈속에서 임금이 되어　*昔(석)저녁.
居人民之上 總一國之事　백성의 위에 자리하여 나라의 일을 총괄하고
遊燕宮觀　궁중의 누대(관觀)에서 노닐며 연회를 즐겼다.
恣意所欲　마음껏 하고 싶은 대로 하니(자恣)
其樂無比　그 즐거움을 견줄 데가 없었다.
覺則復役　잠에서 깨어나면(교覺) 일꾼으로 되돌아갔다.(복復)
人有慰喩其勤者　어떤 사람이 그가 고생하는(근勤) 것을 위로함(위유
　　　　　　慰喩)이 있었는데
役夫曰　늙은 하인이 말했다.
人生百年 晝夜各分　"인생 백 년에 낮과 밤으로 각각 나뉘는데
吾晝爲僕虜　나는 낮에는 노예(복로僕虜)가 되어

252

苦則苦矣　고생이라면 고생이지만

夜爲人君　밤에는 나라의 임금이 되니

其樂無比　그 즐거움이 비할 데가 없습니다.

何所怨哉　무엇을 원망하겠습니까.”

尹氏心營世事　주인 윤씨는 세상일 경영에 마음을 쓰고

慮鍾家業　가산을 모으기에(종鍾) 골몰하여

心形俱疲　마음과 몸(심형心形)이 다 피곤하였고

夜亦昏憊而寐　밤에도 역시 지쳐서 잠이 들었는데

昔昔夢爲人僕　밤마다 남의 하인이 되는 꿈을 꾸었는데

趨走作役　분주하게(추주趨走) 일을 하며

無不爲也　하지 않는 일이 없었다.

數罵杖撻　자주(삭數) 꾸중도 듣고(매罵) 매를 맞음(장달杖撻)이

無不至也　이르지 아니할 때가 없었다.

眠中喩囈呻呼　잠결에 잠꼬대(암예喩囈)와 신음하다가(신호呻呼)

徹旦息焉　아침에 이르러서야 그쳤다.　*徹(철)통하다. 뚫다.

尹氏病之　윤씨는 이를 괴로워하여(병病)

以訪其友　그 친구를 찾았는데

友曰　친구가 말했다.

若位足榮身　“자네(약若)의 지위는 몸을 영화롭게 할 만하고

資財有餘　재물은 남음이 있어

勝人遠矣　훨씬 남보다 낫네.(승勝)

夜夢爲僕　밤에 하인이 되는 꿈을 꾸는 것은

苦逸之復　고통과 편안함(일逸)이 되풀이되는 것으로　*復(복)되풀이하다.

數之常也　운수의 당연한 이치이네.

若欲覺夢兼之　자네(약若)가 꿈속이나 깨어서도 안락을 겸하려한다면

豈可得邪　어찌 얻을 수 있겠는가.(야邪)”

尹氏聞其友言　윤씨는 친구의 말을 듣고

寬其役夫之程　하인의 일을 너그럽게 해주고
減己思慮之事　자기가 골몰하는 일을 줄이니
疾幷少間　괴로움도 함께 다소 호전되었다.(소간少間)

▶役夫夢(역부몽) '일꾼의 꿈'이라는 뜻으로, 인생의 부귀영화란 한낱 꿈과 같다는 말.

緣木求魚 연목구어

曰　王之所大欲　可得聞與　王笑而不言　曰　爲肥甘不足於口與　輕煖不
足於體與　抑爲采色不足視於目與　聲音不足聽於耳與　便嬖不足使令於
前與　王之諸臣　皆足以供之　而王豈爲是哉　曰否　吾不爲是也　曰　然則
王之所大欲可知已　欲辟土地　朝秦楚　莅中國而撫四夷也　以若所爲　求
若所欲　猶緣木而求魚也　王曰　若是其甚與　曰　殆有甚焉　緣木求魚　雖
不得魚　無後災　以若所爲　求若所欲　盡心力而爲之　後必有災.

《孟子/梁惠王》

曰　맹자가 말했다.
王之所大欲　"왕(양혜왕梁惠王)께서 크게 원하는 것을
可得聞與　들을 수 있겠습니까."
王笑而不言　왕이 웃기만 하고 대답하려 하지 않자
曰　맹자가 말했다.
爲肥甘不足於口與　"살찌고 단 음식이 입에 부족해서입니까.
輕煖不足於體與　가볍고 따뜻한 옷이 몸에 부족해서입니까.
抑爲采色不足視於目與　아니면(억抑) 채색이 눈으로 보기에 부족해서
　　　　　　　　　　입니까.
聲音不足聽於耳與　음악 소리를 귀로 듣기에 부족해서입니까.

便嬖不足使令於前與　총애하는 측근들(편폐便嬖)을 앞에서 부리기에
　　　　　　　　　　　부족해서입니까.

王之諸臣 皆足以供之　왕의 여러 신하들이 이를 다 공급할 수 있는데

而王豈爲是哉　왕은 어찌 이 때문이시겠습니까."

曰　왕이 말했다.

否 吾不爲是也　"아닙니다. 나는 이 때문이 아닙니다."

曰　맹자가 말했다.

然則王之所大欲可知已　"그렇다면 왕께서 크게 하고자 하는 바를 알
　　　　　　　　　　　수 있겠습니다.

欲辟土地 朝秦楚 莅中國而撫四夷也　토지를 열어 넓히며(벽辟) 진과
　　　　　　　　초에 조회를 받아 중국에 임하여(리莅) 사방의 오랑캐들을
　　　　　　　　어루만지고자(무撫) 하시는 것입니다.

以若所爲　이와 같은 방법으로

求若所欲　이와 같은 욕망을 추구追求하는 것은

猶緣木而求魚也　나무에 올라가 물고기를 찾는 것과 같습니다.(유猶)"

王曰　왕이 말했다.

若是其甚與　"이와 같이 심합니까."

曰　맹자가 말했다.

殆有甚焉　"반드시(태殆) 이보다도 더 심함이 있을 것이니

緣木求魚　나무에 올라가 물고기를 구함은

雖不得魚 無後災　비록 고기를 얻지 못하더라도 뒤에 재앙은 없지만

以若所爲　이와 같은 방법으로

求若所欲　이와 같은 욕망을 추구하는 것은

盡心力而爲之　마음과 힘을 다하여 그것을 하더라도

後必有災　뒤에 반드시 재앙이 있을 것입니다."

▶ 緣木求魚(연목구어) '나무에 올라 물고기를 구하다'는 뜻으로, 불가능한 일을 무
　리해서 굳이 하려 함을 비유적으로 이르는 말.

榮啓期三樂 영계기삼락

孔子遊於太山 見榮啓期行乎郕之野 鹿裘帶索 鼓琴而歌 孔子問曰 先
生所以樂 何也 對曰 吾樂甚多 天生萬物 唯人爲貴 而吾得爲人 是一樂
也 男女之別 男尊女卑 故以男爲貴 吾旣得爲男矣 是二樂也 人生有不
見日月 不免襁褓者 吾旣已行年九十矣 是三樂也 貧者士之常也 死者
人之終也 處常得終 當何憂哉 孔子曰 善乎 能自寬者也.   ≪列子/天瑞≫

孔子遊於太山   공자가 태산太山에서 노닐다가

見榮啓期行乎郕之野 鹿裘帶索 鼓琴而歌   영계기榮啓期(공자와 동시대 현
　　　인)가 성郕 땅의 들을 거닐면서 사슴 갖옷(구구)을 입고 새끼줄(삭
　　　索)로 띠를 두르고(대帶) 거문고를 타며 노래 부르는 것을 보고

孔子問曰   공자가 물었다.

先生所以樂 何也   "선생께서 즐거워하는 까닭(소이所以)이 무엇입니까."

對曰   영계기가 말했다.

吾樂甚多   "나의 즐거움은 매우 많습니다.

天生萬物 唯人爲貴   하늘이 낸 만물 중에 오직 사람이 가장 귀한데

而吾得爲人   내가 사람으로 태어났으니

是一樂也   이것이 첫째 즐거움이요

男女之別   남녀가 유별有別하지만

男尊女卑   남자는 높이고 여자를 낮추기 때문에

故以男爲貴   남자를 귀하게 여기는데

吾旣得爲男矣   내가 이미 남자로 태어났으니

是二樂也   이것이 둘째 즐거움이요

人生有不見日月 不免襁褓者   사람들 중엔 태어나서 해와 달도 보지
　　　못하고 강보襁褓(포대기)를 벗어나지 못하는 사람도 있는데

　　　*襁(강)포대기. 褓(보)포대기.

256

吾旣已行年九十矣　나는 이미 나이(행년行年)가 아흔이 되었으니

是三樂也　이것이 셋째 즐거움입니다.

貧者士之常也　가난이란 선비에게 일상日常이요

死者人之終也　죽음이란 사람의 끝맺음입니다.

處常得終　일상을 살다가(처處) 마칠 수 있는데

當何憂哉　무엇을 근심하겠습니까.”

孔子曰　공자가 이 말을 듣고 말했다.

善乎 能自寬者也　“훌륭하다. 스스로 여유로운 분이다.”

▶ 榮啓期三樂(영계기삼락) 영계기榮啓期의 세 가지 즐거움, 곧 사람으로 태어났고, 남자로 태어났고, 장수하는 즐거움. 자족하며 살아가는 인생의 즐거움을 비유하는 말.
▶ 男尊女卑(남존여비) 남자는 높고 귀하게 여기고, 여자는 낮고 천하게 여김.
▶ 榮啓期(영계기) 춘추시대 공자와 동시대의 현인賢人. 외물에 구애拘礙됨 없이 유유자적悠悠自適한 삶을 누렸다고 함.

盈科後進 영과후진

徐子曰 仲尼亟稱於水曰 水哉水哉 何取於水也 孟子曰 原泉混混 不舍晝夜 盈科以後進 放乎四海 有本者如是 是之取爾 苟爲無本 七八月之間 雨集 溝澮皆盈 其涸也 可立而待也 故聲聞過情 君子恥之.

≪孟子/離婁≫

徐子曰　서자徐子(맹자의 제자)가 물었다.

仲尼亟稱於水曰 水哉水哉　“중니仲尼(공자의 자)께서 자주(기亟) 물에 대

해서 일컬으시며 ‘물이로다, 물이로다.’라 하셨는데

何取於水也　물에서 무엇(하何)을 취하신 것입니까.”

257

孟子曰　맹자께서 말했다.

原泉混混　"근원이 있는 샘물은 솟아나와　*混(혼)많이 흐르는 모양.

不舍晝夜　밤낮을 쉬지 아니하여

盈科以後進　샘 웅덩이(과科)에 가득 찬 뒤에 흘러나가

放乎四海　사해에 이른다.(방放)

有本者如是　근본 있는 사람은 이와 같으니

是之取爾　이것을 취했을 따름이었다.

苟爲無本　진실로(구苟) 근본이 없다면

七八月之間 雨集　7, 8월 사이에 빗물이 모여서

溝澮皆盈　구덩이(구溝)와 도랑(회澮)이 다 가득하나

其涸也　그 말라버리는(학涸) 것을

可立而待也　서서도 기다릴(대待) 수 있다.

故聲聞過情　그러므로 명성이 사실(정情)보다 지나치는(과過) 것을

君子恥之　군자는 부끄러워한다."

▶盈科後進(영과후진) '구멍을 가득 채운 뒤에 나가다'는 뜻으로, 물이 흐를 때 조금이라도 오목한 데가 있으면 우선 그곳을 채우고 아래로 흘러가듯, 사람의 배움의 길도 속성으로 하려 하지 말고 차근차근 닦아 나가야 한다는 말.

英雄造時 영웅조시

丈夫處世兮　蓄志當奇　時造英雄兮　英雄造時
北風其冷兮　我血則熱　慷慨一去兮　必屠鼠賊
凡我同胞兮　毋忘功業　萬歲萬歲兮　大韓獨立.　<哈爾濱歌/安重根詩>

○哈爾濱歌　합이빈哈爾濱(하얼빈)의 노래

丈夫處世兮　장부가 세상에 처함이

蓄志當奇　뜻을 품음이 마땅히 크도다.

時造英雄兮　시대가 영웅을 만듦이여

英雄造時　영웅이 시대를 만들도다.

北風其冷兮　북풍의 차가움이여(랭冷)

我血則熱　내 피는 뜨겁도다.

慷慨一去兮　강개하여 한 번 떠남이여

必屠鼠賊　기필코 쥐새끼 같은 도적 죽이리라.(도屠)

凡我同胞兮　우리 동포여

毋忘功業　공업을 잊지 말지어다.

萬歲萬歲兮　만세, 만세.

大韓獨立　대한독립이로다.

▸英雄造時(영웅조시) '영웅이 때를 만들다'는 뜻으로, 때를 기다리는 것이 아니라
　영웅은 스스로 그 때를 만든다는 말.
▸安重根(안중근. 1879~1910) 한말韓末의 독립운동가. 본관은 순흥順興, 아명은 응칠應七.
　1909년 10월 26일 하얼빈역에서 이토 히로부미를 사살함. 이듬해 2월 사형을 선고받고
　뤼순 감옥에서 복역하다 3월 26일 세상을 떠났으며, 옥중에서 '동양평화론'을 집필함.

曳尾塗中예미도중

莊子釣於濮水　楚王使大夫二人　往先焉曰　願以境內累矣　莊子持竿不顧
曰　吾聞楚有神龜　死已三千歲矣　王以巾笥而藏之廟堂之上　此龜者　寧
其死爲留骨而貴乎　寧其生而曳尾於塗中乎　二大夫曰　寧生而曳尾塗中
莊子曰　往矣　吾將曳尾於塗中.　≪莊子/秋水≫

莊子釣於濮水　장자莊子가 복수濮水에서 낚시를 하는데

楚土使大夫二人　초왕楚王이 대부 두 사람을 사신으로 삼아

往先焉曰　먼저 보내 말했다.

願以境內累矣　"청컨대 우리나라 일을 보아주십시오."

莊子持竿不顧曰　장자는 낚싯대를 잡은 채 뒤도 돌아보지도 않고 말했다.

吾聞楚有神龜　"나는 듣건대, 초나라에 신령스러운 거북이 있어

死已三千歲矣　죽은 지 이미 삼천 년인데

王以巾笥　임금은 비단상자(건사巾笥)에 담아

而藏之廟堂之上　묘당에 그것을 보관한다(장藏) 하니

此龜者　이 거북은

寧其死爲留骨而貴乎　차라리(녕寧) 죽어서 뼈를 남겨 귀해지겠습니까.

寧其生而曳尾於塗中乎　차라리 살아서 진흙(도塗) 속에서 꼬리를 끌
　　　　　　　　　　　　겠습니까.(예曳)"

二大夫曰　두 대부가 말했다.

寧生而曳尾塗中　"차라리 살아서 진흙 속에서 꼬리를 끌려고 하겠지요."

莊子曰　장자가 말했다.

往矣　"돌아가시오.

吾將曳尾於塗中　나는 장차 진흙 속에서 꼬리를 끌겠소이다."

▶ 曳尾塗中(예미도중) '꼬리를 진흙 속에 끌고 다니다'는 뜻으로, 진흙탕에서 꼬리
를 끌며 살아도 죽은 후 호강보다 좋다는 말. 벼슬하여 속박되기보다는 가난하더
라도 자유로운 삶이 나음을 비유함.

五里霧中 오리무중

性好道術 能作五里霧 時關西人裴優 亦能爲三里霧 自以不如楷 從學
之 楷避不肯見 桓帝卽位 優遂行霧作賊 事覺被考 引楷言從學術 楷坐
繫廷尉詔獄 積二年 恒諷誦經籍 作尙書注 後以事無驗 見原還家 建和
三年 下詔 安車備禮聘之 辭以篤疾不行 年七十 終於家.

≪後漢書/張楷列傳≫

性好道術 장해張楷(후한後漢 학자)는 성품이 도술道術을 좋아하여

能作五里霧 5리를 안개(무霧)로 만들 수 있었다.

時關西人裴優 당시 관서關西 사람인 배우裴優도

亦能爲三里霧 또한 3리를 안개를 만들 수 있었는데

自以不如楷 스스로 장해보다 못하다고 여겨

從學之 장해를 따라 배우려 했는데

楷避不肯見 장해는 피하며 기꺼이(긍肯) 보려고 하지 않았다.

桓帝卽位 환제桓帝(132~167. 후한의 11대 황제)가 즉위했을 때

優遂行霧作賊 배우가 마침내 안개를 만들어 도둑질을 하다가

事覺被考 일이 발각發覺되어 조사(고考)를 당하자 *覺(각)드러내다.

引楷言從學術 장해를 끌어들여 따르며 도술을 배웠다고 말했다.

楷坐繫 장해는 연좌連坐(좌계坐繫)되어

廷尉詔獄 정위廷尉(형벌 담당 관리)가 감옥(조옥詔獄)에 가두니

積二年 2년을 머물면서

恒諷誦經籍 항상 경서(경적經籍)를 읽으면서

作尙書注 ≪상서≫의 주를 달았다.

後以事無驗 후에 일이 증거(험驗)가 없어서

見原還家 용서되어(견원見原) 집으로 돌아왔다. *原(원)용서하다.

建和三年 下詔 건화建和(147~149) 3년 조서詔書를 내려

安車備禮聘之 안거安車에 예를 갖추고 그를 불렀지만(빙聘)

辭以篤疾 위독한 병(독질篤疾)을 핑계로 사양하고

不行 나아가지 않았다.

年七十 終於家 70살에 집에서 생을 마쳤다.

▶ 五里霧中(오리무중) '5리 안이 짙은 안개 속에 있다'는 뜻으로, 일의 갈피를 잡을 수 없거나 사람의 행적을 전혀 알 수가 없는 상태를 이르는 말.

▶ 安車(안거) 노약자가 앉아 갈 수 있게 만든 덮개 있는 수레로 한 필의 말이 끎. 신하가 치사致仕할 때나 현사賢士를 맞이할 때 사용했다고 함.

五十步百步 오십보백보

梁惠王曰 寡人之於國也 盡心焉耳矣 河內凶 則移其民於河東 移其粟
於河內 河東凶亦然 察鄰國之政 無如寡人之用心者 鄰國之民不加少
寡人之民不加多 何也 孟子對曰 王好戰 請以戰喩 塡然鼓之 兵刃旣接
棄甲曳兵而走 或百步而後止 或五十步而後止 以五十步笑百步 則何如
曰 不可 直不百步耳 是亦走也 曰 王如知此 則無望民之多於鄰國也.

≪孟子/梁惠王≫

梁惠王曰 양혜왕梁惠王이 말했다.

寡人之於國也 "과인은 나라에 대해

盡心焉耳矣 마음을 다하고 있을 뿐이니(언이의焉耳矣)

河內凶 하내河內에 흉년이 들면

則移其民於河東 그 백성을 하동河東으로 옮기고(이移)

移其粟於河內 그 곡식을 하내로 옮겨 가며

河東凶亦然 하동에 흉년이 들거든 또한 그렇게 합니다.

察鄰國之政 이웃 나라의 정사를 살펴보건대

無如寡人之用心者　과인처럼 마음을 쓰는 것이 없는데도

鄰國之民不加少　이웃 나라의 백성이 더 적어지지 아니하고

寡人之民不加多　과인의 백성이 더 많아지지 않음은

何也　어째서입니까.”

孟子對曰　맹자가 대답하였다.

王好戰　“왕께서 전투를 좋아하시니

請以戰喩　청컨대 전쟁으로 비유하겠습니다.

塡然鼓之　둥둥 북을 쳐서　*塡(전)북소리.

兵刃旣接　병기의 칼날이 이미 접하였거든

棄甲曳兵而走　갑옷을 버리고(기棄) 병기를 끌면서(예曳) 달아나되

或百步而後止　어떤 사람(혹或)은 백 보를 달아난 후에 멈추고

或五十步而後止　어떤 사람은 오십 보를 달아난 후에 멈추어서

以五十步　오십 보를 달아난 사람이

笑百步　백 보를 달아난 사람을 비웃는다면(소笑)

則何如　어떻습니까.”

曰　왕이 말했다.

不可　“옳지 않으니

直不百步耳　단지(직直) 백 보가 안 될 뿐이지(이耳)

是亦走也　이것 또한 달아난 것입니다.”

曰　맹자가 말했다.

王如知此　“왕께서 만일(여如) 이것을 아신다면

則無望民之多於鄰國也　백성들이 이웃 나라보다(어於) 많아지기를 바
라지 마십시오.”

▶ 五十步百步(오십보백보) '오십 보 도망한 자가 백 보 도망한 자를 비웃다'는 뜻으로,
겉으로는 약간의 차이는 있지만 본질적으로 같다는 뜻. '대동소이大同小異'와 통함.

▶ 梁惠王(양혜왕. BC400~BC334) 전국시대 위나라의 3대 군주 위혜왕魏惠王.<재
위. BC370~BC334>

吳越同舟 오월동주

夫吳人與越人 相惡也 當其同舟而濟 遇風 其相救也 如左右手.

≪孫子/九地≫

夫吳人與越人　대저 오吳나라 사람과 월越나라 사람은
相惡也　서로 미워하지만(오惡)
當其同舟而濟　그들이 함께 배를 타고 강을 건너는데(제濟)
遇風　풍우를 만나면
其相救也 如左右手　서로 돕기를(구救) 왼손과 오른손처럼 한다.(구救)

▶ 吳越同舟(오월동주) '오吳나라 사람과 월越나라 사람이 함께 배를 탔다'는 뜻으로, 서로 미워하는 사이라도 어려운 상황에는 단결하여 서로 돕고 마음을 함께한다는 말.

烏鳥私情 오조사정

但以劉日薄西山 氣息奄奄 人命危淺 朝不慮夕 臣無祖母 無以至今日 祖母無臣 無以終餘年 母孫二人 更相爲命 是以區區 不能廢遠 臣密今年四十有四 祖母劉今九十有六 是臣盡節於陛下之日長 報劉之短也 烏鳥私情 願乞終養. (陳情表/李密)

但以劉日薄西山　다만 조모 유씨의 해가 서산에 가까워진(박薄) 듯
氣息奄奄　숨이 끊어질 것 같아
人命危淺　사람의 목숨이 위태롭고 얕아서
朝不慮夕　아침에 저녁을 생각하지 못합니다.
臣無祖母　저는 조모가 없었다면

264

無以至今日　오늘에 이를 수 없었을 것이며

祖母無臣　조모도 제가 없으면

無以終餘年　남은 생을 마칠 수 없을 것이니

母孫二人　조모와 손자 두 사람이

更相爲命　번갈아(경更) 서로 목숨을 위해주니

是以區區　이런 까닭에 구구區區(잘고 용렬庸劣함)하게

不能廢遠　폐하고 멀리 갈 수 없습니다.

臣密今年四十有四　신 밀密은 지금 나이 마흔넷이고

祖母劉今九十有六　조모 유씨는 지금 아흔여섯이니

是臣盡節於陛下之日長　신이 폐하께 절의를 다할 날은 길고

報劉之日短也　유씨를 봉양할 날은 짧습니다.

烏鳥私情　까마귀의 사사로운 정으로

願乞終養　돌아가시는 날까지 봉양하게 해 주시기를 원하고 빕니다.

▸ 烏鳥私情(오조사정) '까마귀의 사사로운 정'이라는 뜻으로, 까마귀가 자라면 그 늙은 어미에게 먹이를 물어다 먹이듯 자식이 부모에게 효성을 다하려는 마음을 이르는 말. '반포지효反哺之孝'라고도 함.

▸ 日薄西山(일박서산) '해가 서산에 가까워지다'는 뜻으로, 사람이 늙어서 죽을 때가 가까워짐을 비유한 말.

▸ 氣息奄奄(기식엄엄) 숨이 거의 끊어질 듯 숨기운이 약하고 위태함.

▸ 願乞終養(원걸종양) '부모가 돌아가시는 날까지 봉양奉養하기를 원한다'는 뜻으로, 부모에 대한 지극한 효성을 이르는 말.

▸ 陳情表(진정표) 진晉나라 무제武帝가 이밀李密<224~287>을 세마洗馬로 임명하자, 자신이 아니면 조모 유씨劉氏를 봉양할 사람이 없기 때문에 벼슬에 나갈 수 없다는 사연을 무제에게 올린 글. 제갈량의 <출사표出師表>와 함께 읽는 이의 눈물을 자아내는 뛰어난 문장으로 칭송됨.

▸ 李密(이밀. 224~287) 본명 이건李虔, 자는 영백令伯. 건위犍爲 무양武陽 사람. 서진西晉시기의 관리로 조모에 대한 효성이 지극하여 그 명성이 널리 알려지게 됨.

玉石俱焚옥석구분

今予以爾有衆 奉將天罰 爾衆士同力王室 尚弼予 欽承天子威命 火炎
崑岡 玉石俱焚 天吏逸德 烈於猛火 殲厥渠魁 脅從罔治 舊染汚俗 咸與
惟新 嗚呼 威克厥愛 允濟 愛克厥威 允罔功 其爾衆士 懋戒哉.

≪書經/夏書/胤征≫

今予以爾有衆　지금 나(윤후胤侯)는 너희(이爾) 군사들을 데리고
奉將天罰　왕(하夏의 중강왕仲康王)명을 받들어 천벌을 내리려 하니
爾衆士同力王室　너희 군사들은 왕실에 힘을 함께하고
尚弼予　바라건대(상尚) 나를 도와(필弼)
欽承天子威命　천자의 엄한 명령을 공경히(흠欽) 받들라.
火炎崑岡　불이 곤강崑岡을 태우면
玉石俱焚　옥과 돌이 모두 불탄다.(분焚)
天吏逸德　천리天吏(임금)가 덕을 잃으면(일逸)
烈於猛火　맹렬한 불길보다(어於) 더 사나운 것이니
殲厥渠魁　그(궐厥) 우두머리를 죽이고(섬殲)　*渠(거)우두머리. 魁(괴)우두머리.
脅從罔治　위협으로 따른 자는 죄를 다스리지 아니하여
舊染汚俗　예전에 물든 나쁜 풍습을
咸與惟新　다(함咸) 새롭게 할 것이다.
嗚呼 威克厥愛　아, 군율의 위엄威嚴이 그 사랑을 이기면
允濟　진실로(윤允) 공을 이룰 것이요　*濟(제)이루다. 성공하다.
愛克厥威　사랑이 그 위엄을 이기면
允罔功　진실로 공로가 없을 것이니
其爾衆士 懋戒哉　너희 여러 군사들은 힘써(무懋) 경계할지어다.

- ▶ 玉石俱焚(옥석구분) '옥과 돌이 다 불에 타다'는 뜻으로, 선과 악이 구분되지 않고 함께 멸망을 당하고, 좋은 것과 나쁜 것이 함께 희생되는 것을 비유하는 말. *玉石混淆(옥석혼효) '옥과 돌이 함께 뒤섞여 있다'는 뜻으로, 선과 악, 좋은 것과 나쁜 것이 함께 섞여 있음을 비유함.
- ▶ 胤征(윤정) 하夏나라 중강왕仲康王 때 제후인 희화羲和가 직무에 태만하여 의롭지 못한 행동을 자행하였으므로 중강왕은 윤후胤侯에게 명하여 그를 토벌하게 하였다. 이때 윤후가 왕명으로 군대를 거느리고 출발하면서 그를 토벌하는 취지를 밝힌 글.

蝸角之爭와각지쟁

戴晉人曰 有所謂蝸者 君知之乎 曰 然 有國於蝸之左角者 曰觸氏 有國
於蝸之右角者 曰蠻氏 時相與爭地而戰 伏屍數萬 逐北 旬有五日而后
反 君曰 噫 其虛言與 曰 臣請爲君實之 君以意在四方上下有窮乎 君曰
無窮 曰 知游心於無窮 而反在通達之國 若存若亡乎 君曰然 曰 通達之
中有魏 於魏中有梁 於梁中有王 王與蠻氏有辯乎 君曰 無辯 客出 而君
惝然若有亡也. ≪莊子/雜篇≫

戴晉人曰 대진인戴晉人(전국시대 위나라 현인)이 위혜왕魏惠王에게 말했다.
有所謂蝸者 "이른바 달팽이(와蝸)란 게 있는데
君知之乎 임금께서는 그것을 아십니까."
曰 혜왕이 말했다.
然 "알고 있소."
有國於蝸之左角者 "달팽이의 좌측 뿔에 나라가 있었는데
曰觸氏 촉씨觸氏(가공의 나라이름)라 하고
有國於蝸之右角者 달팽이 우측 뿔에도 나라가 있었는데
曰蠻氏 만씨蠻氏(가공의 나라이름)라 합니다.
時相與爭地而戰 수시로 서로 땅을 빼앗으려고 전쟁을 벌였습니다.

伏尸數萬　쓰러진 시체(복시伏尸)가 수만이요

逐北　달아나는(배北) 자를 쫓음에

旬有五日而後反　십오 일 이후에 돌아올 수 있었습니다."

君曰　혜왕이 말했다.

噫 其虛言與　"아. 그것은 거짓말(허언虛言)이겠지요."

曰　대진인이 말했다.

臣請爲君實之　"신은 임금께서 사실로 여기시길 청합니다.

君以意在四方上下有窮乎　임금께서는 동서남북과 하늘과 땅에(재在)
　　　　　　　　　　　　　끝이 있다고 생각하십니까."

君曰　혜왕이 말했다.

無窮　"끝이 없지요."

曰　대진인이 말했다.

知遊心於無窮　"무궁한 데서 마음을 노닐게 할 줄 알면서

而反在通達之國　통달지국通達之國에 있음을 돌이켜 본다면

若存若亡乎　끝이 있는 것 같기도 하고 없는 것 같기도 하지요."

君曰　혜왕이 말했다.

然　"그렇겠지요."

曰　대진인이 말했다.

通達之中有魏　"통달通達의 안에 위나라가 있고

於魏中有梁　위나라 안에 수도 대량大梁이 있으며

於梁中有王　대량의 안에 왕께서 계시니

王與蠻氏 有辯乎　왕과 만씨와 분별(변辯)이 있습니까."

曰　혜왕이 말했다.

無辯　"분별할 것이 없겠지요."

客出　대진인이 나가자

而君惝然若有亡也　혜왕은 멍하니(창연惝然) 잃은 것이 있는 것 같았다.

▸ 蝸角之爭(와각지쟁) '달팽이의 촉각 위에서 싸우다'는 뜻으로, 작은 나라끼리의
싸움이나 하찮은 일로 서로 옥신각신 승강이하는 짓을 비유적으로 이르는 말.
▸ 通達之國(통달지국) 발길이 미칠 수 있는 국가. 무궁한 공간에 비하여 보잘것없는
존재라는 의미.

臥薪嘗膽 와신상담

吳伐越 闔廬傷而死 子夫差立 子胥復事之 夫差志復讐 朝夕臥薪中 出
入 使人呼曰 夫差 而忘越人之殺而父耶 周敬王二十六年 夫差敗越于
夫椒 越王句踐 以餘兵 棲會稽山 請爲臣 妻爲妾 子胥言不可 太宰伯嚭
受越賂 說夫差赦越 句踐反國 懸膽於坐 臥卽仰膽嘗之曰 女忘會稽之
恥耶 擧國政 屬大夫種 而與范蠡 共治兵 事謀吳 吳宰嚭 譖子胥恥謀不
用怨望 夫差乃賜子胥屬鏤之劍 子胥告其家人曰 必樹吾墓檟 檟可材也
抉吾目 懸東門 以觀越兵之滅吳 乃自刎 夫差取其尸 盛以鴟夷 投之江
吳人憐之 立祠江上 命曰胥山 越十年生聚 十年敎訓 周元王四年 越伐
吳 吳三戰三北 夫差上姑蘇 亦請成於越 范蠡不可 夫差曰 吾無以見子
胥 爲幎冒乃死. ≪十八史略≫

吳伐越　춘추시대 말 오吳나라가 월越나라를 치다가

闔廬傷而死　합려闔廬가 부상을 입어 죽자

子夫差立　아들 부차夫差가 즉위하니

子胥復事之　자서子胥가 다시 그를 섬겼다.

夫差志復讐　부차는 복수에 뜻을 품고

朝夕臥薪中　아침저녁으로 섶나무(신薪)에 누워

出入 使人呼曰　출입할 때 사람들로 하여금 외쳐서 말하게 했다.

夫差 而忘越人之殺而父耶　"부차야, 너(이而)는 월나라 사람이 너의
아버지를 죽인 것을 잊었느냐."

周敬王二十六年　주경왕周敬王 26년에

夫差敗越于夫椒　부차가 부초산夫椒山에서(우于) 월을 깨트리니

越王句踐 以餘兵　월왕越王 구천句踐은 나머지 병력으로

棲會稽山　회계산會稽山에 머무르며　*稽(계)상고하다. 헤아리다.

請爲臣 妻爲妾　자신은 신하가 되고 처는 첩이 되겠다고 청하거늘

子胥言不可　자서子胥가 안 된다고 말했으나

太宰伯嚭　태재太宰인 백비伯嚭가　*嚭(비)크다.

受越賂　월나라의 뇌물賂物을 받고

說夫差赦越　부차에게 월나라를 용서하도록(사赦) 설득說得했다.

句踐反國　구천이 월나라에 돌아와서는

懸膽於坐　자리에 쓸개(담膽)를 매달고(현懸)

臥卽仰膽嘗之曰　누우면 쓸개를 우러러 맛보며(상嘗) 말했다.

女忘會稽之恥耶　"너(여女)는 회계산의 수치羞恥를 잊었느냐."

擧國政 屬大夫種　모든(거擧) 국정은 대부 종種에게 맡기고

而與范蠡 共治兵　범려范蠡와 함께 병사를 다스리며

事謀吳　오나라 도모를 일삼았다.

吳宰嚭　오나라 태재 백비가

譖子胥恥謀不用怨望　자서가 계책이 쓰이지 않음을 부끄러워 원망한
　　　　　　　　　　다고 참소하자　*譖(참)참소하다. 헐뜯다.<참讒>

夫差乃賜子胥屬鏤之劍　부차가 이에 자서에게 촉루屬鏤의 검을 내리니

子胥告其家人曰　자서가 그 집안사람에게 알려 말했다.

必樹吾墓檟　"반드시 내 무덤 곁에 오동나무(가檟)를 심어(수樹)

檟可材也　오동나무가 관棺 재목이 될 만하면

抉吾目 懸東門　내 눈을 도려내어(결抉) 동문에 걸어 놓아

以觀越兵之滅吳　월나라 병사가 오나라를 멸망시키는 것을 보게 하라."

乃自刎　곧 스스로 목을 자르니(문刎)

夫差取其尸　부차가 그 시신을 거두어

盛以鴟夷 投之江　가죽부대(치이鴟夷)에 담아(성盛) 강에 던졌다.

吳人憐之　오나라 사람들이 그를 가엾이 여겨

立祠江上　강가에 사당祠堂을 세워

命曰胥山　서산胥山이라 명명命名하였다.　*胥(서)서로.

越十年生聚　월나라는 십 년 동안 생산하여 모으고(취聚)

十年敎訓　십 년 동안 백성들을 가르쳐

周元王四年 越伐吳　주원왕周元王 4년에 월나라가 오나라를 치니

吳三戰三北　오나라는 세 번 싸워서 세 번 패하였다.(배北)

夫差上姑蘇　부차는 고소산姑蘇山에 올라가

亦請成於越　또한 월나라에 화친하기를 청하니　*成(성)화해하다.

范蠡不可　범려가 '안 됩니다.' 하니

夫差曰　부차가 말했다.

吾無以見子胥　"나는 자서를 볼 수가 없구나."

爲幎冒乃死　멱모幎冒를 쓰고 곧 자결하였다. *幎冒(멱모)멱목幎目. 소렴
　　　　　　小殮할 때에 시체의 얼굴을 싸는 보褓. 幎(멱)덮다. 冒(모)쓰다.

▸ 臥薪嘗膽(와신상담) '섶에 누워 자고 쓴 쓸개를 맛보다'는 뜻으로, 원수를 갚으려
  고 온갖 괴로움을 참고 견딤을 이르는 말.
▸ 會稽之恥(회계지치) '회계산會稽山에서 받은 치욕'이라는 뜻으로, 패전의 치욕恥
  辱, 또는 마음에 새겨져 잊지 못하는 치욕을 비유해 이르는 말.
▸ 夫差(부차. 재위. BC496~BC473) 춘추시대 말 오나라 왕. 아버지 합려闔閭가 월
  왕 구천句踐에게 패해 죽자 월나라에 복수했으나, 책사 오자서伍子胥가 구천을 죽
  여야 한다고 진언했으나 듣지 않아 결국 월나라의 공격으로 오나라는 망함.
▸ 句踐(구천. 재위. BC497~BC465) 춘추시대 말 월나라의 왕. 오왕 합려와 싸워 그
  를 죽였으나, BC494년 아들 부차에게 대패하여 회계산에서 항복. 20년 후인
  BC473년에 범여范蠡와 오나라를 멸하여 회계의 치욕을 씻고 패자가 됨.
▸ 范蠡(범려) 춘추시대 말 정치가. 초나라 사람으로 일찍이 월나라로 가서 구천을
  도와 오나라를 멸망시켰으며, 이후 오나라를 떠나 제나라로 가 재상에 오름.

完璧완벽

王召見問藺相如曰 秦王以十五城請易寡人之璧 可予不 相如曰 秦彊而
趙弱 不可不許 王曰 取吾璧 不予我城 柰何 相如曰 秦以城求璧 而趙
不許 曲在趙 趙予璧 而秦不予趙城 曲在秦 均之二策 寧許以負秦曲 王
曰 誰可使者 相如曰 王必無人 臣願奉璧往使 城入趙而璧留秦 城不入
臣請完璧歸趙 趙王於是 遂遣相如奉璧西入秦. ≪史記/廉頗藺相如列傳≫

王召見問藺相如曰　왕(혜문왕惠文王)은 인상여藺相如를 불러(소召) 만
　　　　　　　　　나 물어 말했다.
秦王以十五城　"진왕秦王(소왕昭王)이 열다섯 성으로
請易寡人之璧　과인의 옥(벽璧)과 바꾸기(역易)를 청하는데
可予不　주어야(여予) 하는가, 말아야 하는가."
相如曰　상여가 말했다.
秦彊而趙弱　"진나라는 강하고 조나라는 약하므로
不可不許　허락하지 않을 수 없습니다."
王曰　왕이 말했다.
取吾璧　"나의 옥을 취하고
不予我城 柰何　나에게 성을 주지 않으면 어찌하는가."
相如曰　인상여가 말했다.
秦以城求璧　"진나라가 성으로 옥을 요구하는데
而趙不許　조나라가 허락하지 않는다면
曲在趙　잘못(곡曲)은 조나라에 있습니다.
趙予璧　조나라가 옥을 주는데
而秦不予趙城　진나라가 조나라에 성을 주지 않는다면
曲在秦　잘못은 진나라에 있습니다.
均之二策　두 계책이 같다면

寧許以負秦曲　차라리(녕寧) 진나라가 잘못을 지게(부負) 하는 것을 허
　　　　　　　락하십시오."
王曰　조나라 왕이 말했다.
誰可使者　"누가 사신 갈 만한 자인가."
相如曰　인상여가 말했다.
王必無人　"왕에게 만약 사람이 없으시면
臣願奉璧往使　신이 옥을 받들고 사신 가기를 원합니다.
城入趙而璧留秦　성이 조나라에 들어오면 옥을 진나라에 넘겨주고
城不入　성이 들어오지 않으면
臣請完璧歸趙　신이 옥을 온전히 하여 조나라로 돌아오겠습니다."
趙王於是　조나라 왕이 이에
遂遣相如奉璧西入秦　마침내 상여로 하여금 옥을 받들고 서쪽 진나
　　　　　　　　　라로 들어가게 했다.

▶ 完璧(완벽) '흠이 없는 구슬'이라는 뜻으로, 결함이 없이 완전함을 이르는 말. '완
　벽귀조完璧歸趙<옥을 온전히 하여 조나라로 돌아가다>'라고도 함.

遼東豕요동시

伯通自伐　以爲功高天下　往時遼東有豕　生子白頭　異而獻之　行至河東
見群豕皆白　懷慚而還　若以子之功論於朝廷　則爲遼東豕也.

≪後漢書/朱浮傳≫

伯通自伐　백통伯通(팽총彭寵의 자)은 스스로 공을 자랑하여(벌伐)
以爲功高天下　공이 천하에서 가장 크다고 생각하고 있소.
往時遼東有豕　옛날(왕시往時) 요동遼東의 어떤(유유有) 돼지(시豕)가

生子白頭　흰머리 하얀 새끼를 낳자

異而獻之　주인이 진귀하게 여겨 이를 왕에게 바치려고(헌헌獻)

行至河東　하동河東까지 갔는데

見群豕皆白　무리의 돼지가 모두 머리가 흰 것을 보고

懷慙而還　부끄러움(참참慙)을 안고 돌아갔다오.

若以子之功論於朝廷　만일(약若) 그대(자子)의 공을 조정에서 논한다면

則爲遼東豕也　요동의 돼지에 불과하오.

▶ 遼東豕(요동시) '요동의 돼지'란 뜻으로, 남이 보면 별로 대단한 것도 아닌 것을
자랑하거나, 하찮은 공을 내세우는 것을 비유하는 말.

▶ 후한 광무제光武帝 초 어양태수漁陽太守 팽총彭寵<?~29>이 개국공신 논공행상
에 불만을 품고 모반謀叛을 꾀하려 하자, 이를 눈치챈 대장군 주부朱浮가 이 글을
보내 공이 크다고 자부하는 것도 별것 아니니 자중하라고 충고하였으나, 연왕燕王
이라 칭하고 모반을 꾀하여 2년 후 토벌됨.

韋編三絕위편삼절

孔子晚而喜易 序象繫象說卦文言 讀易 韋編三絕 曰 假我數年 若是 我
於易則彬彬矣.　≪史記/孔子世家≫

孔子晚而喜易　공자가 만년에 ≪주역周易≫을 좋아하였고

序象繫象說卦文言　단상, 계사繫辭, 상象, 설괘說卦, 문언文言을 서술
하였다.

讀易　주역을 읽으며

韋編三絕　가죽 끈(위편韋編)이 세 번 끊어지니　*編(편)책 끈. 엮다.

曰　말씀하셨다.

假我數年 若是　"나에게 몇 년의 나이를 빌어 주어 이와 같이 한다면

我於易則彬彬矣　내가 ≪주역≫에 통달할 것이다." *彬彬(빈빈)문채와
바탕이 갖추어져서 훌륭함. 彬(빈)빛나다.

▶ 韋編三絕(위편삼절) '가죽으로 맨 끈이 세 번 끊어지다'는 뜻으로, 독서에 힘씀을
　일컫는 말.
▶ 周易(주역) 유교의 경전인 삼경三經의 하나. 주周나라 시대에 나온 역易이라는 말
　로, 천지만물이 끊임없이 변화하는 자연 현상의 원리를 설명하고 풀이함. 남송南
　宋이 주희朱熹가 ≪역경易經≫이라 이름 하였다.

樂山樂水 요산요수

子曰 知者樂水 仁者樂山 知者動 仁者靜 知者樂 仁者壽.　≪論語/雍也≫

子曰　공자께서 말했다.
知者樂水　"지혜(지知)로운 사람은 물을 좋아하고(요樂)
仁者樂山　어진 사람은 산을 좋아하며
知者動　지혜로운 사람은 동적動的이고
仁者靜　어진 사람은 정적靜的이며
知者樂　지혜로운 사람은 즐기고
仁者壽　어진 사람은 오래 산다.(수壽)"

▶ 樂山樂水(요산요수) '산을 좋아하고 물을 좋아하다'는 뜻으로, 산수의 자연을 즐
　기고 좋아함을 이르는 말.

牛角掛書우각괘서

聞包愷在緱山 往從之 以蒲韉乘牛 挂漢書一帙角上 行且讀 越國公楊
素適見於道 按轡躡其後 曰 何書生勤如此 密識素 下拜 問所讀 曰項羽
傳 因與語 奇之 歸謂子玄感曰 吾觀密識度 非若等輩 玄感遂傾心結納.

≪新唐書/李密傳≫

聞包愷在緱山　이밀李密(582~619)은 포개包愷가 구산緱山에 있다는
　　　　　　　　말을 듣고

往從之　그를 찾아가는데

密以蒲韉　이밀은 부들(포蒲)로 만든 안장깔개를

乘牛　얹은 소를 타고서(승乘)　*韉(천)언치. 안장鞍裝깔개

掛漢書一帙角上　소 뿔 위에 ≪한서漢書≫ 한 질帙을 걸어 놓고(괘掛)

行且讀　가면서 글을 읽는데

越國公楊素適見於道　월국공越國公 양소楊素가 마침(적適) 길에서 보고

按轡躡其後　말고삐(비轡)를 잡아당기며(안按) 그 뒤를 따라가며(섭躡)

曰　말했다.

何書生勤如此　"어느 서생이 이같이 부지런하오."

密識素 下拜　이밀이 양소를 알아보고 소에서 내려 절을 하니

問所讀　읽는 것을 물음에

曰項羽傳　<항우전項羽傳>이라고 하였다.

因與語 奇之　인하여 더불어 말하여보고 그를 기이하게 여겼다.

歸謂子玄感曰　양소는 집에 돌아가 아들 현감玄感에게 말했다.

吾觀密識度　"내가 이밀의 식견과 도량을 보니

非若等輩　너희들(약등배若等輩)의 도량과 식견이 아니다."

玄感遂傾心結納　현감은 마침내 마음을 기울여 이밀과 교제를 맺었다.

愚公移山우공이산

太形王屋二山 方七百里 高萬仞 本在冀州之南 河陽之北 北山愚公者 年且九十 面山而居 懲山北之塞 出入之迂也 聚室而謀 曰 吾與汝畢力 平險 指通豫南 達于漢陰 可乎 雜然相許 其妻獻疑 曰 以君之力 曾不 能損魁父之丘 如太形王屋何 且焉置土石 雜曰 投諸渤海之尾 隱土之 北 遂率子孫 荷擔者三夫 叩石墾壤 箕畚運於渤海之尾 鄰人京城氏之 孀妻有遺男 始齔 跳往助之 寒暑易節 始一反焉 河曲智叟笑而止之 曰 甚矣汝之不惠 以殘年餘力 曾不能毀山之一毛 其如土石何 北山愚公長 息 曰 汝心之固 固不可徹 曾不若孀妻弱子 雖我之死 有子存焉 子又生 孫 孫又生子 子又有子 子又有孫 子子孫孫 無窮匱也 而山不加增 何苦 而不平 河曲智叟亡以應 操蛇之神聞之 懼其不已也 告之於帝 帝感其 誠 命夸蛾氏二子負二山 一厝朔東 一厝雍南 自此 冀之南 漢之陰 無隴 斷焉. ≪列子/湯問≫

太形王屋二山　태형太形과 왕옥王屋 두 산은
方七百里 高萬仞　사방 7백 리며, 높이가 만 길(인仞)로
本在冀州之南 河陽之北　본래 기주冀州의 남쪽, 하양河陽의 북쪽에
　　　　　　　　　　　있었다.
北山愚公者 年且九十　북산의 우공愚公이란 사람은 나이가 아흔에
　　　　　　　　　　　가까우며

面山而居 두 산을 마주하며 살았는데

懲山北之塞 出入之迂也 산 북쪽이 막아(색塞) 드나듦에 멀리 돌아가

　　　　　　　　　　　　　는(우迂) 고생을 하니

聚室而謀 曰 가족을 모아 도모하여 말했다.

吾與汝畢力平險 "나와 너희들이 힘을 다해(필畢) 험지를 평탄히 하면

指通豫南 達于漢陰 예주豫州 남쪽에 곧장 통하고 한수漢水의 북쪽

　　　　　　　　　　까지 이르는데

可乎 할 수 있겠는가."

雜然相許 분분紛紛히 서로 허락하자

其妻獻疑 曰 그의 처가 의문을 내어 말했다.

以君之力 "당신의 힘으론

曾不能損魁父之丘 그야말로(증曾) 괴보魁父의 언덕도 덜 수 없는데

如太形王屋何 태형산과 왕옥산을 어떻게 할 것이며

且焉置土石 또 흙과 돌을 어디(언焉)에 두겠습니까."

雜曰 분분히 말했다.

投諸渤海之尾 隱土之北 "발해의 끝과 은토의 북쪽에 던질 것이오."

遂率子孫 마침내 자손을 거느리니(솔率)

荷擔者三夫 짐을 메고(하荷) 진(담擔) 자가 세 사내이고

叩石墾壤 돌을 깨고(고叩) 흙덩이(양壤)를 파내(간墾)

箕畚運於渤海之尾 키(기箕)와 삼태기(분畚)로 발해의 끝으로 옮겼다.

鄰人京城氏之孀妻 이웃 사람 경성씨의 과부(상처孀妻)에게

有遺男 유남遺男(유복자遺腹子)이 있었는데

始齔 이를 갈기(7~8살) 시작하였는데　*齔(츤)이를 갈다. 어리다.

跳往助之 뛰어가서 이를 도왔다.　*跳(도)뛰다.

寒暑易節 추위와 더위로 계절이 바뀌고(역易)

始一反焉 비로소(시始) 한 번 되돌아 왔다.

河曲智叟笑而止之 曰 하곡河曲의 지수智叟가 비웃으며 만류하여 말했다.

甚矣汝之不惠 "심하도다. 그대의 지혜롭지(惠惠) 못함이여.

以殘年餘力 남은 생애와 남은 힘으로

曾不能毀山之一毛 그야말로(曾) 산의 터럭 하나 헐 수 없는데

其如土石何 흙과 돌을 어떻게 하겠습니까."

北山愚公長息 曰 북산 우공이 길게 한숨을 쉬며 말했다.

汝心之固 固不可徹 "당신 생각이 고루하여 진실로 통할 수 없으니

曾不若孀妻弱子 그야말로 과부의 어린애 지혜만도 못합니다.

雖我之死 有子存焉 비록 내가 죽더라도 자식이 있고

子又生孫 자식이 또 손자를 낳고

孫又生子 그 손자가 또 자식을 낳으며

子又有子 그 자식은 또 자식이 있고

子又有孫 그 자식은 또 손자가 있어

子子孫孫 無窮匱也 자자손손이 다함(궤匱)이 없으나

而山不加增 산은 증가하지 않으니

何苦而不平 어찌 수고롭다 하여 불평하리오."

河曲智叟亡以應 하곡의 지수는 응답할 수 없었다. *亡以(무이)~할 수 없다.

操蛇之神聞之 조사신操蛇神이 이를 듣고

懼其不已也 그가 그치지(이已) 않을 것을 두려워하여

告之於帝 천제에게 고하였다.

帝感其誠 천제가 그 정성에 감동하여

命夸蛾氏二子負二山 一厝朔東 一厝雍南 과아씨夸蛾氏 두 아들에게
　　　　　두 산을 짊어지고 하나는 삭동朔東에 하나는 옹남雍南에
　　　　　둘(조厝) 것을 명하였다.

自此 冀之南 漢之陰 이로부터(자自) 기주의 남쪽과 한수의 북쪽에는

無隴斷焉 깎아지른 언덕(농단隴斷)조차 없어졌다.

▶ 愚公移山(우공이산) '우공愚公이 산을 옮기다'는 뜻으로, 어떠한 어려움도 굳센
　의지로 밀고 나가면 극복할 수 있으며, 하고자 하는 마음만 먹으면 못 할 일이 없
　다는 것을 비유하는 말.

遠交近攻 원교근공

魏人范雎亡入秦 說秦王曰 以秦國之大 士卒之勇 以治諸侯 譬如走韓
盧而搏蹇兔也 而閉關十五年 不敢窺兵於山東者 是穰侯爲秦謀不忠 而
大王之計 亦有所失也 王跽曰 願聞失計 雎曰 夫穰侯越韓魏而攻齊 非
計也 今王不如遠交而近攻 得寸則王之寸也 得尺則王之尺也 今夫韓魏
中國之處 而天下之樞也 王若欲霸 必親中國 以爲天下樞 以威楚趙 楚
趙皆附 齊必懼矣 齊附 則韓魏因可虜也 王曰 善 乃以范雎爲客卿 與謀
兵事. ≪通鑑節要≫

魏人范雎 전국시대 위나라 사람 범수范雎가

亡入秦 도망하여 진나라에 들어가

說秦王曰 진왕秦王(소양왕昭襄王)에게 유세遊說하여 말했다.

以秦國之大 士卒之勇 "진나라의 강대함과 사졸의 용맹으로

以治諸侯 제후를 다스리는 것은

譬如走韓盧而搏蹇兔也 비유하면 명견名犬 한로韓盧를 달리게 하여
                     저는(건蹇) 토끼를 잡는(박搏) 것과 같습니다.

而閉關十五年 그런데 관문關門을 닫고 15년간에

不敢窺兵於山東者 감히 산동에 군사를 꾀하지(규窺) 못한 것은

是穰侯 이는 양후穰侯(소왕의 어머니 선태후宣太后 동생)가

爲秦謀不忠 진나라를 위하여 도모함이 불충不忠하였고

而大王之計 대왕의 계책이

亦有所失也 또한 잘못된 바가 있기 때문입니다."

王跽曰 왕이 굽히며(기跽) 말했다. *跽(기)굽다, 꿇어앉다.

願聞失計 "잘못된 계책을 듣기를 원합니다."

雎曰 범수가 말했다

夫穰侯越韓魏而攻齊 "대저 양후가 한과 위를 넘어(월越) 제를 침은

非計也　계책이 아닙니다.

今王不如遠交而近攻　지금 왕께서 먼 나라와 사귀고 가까운 나라를
　　　　　　　　　　　　치는 것만 못하니

得寸則王之寸也　한 치의 땅을 얻으면 왕의 한 치 땅이요

得尺則王之尺也　한 자의 땅을 얻으면 왕의 한 자 땅입니다.

今夫韓魏 中國之處　지금 대저 한과 위는 나라 가운데에 위치하여

而天下之樞也　천하의 중추中樞입니다.　*樞(추)가장 중요한 부분.

王若欲霸　왕께서 만약 패권霸權을 잡고자 한다면　*霸(패)으뜸.

必親中國　반드시 가운데 나라와 친하시고

以爲天下樞　천하의 중추로 삼아

以威楚趙　초나라와 조나라에 위세를 보이십시오.

楚趙皆附　이렇게 해서 초와 조가 다 붙으면

齊必懼矣　제도 반드시 두려워할 것이며

齊附　제가 붙으면

則韓魏因可虜也　인하여 한과 위를 사로잡을(로虜) 수 있을 것입니다."

王曰 善　왕이 "좋다." 하고

乃以范雎爲客卿　이에 범수를 객경客卿으로 삼아

與謀兵事　함께 군사의 일을 도모하였다.

▶ 遠交近攻(원교근공) 먼 나라와 친교를 맺고 가까운 나라를 공격하는 외교 정책을
　일컬음.
▶ 范雎(범수) 전국시대 위나라 사람으로 진소왕秦昭王을 섬겨 진나라의 천하통일
　기반을 마련한 명재상.
▶ 客卿(객경) 다른 나라에서 와서 경상卿相의 자리에 있는 사람.

月旦評월단평

曹操微時 常卑辭厚禮 求爲己目 劭鄙其人而不肯對 操乃伺隙脅劭 劭
不得已曰 君淸平之奸賊 亂世之英雄 操大悅而去 …… 初劭與靖俱有
高名 好共覈論鄕黨人物 每月輒更其品題 故汝南俗有月旦評焉.

≪後漢書/許劭傳≫

曹操微時　조조가 한미寒微할 때에
常卑辭厚禮　일찍이(상常) 말을 낮추고 예를 두터이 하여
求爲己目　자기를 품평品評(목目)할 것을 청하였다.
劭鄙其人　허소許劭는 그의 사람됨을 천하게 여겨(비鄙)
而不肯對　마주하려 하지 않자
操乃伺隙脅劭　조조가 틈을 보아(사극伺隙) 허소를 협박脅迫하자
劭不得已曰　허소는 마지못해서(부득이不得已) 말했다.
君　"당신(군君)은
淸平之奸賊　평화로운 시대에는 간악奸惡한 도적이 될 것이고
亂世之英雄　난세에는 영웅이 될 것이오."
操大悅而去　조조는 크게 기뻐하며 돌아갔다.
……
初劭與靖　애초에 허소와 종형從兄 허정許靖은
俱有高名　함께 높이 알려진 이름이 있었다.
好共覈論鄕黨人物　향당의 인물들을 함께 조사하여 밝히고 논하기
(핵론覈論)를 좋아하여　*覈(핵)실상을 조사하다.
每月　매달
輒更其品題　번번이(첩輒) 품평(품제品題)할 사람을 바꾸었다.(경更)
故汝南俗有月旦評焉　그래서 여남汝南의 풍속에 월단평月旦評이라
는 것이 있다.

▶ 月旦評(월단평) ‘매달 첫날의 평’이라는 뜻으로, 인물에 대한 비평을 이르는 말.

▶ 許劭(허소. 150~195) 후한 말 관료. 자는 자장子將. 여남汝南 평여平輿 사람. 종형인 허정許靖과 함께 인물에 대한 평론에 뛰어나고 사람을 잘 알아보기로 유명함.

遊魚出聽유어출청

昔者瓠巴鼓瑟 而遊魚出聽 伯牙鼓琴 而六馬仰秣 故聲無小而不聞 行無
隱而不形 玉在山而草木潤 淵生珠而崖不枯 爲善不積邪 安有不聞者乎.

≪荀子/勸學≫

昔者瓠巴　옛날 호파瓠巴가　*瓠(호)박. 표주박.

鼓瑟　비파(슬瑟)를 타면(고鼓)

而遊魚出聽　물속에 잠겨 있는 물고기가 나와 들었고

伯牙鼓琴　백아伯牙가 거문고를 타면

而六馬仰秣　여섯 필의 말이 꼴을 먹다가 고개를 들었다.(앙말仰秣)

故聲無小而不聞　그러므로 소리는 작아도 들리지 않음이 없고

行無隱而不形　행동은 숨겨도 드러나지 않음이 없다.

玉在山而草木潤　옥이 산에 있으면 초목이 윤택해지고

淵生珠　못에 진주가 나면

而崖不枯　못가의 언덕(애崖)이 마르지(고枯) 않는다.

爲善不積邪　선을 행하고 사악邪惡함을 쌓지 않는다면

安有不聞者乎　어찌(안安) 명성이 나지 않음이 있겠는가.

▶ 遊魚出聽(유어출청) ‘물속의 물고기도 나와서 듣다’는 뜻으로 재주가 뛰어남을 칭찬하는 말.

宥坐之器유좌지기

孔子觀於魯桓公之廟 有欹器焉 夫子問於守廟者曰 此謂何器 對曰 此
蓋爲宥坐之器 孔子曰 吾聞宥坐之器 虛則欹 中則正 滿則覆 明君以爲
至誠 故常置之於坐側 顧謂弟子曰 試注水焉 乃注之水 中則正 滿則覆
夫子喟然嘆曰 嗚呼 夫物惡有滿而不覆哉. ≪孔子家語/三恕≫

孔子觀於魯桓公之廟　공자가 노환공魯桓公의 사당을 살펴보는데
有欹器焉　기울어진(의欹) 그릇이 있었다.
夫子問於守廟者曰　공자는 사당지기에게 물었다.
此謂何器　"이것을 무슨 그릇이라 합니까."
對曰　사당지기가 대답하였다.
此蓋爲宥坐之器　"이것은 아마도(개蓋) 유좌宥坐라는 그릇입니다."
孔子曰　공자가 말했다.
吾聞宥坐之器　"내가 듣기로는, 유좌지기는
虛則欹　비면 기울고
中則正　알맞으면(중中) 바로 서고
滿則覆　가득 차면 엎어지니(복覆)
明君以爲至誠　현명한 군주는 지극한 경계로 삼아
故常置之於坐側　그런 까닭에 늘 자리의 옆에 이를 두는 것입니다."
顧謂弟子曰　돌아보며 제자에게 일러 말했다.
試注水焉　"시험 삼아 물을 부어(주注)보아라."
乃注之水　이에 그릇에 물을 부으니
中則正 滿則覆　알맞으니 바로 서고 가득 차니 엎어졌다.
夫子喟然嘆曰　공자가 한숨지으며(위연喟然) 탄식하며 말했다.
嗚呼 夫物惡有滿而不覆哉　"아아, 무릇 물건이 어찌(오惡) 가득 차고
　　　　　　　　　　　도 엎어지지 않음이 있겠는가."

- 宥坐之器(유좌지기) '항상 곁에 두고 보는 그릇'이라는 뜻으로, 마음을 바르게 하기 위해 스스로 정한 기준을 비유하는 말.
- 우리나라에서도 일찍이 과음을 경계하기 위해 술이 일정한 한도에 차오르면 새어 나가도록 만든 잔인 '계영배戒盈杯'를 만들어 술 마실 때의 유좌지기로 삼았다.

陸績懷橘육적회귤

績年六歲 於九江見袁術 術出橘 績懷三枚 去 拜辭墮地 術謂曰 陸郞作賓客而懷橘乎 績跪答曰 欲歸遺母 術大奇之. ≪三國志/吳書/陸績傳≫

績年六歲 육적陸績이 여섯 살 때
於九江見袁術 구강九江에서 원술袁術(?~199, 후한 말 무인)을 만났는데
術出橘 원술이 귤橘을 내놓자
績懷三枚 육적이 세 개(매枚)를 품에 넣고
去 拜辭墮地 떠나며 작별 인사를 하다가 귤을 땅에 떨어뜨렸다.(타墮)
術謂曰 원술이 말했다.
陸郞作賓客而懷橘乎 "육랑陸郞은 손님인데 왜 귤을 품에 넣었는가.
績跪答曰 육적이 무릎 꿇고(궤跪) 대답했다.
欲歸遺母 "돌아가 모친께 드리고(유遺) 싶었습니다."
術大奇之 원술은 그를 매우 기특하게 여겼다.

- 陸績懷橘(육적회귤) '육적陸績이 귤을 가슴에 품다'는 뜻으로, 지극한 효성을 비유하는 말.
- 陸績(육적. 187~219) 후한의 효자로 자는 공기公紀. 원나라 곽거경郭居敬이 선정한 이십사효二十四孝중 한 사람이다.

殷鑑不遠은감불원

文王曰咨 咨女殷商 人亦有言 顚沛之揭
枝葉未有害 本實先撥 殷鑑不遠 在夏后之世. ≪詩經/大雅≫

文王曰咨   문왕께서 말씀하시기를 아, *咨(자)탄식하다.

咨女殷商   아, 너희 은상殷商(주왕紂王)이여.

人亦有言   사람들이 또한 말하기를

顚沛之揭   넘어지고 자빠져(전패顚沛) 뿌리가 드러났네.(게揭)

枝葉未有害   가지와 잎은 해가 없다 해도

本實先撥   뿌리가 실은 먼저 끊긴 것이라고. *撥(발)다스리다. 제거하다.

殷鑑不遠   은殷나라의 거울(감鑑)이 멀리 있지 않았으니

在夏后之世   하夏나라 임금(걸왕桀王)의 세상에 있었네.

▸ 殷鑑不遠(은감불원) '은殷나라 거울로 삼아야 하는 일은 멀리 있지 않았다'는 뜻
  으로, 은나라 주왕紂王이 거울로 삼아 경계하여야 할 일은 전대의 하夏나라 걸왕
  桀王이 어질지 못한 정치를 하여 망한 것으로, 거울로 삼아 경계하여야 할 선례先
  例는 바로 가까이에 있다는 말. '상감불원商鑑不遠'이라고도 함.

▸ 殷(은) 기원전 17세기경 탕왕湯王이 하夏나라의 폭군 걸왕桀王을 멸하고 세운 상
  商나라로, 반경盤庚이 마지막으로 옮긴 수도가 은殷이기 때문에 은나라로 부르기
  도 함.

▸ 夏后氏(하후씨) 우禹. 순舜의 선양禪讓을 받아 왕이 되어 하왕조夏王朝를 창시함.
  후에 하왕조를 하후夏后라고 부름. 전승에 따르면 하는 우禹에서 걸桀까지 17왕
  472년 동안 존속되었다.

陰德陽報 음덕양보

孫叔敖之爲嬰兒也 出遊而還 憂而不食 其母問其故 泣而對曰 今日吾
見兩頭蛇 恐去死無日矣 其母曰 今蛇安在 曰 吾聞見兩頭蛇者死 恐他
人又見 吾已埋之也 其母曰 無憂 汝不死 吾聞之有陰德者 天報以福 人
聞之 皆諭其能仁也 及爲令尹 未治 而國人信其仁也. ≪新序/雜事≫

孫叔敖之爲嬰兒也　손숙오孫叔敖가 어렸을 때
出遊而還 憂而不食　나가 놀다가 돌아와 근심하여 먹지 않았다.
其母問其故　어머니가 그 이유(고故)를 묻자
泣而對曰　울면서 대답했다.
今日吾見兩頭蛇　"오늘 제가 머리가 둘 달린 뱀을 보았으니
恐去死無日矣　죽게 될 날이 얼마 없음이 두려워서입니다."
其母曰　어머니가 말했다.
今蛇安在　"그 뱀은 지금 어디(안安)에 있느냐."
曰　말했다.
吾聞見兩頭蛇者死　"저는 머리가 둘 달린 뱀을 보면 죽는다는 말을
　　　　　　　　　들어
恐他人又見　다른 사람이 또 볼까 두려워
吾已埋之也　제가 이미 땅에 그것을 묻었습니다.(매埋)"
其母曰　어머니가 말했다.
無憂 汝不死　"걱정하지 마라, 너는 죽지 않는다.
吾聞之有陰德者 天報以福　나는 음덕을 베푸는 사람은 하늘이 복으
　　　　　　　　　　　　로 보답한다고 들었다."
人聞之　사람들이 이를 듣고
皆諭其能仁也　모두 손숙오가 어질다는 것을 깨달았다.(유諭)
及爲令尹　손숙오가 영윤令尹이 되자

未治　나라를 아직 다스리지 않았는데도
而國人信其仁也　나라 사람들은 그의 어짊을 믿었다.

▶陰德陽報(음덕양보) 남모르게 덕을 베풀면 밖으로 드러나는 보답을 받음.
▶孫叔敖(손숙오) 춘추시대 초나라 명신으로 초장왕楚莊王을 도와 백성을 교화하고
　국가를 다스리며 정치적으로 큰 업적을 세웠다.

泣斬馬謖읍참마속

良弟謖　字幼常　以荊州從事隨先主入蜀　除綿竹成都令　越嶲太守　才器
過人　好論軍計　丞相諸葛亮深加器異　先主臨薨謂亮曰　馬謖言過其實
不可大用　君其察之　亮猶謂不然　以謖爲叅軍　每引見談論　自晝達夜　建
興六年　亮出軍向祁山　時有宿將魏延吳壹等　論者皆言以爲宜令爲先鋒
而亮違衆拔謖　統大衆在前　與魏將張郃戰于街亭　爲郃所破　士卒離散
亮進無所據　退軍還漢中　謖下獄物故　亮爲之流涕　良死時年三十六　謖
年三十九.　《三國志/蜀志》

良弟謖　마량馬良의 동생 마속馬謖은
字幼常　자가 유상幼常으로　*謖(속)일어나다.
以荊州從事隨先主入蜀　형주종사로 선주(유비劉備)를 따라 촉에 들어가
除綿竹成都令　越嶲太守　면죽성도령 월전越嶲태수에 제수除授되었다.
才器過人　재주와 기량이 남보다 뛰어나고(과過)
好論軍計　군사를 논하기를 좋아하여
丞相諸葛亮深加器異　승상 제갈량은 더더욱 기량器量을 남달리 여겼다.
先主臨薨謂亮曰　선왕이 임종臨終할 때 말했다.　*薨(훙)죽다.
馬謖言過其實　"마속은 말이 실제보다 지나치니(과過)

288

不可大用　크게 쓸 수가 없소.

君其察之　그대는 그를 살펴보아야 할 것이오"

亮猶謂不然　제갈량은 오히려 그렇지 않다 하고

以謖爲叄軍　마속을 참군叄軍으로 삼아

每引見談論 自晝達夜　매번 불러내어(인견引見) 낮부터(자自) 밤까지
담론 하였다.

建興六年　건흥建興 6년

亮出軍向祁山　제갈량은 군을 내어 기산祁山으로 향했는데

時有宿將魏延吳壹等　이때 경험 많은 장수(숙장宿將) 위연과 오일吳壹
등이 있어

論者皆言以爲宜令爲先鋒　논자들은 모두 마땅히 이들이 선봉이 되게
하여 야 한다고 말했으나

而亮違衆拔謖　제갈량은 중론衆論과 달리 마속을 뽑아(발拔)

統大衆在前　앞에서 대군을 거느리게 하여

與魏將張郃戰于街亭　위魏나라 장수 장합張郃과 더불어 가정街亭에
서 싸웠는데

爲郃所破 士卒離散　장합에게 격파당해 사졸이 흩어졌다.

亮進無所據　제갈량은 나아가 머물 곳(거據)이 없어

退軍還漢中　군을 물려 한중漢中으로 돌아왔다.

謖下獄物故　마속이 하옥되어 죽자　*物故(물고)사형에 처함.

亮爲之流涕　제갈량은 그를 위하여 눈물(체涕)을 흘렸다.

良死時年三十六　마량은 죽을 때가 36세였고

謖年三十九　마속은 39세였다.

▶ 泣斬馬謖(읍참마속) '눈물을 머금고 마속馬謖을 베다'는 뜻으로, 사랑하는 신하를
법대로 처단하여 질서를 바로잡음. 또는 큰 목적을 위하여 아끼는 사람을 버림을
이르는 말.

懿公喜鶴의공희학

衛懿公喜鶴 鶴有飾以文繡而乘軒者 賦斂繁多 而不顧其民 貴優而輕大
臣 群臣或諫 則面叱之 及翟伐衛 寇挾城堞矣 衛君垂泣而拜其臣民曰
寇迫矣 士民其勉之 士民曰 君亦使君之貴優 將君之愛鶴以爲君戰矣
我儕棄人也 安能守戰 乃潰門而出走 翟寇遂入 衛君奔死 遂喪其國.

≪賈誼新書/春秋≫

衛懿公喜鶴　위의공衛懿公은 학을 매우 좋아하여　*懿(의)아름답다.
鶴有飾以文繡而乘軒者　학 중에는 화려하게 수놓은 옷(문수文繡)으로
　　　　　　　　꾸며(식飾) 대부가 타는 수레를 타는(승승乘) 것도 있었다.
賦斂繁多　세금을 거둠(부렴賦斂)은 많았고
而不顧其民　그 백성들을 돌보지(고顧) 않았다.
貴優而輕大臣　광대(우優)를 좋아하고 중신을 업신여겼다.(경輕)
群臣或諫　신하들이 혹 간언을 하면
則面叱之　면전에서 그를 꾸짖었다.(질叱)
及翟伐衛　어느 날 적翟나라가 위나라를 침공하여
寇挾城堞矣　적이 성첩城堞을 둘러싸자
衛君垂泣　위나라 임금은 눈물을 떨구며(수읍垂泣)
而拜其臣民曰　관원과 백성들에게 절하며 말했다.
寇迫矣　"적이 가까이 왔습니다.(박迫)　*寇(구)도적. 외적.
士民其勉之　관리와 백성들은 힘을 모아 싸워 주십시오."

290

士民曰　백성들이 말했다.

君亦使君之貴優 將君之愛鶴以爲君戰矣 "당신은 또한 당신이 총애하
　　　　는 광대로 하여금 당신이 아끼는 학을 거느리고(장將) 당
　　　　신을 위해 싸우게 하여야 할 것입니다.

我儕棄人也　우리들(아제我儕)은 버림받은 사람들인데 *儕(제)무리.

安能守戰　어찌(안安) 적을 막아 싸울 수 있겠습니까."

乃潰門而出走　이에 성문을 부수고 달아나니 *潰(궤)무너뜨리다.

翟寇遂入　적나라 적이 드디어 성에 들어왔다.

衛君奔死　위나라 임금은 달아나다가 잡혀 죽었고

遂喪其國　마침내 나라도 잃어버렸다.(상喪)

▸懿公喜鶴(의공희학) '의공懿公이 학을 좋아하다'는 뜻으로, 불필요한 것을 지나치
　게 애호하는 것은 재앙의 근원임을 비유하는 말.
▸衛懿公(위의공. ?~BC600) 춘추시대 위나라의 군주. 이름은 적赤. 학을 지나치게 애
　호하는 등 음락淫樂과 사치를 일삼다가, 결국 재위 9년 만에 적인狄人에게 살해됨.

倚門而望의문이망

王孫賈年十五 事閔王 王出走 失王之處 其母曰 女朝出而晚來 則吾倚
門而望 女暮出而不還 則吾倚閭而望 女今事王 王出走 女不知其處 女
尙何歸 王孫賈乃入市中曰 淖齒亂齊國 殺閔王 欲與我誅者袒右 市人
從者四百人 與之誅淖齒 刺而殺之.　《戰國策/齊策》

王孫賈年十五　왕손가王孫賈는 15세에

事閔王　제나라 민왕閔王을 섬겼다.

王出走 失王之處　왕이 패해 달아났는데, 왕이 간 곳을 놓치고 말았다.

其母曰　집에 돌아오자 그의 어머니가 말했다.

女朝出而晚來　"네(여女)가 아침에 나가 늦게 오면

則吾倚門而望　나는 대문에 기대어(의倚) 바라보았고

女暮出而不還　네가 저녁에 나가 돌아오지 않으면

則吾倚閭而望　나는 마을 문에 기대어 바라보았다.

女今事王　王出走　너는 지금 왕을 섬기며, 왕이 달아났는데

女不知其處　너는 그가 간 곳을 알지 못한 채

女尚何歸　너는 오히려 어찌 돌아왔느냐."

王孫賈乃入市中曰　왕손가는 곧(내乃) 저자 안으로 들어가 말했다.

淖齒亂齊國　"요치淖齒가 제나라를 어지럽히고

殺閔王　민왕을 시해弒害하였다.

欲與我誅者　나와 함께 주벌誅伐하고자 하는 자는　*誅(주)베다.

袒右　오른쪽 어깨를 벗어라.(단우袒右)"

市人從者四百人　저자 사람 중에 따르는 자가 4백 명이었다.

與之誅淖齒　그들과 더불어 요치를 주벌誅罰하고

刺而殺之　그를 찔러(자刺) 죽였다.

▶ 倚門而望(의문이망) '대문에 기대어 바라보다'는 뜻으로, 자녀가 돌아오기를 기다리는 부모의 심정을 말함. '의려이망倚閭而望, 의문지망倚門之望, 의려지망倚閭之望, 의려지정倚閭之情'이라고도 함.

▶ 王孫賈(왕손가) 왕손王孫은 성, 가賈는 이름. 전국시대 제나라 대부로서 제의 민왕閔王을 시해한 요치淖齒를 죽임.

▶ 袒右(단우) 우단右袒. 오른쪽 어깨를 벗어서 드러낸다는 뜻으로, 한쪽 편을 듦.

疑心暗鬼의심암귀

人有枯梧樹者 其鄰父言枯梧之樹不祥 其鄰人遽而伐之 鄰人父因請以
爲薪 其人乃不悅曰 鄰人之父徒欲爲薪 而敎吾伐之也 與我鄰若此 其
險豈可哉.
人有亡鈇者 意其鄰之子 視其行步 竊鈇也 顏色 竊鈇也 言語 竊鈇也
動作態度 無爲而不竊鈇也 俄而抇其谷而得其鈇 他日復見其鄰人之子
動作態度 無似竊鈇者. ≪列子/說符≫

人有枯梧樹者　어떤 사람 집에 말라 죽은(고枯) 오동나무가 있었는데
其鄰父　그 이웃 노인(부父)이
言枯梧之樹不祥　말라 죽은 오동나무는 상서롭지 못하다고 말하자
其鄰人遽而伐之　그 이웃 사람이 급히(거遽) 그것을 베었다.(벌伐)
鄰人父因請以爲薪　이웃 노인이 인하여 땔나무(신薪)으로 쓰려고 달
　　　　　　　　　라고 청하자
其人乃不悅曰　그 사람은 이에 기뻐하지 않고 말했다.
鄰人之父徒欲爲薪　"이웃 늙은이가 다만(도徒) 땔감을 하려고
而敎吾伐之也　나에게 나무를 베게 하였구나.(교敎)
與我鄰　나와 더불어 이웃하면서
若此 其險豈可哉　이처럼 어찌 음험陰險할 수 있는가."

人有亡鈇者　사람 중에 도끼(부鈇)를 잃어버린(망亡) 사람이 있었는데
意其鄰之子　그 이웃집 아들을 의심했다.　*意(의)의심하다.
視其行步 竊鈇也　걸음걸이를 보아도 도끼(부鈇)를 훔친(절竊) 듯했고
顏色 竊鈇也　안색을 보아도 도끼를 훔친 듯했으며
言語 竊鈇也　말하는 걸 보아도 도끼를 훔친 듯했고
動作態度　동작과 태도를 보아도

無爲而不竊鈇也　도끼를 훔치지 않음이 없는 듯했다.

俄而抇其谷　얼마 지나(아이俄而) 그 골짜기를 파다(골抇)가

而得其鈇　그 도끼를 찾았고

他日復見其鄰人之子　다른 날 다시 이웃집 아들을 보니

動作態度 無似竊鈇者　동작이나 태도가 도끼를 훔친 것 같지 않았다.

▸疑心暗鬼(의심암귀) '의심하는 마음이 귀신을 낳는다는 의심생암귀疑心生暗鬼의 준말'로, 의심하기 시작하면 모든 것이 의심스럽고 무서워진다는 말.

二桃殺三士이도살삼사

步出齊城門　遙望蕩陰里　里中有三墳　纍纍正相似

問是誰家塚　田彊古冶氏　力能排南山　文能絶地理

一朝被讒言　二桃殺三士　誰能爲此謀　相國齊晏子.　　　<梁甫吟/諸葛亮詩>

○梁甫吟　양보梁甫에서 읊음.

步出齊城門　제齊나라 성문을 걸어 나서

遙望蕩陰里　멀리 탕음리蕩陰里 바라보네.

里中有三墳　마을 안에 세 개의 묘가 있어

纍纍正相似　연이어 있어(유유纍纍) 참으로(정正) 서로 비슷하네.

問是誰家塚　이는 어느 집안 무덤(총塚)인가 물으니

田彊古冶氏　전개강田開彊과 고야자古冶子 무덤이라네.

力能排南山　힘은 남산을 밀어낼 만하고

文能絶地理　문장은 땅의 이치 다할(절絶) 수 있었네.

一朝被讒言　하루아침에 참언讒言을 당하여

二桃殺三士　두 복숭아가 세 장사를 죽였네.

誰能爲此謀　누가 이러한 계책을 할 수 있었던가.
相國齊晏子　제나라 상국 안자晏子(제의 대부 안영晏嬰)였다네.

> ▸ 二桃殺三士(이도살삼사) '두 개의 복숭아로 세 명의 용사를 죽이다'는 뜻으로, 교
> 묘한 계책으로 상대를 자멸하게 하거나, 남의 칼을 빌려 사람을 죽이는 것을 비유
> 하는 말.
> ▸ 梁甫吟(양보음) 악부樂府의 곡명으로 양보음梁父吟이라고도 함. 촉한의 제갈량이
> 남양융중南陽隆中에 은거할 때 부르던 노래로, 제나라의 태산 기슭에 있는 양보산
> 梁甫山 지방을 노래했는데, 어진 사람이 세상에서 박해받음을 탄식하고 안영晏嬰
> 의 모략으로 세 선비를 죽인 이도살삼사二桃殺三士 고사를 언급하였다.
> ▸ 제나라 경공景公에게 공손첩公孫捷, 진개강陳開疆, 고야자古冶子 세 용사가 있었
> 는데, 이들은 자신의 공을 믿고 무례하고 권력 다툼을 하자, 안영은 이들을 제거
> 하기 위해 경공에게 "대왕은 복숭아 3개를 따서 그중의 하나는 직접 드시고, 나머
> 지는 세 용사로 하여금 각각 공을 말하게 하여 높은 자에게 하나씩 주소서."라고
> 하였다. 이에 진개강과 고야자가 공을 앞세워 먹었는데, 공손첩이 부끄러워 스스
> 로 목을 찔러 죽자, 진개강과 고야자도 부끄러운 마음을 품고 따라서 죽었다.

忍辱而待인욕이대

尹淮少時　有鄕里之行　暮投逆旅　主人不許止宿　坐於庭畔　主人兒持大
眞珠出來　落於庭中　傍有白鵝　卽呑之　俄而主人索珠不得　疑公竊取　縛
之　朝將告官　公不與辯　只云　彼鵝亦繫吾傍　明朝珠從鵝後出　主人慙謝
曰　昨何不言　公曰　昨日言之　則主必剖鵝索珠　故忍辱而待.

《燃藜室記述》

尹淮少時　윤회尹淮가 젊었을 때
有鄕里之行　시골 마을에 갈 일이 있었는데
暮投逆旅　날이 저물어 여관(역려逆旅)에 투숙하려 하니
主人不許止宿　주인이 유숙留宿을 허락하지 않아

295

坐於庭畔　뜰가에 앉아 있는데

主人兒持大眞珠出來　주인집 아이가 커다란 진주를 가지고 나오다가

落於庭中　뜰 안에 떨어뜨리니

傍有白鵝　옆에 흰 거위(아鵝)가 있어

卽呑之　곧(즉卽) 그것을 삼켜버렸다.(탄呑)

俄而主人索珠不得　이내 주인이 구슬을 찾다가(색索) 찾지 못하자

疑公竊取　공이 몰래 훔쳐 가진 것(절취竊取)으로 의심하고

縛之 將告官　그를 묶고 아침에 관가에 고발하려 하였다.　*縛(박)묶다.

公不與辨 只云　공은 변명하지 않고 다만 말했다.　*辨(변)분별하다.

彼鵝亦繫吾傍　"저 거위 또한 내 곁에 매어(계繫) 두십시오."

將朝 珠從鵝後出　다음 날 아침 구슬이 거위 항문에서 나오니

主人慙謝曰　주인이 부끄러이(참慙) 사죄하면서 말했다.

昨何不言　"어제 어찌 말하지 않았습니까."

公曰　공이 말했다.

昨日言之　"어제 말했다면

則主必剖鵝索珠　주인께서는 반드시 거위의 배를 갈라서(부剖) 진주
　　　　　　　를 찾으려 했을 것이오.

故忍辱而待　그래서 욕됨을 참고 기다렸습니다."

▸ 忍辱而待(인욕이대) '욕됨을 참으면서 기다리다'는 뜻으로, 진실은 언젠가 밝혀진
　다는 말.

▸ 尹淮(윤회. 1380~1436) 조선朝鮮 세종世宗 때의 명신, 학자. 자는 청경淸卿, 호는
　청향당淸香堂, 시호는 문탁文度. 병조판서, 예문관 대제학 등을 지냄.

一擧兩得일거양득

陳軫對曰 亦嘗有以夫卞莊子刺虎聞於王者乎 莊子欲刺虎 館豎子止之
曰 兩虎方且食牛 食甘必爭 爭則必鬪 鬪則大者傷 小者死 從傷而刺之
一擧必有雙虎之名 卞莊子以爲然 立須之 有頃 兩虎果鬪 大者傷 小者
死 卞莊子從傷者而刺之 一擧果有雙虎之功. 今韓魏相攻 期年不解 是
必大國傷 小國亡 從傷而伐之 一擧必有兩實 此猶莊子刺虎之類也 臣
主與王何異也 惠王曰 善 卒弗救 大國果傷 小國亡 秦興兵而伐 大剋之
此陳軫之計也. ≪史記/張儀列傳≫

陳軫對曰　진진陳軫(전국시대 종횡가縱橫家)이 대답했다.
亦嘗有以夫卞莊子刺虎聞於王者乎 "일찍이 저 변장자卞莊子(춘추시대
　　　　노魯나라 대부)가 호랑이를 찔러 죽인 일을 왕에게 들려 들
　　　　인 사람이 있었습니까.
莊子欲刺虎　변장자가 호랑이를 찌르려(자刺) 하자
館豎子止之曰　객사의 심부름하는 아이(수자豎子)가 이를 말리면서 말
　　　　했습니다.
兩虎方且食牛　'두 호랑이가 소를 막 잡아먹으려 합니다.
　　　　*方且(방차)막 ~하려 하다.
食甘必爭　먹어봐서 맛이 좋으면 반드시 다툴 것이며
爭則必鬪　다투면 반드시 싸울 것입니다.
鬪則大者傷　싸우면 큰 놈은 상처를 입고
小者死　작은 놈은 죽을 것입니다.
從傷而刺之　상처 입은 놈을 찔러 죽이면
一擧必有雙虎之名　한 번에 두 호랑이를 잡았다는 명성을 반드시 얻
　　　　을 것입니다.'

卞莊子以爲然　변장자도 그럴듯하다고 여기고

立須之　서서 기다렸습니다.(수須)

有頃 兩虎果鬪　조금(경頃) 있으니, 두 호랑이가 과연果然 싸워서

大者傷 小者死　큰 놈은 상처를 입고 작은 놈은 죽었습니다.

卞莊子從傷者而刺之　변장자가 상처 입은 놈을 쫓아 찔러 죽여

一擧果有雙虎之功　과연 한 번에 두 마리 호랑이를 잡는 공이 있었
습니다.

今韓魏相攻　지금 한韓나라와 위魏나라가 서로 공격하고

期年不解　한 해가 넘도록 해결되지 않았는데

是必大國傷　이에 반드시 대국은 상처를 입고

小國亡　소국은 망할 것이니

從傷而伐之　상처를 입은 나라를 쫓아 정벌한다면

一擧必有兩實　한 번에 반드시 둘을 얻는 이득이 있을 것입니다.

此猶莊子刺虎之類也　이는 변장자가 호랑이를 찔러 죽인 일과 같은
(유猶) 일입니다.

臣主與王何異也　신의 주군과 왕을 위한 계책이 무엇이 다르겠습니까."

惠王曰 善　혜왕이 말했다. "좋은 말이오."

卒弗救　결국 간여하지 않았다.

大國果傷 小國亡　대국은 과연 상처를 입고 소국은 망하니

秦興兵而伐 大剋之　진나라는 군사를 일으켜 쳐서 크게 이겼다.(극剋)

此陳軫之計也　이는 진진의 계략이었다.

▶ 一擧兩得(일거양득) '하나를 들어 둘을 얻다'는 뜻으로, 한 번의 일로 두 가지 이
익을 얻음. '변장자호卞莊刺虎'라고도 함.

▶ 惠王(혜왕. BC356~BC311) 전국시대 진나라의 26대 군주<재위. BC337~
BC311?>로 성은 영嬴, 이름은 사駟. 시호는 혜문왕惠文王으로 혜왕惠王이라고도
함. BC324년에 진나라의 군주로는 처음으로 왕 칭호를 사용했는데, ≪사기≫ <진
본기秦本紀>에서는 왕호를 사용하기 전까지는 혜문군惠文君으로 부름.

▶ 전국시대 한韓나라와 위魏나라가 일 년이 넘도록 접전을 벌이고 있었는데, 진나라

의 혜문왕惠文王은 싸움을 끝내도록 군대를 보내는 것이 이익이 될지 보내지 않는 것이 좋을지 결정을 내리지 못하고 있던 중, 마침 진나라에 와 있던 초나라 유세객 진진陳畛에게 묻자 이 이야기로 조언함.

一敗塗地일패도지

沛令後悔 恐其有變 乃閉城 城守 欲誅蕭曹 蕭曹恐踰城 保劉季 劉季乃
書帛 射城上 謂沛父老曰 天下苦秦久矣 今父老雖爲沛令守 諸侯竝起
今屠沛 沛今共誅令 擇子弟可立者 立之 以應諸侯 則家室完 不然 父子
俱屠 無爲也 父老乃率子弟共殺沛令 開城門迎劉季 欲以爲沛令 劉季
曰 天下方擾 諸侯竝起 今置將不善 壹敗塗地 吾非敢自愛 恐能薄 不能
完父兄子弟 此大事 願更相推擇可者. ≪史記/高祖本紀≫

沛令後悔　패현沛縣의 현령은 후회하고　*沛(패)늪. 성대한 모양.
恐其有變　변란變亂이 있을까 두려워
乃閉城 城守　성문을 닫아걸고 성을 지키며
欲誅蕭曹　소하蕭何와 조참曹參을 죽이려고(주誅) 하자
蕭曹恐踰城　소하와 조참은 두려워 성벽을 넘어(유踰)
保劉季　유계劉季(유방의 자)에게 의탁했다.
劉季乃書帛　유계는 이에 비단에 글을 써서
射城上　성안으로 쏘아 보내며
謂沛父老曰　패현沛縣의 부로父老들에게 말했다.
天下苦秦久矣　"천하가 진나라에 고통을 당한 지 오래되었습니다.
今父老　지금 부로들께서
雖爲沛令守　비록 패현의 현령을 위해서 성을 지키고 있지만
諸侯竝起　제후들이 모두 들고 일어나
今屠沛　지금 패현을 도륙屠戮하려 합니다.　*屠(도)죽이다.

沛今共誅令　패현 사람들이 이제 현령을 주벌誅罰하고

擇子弟可立者　자제 중에서 세울 만한 자를 뽑아

立之　그를 현령으로 세워서

以應諸侯 則家室完　제후들에게 대응한다면 집안이 온전할 것입니다.

不然 父子俱屠　그렇지 않으면 부자 모두 도륙屠戮당해도

無爲也　어쩔 수 없습니다."

父老乃率子弟　부노父老들은 이에 자제들을 이끌고(솔率)

共殺沛令　함께 패현의 현령을 죽이고

開城門迎劉季　성문을 열고 유계를 맞아

欲以爲沛令　백성들이 유계를 현령으로 삼고자 하자

劉季曰　유계가 말했다.

天下方擾　"지금 천하에 바야흐로 소요騷擾가 일어　*擾(요)시끄럽다.

諸侯竝起　제후들이 병기竝起(한꺼번에 나란히 일어남)하였습니다.

今置將不善　지금 장수로 좋지 않을 사람을 두게 되면

壹敗塗地　단번에 실패하여 땅바닥에 피를 칠할(도塗) 것입니다.

吾非敢自愛　제가 감히 자신을 아끼는 것이 아니라

恐能薄 不能完父兄子弟　능력이 부족하여(박薄) 여러 부형들과 자제
　　　　　들의 목숨을 온전히 할 수 없음을 두려워하는 것입니다.

此大事　이는 대사이니

願更相推擇可者　다시(갱更) 서로 적합한 자를 가려 뽑기(추택推擇) 바
　　　　　랍니다."

▶ 一敗塗地(일패도지) '한번 패배로 간과 뇌를 땅에 처바르다'는 뜻으로, 한 번 싸우
다가 패하여 다시 일어나지 못함을 이르는 말.

日暮途遠일모도원 · 倒行逆施도행역시

始伍員與申包胥爲交 員之亡也 謂包胥曰 我必覆楚 包胥曰 我必存之
及吳兵入郢 伍子胥求昭王 既不得 乃掘楚平王墓 出其屍 鞭之三百 然
後已 申包胥亡於山中 使人謂子胥曰 子之報讎 其以甚乎 吾聞之 人衆
者勝天 天定亦能破人 今子故平王之臣 親北面而事之 今至於僇死人
此豈其無天道之極乎 伍子胥曰 爲我謝申包胥曰 吾日莫途遠 吾故倒行
而逆施之. ≪史記/伍子胥列傳≫

始伍員與申包胥爲交　당초 오원伍員(오자서伍子胥)과 신포서申包胥는
　　　　　　　　　　사귀었는데
員之亡也 謂包胥曰　오자서가 도망갈 때 신포서에게 말했다.
我必覆楚　"나는 반드시 초나라를 뒤엎을(복복覆) 것이오."
包胥曰　신포서가 말했다.
我必存之　"나는 반드시 초나라를 지키겠다."
及吳兵入郢　오나라 군사가 초나라 수도 영郢을 공격하였을 때
伍子胥求昭王　오자서는 소왕昭王을 잡으려 했으나
既不得　이미 달아나 잡지 못하자
乃掘楚平王墓　이에 초평왕楚平王의 무덤을 파헤쳐서(굴掘)
出其屍　시신(시屍)을 꺼내어
鞭之三百 然後已　삼백 번 채찍질한(편鞭) 연후에 그쳤다.(이已)
申包胥亡於山中　산중으로 달아났던 신포서는
使人謂子胥曰　사람을 보내 오자서에게 일러 말했다.
子之報讎 其以甚乎　"그대의 앙갚음(보수報讎)이 이렇게 심한가.
吾聞之 人衆者勝天　내가 듣기로는 '사람이 많으면 하늘도 이기지만
天定亦能破人　하늘의 뜻이 정해지면 또한 사람을 깨뜨릴 수 있다.'
　　　　　　　하였네.

今子故平王之臣　지금 그대는 본래 평왕의 신하로

親北面而事之　몸소 북면北面하고 그를 섬겼는데

今至於僇死人　이제 죽은 사람을 욕보임(륙僇)에 이르렀으니

此豈其無天道之極乎　이 어찌 천도天道가 없음이 심한가."

伍子胥曰　오자서가 사자에게 말했다.

爲我謝申包胥曰　"나를 위해 신포서에게 사과謝過한 뒤 말해주게.

吾日莫途遠　'내가 해는 저물고 길(도途)은 멀어　*莫(모)저물다.<모暮>

吾故倒行而逆施之　그러므로 나는 거꾸로 가고 거꾸로 행할 수밖에

없었다.'고."

▸ 日暮途遠(일모도원) '날은 저물었는데 갈 길은 멀다'는 뜻으로, 이미 늙어 앞으로
목적한 것을 쉽게 달성하기 어렵다는 말. '일모도궁日暮途窮, 궁도모일窮途暮日,
궁도말로窮途末路'라고도 함.

▸ 倒行逆施(도행역시) '거꾸로 가고 거꾸로 행하다'는 뜻으로, 도리를 따르지 않고
무리하게 행하거나 상식에 어긋나는 행동을 하는 것을 말함.

▸ 掘墓鞭屍(굴묘편시) '묘를 파헤쳐서 시체를 매질하다'는 뜻으로, 통쾌한 복수 또
는 지나친 복수를 이르는 말. 오자서는 아버지 오사伍奢와 형 오상伍尚이 초나라
평왕平王에게 억울하게 살해되자 오나라를 섬겨 복수하였는데, 평왕이 죽은 뒤 그
의 무덤이 오자서에 의해 파이고 시체가 채찍질을 당함.

▸ 申包胥(신포서) 춘추시대 초나라 소왕昭王 때의 대부. 초나라가 오나라를 침략하
여 운명이 위태롭게 되자, 신포서가 진나라에 들어가 애공哀公에게 구원병을 청하
면서 7일 동안 먹지도 않고 울면서 초나라의 절박함을 호소하자 그의 정성에 감
동하여 구원병을 보내주어 초나라를 구할 수 있었다.

▸ 北面(북면) 신하가 군주를 찾아뵐 때는 군주가 있는 북쪽을 향해 절을 하므로, 북
면北面은 신하가 되는 것을 일컬으며. 남면南面은 예전에 임금이 남쪽을 향하여
앉아서 뭇 신하의 조례를 받았던 데서 군주가 됨을 이름.

一視同仁 일시동인

天者日月星辰之主也 地者草木山川之主也 人者夷狄禽獸之主也 主而
暴之 不得其爲主之道矣 是故聖人 一視而同仁 篤近而擧遠. (原人/韓愈)

天者日月星辰之主也　하늘은 일월성신日月星辰의 주인이요
地者草木山川之主也　땅은 초목산천草木山川의 주인이요
人者夷狄禽獸之主也　사람은 이적夷狄과 금수禽獸의 주인이니
主而暴之　주인이 난폭하면
不得其爲主之道矣　주인 된 도리를 못 하는 것이다.
是故聖人　이런 까닭에 성인은
一視而同仁　하나로 보아 똑같이 사랑하고(인仁)
篤近而擧遠　가까운 것을 돈독히 하면서도 먼 것까지 거두어들인다.

▸ 一視同仁(일시동인) 모두를 평등하게 보아 똑같이 사랑함.
▸ 原人(원인) 당나라 한유韓愈가 지은 오원五原<원도原道, 원성原性, 원훼原毁, 원
　인原人, 원귀原鬼> 중 한 편으로 논변류論辨類의 글.

一字千金 일자천금

莊襄王卽位三年薨 太子政立爲王 尊呂不韋爲相國 號稱仲父 秦王年少
太后時時竊私通呂不韋 不韋家僮萬人 當是時 魏有信陵君 楚有春申君
趙有平原君 齊有孟嘗君 皆下士喜賓客 以相傾 呂不韋以秦之彊 羞不
如 亦招致士 厚遇之 至食客三千人 是時諸侯多辯士 如荀卿之徒 著書
布天下 呂不韋乃使其客人人著所聞 集論以爲八覽六論十二紀 二十餘
萬言 以爲備天地萬物古今之事 號曰呂氏春秋 布咸陽市門 懸千金其上
延諸侯游士賓客 有能增損一字者 予千金. ≪史記/呂不韋列傳≫

莊襄王卽位三年薨　장양왕莊襄王이 즉위 3년 만에 죽으니(훙薨)

太子政立爲王　태자 정政(진시황秦始皇)을 왕으로 세웠다.

尊呂不韋爲相國　여불위呂不韋를 높여 상국으로 삼고

號稱仲父　중보仲父라 불렀다.

秦王年少　진왕秦王은 나이가 어렸으므로

太后時時竊私通呂不韋　태후는 때때로 몰래(절竊) 여불위와 사통했다.

不韋家僮萬人　여불위는 가동家僮(하인)이 만여 명이었다.

當是時　이때를 당하여

魏有信陵君　위나라는 신릉군信陵君이 있었고

楚有春申君　초나라는 춘신군春申君이 있었고

趙有平原君　조나라는 평원군平原君이 있었고

齊有孟嘗君　제나라는 맹상군孟嘗이 있었는데

皆下士喜賓客　다 선비들에게 겸손하고 빈객을 좋아하여

以相傾　서로 힘을 기울였다.

呂不韋以秦之彊　여불위는 진나라의 강함으로　*彊(강)군세다.

羞不如　그들만 같지 못함을 부끄러워하여(수羞)

亦招致士　역시 선비들을 불러 모아(초치招致)

厚遇之　그들을 후하게 대우待遇하니

至食客三千人　식객이 3천 명에 이르렀다.

是時諸侯多辯士　이때 제후에게는 변사辯士들이 많았는데

如荀卿之徒　순경荀卿(순자荀子) 같은 무리는

著書布天下　책을 지어(저著) 천하에 널리 알렸다.(포布)

呂不韋　여불위는

乃使其客人人著所聞　이에 식객들에게 사람마다 들은 바를 짓게 하여

集論　논한 것을 모아

以爲八覽六論十二紀　팔람八覽, 육론六論, 십이기十二紀를 지었는데

二十餘萬言　20여만 자였다.

以爲備天地萬物古今之事 천지 만물과 고금의 일을 갖추었다고 생각
하여

號曰呂氏春秋 여씨춘추呂氏春秋라고 불렀다.

布咸陽市門 책을 함양咸陽의 시장 문에 펼쳐놓고(포布)

懸千金其上 천금千金을 그 위에 매달아(현懸)

延諸侯游士賓客 제후들의 유세가나 빈객들을 끌어들여(연延)

有能增損一字者 한 글자라도 더하거나 뺄 수 있는 사람이 있으면

予千金 천금을 주겠다고(여予) 했다.

▶ 一字千金(일자천금) '글자 한 자에 천금'이라는 뜻으로, 매우 빼어난 글자나 시문
을 비유한 말.

▶ 莊襄王(장양왕. BC281~BC247) 전국시대 진나라의 왕.<재위. BC250~BC24> 성
은 영嬴, 이름은 이인異人. 재위 3년 만에 35살의 나이로 사망하자, 아들 정政이
즉위하였는데 그가 시황제始皇帝이다.

煮豆燃其자두연기・七步之才칠보지재

文帝 嘗令東阿王七步中作詩 不成者行大法 應聲便爲詩曰 煮豆持作羹
漉菽以爲汁 其在釜下燃 豆在釜中泣 本自同根生 相煎何太急 帝深有
慙色. ≪世說新語/文學篇≫

文帝 위문제魏文帝(조비曹丕)가

嘗令東阿王七步中作詩 일찍이 동생 동아왕東阿王(조식曹植)에게 일
곱 걸음 안에 시를 짓게 하고

不成者行大法 짓지 못하면 대법大法을 행하겠다 하니

應聲便爲詩曰 그 말이 떨어지자 곧(변便) 시를 지어 말했다.

煮豆持作羹 "콩 삶아 콩죽(갱羹)을 쑤고

漉菽以爲汁　삶은 콩(숙菽) 걸러(록漉) 즙汁을 만드네.

其在釜下燃　콩깍지는 솥(부釜) 밑에서 타고(연燃)

豆在釜中泣　콩은 솥 안에서 눈물 흘리네.

本自同根生　본래 같은 뿌리에서(자自) 나왔거늘

相煎何太急　서로 들볶음(전煎)이 어찌 그리 급한가."

帝深有慙色　문제文帝는 매우 부끄러운(참慙) 기색이 있었다.

▶ 煮豆燃萁(자두연기) '콩을 삶는 데 콩깍지를 태우다'는 뜻으로, 형제간의 다툼을 비유한 말.

▶ 七步之才(칠보지재) '일곱 걸음을 옮기는 사이에 시를 지을 수 있는 재주'라는 뜻으로, 아주 뛰어난 글재주를 일컬음.

▶ 魏文帝(위문제. 187~226) 자는 자환子桓, 이름은 조비曹丕. 조조曹操의 둘째 아들로, 동생 조식曹植을 추대하는 무리를 물리치고 태자가 되고, 건안 25년<220>에 조조가 죽자 승상 겸 위왕魏王이 됨. 후한의 헌제獻帝로부터 양위 받아 황제에 즉위하여, 기주冀州의 업鄴에서 낙양洛陽으로 옮겨가 그곳을 국도國都로 삼고 국호를 위魏라 하였다.

▶ 東阿王(동아왕. 192~232) 자는 자건子建, 이름은 조식曹植, 시호 사思. 진사왕陳思王이라고도 불림. 조조의 셋째 아들이며, 조비의 아우. 이들 세 사람을 삼조三曹라 하며, 함께 건안문학建安文學의 중심적 존재로서 문학사상의 주공周公, 공자孔子라 칭송됨.

子路負米 자로부미

子路見於孔子曰 負重涉遠 不擇地而休 家貧親老 不擇祿而仕 昔者由也 事二親之時 常食藜藿之實 爲親負米百里之外 親歿之後 南遊於楚 從車百乘 積粟萬鐘 累茵而坐 列鼎而食 願欲食藜藿 爲親負米 不可復得也 枯魚銜索 幾何不蠹 二親之壽 忽若過隙 孔子曰 由也事親 可謂生事盡力 死事盡思者也. 《孔子家語/致思》

子路見於孔子曰　자로가 공자를 뵙고(현견 見) 말했다.

負重涉遠　"'무거운 것을 지고(부負) 먼 길을 가려면

不擇地而休　땅을 가리지 않고 쉬어야 하며

家貧親老　집이 가난하고 부모님께서 연로하시면

不擇祿而仕　녹봉祿俸을 가리지 않고 벼슬해야 한다.'고 했습니다.

昔者由也 事二親之時　옛날에 제(중유仲由. 자로의 이름)가 양친을 섬길 때

常食藜藿之實　항상 명아주와 콩잎(여곽藜藿. 거친 음식)을 먹고

爲親負米百里之外　부모님을 위해 백 리 밖에서 쌀을 지고(부負) 왔습니다.

親沒之後　부모님이 돌아가신 후

南遊於楚 從車百乘　남쪽 초나라에서 유세할 때는 따르는 수레가 백 승百乘이요

積粟萬鍾　쌓아놓은 곡식이 만종萬鍾이나 되고　*鍾(종)용량의 단위.

累茵而坐　자리를 포개 놓고 앉고　*茵(인)자리

列鼎而食　진수성찬을 차려놓고 먹을 수 있었습니다만　*列鼎(열정)그 릇이 많이 놓인 식탁.

願欲食藜藿 爲親負米　명아주와 콩잎을 먹으면서 부모님을 위해 쌀을 지고자 해도

不可復得也　다시는 할 수 없습니다.

枯魚銜索　마른 고기를 머금은(함銜) 노끈(삭索)이

幾何不蠹　어찌(기하幾何) 좀먹지(두蠹) 않으며

二親之壽　양친의 수명은

忽若過隙　언뜻 흰말이 틈(극隙)을 지나가는 것과 같습니다."

孔子曰　공자가 말했다.

由也事親　"자로는 어버이를 섬김에 있어

可謂生事盡力 死事盡思者也　살아계심에 힘을 다해 섬겼고, 돌아가심에 그리움을 극진히 하였다고 말할 만하다."

▶ 子路負米(자로부미) '자로子路가 백 리에서 쌀 짐을 지다'는 뜻으로, 가난한 가운데서 효양孝養을 이르는 말. '백리부미百里負米'라고도 함.

▶ 枯魚銜索(고어함삭) '마른 고기를 매달아 놓은 노끈이 썩다'는 뜻으로, 사람의 목숨도 썩은 노끈처럼 허술하게 끊어짐을 비유한 말.

▶ 過隙(과극) 백구과극白駒過隙. '흰말이 문틈 앞을 지나가다'는 뜻으로, 인생은 날랜 말이 틈 앞을 지나가는 것처럼 순간이라는 말. 세월이 덧없이 빨리 지나가는 것 또는 덧없는 인생을 이르는 말.

自暴自棄 자포자기

孟子曰 自暴者 不可與有言也 自棄者 不可與有爲也 言非禮義 謂之自暴也 吾身不能居仁由義 謂之自棄也 義人之正路也 曠安宅而弗居 舍正路而不由 哀哉. ≪孟子/離婁≫

孟子曰　맹자께서 말씀하였다.
自暴者　"자신을 해치는(포暴) 자와는
不可與有言也　더불어 말할 수 없고
自棄者　자신을 버리는(기棄) 자와는
不可與有爲也　더불어 일할 수 없으니
言非禮義　말할 때에 예의를 비방誹謗(비非)하는 것을
謂之自暴也　자포自暴라 이르고
吾身不能居仁由義　내 몸은 인에 거하고 의를 따를 수 없다 하는 것을
謂之自棄也　자기自棄라 이른다.
仁人之安宅也　인은 사람의 편안한 집이요
義人之正路也　의는 사람의 바른 길이다.
曠安宅而弗居　편안한 집을 비워두고(광曠) 거처하지 않으며
舍正路而不由　바른길을 버려두고(사舍. 사捨) 따르지 않으니(유由)
哀哉　애처롭다."

308

▶ 自暴自棄(자포자기) ‘자신을 스스로 해치고 버리다’는 뜻으로, 몸가짐이나 행동을 되는 대로 취함. 예의를 비난하는 것을 자포自暴라 하고, 인의에 입각한 행동을 하지 못하는 것을 자기自棄라 함.

長袖善舞장수선무

治強不可責於外 內政之有也 今不行法術於內 而事智於外 則不至於治
強矣 鄙諺曰 長袖善舞 多錢善賈 此言多資之易爲工也 故治強易爲謀
弱亂難爲計 故用於秦者 十變而謀希失 用於燕者 一變而計希得 非用
於秦者必智 用於燕者必愚也 蓋治亂之資異也.　　≪韓非子/五蠹≫

治強　잘 다스려지고 강해지는 것은

不可責於外　외교外交에서 얻을(책責) 수 있는 것이 아니라

內政之有也　내정에 있는 것이다.

今不行法術於內　지금 내정에서 법술法術을 시행하지 않고

而事智於外　외교에 지모智謀를 일삼으면

則不至於治強矣　잘 다스려지고 강함에 이르지 못할 것이다.

鄙諺曰　속담(비언鄙諺)에

長袖善舞　“소매(수袖)가 길면 춤을 잘 출 수 있고,

多錢善賈　돈이 많으면 장사(고賈)를 잘할 수 있다.”라고 했다.

此言多資之易爲工也　이것은 밑천이 많음이 일(공工)하기 쉬움을 말
한 것이다.

故治強易爲謀　그러므로 잘 다스려지고 강한 나라는 계책을 세우기
가 쉽고

弱亂難爲計　약하고 어지러운 나라는 계획을 세우기가 어렵다.

故用於秦者　진秦나라에서 쓰이는 사람들은

十變而謀希失　열 번을 변경變更해도 계책이 잘못됨이 드물고(희希)

用於燕者　연燕나라에서 쓰이는 사람들은

一變而計希得　한 번만 바꾸어도 계획을 얻기가 드물다.

非用於秦者必智 用於燕者必愚也　이것은 진나라에서 쓰이는 사람이
　　　　　반드시 지혜롭고, 연나라에서 쓰이는 사람이 반드시 어리
　　　　　석은 것이 아니다.

蓋治亂之資異也　대개 다스려진 나라와 어지러운 나라의 바탕(질資)
　　　　　이 다르기 때문이다.

▶ 長袖善舞(장수선무) '소매가 길면 춤을 잘 출 수 있다'는 뜻으로, 어떤 일을 하든
　조건이 좋으면 일하기 쉽고 유리함을 비유하는 말.

▶ 한비자韓非子가 부국강병의 기초는 외교에 있는 것이 아니라, 건실한 내정에 있음
　을 속담 '장수선무長袖善舞 다전선고多錢善賈'를 들어 강조함.

積土成山 적토성산

積土成山 風雨興焉 積水成淵 蛟龍生焉 積善成德 而神明自得 聖心備
焉 故不積蹞步 無以至千里 不積小流 無以成江海 騏驥一躍 不能十步
駑馬十駕 功在不舍 鍥而舍之 朽木不折 鍥而不舍 金石可鏤.

≪荀子/勸學≫

積土成山 風雨興焉　흙이 쌓여 산이 되면 바람과 비가 일어나고

積水成淵 蛟龍生焉　물이 쌓여 연못이 되면 교룡이 생겨나며

積善成德　선을 쌓아 덕을 이루어

而神明自得　신묘함과 밝음을 스스로 얻으면

聖心備焉　성인의 마음이 갖추어진다.

故不積蹞步 이렇기 때문에 반걸음을 쌓아가지 않으면　*蹞(규)반걸음.

無以至千里 천 리에 이를 수 없고(무이無以)

不積小流 작은 흐름이 쌓이지 않으면

無以成江海 강물과 바다가 될(성成) 수 없다.(무이無以)

騏驥一躍 不能十步 준마(기기騏驥)도 한 번 뛰어 열 걸음을 뛸 수 없고

駑馬十駕 둔한(노駑) 말도 준마의 하룻길을 열흘에는 갈 수 있으니

功在不舍 공은 포기하지(사舍) 않은 데 있다.

鍥而舍之 새기다가(계鍥) 포기하면(사舍)

朽木不折 썩은 나무도 자르지(절折) 못하고

鍥而不舍 새기면서 포기하지 않으면

金石可鏤 쇠나 돌에도 새길(루鏤) 수 있다.

▶ 積土成山(적토성산) '흙이 쌓여 산이 되다'는 뜻으로, 작은 것도 많이 모이면 커진
다는 말.

▶ 駑馬十駕(노마십가) '느린 노마駑馬도 준마駿馬가 하루 동안 달리는 길을 열흘이
면 갈 수 있다'는 뜻으로, 재주가 없는 사람도 열심히 노력하면 재주 있는 사람을
따를 수 있음을 비유한 말. 말이 하루에 수레를 끌고 다닐 수 있는 거리를 일가一
駕라고 함.

丁公被戮 정공피륙

季布母弟丁公爲楚將 丁公爲項羽 逐窘高祖彭城西 短兵接 高祖急 顧
丁公曰 兩賢豈相戹哉 於是丁公引兵而還 漢王遂解去 及項王滅 丁公
謁見高祖 高祖以丁公徇軍中曰 丁公爲項王臣不忠 使項王失天下者 乃
丁公也 遂斬丁公曰 使後世爲人臣者無效丁公.　≪史記/季布列傳≫

季布母弟丁公爲楚將　계포의 외삼촌 정공丁公은 초의 장수가 되어

丁公爲項羽　정공은 항우를 위해

逐窘高祖彭城西　팽성 서쪽에서 고조高祖(유방)를 추격하여 괴롭히고(군군窘)

短兵接　짧은 병기로 접전을 벌였다.

高祖急 顧丁公曰　고조는 다급해져 정공을 돌아보며 말했다.

兩賢豈相戹哉　"우리 둘은 좋은 사람인데 어찌 서로 고생하는가.(액戹)"

於是丁公引兵而還　이에 정공은 군사를 거두어 돌아가니

漢王遂解去　고조는 드디어 풀려나 피했다.

及項王滅　항우가 멸망한 뒤

丁公謁見高祖　정공이 고조를 알현謁見했다.

高祖以丁公徇軍中曰　고조는 정공을 붙잡아 군중에 드러내 보이면서
(순徇) 말했다.　*徇(순)드러내 보이다. 돌다.

丁公爲項王臣　"정공은 항왕의 신하가 되어서

不忠　충성을 다하지 않았다.

使項王失天下者　항왕으로 하여금 천하를 잃게 한 자는

乃丁公也　바로(내乃) 정공이다."

遂斬丁公曰　마침내 정공의 목을 베고(참斬) 말했다.

使後世爲人臣者無效丁公　"후세에 신하 된 자에게 정공을 본받음이
없게 함이다."

▶ 丁公被戮(정공피륙) '정공이 죽임<륙戮>을 당했다<피被>'는 뜻으로, 신하로서 두
　마음을 갖는 불충한 행위에는 가차 없는 벌을 내린다는 의미.

糟糠之妻조강지처

宋弘 建武二年 爲大司空 時帝姊湖陽公主新寡 帝與共論朝臣 微觀其
意 主曰 宋公威容德器 羣臣莫及 帝曰 方且圖之 後弘被引見 帝令主坐
屛風後 因謂弘曰 諺言貴易交 富易妻 人情乎 弘曰 臣聞貧賤之知不可
忘 糟糠之妻不下堂 帝顧謂主曰 事不諧矣. ≪後漢書/宋弘傳≫

宋弘 建武二年 송홍宋弘은 건무建武(광무제光武帝 연호) 2년에
爲大司空 대사공大司空이 되었다.
時帝姊湖陽公主 新寡 이때 광무제光武帝의 윗누이(자姊) 호양공주湖
陽公主는 최근 과부가 되었는데
帝與共論朝臣 황제는 조정의 신하들과 함께 의논하며
微觀其意 은밀히(미微) 공주의 의중을 떠봤다.
主曰 공주가 말했다.
宋公威容德器 "송공宋公의 위엄 있는 용모와 덕이 있는 그릇은
羣臣莫及 여러 신하들이 아무도 미치지 못합니다."
帝曰 方且圖之 황제가 말했다. "장차 도모해 보겠습니다."
後弘被引見 그 뒤 송홍宋弘이 불려서 왔고
帝令主坐屛風後 황제가 공주로 하여금 병풍 뒤에 앉게 하고
因謂弘曰 송홍에게 말했다.
諺言貴易交 富易妻 "'속담에 귀해지면 친구를 바꾸고,(역易) 부유해
지면 아내를 바꾼다.' 했는데
人情乎 사람의 본성이 아니겠소."
弘曰 송홍이 말했다.
臣聞貧賤之知不可忘 糟糠之妻不下堂 "신은 '가난하고 천할 때의 친
구는 잊어선 안 되고, 지게미(조糟)와 쌀겨(강糠)로 끼니를
이을 때의 아내는 내쳐선 안 된다.'고 들었습니다."

313

帝顧謂主曰 황제가 돌아보며 공주에게 말했다.

事不諧矣 "일을 이루지(해諧) 못했습니다."

▸ 糟糠之妻(조강지처) '지게미와 쌀겨로 끼니를 이을 때의 아내'라는 뜻으로, 곤궁할 때부터 간고艱苦를 함께 겪은 본처를 일컬음.
▸ 宋弘(송홍. ?~40) 서한의 개국공신. 청렴결백淸廉潔白하고 황제에게 거리낌 없이 직간한 서한 초 대신.

朝三暮四조삼모사

宋有狙公者愛狙 養之成群 能解狙之意 狙亦得公之心 損其家口 充狙之欲 俄而匱焉 將限其食 恐衆狙之不馴於己也 先誑之曰 與若芧 朝三而暮四足乎 衆狙皆起而怒 俄而曰 與若芧 朝四而暮三足乎 衆狙皆伏而喜. ≪列子/黃帝≫

宋有狙公者 송나라에 저공狙公이라는 사람이 있었는데 *狙(저)원숭이.

愛狙 養之成群 원숭이를 좋아하여 길러서 무리가 되었다.

能解狙之意 저공은 원숭이의 생각을 이해할 수 있었고

狙亦得公之心 원숭이 또한 저공의 마음을 이해하였다.

損其家口 저공이 식구들의 입을 덜어(손損)

充狙之欲 원숭이의 식욕을 채워주었으나(충充)

俄而匱焉 오래지 않아(아이俄而) 먹이가 다하였다.(궤匱)

將限其食 원숭이들의 먹이를 제한하려고 하였으나

恐衆狙之不馴於己也 원숭이들이 자기를 따르지(순馴) 않을까 두려워

先誑之曰 먼저 속여(광誑) 말했다.

與若芧 "너희들(약若)에게 도토리(서芧)를 주는데(여與)

314

朝三而暮四　아침에 세 개를 주고 저녁에 네 개를 주면

足乎　만족하겠느냐.”

衆狙皆起而怒　원숭이 무리가 모두 일어나 화를 내었다.

俄而曰　조금 있다가(아이俄而) 말했다.

與若芧　“너희들에게 도토리를 주는데

朝四而暮三　아침에 네 개를 주고 저녁에 세 개를 주면

足乎　만족하겠느냐.”

衆狙皆伏而喜　원숭이 무리가 모두 엎드려 기뻐하였다.

▸ 朝三暮四(조삼모사) ‘아침에 세 개 저녁에 네 개’라는 뜻으로, 당장 눈앞에 나타나
 는 차별만을 알고 그 결과가 같음을 모름의 비유. 또는 간사한 한 꾀를 써서 남을
 속임을 이르는 말.

朝鮮公事三日 조선공사삼일

柳成龍 爲都體察使 有列邑移文事 文旣成 屬驛吏 過三日後 復收其文
將追改之 驛吏持文而至 公詰之曰 爾何受書三日 尚不頒列邑 吏曰 諺
朝鮮公事三日 小人知三日後復改 故延至今日矣 公欲罪之 仍思之曰
是言可以警世 吾過矣.　≪於于野談≫

柳成龍 爲都體察使　유성룡柳成龍이 도체찰사都體察使가 되어

有列邑移文事　여러 고을(열읍列邑)에 문서 보낼(이移) 일이 있었는데

文旣成 屬驛吏　문서가 작성되어 역리驛吏에게 부탁하였다.(촉屬)

過三日後　사흘이 지난 뒤

復收其文　다시(부復) 그 문서를 회수回收하여

將追改之　장차 추가追加로 그것을 고치려고 했는데

315

驛吏持文而至 역리가 문서를 (그대로) 가지고 들어왔다.

公詰之曰 공이 그를 꾸짖으며(힐힐詰) 말했다.

爾何受書三日 "너(이爾)는 어찌 문서 받은 지가 사흘이나 되는데

尙不頒列邑 아직도(상尙) 각 고을에 나눠 주지(반頒) 않았느냐."

吏曰 역리가 말했다.

諺 朝鮮公事三日 "속담에 '조선공사삼일朝鮮公事三日'이라 하여

小人知三日後 復改 제가 사흘 뒤에 다시 고칠 것을 알았습니다.

故延至今日矣 그러므로 오늘까지 미루고 있었습니다.(연延)"

公欲罪之 공이 역리를 벌주려다가

仍思之曰 인하여(잉仍) 그 일을 생각해 보고는 말했다.

是言可以警世 "이 말이 세상 사람들을 경계할 만하구나.

吾過矣 나의 허물(과過)이로다."

▶ 朝鮮公事三日(조선공사삼일) '조선朝鮮의 공무는 사흘 만에 바뀌다'는 뜻으로, 어떤 일을 시작하여도 오래 지속되지 못하고 중간에 그만두거나 바뀌는 경우를 비유하는 말. '고려공사삼일高麗公事三日'도 같은 의미이다.

▶ 柳成龍(유성룡. 1542~1607) 조선朝鮮 선조宣祖 때의 재상. 자는 이현而見, 호는 서애西厓. 대사헌, 경상도 관찰사 등을 거쳐 영의정을 지냄. 임진왜란 때 이순신과 권율 같은 명장을 천거하였다.

助長 조장

宋人有閔其苗之不長而揠之者 芒芒然歸 謂其人曰 今日病矣 予助苗長矣 其子趨而往視之 苗則槁矣 天下之不助苗長者 寡矣 以爲無益而舍之者 不耘苗者也 助之長之者 揠苗者也 非徒無益 而又害之.

≪孟子/公孫丑≫

宋人有閔其苗之不長而揠之者　송나라 사람 중에 모(묘苗)가 자라지
　　　　　　　　　　　않음을 안타깝게 여겨 그것을 뽑아 올린 자가 있었다.
*閔(민)가엾게 여기다.<민憫> 揠(알)뽑다.

芒芒然歸　피곤한 모양(망芒)으로 돌아와

謂其人曰　집 사람들에게 일러 말했다.

今日病矣　"오늘 병이 날 것 같다.

予助苗長矣　내(여予)가 모가 자라는 것을 도와주었다."

其子趨而往視之　그 아들이 달려(추趨)가 그것을 보니

苗則槁矣　모는 말라(고槁) 있었다.

天下之不助苗長者　천하에 모가 자람을 돕지 않는 자는

寡矣　적을(과寡) 것이다.

以爲無益而舍之者　이로움이 없다고 여겨 그것을 버리는(사舍) 자는

不耘苗者也　모를 김매지(운耘) 않는 자요

助之長之者 揠苗者也　자라는 것을 돕는 사람은 모를 뽑는 자이니

非徒無益　한갓(도徒) 도움이 되지 않고

而又害之　또 그것을 해치는 것이다.

▸ 助長(조장) '싹을 뽑아 올려 자라는 것을 돕는다는 알묘조장揠苗助長의 준말'로,
　조급한 마음에 무리하게 일을 진행하다가 오히려 일을 망치는 것을 비유하는 말.
▸ 맹자가 제자 공손추公孫丑에게 호연지기浩然之氣를 키우려면 마음을 도의道義의
　성장에 맞추어 서서히 키워 나가야 한다는 점을 송나라 농부의 우화를 들어 설명함.

種玉 종옥

楊公伯雍 雒陽縣人也 本以儈賣爲業 性篤孝 父母亡 葬無終山 遂家焉
山高八十里 上無水 公汲水作義漿於阪頭 行者皆飲之 三年 有一人就

飲 以一斗石子與之 使至高平好地有石處種之 云 玉當生其中 楊公未

娶 又語云 汝後當得好婦 語畢 不見 乃種其石 數歲 時時往視 見玉子

生石上 人莫知也 有徐氏者 右北平著姓 女甚有行 時人求 多不許 公乃

試求徐氏 徐氏笑以爲狂 因戲云 得白璧一雙來 當聽爲婚 公至所種玉

田中 得白璧五雙 以聘 徐氏大驚 遂以女妻公 天子聞而異之 拜爲大夫

乃於種玉處四角 作大石柱 各一丈 中央一頃也 名曰玉田. ≪搜神記≫

楊公伯雍 雒陽縣人也 춘추시대 양백옹楊伯雍은 낙양현雒陽縣 사람으로

本以儈賣爲業 본래 쾌매儈賣(거간꾼)로 업을 삼았다. *儈(쾌)거간居間.

性篤孝 성품은 돈독하고 효성스러웠다.

父母亡 부모님이 돌아가시자

葬無終山 무종산無終山에 장사 지내고

遂家焉 마침내 그곳에 집을 마련하여 살았다.

山高八十里 上無水 산의 높이가 80리인데, 산 위에는 물이 없어

公汲水 공이 물을 길어

作義漿於阪頭 비탈의 어귀에 의장義漿(사람에게 대접하는 물)을 만드니

行者皆飲之 다니는 사람들이 모두 그 물을 마셨다.

三年 3년이 지나

有一人就飲 어떤 한 사람이 와서 물을 마시고는

以一斗石子與之 돌맹이 한 말을 그에게 주며(여與)

使至高平好地有石處種之 云 매우 높고 평평하고 좋은 땅의 돌이 있
는 곳에 이르러 심게 하고는 말했다.

玉當生其中 "옥이 마땅히 그 안에서 날 것입니다."

楊公未娶 양공은 아직 장가들지 않았는데

又語云 또 일러 말했다.

汝後當得好婦 "그대(여汝)는 나중에 마땅히 훌륭한 아내를 얻을 것
입니다."

語畢 不見　말이 끝나자, 그 사람은 보이지 않았다.

乃種其石　양공은 곧 그 돌을 심고

數歲 時時往視　몇 년간 때때로 가서 보니

見玉子生石上　옥이 돌 위에 나 있는 것이 보였지만

人莫知也　다른 사람들은 알지 못하였다.

有徐氏者　서씨徐氏라는 자가 있었는데

右北平著姓　우북평右北平의 저명한 성씨로

女甚有行　딸이 행실(有行)이 깊고 두터워(심甚)

時人求　당시 사람들이 구혼을 하였으나

多不許　거의 허락하지 않았다.

公乃試求徐氏　양공이 시험 삼아 서씨에게 구혼을 하였더니

徐氏笑以爲狂　서씨는 그를 미쳤다고 비웃으며(소笑)

因戲云　이로 인해 장난삼아(희戲) 말했다.

得白璧一雙來　"백벽白璧 한 쌍을 가져오면

當聽爲婚　마땅히 혼사를 들어주겠네."

公至所種玉田中　양공이 옥을 심은 밭에 이르러

得白璧五雙 以聘　백벽 다섯 쌍을 캐어서 찾아갔다.(빙聘)

徐氏大驚　서씨는 크게 놀라고

遂以女妻公　마침내 공에게 딸을 아내로 주었다.

天子聞而異之　천자가 이 소문을 듣고 기이하게 여겨

拜爲大夫　제수除授하여(배拜) 대부大夫로 삼았다.

乃於種玉處四角　곧(내乃) 옥을 심은 곳의 네 모퉁이에

作大石柱 各一丈　큰 돌기둥을 세웠는데 각각 한 길이었으며

中央一頃也 名曰玉田　중앙의 한 이랑(경頃)을 옥전玉田이라 이름 했다.

▸種玉(종옥) '옥을 심다'는 뜻으로, 아름다운 여인을 아내로 맞이하는 것을 비유하
　는 말. '종옥지연種玉之緣'이라고도 함.

酒池肉林주지육림

帝紂資辨捷疾 聞見甚敏 材力過人 手格猛獸 知足以距諫 言足以飾非
矜人臣以能 高天下以聲 以爲皆出己之下 好酒淫樂 嬖於婦人 愛妲己
妲己之言是從 於是使師涓作新淫聲 北里之舞 靡靡之樂 厚賦稅以實鹿
臺之錢 而盈鉅橋之粟 益收狗馬奇物 充仞宮室 益廣沙丘苑臺 多取野
獸蜚鳥 置其中 慢於鬼神 大冣樂戱於沙丘 以酒爲池 縣肉爲林 使男女
倮相逐其閒 爲長夜之飮. ≪史記/殷本紀≫

帝紂資辨捷疾 주왕紂王은 타고난 분별력이 아주 빠르고(첩질捷疾)
聞見甚敏 보고 듣는 것은 매우 총명하며(민敏)
材力過人 재능과 힘이 남보다 뛰어나(과過)
手格猛獸 맨손으로 맹수와 대적하였다.(격格)
知足以距諫 지혜는 간언을 거절할 만했고
言足以飾非 언변은 거짓을 덮어 가릴 만하였다. *飾(식)덮어 가리다. 속이다.
矜人臣以能 자기의 능력으로 신하들을 불쌍히 여기며(긍矜)
高天下以聲 천하에 명성을 높이려 하였고
以爲皆出己之下 모두 자기의 아래에서 나왔다고 여겼다.
好酒淫樂 술을 좋아하고 음악에 빠지고
嬖於婦人 여자들을 총애하였다.(폐嬖) *嬖(폐)사랑하다, 총애하다.
愛妲己 달기妲己를 사랑하였는데
妲己之言是從 달기가 옳다(시是) 말하면 다 따랐다.
於是 使師涓作新淫聲 北里之舞 靡靡之樂 이에 사연師涓으로 하여금
　　　　북리北里의 춤과 미미靡靡의 음악 같은 음란한 소리를 새
　　　　로 만들게 하였다.
厚賦稅 세금을 과하게 부과賦課하여
以實鹿臺之錢 녹대鹿臺(재물을 저장했다는 곳)를 돈으로 가득 채우고(실實)

320

而盈鉅橋之粟　거교鉅橋(창고 이름)를 오곡으로 채웠다.(영盈)

益收狗馬奇物　개와 말과 기이한 물품을 더 거두어

充仞宮室　궁실을 채웠다.　*인(仞)채우다.

益廣沙丘苑臺　사구沙丘의 원대苑臺를 더 넓히고

多取野獸蜚鳥　들짐승과 날짐승을 많이 잡아　*蜚(비)날다.

置其中　그 안에 풀어두고

慢於鬼神　귀신도 능멸하였다.　*慢(만)업신여기다, 거만하다.

大冣樂戱於沙丘　사구에 악공과 광대를 잔뜩 모으고(취冣)

以酒爲池　술로 연못(지池)을 만들고

縣肉爲林　고기를 매달아(현縣) 숲을 만들어

使男女倮相逐其閒　남녀로 하여금 벌거벗고(라倮) 그 사이에서 쫓게 하며

爲長夜之飮　밤새도록 술을 마셨다.

▸ 酒池肉林(주지육림) '술이 못을 이루고 고기가 수풀을 이루다'는 뜻으로, 호사스
  럽고 방탕한 생활을 이르는 말.
▸ 妲己(달기) 은나라 마지막 왕 주왕紂王의 애첩. 자는 달姐, 성은 기己. 매우 음란
  하여 주왕의 폭정을 방조했는데, 뒤에 주周나라 무왕武王이 주왕을 치고 달기의
  목을 베어 소백기小白旗에 매달았다 함.

啐啄同時줄탁동시

鏡淸承嗣雪峰 ... 初見雪峰 得旨後 常以啐啄之機 開示後學 善能應機
說法 示衆云 大凡行脚人 須具啐啄同時眼 有啐啄同時用 方稱衲僧 如
母欲啄而子不得不啐 子欲啐而母不得不啄.　≪碧巖錄≫

鏡淸承嗣雪峰　경청鏡淸 스님은 설봉雪峰 스님의 법을 이었다.(승사承嗣)

初見雪峰 得旨後　처음 설봉 스님을 뵙고서 뜻(지旨)을 얻은 후에는

常以崒啄之機　항상 줄탁崒啄의 기틀을

開示後學　후학들에게 열어보였는데

善能應機說法　심기心機에 맞춰 설법을 잘했다.

示衆云　경청 스님이 대중에게 말했다.

大凡行腳人　"무릇 행각인行腳人(선禪을 추구하며 떠도는 수행인)이라면

須具崒啄同時眼　반드시 줄탁동시崒啄同時의 눈을 갖추어야(구具) 하고

有崒啄同時用　줄탁동시의 작용이 있어야만

方稱衲僧　바야흐로 승려僧侶(납승衲僧)이라고 부를 수 있는 것이다.

如母欲啄而子不得不崒　子欲崒而母不得不啄　어미가 밖에서 쪼려고
(탁啄) 하면 새끼는 안에서 쪼지(줄崒) 않을 수 없고, 새끼가 안에
서 쪼려고 하면 어미는 밖에서 쪼지 않을 수 없는 것과 같다."

▸ 崒啄同時(줄탁동시) '병아리가 알에서 나오기 위해서는 새끼와 어미닭이 안팎에
서 서로 쪼아야 한다'는 뜻으로, 제자는 안에서 수양을 통해 쪼아 나오고, 스승은
시기가 무르익었을 때 깨우침의 길을 열어주어야 이 시점이 일치해서 비로소 진
정한 깨달음이 일어난다는 말. '줄탁동기崒啄同機, 줄탁崒啄'이라고도 함.

▸ 崒啄(줄탁) 병아리가 껍데기를 깨뜨리고 나오기 위하여 안에서 쪼는 것을 줄崒,
어미 닭이 밖에서 쪼아 깨뜨리는 것을 탁啄이라 함.

▸ 鏡清(경청. 868~937) 경청도부鏡清道忞선사. 속성은 진陳. 항주杭州 용책사龍冊
寺에 머물렀음. 설봉의존雪峰義存<822~908>선사에게 법을 받았음.

曾叄殺人 증삼살인

昔者曾子處費　費人有與曾子同名族者　而殺人　人告曾子母曰　曾叄殺人
曾子之母曰　吾子不殺人　織自若　有頃焉　人又曰　曾叄殺人　其母尚織自
若也　頃之　一人又告之曰　曾叄殺人　其母懼　投杼踰牆而走　夫以曾叄之
賢與母之信也　而三人疑之　則慈母不能信也.　≪戰國策/秦策≫

昔者曾子處費　옛날 증자가 비費 땅에서 살(처處) 때

費人　비 땅 사람 중에

有與曾子同名族者　증자와 이름과 성이 같은 이가 있었는데

而殺人　사람을 죽였다.

人告曾子母曰　어떤 사람이 증자 어머니에게 말했다.

曾參殺人　"증삼曾參(삼參은 증자의 이름)이 사람을 죽였답니다."

曾子之母曰　증자의 어머니는 말했다.

吾子不殺人　"내 아들은 사람을 죽이지 않습니다."

織自若　태연하게 베를 짰다.(직織)

有頃焉　잠깐(경頃) 있다가

人又曰　한 사람이 또 말했다.

曾參殺人　"증삼이 사람을 죽였답니다."

其母尙織自若也　증삼의 어머니는 또한(상尙) 태연하게 베를 짰다.

頃之　얼마 후

一人又告之曰　한 사람이 또 그에게 말했다.

曾參殺人　"증삼이 사람을 죽였답니다."

其母懼　증삼의 어머니는 두려워하며

投杼踰牆而走　북(저杼)을 던지고 울타리를 넘어(유踰) 달려갔다.

夫以曾參之賢與母之信也　무릇 증삼의 어짊과 어머니의 믿음도

而三人疑之　세 사람이 그를 의심하게 하자

則慈母不能信也　자애로운 어머니도 증삼을 믿을 수 없었다.

▸曾參殺人(증삼살인) '증삼曾參이 사람을 죽였다'는 뜻으로, 거짓말도 되풀이 해
　들으면 믿어버리게 된다는 말.

至公無私지공무사

風漂物者也 風之所漂 不避貴賤美惡 雨濡物者也 雨之所墮 不避小大
強弱 風雨至公而無私 所行無常鄕 人雖遇漂濡而莫之怨也 故曰 風雨
無鄕而怨怒不及.　≪管子/形勢解≫

風漂物者也　바람은 만물을 움직이는(표漂) 것이다.

風之所漂　바람이 만물을 움직임에

不避貴賤美惡　귀천과 미추美醜를 가리지 않는다.

雨濡物者也　비는 물건을 적시는(유濡) 것이다.

雨之所墮　비가 내림(타墮)에

不避小大強弱　대소와 강약을 가리지 않는다.

風雨至公而無私　바람과 비는 지극히 공정하고 사사로움이 없어서

所行無常鄕　지나가는 곳에 일정한 방향(향鄕)이 없다.

人雖遇漂濡　사람은 비록 바람과 비를 만나도

而莫之怨也　이를 원망하지 않는다.

故曰 風雨無鄕而怨怒不及　그러므로 "바람과 비는 일정한 방향이 없
어 원망과 노여움이 미치지 않는다."고 한다.

▶ 至公無私(지공무사) 지극히 공평하여 사사로움이 없음. 한쪽으로 치우치지 않고
　매우 공평하여 조금도 사사로움이 없음.

舐犢之愛 지독지애

彪見漢祚將終 遂稱脚攣不復行 積十年 後子脩爲曹操所殺 操見彪問曰
公何瘦之甚 對曰 愧無日磾先見之明 猶懷老牛舐犢之愛 操爲之改容.

≪後漢書/楊彪傳≫

彪　양표楊彪는　*彪(표)범.

見漢祚將終　한조漢祚(한 황실의 제위帝位)가 장차 끝나가는 것을 보고

遂稱脚攣不復行 積十年　마침내 다리가 아프다고 칭하고 다시 나가지
　　　　않은 지 십 년이 되었다.　*攣(련)경련이 일다. 손발이 오그라지는 병.

後子脩　그 후 그의 아들 양수楊脩는

爲曹操所殺　조조曹操에게 죽임을 당하였다.

操見彪問曰　어느 날 조조가 양표를 보고 물었다.

公何瘦之甚　"공은 어찌 수척瘦瘠함이 심한가."　*瘦(수)파리하다. 여위다.

對曰　양표가 대답했다.

愧無日磾先見之明　"부끄럽게도(괴愧) 김일제金日磾와 같은 선견지명
　　　　　　先見之明이 없어

猶懷老牛舐犢之愛　다만(유猶) 늙은 소가 송아지(독犢)를 핥아(지舐)주
　　　　　　는 사랑만 품고 있습니다."

操爲之改容　조조는 안색이 달라졌다.

▸舐犢之愛(지독지애) '어미 소가 송아지를 핥다'는 뜻으로, 자식에 대한 부모의 사
　랑을 이르는 말. '노우지독老牛舐犢'이라고도 함.
▸先見之明(선견지명) 앞일을 미리 보아서 판단하는 총명이라는 뜻으로, 장래를 미
　리 예측하는 날카로운 견식見識을 이름.
▸楊彪(양표. 142~225) 후한 말 대신. 자는 문선文先. 명문의 후예로 양수楊脩의 아
　버지.
▸흉노족의 아들로 포로로 잡혀 온 김일제金日磾를 한무제漢武帝가 신임하여 관료
　로 삼았는데, 그의 아들이 무제의 총애를 믿고 궁녀를 희롱하는 등 문제를 일으키

므로 김일제가 후환을 없애려고 아들을 죽인 일이 있었다. 한편 조조는 양표의 아들 양수가 자신의 아들 조식과 친하게 지내고 재능이 뛰어나며 원술袁術의 조카라는 사실 등 후환이 두려워 그를 죽였다.

芝蘭之交 지란지교

子曰 與善人居 如入芝蘭之室 久而不聞其香 卽與之化矣 與不善人居
如入鮑魚之肆 久而不聞其臭 亦與之化矣 丹之所藏者赤 漆之所藏者黑
是以君子必愼其所與處者焉. 《孔子家語/卷四》

子曰　공자께서 말씀하셨다.

與善人居　"선한 사람과 있으면

如入芝蘭之室　지초와 난초가 있는 방 안에 들어간 것과 같아서

久而不聞其香　오래 있으면 그 향기를 맡지 못하나 　*聞(문)냄새 맡다.

卽與之化矣　곧 향기와 더불어 동화되고

與不善人居　선하지 못한 사람과 있으면

如入鮑魚之肆　생선(포어鮑魚) 가게(사肆)에 들어간 것 같아

久而不聞其臭　오래되면 그 냄새를 맡지 못하나

亦與之化矣　또한 그 악취와 더불어 동화되니

丹之所藏者赤　단사丹砂를 가진 사람은 붉어지고

漆之所藏者黑　칠漆을 지닌 사람은 검어진다.

是以　이 때문에(시이是以)

君子必愼其所與處者焉　군자는 반드시 더불어 있는 자를 삼가야(신愼) 한다."

▶ 芝蘭之交(지란지교) '지초芝草와 난초蘭草 같은 향기로운 사귐'이라는 뜻으로, 벗 사이의 맑고 고귀한 사귐을 이르는 말. '지란지계芝蘭之契'라고도 함.

指鹿爲馬 지록위마

八月己亥 趙高欲爲亂 恐群臣不聽 乃先設驗 持鹿獻於二世曰 馬也 二世笑曰 丞相誤邪 謂鹿爲馬 問左右 左右或黙 或言馬以阿順趙高 或言鹿者 高因陰中諸言鹿者以法 後群臣皆畏高.　≪史記/秦始皇本紀≫

八月己亥　2세 황제 3년 8월 기해己亥일에
趙高欲爲亂　조고趙高가 난을 일으키려 하였으나
恐群臣不聽　여러 신하들이 듣지 않을 것을 두려워하여
乃先設驗　이에 먼저 시험하려고
持鹿獻於二世曰　사슴을 가지고 2세에게 바치며(헌獻) 말했다.
馬也　"말입니다."
二世笑曰　2세가 웃으면서 말했다.
丞相誤邪 謂鹿爲馬　"승상이 틀렸네. 사슴을 가리켜 말이라고 하였소."
問左右　주위 신하에게 물으니
左右或黙　주위에서 어떤 사람(혹或)은 묵묵히 있고
或言馬以阿順趙高　어떤 사람은 말이라 하여 조고에 맞추며 아부하
　　　　　　　　고(아순阿順)
或言鹿者　어떤 사람은 사슴이라고 말했다.
高因陰中諸言鹿者以法　조고는 인하여 몰래(음중陰中) 사슴이라 말한
　　　　　　　　자들을 법으로써 처리하니
後群臣皆畏高　그 후 신하들은 모두 조고를 두려워하였다.(외畏)

- ▶ 指鹿爲馬(지록위마) '사슴을 가리켜 말이라 하다'는 뜻으로, 윗사람을 농락하고 권세를 함부로 부리는 것을 비유한 말.
- ▶ 二世(이세. 재위. BC210~BC207) 성은 영영嬴, 이름은 호해胡亥. 진나라의 2대 황제로서 이세황제二世皇帝 혹은 진이세秦二世라고 한다. 시황제始皇帝가 죽자 승상 이사李斯와 조고趙高가 공모하여 조서를 고쳐서 장자인 부소扶蘇를 자살하게 하고 우둔한 호해를 황제로 옹립함, 재위 3년 만에 조고의 정변政變의 압박에 자살하였다.

舐痔得車 지치득거

宋人有曹商者 爲宋王使秦 其往也 得車數乘 王說之 益車百乘 反於宋 見莊子曰 夫處窮閭阨巷 困窘織屨 槁項黃馘者 商之所短也 一悟萬乘 之主 而從車百乘者 商之所長也 莊子曰 秦王有病召醫 破癰潰痤者 得 車一乘 舐痔者得車五乘 所治愈下 得車愈多 子豈治其痔邪 何得車之 多也 子行矣. ≪莊子/列禦寇≫

宋人有曹商者 송나라 사람으로 조상曹商이란 자가 있었는데
爲宋王使秦 송나라 왕을 위해 진秦나라에 사신으로 갔다.(시使)
其往也 갈 적에는
宋得車數乘 (송나라 왕에게) 몇 대의 수레를 얻었을 뿐이었는데
王說之 진나라 왕이 그를 좋아하여(열說)
益車百乘 수레 백승을 주었다.(익益)
反於宋 見莊子曰 그는 송나라로 돌아와, 장자를 보고 말했다.
夫處窮閭阨巷 "대저 가난한 마을(려閭)의 좁은(애阨) 골목에 살면서(처處)
困窘織屨 곤란하고 군색窘塞하게 짚신(구屨)이나 짜고 *窘(군)군색하다.
槁項黃馘者 비쩍 마른 목(항項)에 누런 얼굴(괵馘)을 하고 사는 것은
商之所短也 제(상商)가 잘 못하는 일이요

328

一悟萬乘之主　만승의 군주를 한 번 깨우쳐서(오悟)

而從車百乘者　수레 백승을 뒤따르게 하는 것은

商之所長也　제가 잘하는 일입니다."

莊子曰　장자가 말했다.

秦王有病召醫　"진나라 왕에게 병이 있어서 의원을 부르니(소召)

破癰潰痤者　종기(옹癰)를 째고 부스럼(좌痤)을 없애주는(궤潰) 자는

得車一乘　수레 한 승을 받고

舐痔者　치질(치痔)을 핥아(지舐) 고쳐준 자는

得車五乘　다섯 수레를 받았습니다.

所治癒下　치료해 준 부위가 내려갈수록

得車愈多　수레는 더욱(유愈) 많이 받았습니다.

子豈治其痔邪　그대(자子)는 어떻게(기豈) 치질을 고쳤습니까.(야邪)

何得車之多也　어떻게 받은 수레가 그렇게 많습니까.

子行矣　그대는 빨리 떠나가시오."

▶ 舐痔得車(지치득거) '남의 치질을 핥아주고, 수레를 얻다'는 뜻으로, 비열한 수단으로 권력이나 부귀를 얻음을 이르는 말. 자신의 목적을 위해서 수단과 방법을 가리지 않음.

知魚之樂 지어지락

莊子與惠子 遊於濠梁之上 莊子曰 儵魚出遊從容 是魚之樂也 惠子曰
子非魚 安知魚之樂 莊子曰 子非我 安知我不知魚之樂 惠子曰 我非子
固不知子矣 子固非魚也 子之不知魚之樂 全矣 莊子曰 請循其本 子曰
汝安知魚樂云者 旣已知吾知之而問我 我知之濠上也. 《莊子/秋水》

莊子與惠子　장자莊子가 혜자惠子와 더불어

遊於濠梁之上　호수(호濠) 다리(량梁) 위를 거닐다가

莊子曰　장자가 말했다.

儵魚出遊從容　"물고기(숙어儵魚)가 나와 유유히 노닐고 있으니

是魚之樂也　이것이 물고기의 즐거움이네."

惠子曰　혜자가 말했다.

子非魚　"그대(자子)는 물고기가 아닌데

安知魚之樂　어떻게(안安) 물고기가 즐거운 것을 아는가."

莊子曰　장자가 말했다.

子非我　"그대는 내가 아닌데

安知我不知魚之樂　어떻게 내가 물고기의 즐거움을 알지 못한다는
　　　　　　　　것을 아는가."

惠子曰　혜자가 말했다.

我非子　"나는 그대가 아니니

固不知子矣　본시(고固) 그대를 알지 못하네.

子固非魚也　그대도 본시 물고기가 아니니

子之不知魚之樂　그대가 물고기의 즐거움을 알지 못한다는 것은

全矣　분명하네."

莊子曰　장자가 말했다.

請循其本　"이야기의 근본으로 돌아가 보세.(순循)

子曰汝安知魚樂云者　그대가 내게 어떻게 물고기의 즐거움을 아는가
　　　　　　　　하고 말한 것은

既已知吾知之而問我　이미 내가 물고기의 즐거움을 알고 있음을 알
　　　　　　　　고 나에게 물었고

我知之濠上也　나는 호수의 다리 위에서 그 즐거움을 알았다네."

330

▶ 知魚之樂(지어지락) '물고기의 즐거움을 안다'는 뜻으로, 융통성 있는 유연한 사고를 가리키는 말. '호량지변濠梁之辨'이라고도 함.
▶ 惠子(혜자) 전국시대 송의 사상가. 이름은 시施. 양梁의 혜왕惠王과 양왕襄王을 섬기어 재상을 지내고, 변론에 능했다.
▶ 장자는 물아일체物我一體의 경지가 되면 나와 사물이 심리적으로 하나 되기 때문에 자기의 마음으로 미루어 남의 마음을 알 수 있다는 것임을 말함.

知彼知己 지피지기

知彼知己 百戰不殆 不知彼而知己 一勝一負 不知彼不知己 每戰必敗.

≪孫子/謀攻篇≫

知彼知己　상대(피彼)를 알고 나를 알면
百戰不殆　백 번 싸워도 위태롭지 않고
不知彼而知己　상대를 알지 못하고 자기를 알면
一勝一負　한 번 이기고 한 번 지며(부負)
不知彼不知己　상대를 모르고 자기도 모르면
每戰必敗　싸울 때마다 반드시 패한다.

▶ 知彼知己(지피지기) '상대를 알고 나를 알아야 한다'는 뜻으로, 상대의 형편과 나의 형편을 자세히 알아야 한다는 말.

千金買骨천금매골・先從隗始선종외시

燕人共立太子平 是爲昭王 昭王於破燕之後 卽位 吊死問孤 與百姓同
甘苦 卑身厚幣以招賢者 謂郭隗曰 齊因孤之國亂 而襲破燕 孤極知燕
小力少 不足以報 然誠得賢士與共國 以雪先王之恥 孤之願也 先生視
可者 得身事之 郭隗曰 古之人君 有以千金使涓人求千里馬者 馬已死
買其骨五百金而返 君大怒 涓人曰 死馬且買之 况生者乎 馬今至矣 不
期年 千里馬之至者三 今王必欲致士 先從隗始 况賢於隗者 豈遠千里
哉 於是昭王爲隗 改築宮 而師事之 於是士爭趣燕 樂毅自魏往 劇辛自
趙往 昭王以樂毅爲亞卿 任以國政. ≪通鑑節要≫

燕人共立太子平 연나라 사람들이 함께 태자 평平을 세우니

是爲昭王 이분이 소왕昭王이다.

昭王於破燕之後 卽位 소왕은 제나라가 연나라를 깨뜨린 후에 즉위하여

吊死問孤 죽은 이를 조상吊喪하고 아비 잃은 아이(고孤)를 위로하며(문問)

與百姓同甘苦 백성과 더불어 고락(감고甘苦)을 함께하고

卑身厚幣 몸을 낮추고 재물(폐幣)을 후하게 하여

以招賢者 현자를 초빙招聘하려고

謂郭隗曰 곽외郭隗에게 일러 말했다.

齊因孤之國亂 "제나라가 내(고孤) 나라의 변란變亂으로 인하여

而襲破燕 연을 쳐서 깨뜨리니

孤極知燕小力少 不足以報 연나라가 작고 힘이 부족해 보복報復할
　　　　　　　　　　　　　　수 없음을 잘(극極) 알고 있소.

然誠得賢士 그러나 진실로(성誠) 어진 선비를 얻어서

與共國 나라의 일을 함께하여　*與共(여공)함께 하다.

以雪先王之恥 孤之願也 선왕의 치욕을 씻는(설雪) 것이 나의 소원이니

先生視可者 선생께서 괜찮은 사람을 보여주시면

332

得身事之 몸소 그를 섬길 수 있을 것이오."

郭隗曰 곽외가 말했다.

古之人君 "옛날에 어떤 임금이

有以千金使涓人求千里馬者 천금으로 연인涓人(잡무를 보는 하급 관리)
　　　　　　　　　　을 시켜 천리마를 구한 적이 있었는데 *涓(연)실개천.

馬已死 말이 이미 죽었는데

買其骨五百金而返 그 뼈를 오백 금에 사서(매買) 돌아오거늘

君大怒 임금이 크게 노하니

涓人曰 연인이 말하길

死馬且買之 況生者乎 '죽은 말도 사는데 하물며(황況) 산 말임에랴.

馬今至矣 말이 이제 곧 이를 것입니다.'라고 했습니다.

不期年 한 해가 되지 않아서

千里馬之至者三 천리마가 이른 것이 셋이나 되었습니다.

今王必欲致士 지금 왕께서 반드시 선비를 이르게 하고자 한다면

先從隗始 곽외로부터(종從) 먼저 시작하시면

況賢於隗者 하물며 곽외보다(어於) 현명한 자가

豈遠千里哉 어찌 천 리를 멀다하겠습니까."

於是昭王爲隗 이에 소왕이 곽외를 위하여

改築宮 而師事之 궁을 고쳐 짓고 그를 스승으로 섬기니

於是士爭趣燕 이에 선비들이 다투어 연나라로 향했다.(취趣)

樂毅自魏往 악의樂毅는 위魏에서(자自) 오고

劇辛自趙往 극신劇辛은 조趙에서 오니

昭王以樂毅爲亞卿 소왕은 악의를 아경亞卿(경卿의 다음 벼슬)으로 삼아

任以國政 국정을 맡겼다.(임任)

▸ 千金買骨(천금매골) '천금을 주고 뼈를 사다'는 뜻으로, 인재를 구하려면 정성을
　다해야 함을 이르는 말.

▸ 先從隗始(선종외시) '먼저 곽외郭隗로부터 시작하라'는 뜻으로, 큰일을 이루고자

하면 먼저 손쉬운 것부터 착수하거나, 또는 말을 꺼낸 사람부터 시작하라는 의미.

▶ 燕昭王(연소왕) 전국시대 연나라 39대 군주. 이름은 평平. 소왕昭王, 양왕襄王으로도 불림. 전국에서 곽외郭隗, 추연鄒衍, 악의樂毅 등 인재를 초빙하여 연나라를 강성부국으로 만듦.

鐵面皮 철면피

進士楊光遠 惟多矯飾 不識忌諱 遊謁王公之門 干索權豪之族 未嘗自足 稍有不從 便多誹謗 常遭有勢者撻辱 略無改悔 時人多鄙之 皆云楊光遠慚顔厚如十重鐵甲也. ≪開元天寶遺事/慚顔厚如甲≫

進士楊光遠　진사 양광원楊光遠은
惟多矯飾　오직 거짓으로 겉모양만 꾸밈(교식矯飾)이 많았고
不識忌諱　꺼리어 싫어함(기휘忌諱)을 알지 못하였다.
遊謁王公之門　왕공王公(신분이 높은 사람)의 집안을 기웃거리고
干索權豪之族　권세가들을 구하거나(간干) 찾았다.(색索)
未嘗自足　일찍이 자기 마음에 들지 않으면
稍有不從　조금도(초稍) 따름이 있지 않고
便多誹謗　문득(변便) 비방함이 많아
常遭有勢者撻辱　늘 권세가에게 맞는 치욕(달욕撻辱)을 만나도(조遭)
略無改悔　거의(약略) 잘못을 뉘우치고 고침(개회改悔)이 없었다.
時人多鄙之　당시 사람들 대부분 그를 비루하게 여기며
皆云楊光遠慚顔厚如十重鐵甲也　모두 양광원의 부끄러운(참慚) 얼굴
　　　　　　　　은 열 겹의 철갑鐵甲처럼 두껍다고(후厚) 말했다.

▶ 鐵面皮(철면피) '쇠처럼 두꺼운 낯가죽'이라는 뜻으로, 뻔뻔스럽고 염치廉恥없는 사람을 이르는 말.

轍鮒之急 철부지급

莊周家貧 故往貸粟於監河侯 監河侯曰 諾 我將得邑金 將貸子三百金
可乎 莊周忿然作色曰 周昨來 有中道而呼者 周顧視 車轍中有鮒魚焉
周問之曰 鮒魚來 子何爲者邪 對曰 我東海之波臣也 君豈有斗升之水
而活我哉 周曰諾 我且南遊吳越之王 激西江之水而迎子 可乎 鮒魚忿
然作色曰 吾失我常與 我無所處 吾得斗升之水 然活耳 君乃言此 曾不
如早索我於枯魚之肆. ≪莊子/外物≫

莊周家貧　장주莊周(장자莊子)는 집이 가난하여

故往貸粟於監河侯　감하후監河侯에게 곡식을 빌리러(대貸) 갔다.

監河侯曰　감하후가 말했다.

諾 我將得邑金　"좋소.(낙諾) 내가 세금(읍금邑金)을 받으면

將貸子三百金　장차 그대(자子)에게 3백금을 빌려주겠소.(대貸)

可乎　괜찮겠소."

莊周忿然作色曰　장주가 벌컥 화를 내고(분연忿然) 얼굴을 붉히며(작색
　　　　　　　　作色) 말했다.　*忿(분)성내다, 화내다.<분慎>

周昨來　"제가 어제 오는데

有中道而呼者　도중에 부르는 자가 있어

周顧視　제가 돌아보니(고시顧視)

車轍中有鮒魚焉　수레바퀴 자국(철轍)에 붕어(부鮒)가 있었습니다.

周問之曰　제가 붕어에게 물었습니다.

鮒魚來 子何爲者邪　'붕어야. 너(자子)는 어떻게 된 것이냐.(야邪)'

對曰　붕어가 답했습니다.

我東海之波臣也　'나는 동해에서 파도를 관장하는 신하입니다.

君豈有斗升之水　그대는 조금(두승斗升)의 물이 있으면

而活我哉   나를 살릴 수 있을 거요.'

周曰 諾   제가 말했습니다. '좋소.(낙諾)

我且南遊吳越之王   내가 장차 남쪽 오월의 왕에게 가려고 하는데

激西江之水而迎子   서강의 물을 끌어(격激) 그대를 맞이토록 하겠소.

可乎   괜찮겠소.'

鮒魚忿然作色曰   붕어가 벌컥 화를 내며 얼굴을 붉히며 말했습니다.

吾失我常與   '나는 늘 나와 함께 있던 물을 잃어

我無所處   나는 있을 곳이 없는 것이오.

吾得斗升之水   나는 한 말이나 한 되의 물만 얻으면

然活耳   살아날 수 있을 따름인데   *然(연)그렇다면, 그러면.

君乃言此   그대가 이에 이렇게 말하니

曾不如早索我於枯魚之肆   그야말로(증曾) 건어물 가게(사肆)에서 빨리
　　　　　　　　　　　　나를 찾는(색索) 것만 못할 것이오.'"

▶ 轍鮒之急(철부지급) '수레바퀴 자국에 괸 물에 있는 붕어의 급함'이라는 뜻으로,
몹시 곤궁하거나 위급한 처지를 비유하는 말. '학철부어涸轍鮒魚'라고도 함.

▶ 莊周(장주. BC365?~290?) 장자莊子. 전국시대 사상가, 도학자. 도가사상의 중심
인물로, 유교의 인위적인 예교禮敎를 부정하고 자연으로 돌아가자는 자연 철학을
제창함.

▶ 枯魚之肆(고어지사) '목마른 고기의 어물전이라는 말'로, 매우 곤궁한 처지를 비
유함.

靑出於藍 청출어람

君子曰 學不可以已 靑取之於藍 而靑於藍 冰水爲之 而寒於水 木直中
繩 輮以爲輪 其曲中規 雖有槁暴 不復挺者 輮使之然也 故木受繩則直
金就礪則利 君子博學 而日參省乎己 則知明 而行無過矣 故不登高山
不知天之高也 不臨深谿 不知地之厚也 不聞先王之遺言 不知學問之大
也 干越夷貊之子 生而同聲 長而異俗 敎使之然也. ≪荀子/勸學≫

君子曰　군자는 말한다.

學不可以已　학문은 그만둘(이己) 수 없다.

靑取之於藍而靑於藍　푸른색은 쪽(람藍)에서 취하지만 쪽보다(어於)
　　　　　　　　　더 푸르고

冰水爲之而寒於水　얼음은 물이 그것이 되었지만 물보다 더 차다.

木直中繩　나무가 곧아서 먹줄(승繩)에 들어맞는다 하더라도

輮以爲輪　휘어 바퀴를 만들면　*輮(유)휘다.

其曲中規　그 굽음이 굽은 자(규規)에 들어맞게 되고

雖有枯暴　비록 뙤약볕에 말림이 있어도

不復挺者　다시 곧아지지 않는 것은　*挺(정)곧다. 빼어나다.

輮使之然也　구부림이 그것을 그렇게 했기 때문이다.

故木受繩則直　그러므로 나무는 먹줄을 받으면 곧아지고

金就礪則利　쇠는 숫돌에 갈면(려礪) 날카로워지는 것처럼

君子博學　군자가 널리 배우고

而日參省乎己　매일 자신을(호乎) 생각하고 살피면(참성參省)

則知明 而行無過矣　지혜가 밝아지고 행동에 허물이 없을 것이다.

故不登高山　그러므로 높은 산에 오르지 않으면

不知天之高也　하늘이 높음을 알지 못하고

不臨深谿　깊은 계곡에 가보지 않으면

不知地之厚也　땅이 두꺼운 것을 알지 못하며

不聞先王之遺言　옛 임금들이 남긴 말씀을 듣지 못한다년

不知學問之大也　학문의 위대함을 알지 못할 것이다.

干越夷貉之子　간월干越과 이맥夷貉의 자식도　*貉(맥)오랑캐.

生而同聲　태어났을 때는 소리가 같지만

長而異俗　자랄수록 풍습이 달라짐은

敎使之然也　가르침이 그를 그렇게 하였기 때문이다.

▸ 靑出於藍(청출어람) '푸른색은 쪽에서 나왔으나 쪽보다 더 푸르다'는 뜻으로, 제
  자가 스승보다 나은 것을 비유한 말.
▸ 간월干越은 중국 남방의 오吳와 월越. 이맥夷貉은 동방과 북방의 오랑캐를 일컬음.

楚妃守符초비수부

貞姜者 齊侯之女 楚昭王之夫人也 王出遊 留夫人漸臺之上而去 王聞
江水大至 使使者迎夫人 忘持符 使者至 請夫人出 夫人曰 王與宮人約
令 召宮人必以符 今使者不持符 妾不敢從使者行 使者曰 今水方大至
還而取符 則恐後矣 夫人曰 妾聞之 貞女之義不犯約 勇者不畏死 守一
節而已 妾知從使者必生 留必死 然棄約越義而求生 不若留而死耳 於
是使者反取符 還則水大至 臺崩 夫人流而死 王曰 嗟夫 守義死節 不爲
苟生 處約持信 以成其貞 乃號之曰貞姜 君子謂貞姜有婦節.　《列女傳》

貞姜者 齊侯之女　정강貞姜은 제경공齊景公의 딸로

楚昭王之夫人也　초소왕楚昭王의 부인이다.

王出遊　왕이 외유를 나갔다가

留夫人漸臺之上而去　부인만 점대漸臺 위에 머물러 있게 하고 갔다.

338

王聞江水大至　왕이 강물이 크게 차오른다는 말을 듣고

使使者迎夫人　사자使者로 하여금 부인을 맞아 오라 하였는데

忘持符　부절符節을 지니는 것을 잊었다.

使者至 請夫人出　사자가 이르러 부인에게 나오실 것을 청하니

夫人曰　부인이 말했다.

王與宮人約令　"왕과 궁인은 법령으로 맺어

召宮人必以符　궁인을 부를 때는 반드시 부절로 해야 하는데

今使者不持符　지금 사자가 부절을 지니지 않았으니

妾不敢從使者行　나(첩妾)는 감히 사자 일행을 따라가지 못하겠습니다."

使者曰　사자가 말했다.

今水方大至　"지금 막 물이 크게 차오르고 있는데

還而取符 則恐後矣　돌아가 부절을 갖고 온다면 뒷일이 두렵습니다."

夫人曰　부인이 말했다.

妾聞之　"제가 들으니

貞女之義不犯約　'정결한 여자의 의로움은 약속을 어기지(범犯) 않고

勇者不畏死　용기 있는 자는 죽음을 두려워하지 않으며

守一節而已　한결같이 절의節義를 지킬 뿐'이라 했으니

妾知從使者必生 留必死　제가 사자를 따라나서면 틀림없이 살고, 머
　　　　　　　　　　　물러 있으면 틀림없이 죽을 것을 알고 있습니다.

然棄約越義而求生　그러나 약속을 버리고(기棄) 의를 어기면서(월越)
　　　　　　　　　삶을 구함은

不若留而死耳　그대로 머물러 있으면서 죽는 것만 같지 못할 뿐입니다."

於是使者反取符　이에 사자가 돌아가서 부절을 가지고

還則水大至 臺崩　돌아오니 물이 크게 차올라 누대는 무너지고

夫人流而死　부인은 급류에 휩쓸려 죽은 뒤였다.

王曰　왕이 말했다.

嗟夫 守義死節　"아아(차부嗟夫) 의를 지키고 정절貞節로 죽어

339

不爲苟生　구차苟且하게 살려고 하지 않았구나.

處約持信　곤궁(약約)에 처하여 신의를 지켜

以成其貞　정절貞節을 이루었도다."

乃號之曰貞姜　이에 그녀를 이름하여 정강貞姜이라 하였다.

君子謂貞姜有婦節　군자는 정강을 일러 부인의 정절이 있다고 하였다.

▸ 楚妃守符(초비수부) '초楚나라 왕비王妃가 부符를 지키다'는 뜻으로, 명분에 사로
　잡혀 실리實利를 잃음을 이르는 말.

▸ 齊景公(제경공) 춘추시대 제나라 26대 군주.<재위. BC547~BC490> 재위 기간은
　58년이고, 시호는 경景.

楚莊絕纓초장절영

楚莊王賜群臣酒 日暮酒酣 燈燭滅 乃有人引美人之衣者 美人援絕其冠
纓 告王曰 今者燭滅 有引妾衣者 妾援得其冠纓持之 趣火來上 視絕纓
者 王曰 賜人酒 使醉失禮 奈何欲顯婦人之節 而辱士乎 乃命左右曰 今
日與寡人飮 不絕冠纓者不懽 群臣百有餘人皆絕去其冠纓 而上火 卒盡
懽而罷 居三年 晉與楚戰 有一臣常在前 五合五奮 首卻敵 卒得勝之 莊
王怪而問曰 寡人德薄 又未嘗異子 子何故出死不疑如是 對曰 臣當死
往者醉失禮 王隱忍不加誅也 臣終不敢以蔭蔽之德 而不顯報王也 常願
肝腦塗地 用頸血湔敵久矣 臣乃夜絕纓者 遂敗晉軍 楚得以强 此有陰
德者 必有陽報也.　≪說苑/卷六≫

楚莊王賜群臣酒　춘추시대 초장왕楚莊王이 여러 신하들에게 술을 내려(사賜)

日暮酒酣　날은 저물고 술자리는 무르익었는데(감酣)

燈燭滅　촛불이 꺼졌다.(멸滅)

乃有人引美人之衣者　이에 미인의 옷자락을 끌어당긴 자가 있어

美人援絕其冠纓　미인이 그의 갓끈(영纓)을 당겨서(원援) 끊고는

告王曰　왕에게 고하여 말하였다.

今者燭滅　"지금 촛불이 꺼지자

引妾衣者　첩의 옷자락을 당기는 이가 있어서

妾援得其冠纓持之　첩이 그의 갓끈을 당기어 가지고 있으니

趣火來上　불을 재촉해(촉趣) 밝혀

視絕纓者　갓끈이 끊긴 자를 보십시오."

王曰　왕이 말하였다.

賜人酒 使醉失禮　"사람들에게 술을 내려 취하여 예를 잃게 했으니

奈何欲顯婦人之節 而辱士乎　어찌(내하奈何) 부인의 절개를 들어내려
　　　　　　　　　　　　고(현顯) 선비를 욕되게 하려는가."

乃命左右曰　이에 주위에 명하여 말하였다.

今日與寡人飮　"오늘 과인과 더불어 술을 마심에

不絕冠纓者不懽　갓끈을 끊지 않은 자는 즐기지(환懽) 않은 것이로다."

群臣百有餘人 皆絕去其冠纓　신하 백여 명 모두 그들의 갓끈을 끊자

而上火 卒盡懽而罷　불을 켜고, 끝까지 즐거움을 다하고 파하였다.

居三年 晉與楚戰　3년이 지나 진晉나라와 초楚나라가 싸웠는데

有一臣常在前　어떤 한 신하가 늘 앞에 있어

五合五奮　다섯 번 싸움에 다섯 번 분격奮擊하니

首卻敵　앞에서 적을 물리쳐(각卻)

卒得勝之　마침내(졸卒) 진나라를 이길 수 있었다.

莊王怪而問曰　장왕이 이상하게 여겨 물었다.

寡人德薄　"과인寡人은 덕이 박薄하고

又未嘗異子　또 일찍이 그대(자子)를 남다르게 대하지 아니하였는데

子何故　그대는 무슨 까닭으로

出死不疑如是　죽음에 나아가기를 망설이지 않음이 이와 같은가."

對曰　답하여 말했다.

臣當死 "신은 마땅히 죽어야 했습니다.

往者醉失禮 지난번(왕자往者) 술에 취하여 예를 잃었으나

王隱忍不加誅也 왕께서는 감추어 주고 참아 목을 베지(주誅) 아니하
였습니다.

臣終不敢以蔭蔽之德 신은 항상(종終) 감히 덮어 주신(음폐蔭蔽) 은덕을

而不顯報王也 왕에게 분명히 갚지 않을 수 없어서

常願肝腦塗地 用頸血湔敵久矣 늘 간과 뇌를 땅바닥에 칠하고,(도塗) 목
(경頸)의 피를 적에게 뿌리고자(전湔)함이 오래였습니다.

臣乃夜絕纓者 신이 바로(내乃) 밤에 갓끈이 끊겼던 자입니다."

遂敗晉軍 드디어 진나라를 물리쳐서

楚得以強 초나라는 강해질 수 있었으니

此有陰德者 이는 남모르게 쌓은 덕(음덕陰德)이 있으면

必有陽報也 반드시 드러나는 보답(양보陽報)이 있는 것이다.

▶ 楚莊絕纓(초장절영) '초나라 장왕莊王이 신하들의 갓끈을 끊게 하였다'는 뜻으로,
남의 잘못을 관대하게 용서해주거나 어려운 일에서 구해주면 반드시 보답이 따름
을 이름. '절영絕纓·절영지회絕纓之會·절영지연絕纓之宴'이라고도 함.
▶ 肝腦塗地(간뇌도지) '간과 뇌를 땅에 칠하다'는 뜻으로, 참혹한 죽음 또는 나라를
위한 희생을 이르는 말.

楚材晉用초재진용

聲子通使於晉 還如楚 令尹子木與之語 問晉故焉 且曰 晉大夫與楚 孰
賢 對曰 晉卿不如楚 其大夫則賢 皆卿材也 如杞梓皮革 自楚往也 雖楚
有材 晉實用之. 《春秋左氏傳/襄公》

聲子通使於晉　성자聲子(춘추시대 채국蔡國의 대부)가 진晉나라로 사신
　　　　　　　갔다가

還如楚　돌아오면서 초나라에 가니(여如)　*如(여)가다.

令尹子木與之語　영윤令尹 자목子木이 그와 더불어 말을 하면서

問晉故焉　진나라의 사정을 물었다.

且曰　그리고 또 물었다.

晉大夫與楚 孰賢　"진나라 대부와 초나라 대부는 누가 현명한가."

對曰　성자가 답하여 말했다.

晉卿不如楚　"진나라의 경들은 초나라의 경들만 못합니다만

其大夫則賢 皆卿材也　대부들은 현명하여 모두 경이 될 재목들로

如杞梓皮革 自楚往也　기재杞梓(구지자와 가래나무)와 피혁皮革이 초나
　　　　　　　라로부터(자自) 가는 것과 같습니다.(여如)　*杞梓(기재)훌륭한 인재.

雖楚有材　비록 초나라에 인재가 있으나

晉實用之　진나라가 실제로 그들을 쓰고 있습니다."

▶ 楚材晉用(초재진용) '초楚나라의 인재가 진晉나라에 의해 쓰이다'는 뜻으로, 인재
　가 바깥으로 흘러 나가 다른 나라에 의해 쓰여 짐을 이르는 말.

▶ 이후 초나라는 인재 등용의 잘못을 바로잡기로 하고, 진晉나라에 도망가 있던 대
　부 오거伍擧를 데려오게 하니, 오거는 돌아와 초가 춘추시대의 패자霸者가 되는
　데 결정적인 공헌을 하였다.

寸草春暉 촌초춘휘

慈母手中線 遊子身上衣 臨行密密縫
意恐遲遲歸 難將寸草心 報得三春暉.　<遊子吟/孟郊詩>

○遊子吟　길 떠나는 아들의 노래

慈母手中線　자애로운 어머니의 손에 실로

遊子身上衣　길 떠나는 아들 입을 옷을 지으시네.

臨行密密縫　떠나기 전에 촘촘히 꿰매시며(봉縫)

意恐遲遲歸　마음은 늦게 돌아올까 염려하시네.　*遲遲(지지)더디고 더딤.

難將寸草心　한 치 풀과 같은 마음으로　*將(장)가지다.

報得三春暉　석 달 봄볕의 은혜 갚기 어렵네.　*暉(휘)빛.

▸寸草春暉(촌초춘휘) '풀 한 포기와 봄날의 햇볕'이라는 뜻으로, 보잘것없이 작은 풀
　이 봄날 햇볕의 혜택을 갚을 수 없듯이 부모의 은혜는 보답하기 어려움을 비유한 말.
▸5구 '난장難將'이 '수언誰言'인 본도 있음.
▸孟郊(맹교. 751~814) 당나라의 시인. 자는 동야東野, 시호는 정요선생貞曜先生.

追女失妻추녀실처

趙簡子擧兵 而攻齊 令軍中有敢諫者罪至死 被甲之士 名曰公盧 望見
子大笑 簡子曰 子何笑 對曰 臣有夙笑 簡子曰 有以解之則可 無以解之
則死 對曰 當桑之時 臣鄰家夫與妻俱之田 見桑中女 因往追之 不能得
還反 其妻怒而去之 臣笑其曠也 簡子曰 今吾伐國失國 是吾曠也 於是
罷師而歸.　≪說苑/正諫≫

趙簡子擧兵　조간자趙簡子(춘추시대 진晉나라 대부)가 군사를 일으켜

而攻齊　제齊나라를 공격하려 하면서

令軍中有敢諫者罪至死　감히 간하는 자가 있으면 사형에 처하겠다고
　　　　　　　　　　　　군중에 영을 내렸다.

被甲之士 名曰公盧　이름이 공로公盧라고 하는 갑옷 입은 군사가

望見子大笑　조간자를 바라보며 크게 웃었다.

簡子曰　조간자가 물었다.

子何笑　"그대(자子)는 어찌하여 웃는가."

對曰　답하여 말했다.

臣有夙笑　"신에게 일찍이(숙夙) 우스운 일이 있었습니다."

簡子曰　조간자가 말했다.

有以解之則可　"웃은 이유를 해명할 수 있으면(유이有以) 괜찮으나

無以解之則死　해명할 수 없으면(무이無以) 죽이겠다."

對曰　답하여 말했다.

當桑之時　"뽕잎을 따는 시기에 당하여

臣鄰家夫與妻　신의 이웃집 사내와 그의 아내가

俱之田　함께 뽕나무밭에 갔습니다.(지之)

見桑中女　사내가 뽕잎을 따고 있는 여자를 보더니

因往追之　그를 뒤쫓아 갔으나

不能得 還反　만날 수 없어서 도로 돌아오자

其妻怒而去之　그의 아내가 화를 내며 그를 떠나갔습니다.

臣笑其曠也　신은 그 홀아비(광曠)를 비웃어 주었습니다."

簡子曰　조간자가 말했다.

今吾伐國失國　"지금 내가 남의 나라를 정벌하려다가 내 나라를 잃는다면

是吾曠也　내가 그 홀아비가 된다는 것이구나."

於是罷師而歸　이에 군사를 거두고 돌아갔다.

▸ 追女失妻(추녀실처) '다른 여자를 쫓다가 아내를 잃었다'는 뜻으로, 욕심을 부리다가 소중한 것을 잃음을 비유하는 말.

▸ 趙簡子(조간자. ?~BC475) 춘추시대 진晉나라의 대부. 이름은 조앙趙鞅. 전국칠웅 중 한 나라인 조나라의 초석을 쌓음.

春華秋實 춘화추실

古之學者爲己 以補不足也 今之學者爲人 但能說之也 古之學者爲人
行道以利世也 今之學者爲己 修身以求進也 夫學者猶種樹也 春玩其華
秋登其實 講論文章 春華也 修身利行 秋實也. ≪顔氏家訓/勉學篇≫

古之學者爲己 옛날 배우는 자는 자신을 위하여
以補不足也 부족함을 보충하였는데
今之學者爲人 요즘 배우는 자는 남을 위하여
但能說之也 다만 능히 남에게 말만 한다
古之學者爲人 옛날에 배우는 자는 남을 위해
行道以利世也 도를 행하여 세상을 이롭게 하였는데
今之學者爲己 요즘 배우는 자는 자신을 위해
修身以求進也 몸을 닦아 알아주기를 구하여 나아간다.
夫學者猶種樹也 무릇 배움은 나무를 심는 것과 같으니(유猶)
春玩其華 봄에는 꽃을 즐기고(완玩)
秋登其實 가을에는 그 열매를 얻는다.(등登)
講論文章 春華也 문장을 강론함은 봄꽃이요
修身利行 秋實也 몸을 닦아 행동에 이롭게 함은 가을 열매이다.

▶春華秋實(춘화추실) '봄의 꽃과 가을의 열매'란 뜻으로, 외적인 아름다움과 내적
인 충실을 강조한 말.

出告反面출고반면

夫爲人子者 出必告 反必面 所遊必有常 所習必有業 恒言不稱老 年長
以倍則父事之 十年以長則兄事之 五年以長則肩隨之 群居五人 則長者
必異席. ≪禮記/曲禮≫

夫爲人子者　무릇 사람의 자식 된 자는

出必告　외출할 때는 반드시 아뢰고

反必面　돌아와서는 반드시 얼굴을 뵈며

所遊必有常　나다니는 곳은 반드시 일정함이 있으며

所習必有業　익히는 바는 반드시 일삼는 것이 있으며

恒言不稱老　늘 하는 말(항언恒言)은 자신이 늙었다고 일컫지 않는다.

年長以倍　나이가 많아 곱절(배倍)이 되면

則父事之　아버지처럼 그를 섬기고(사事)

十年以長　열 살이 많으면

則兄事之　형처럼 그를 섬기며

五年以長　다섯 살이 많으면

則肩隨之　어깨(견肩)를 나란히 하되 뒤에서 따른다.

群居五人　다섯 사람이 한데 모여 있을 때에는

則長者必異席　연장자는 반드시 자리를 달리하여야 한다.

▶出告反面(출고반면) '부모님께 나갈 때는 갈 곳을 아뢰고, 들어와서는 얼굴을 보
여드리다'는 뜻으로, 외출할 때와 귀가했을 때 부모에 대한 자식의 도리를 비유하
는 말. '출고出告'는 '출곡出告'으로 읽기도 한다.

吹毛求疵 취모구자

古之全大體者 望天地 觀江海 因山谷 日月所照 四時所行 雲布風動 不
以智累心 不以私累己 寄治亂於法術 託是非於賞罰 屬輕重於權衡 不
逆天理 不傷情性 不吹毛而求小疵 不洗垢而察難知 不引繩之外 不推
繩之內 不急法之外 不緩法之內 守成理 因自然 禍福生乎道法 而不出
乎愛惡 榮辱之責在乎己 而不在乎人. ≪韓非子/大體≫

古之全大體者　옛날에 대체大體를 온전히 한 사람은
望天地 觀江海　하늘과 땅을 바라보고 강과 바다를 살피며
因山谷 日月所照 四時所行 雲布風動　산과 골짜기, 해와 달이 비치는
　　　곳, 사계절의 바뀜, 구름이 펼쳐지고 바람이 움직이는 것을
　　　따랐다.(인因)
不以智累心　지혜로써 마음을 더럽히지 않았고
不以私累己　사리私利로 자기를 더럽히지 않았으며
寄治亂於法術　혼란한 세상 다스림을 법술法術에 맡겼으며
託是非於賞罰　옳고 그름을 상벌에 의지하였고
屬輕重於權衡　가벼움과 무거움을 저울(권형權衡)에 맡겼다.(촉屬)
不逆天理　하늘의 이치를 역행하지 않았고
不傷情性　사람의 본성을 상하게 하지 않았으며
不吹毛而求小疵　터럭을 불어 작은 흠(자疵)을 찾으려 하지 않았고
不洗垢而察難知　때(구垢)를 씻어 알기 힘든 것을 찾지 않았으며
不引繩之外　법(승繩) 밖으로 끌어내지 않았고　*繩(승)법法. 노끈.
不推繩之內　법 안으로 밀지 않았으며
不急法之外　법의 밖을 급하게 하지 않았고
不緩法之內　법의 안을 느슨히 하지(완緩) 않았으며
守成理 因自然　도리를 지키고 자연을 따랐다.

禍福生乎道法　재앙과 복은 도리와 법도에서 생기고
而不出乎愛惡　사랑과 미움(오惡)에서 나오지 않았으며
榮辱之責在乎己　영욕의 책임은 자기에게 있었고
而不在乎人　다른 사람에게(호乎) 있지 않았다.

▶ 吹毛求疵(취모구자) '터럭을 불어 헤쳐 그 속의 허물을 찾으려 하다'는 뜻으로, 남
  의 조그만 잘못도 샅샅이 찾아내려는 야박하고 가혹한 행동을 이르는 말. '취모멱
  자吹毛覓疵, 취모색자吹毛索疵'라고도 하며, 비슷한 말로는 때를 씻어내고 흉터를
  찾아낸다는 뜻의 '세구구반洗垢求瘢, 세구색반洗垢索瘢' 등이 있다.

七縱七擒 칠종칠금

亮至南中　所在戰捷　聞孟獲者爲夷漢所服　募生致之　旣得　使觀於營陳
之閒　問曰　此軍何如　獲對曰　向者不知虛實　故敗　今蒙賜觀看營陳　若祇
如此　卽定易勝耳　亮笑　縱使更戰　七縱七擒　而亮猶遣獲　獲止不去曰　公
天威也　南人不復反矣.　≪漢晉春秋≫

亮至南中　제갈량이 남중南中에 이르러
所在戰捷　싸우는 곳마다 이겼다.(첩捷)
聞孟獲者爲夷漢所服　맹획孟獲이 이夷족과 한漢족에게 복종 받는다
　　　　　　　　　　　는 말을 듣고
募生致之　그를 생포하도록 했다.　*生致(생치)생포生捕.
旣得　이윽고(기旣) 생포하여
使觀於營陳之閒　진영陳營(진영陣營) 사이를 살펴보게 하고
問曰　제갈량이 물었다.
此軍何如　"우리 군이 어떠한가."

獲對曰 맹획이 답하여 말했다.

向者不知虛實 故敗 "지난번(향자向者)에는 허실을 몰라서 패했습니다.

今蒙賜觀看營陳 지금 허락받고 진영을 살펴보니

若祇如此 만약 단지(지祇) 이와 같다면

卽定易勝耳 바로 쉽게 이길 따름입니다."

亮笑 제갈량이 웃으며

縱使更戰 그를 풀어주고(종縱) 다시(갱更) 싸우게 하였다.

七縱七擒 일곱 번 놓아주고 일곱 번 사로잡았는데(금擒)

而亮猶遣獲 제갈량은 오히려 맹획을 돌려보내니(견遣)

獲止不去曰 맹획은 멈추고 떠나지 않으며 말했다.

公天威也 "공께서는 하늘이 내린 위엄을 지니셨으니

南人不復反矣 남인南人이 다시(부復) 배반하지(반反) 않을 것입니다."

▶ 七縱七擒(칠종칠금) '일곱 번 놓아주고 일곱 번 잡다'는 뜻으로, 상대를 마음대로
다룸을 비유하거나, 인내를 가지고 상대가 숙여 들어오기를 기다림을 이르는 말.

打草驚蛇타초경사

唐代王魯爲當塗縣令 搜刮民財 貪汚受賄 有一次 縣民控告他的部下主
薄貪髒 他見到狀子 十分驚駭 情不自禁地 在狀子上 批了八個字 汝雖
打草 吾已驚蛇. 《酉陽雜俎》

唐代王魯 爲當塗縣令 당나라 시대 왕로王魯는 당도當塗의 현령으로

搜刮民財 백성의 재물을 수탈(수괄搜刮)하고

貪汚受賄 횡령(탐오貪汚)하고 뇌물(회회賄)을 받았다.

有一次 縣民控告他的部下主薄貪髒 한번은 고을의 백성이 그의 부하
주부가 더러운 것(장髒)을 탐하는 것을 고소(공고控告)하였는데

他見到狀子　그는 그의 소장訴狀을 보더니(견도見到)

十分驚駭　매우(십분十分) 놀라며(경해驚駭)

情不自禁地　자신의 감정을 억제하지 못하고

在狀子上 批了八個字　소장 위에(재在) 여덟 자를 적었다.(비批)

汝雖打草　“너희들은 비록 풀숲을 건드렸지만

吾已驚蛇　나는 이미 놀란(경驚) 뱀이다.”

▶ 打草驚蛇(타초경사) ‘수풀을 휘저어 뱀을 놀라게 하다’는 뜻으로, 의도하지 않은 행동이 뜻밖의 결과를 낳을 수 있음을 이르는 말.

兎死狗烹토사구팽

人或說信曰 斬昧謁上 上必喜 無患 信見昧計事 昧曰 漢所以不擊取楚 以昧在公所 若欲捕我以自媚於漢 吾今日死 公亦隨手亡矣 乃罵信曰 公非長者 卒自剄 信持其首 謁高祖於陳 上令武士縛信 載後車 信曰 果 若人言 狡兎死 良狗烹 高鳥盡 良弓藏 敵國破 謀臣亡 天下已定 我固 當烹 上曰 人告公反 遂械繫信 至雒陽 赦信罪 以爲淮陰侯.

≪史記/淮陰侯列傳≫

人或說信曰　어떤 자가 한신韓信을 설득하며 말하였다.

斬昧謁上　“종리매鍾離昧의 목을 베어(참斬) 천자(한고조漢高祖)를 뵈
　　　　　면(알謁)

上必喜 無患　천자께서는 반드시 기뻐하실 것이니 걱정하지 마십시오.”

信見昧計事　한신은 종리매를 만나보고 일을 상의했다.

昧曰　종리매가 말하였다.

漢所以不擊取楚　“한나라가 초나라를 공격해 빼앗지 못하는 까닭은

以眛在公所 종리매가 공의 곁에 있기 때문이오.

若欲捕我以自媚於漢 만약 나를 잡아 스스로 한나라에 아첨(미媚)하려 한다면

吾今日死 나는 오늘이라도 죽을 것이니

公亦隨手亡矣 그러나 공도 또한 곧바로(수수隨手) 죽을 것이오."

乃罵信曰 이어서 한신을 꾸짖어(매罵)말했다.

公非長者 "공은 덕망이 있는 사람(장자長者)이 아니오."

卒自剄 마침내(졸卒) 스스로 목을 베었다.(경剄)

信持其首 한신은 그 머리를 가지고

謁高祖於陳 진陳나라에서 고조高祖를 뵈었다.

上令武士縛信 천자는 무사로 하여금 한신을 묶게 하고

載後車 뒤의 수레에 실었다.

信曰 한신이 말하였다.

果若人言 "과연 사람들의 말과 같구나.

狡兔死 良狗烹 '교활狡猾한 토끼가 죽으면 사냥개를 삶고(팽烹)

高鳥盡 良弓藏 높이 나는 새가 없어지면 좋은 활을 넣어두며

敵國破 謀臣亡 적국을 멸하면 꾀 있는 신하를 죽인다.(망亡)' 했는데

天下已定 천하가 이미 평정되었으니

我固當烹 나도 틀림없이(고固) 마땅히 삶아지겠구나."

上曰 천자가 말하였다.

人告公反 "어떤 이가 공을 모반謀反으로 고발告發하였소."

遂械繫信 마침내 한신에게 형틀(계械)을 씌웠다.(계繫)

至雒陽 赦信罪 낙양雒陽에 이르러 한신의 죄를 사면赦免하고

以爲淮陰侯 회음후淮陰侯로 삼았다.

▶ 兎死狗烹(토사구팽) '토끼를 잡고 나면 사냥개를 삶다'는 뜻으로, 곧 쓸모가 있을 때는 긴요하게 쓰이다가 쓸모가 없어지면 헌신짝처럼 버려진다는 말.

▶ 鍾離眛(종리매. ?~BC201) 진秦나라 말 무장. 항우의 장수였으나 한신과 친해 항

우가 죽자 한신에게 망명함. 고조高祖 6년 한신이 그를 죽여 바치면 누명을 풀고 신임을 얻을 것이라 여겨 자결함.

▸ 雒陽(낙양) 낙양洛陽. 洛陽이라는 이름은 도시가 낙수洛水의 북쪽에 위치한 데에서 유래되었음. 주周나라는 雒陽과 洛陽의 표기가 공존했고, 진秦나라는 수덕水德을 표방했으므로 洛陽으로, 한漢나라는 화덕火德을 숭상했으므로 낙洛의 삼수변을 꺼려 雒陽으로, 위魏나라는 토덕土德을 내세웠으므로 다시 洛陽으로 돌아갔다.

吐哺握髮토포악발

成王封伯禽於魯 周公誡之曰 往矣 子無以魯國驕士 吾文王之子 武王之弟 成王之叔父也 又相天下 吾於天下 亦不輕矣 然一沐三握髮 一飯三吐哺 猶恐失天下之士. ≪韓詩外傳≫

成王封伯禽於魯　성왕成王이 백금伯禽(주공의 아들)을 노魯나라 제후로 봉封하니

周公誡之曰　주공이 그를 훈계(계誡)하면서 말했다.

往矣　"가게 되면

子無以魯國驕士　너(자子)는 노나라에서 선비에게 교만하지(교驕) 마라.

吾文王之子 武王之弟　나는 문왕의 아들이자, 무왕의 동생이며

成王之叔父也 又相天下　성왕의 숙부이다. 또 천하의 재상이지만

吾於天下 亦不輕矣　나는 천하에 또한 가볍게 굴지 않는다.

然一沐三握髮　그리하여 한 번 머리 감다가도(목沐) 세 번이나 머리털을 쥐고(악握)

一飯三吐哺　밥 한 끼 먹다가도 세 번이나 입 안의 음식(포哺)을 토해냈음(토吐)은

猶恐失天下之士　오히려 천하의 인재를 잃을까 두려워 한 것이다."

▶ 吐哺握髮(토포악발) '먹던 것을 뱉고 감고 있던 머리를 거머쥐다'는 뜻으로, 손님이
오면 황급히 뛰어나가 맞이한다는 의미로, 현사賢士를 얻기 위해 애씀을 일컬음.
▶ 成王(성왕) 주周나라 2대 왕. 아버지 무왕이 죽었을 때 어렸으므로 무왕의 아우
주공周公 단旦이 섭정攝政하여 섭정 7년에 성왕에게 정사를 넘겨주었다 함.

推敲 되고

島初赴擧京師 一日於驢上得句云 鳥宿池邊樹 僧敲月下門 始欲着推字
又欲作敲字 煉之未定 遂於驢上吟哦 時時引手作推敲之勢 觀者訝之
時韓愈吏部權京兆 島不覺衝至第三節 左右擁至尹前 島具對所得詩句
云云 韓立馬良久 謂島曰 作敲字佳矣 遂與幷轡而歸 共論詩 道留連累
日 與爲布衣之交. ≪湘素雜記≫

島初赴擧京師 　가도賈島가 처음으로 경사京師(서울. 장안長安)로 과거
　　　　　　　를 보러 가다가(부거赴擧) *師(사)서울.
一日於驢上得句云 　하루는 나귀(려驢) 등에서 시구를 얻었는데
鳥宿池邊樹 　"새는 연못가 나무에서 잠들고
僧敲月下門 　스님은 달빛 아래 문을 두드리네."
始欲着推字 　처음에 퇴推 자를 쓸까 하다가
又欲作敲字 　또 고敲 자를 쓰고 싶어
煉之未定 　이리저리 생각하다가 결정하지 못하고
遂於驢上吟哦 　마침내 나귀 등에서 읊조리며(음아吟哦)
時時引手作推敲之勢 　때때로 손을 들어 두드리고 미는 자세를 하니
觀者訝之 　보는 사람들이 의아하게 생각했다. *訝(아)의심하다. 의아하다.
時韓愈吏部權京兆 　당시 한유가 이부吏部로 경조윤京兆尹(장안 시장)
　　　　　　　을 맡았는데

島不覺衝至第三節　가도는 그 행차 제3열까지 들어가는 줄도 몰랐다.
左右擁至尹前　좌우에서 가도를 붙잡아(擁) 경조윤 앞에 이르니
島具對所得詩句云云　가도는 얻은 시구를 운운하며 갖추어 대답하였다.
韓立馬良久　한유는 말을 세우고 한참 있다가(良久)
謂島曰 作敲字佳矣　가도에게 "고 자로 짓는 것이 좋겠구나." 하고
遂與幷轡而歸　마침내 함께 고삐(轡)를 나란히 하고서 돌아와
共論詩 道留連累日　함께 시를 논하고 이야기하며 여러 날 머물렀고
與爲布衣之交　더불어 포의지교布衣之交(귀천을 떠난 사귐)가 되었다.

▸推敲(퇴고) '미느냐 두드리느냐'는 뜻으로, 시문 등을 지을 때 자구字句를 다듬고
  고치는 일.
▸閑居鄰竝少 草徑入荒園 鳥宿池邊樹 僧敲月下門
  過橋分野色 石動雲根移 暫去還來此 幽期不負言. <題李凝幽居/賈島>
  한가롭게 사니 함께하는 이웃도 드물고, 풀숲 오솔길은 거친 뜰로 변해가네. 새
  는 연못가 나무에서 잠들고, 스님은 달빛 아래서 문을 두드리네. 다리를 지나가
  니 들판 색도 나뉘고, 구름 뿌리 움직이니 바위가 드러나네. 잠시 갔다가 다시 이
  곳에 돌아오니, 은밀한 기약의 말 저버리지 않았네.<이응李凝의 유거幽居에 쓰
  다./가도賈島>

破鏡重圓파경중원

陳太子舍人徐德言之妻 後主叔寶之妹 封樂昌公主 方屬時亂 恐不相保
謂其妻曰 以君之才容 國亡 必入權豪之家 嬪情緣未斷 猶冀相見 宜有
以信之 乃破一鏡 各執其半 約曰 他日必以正月望 賣於都市 及陳亡 其
妻果入越公楊素之家 德言至京 遂以正月望訪於都市 有蒼頭賣半鏡者
德言出半鏡以合之 乃題詩曰 鏡與人俱去 鏡歸人不歸 無復姮娥影 空
留明月耀 陳氏得詩 涕泣不食 素知之 卽召德言還其妻.

《太平廣記/氣義》

陳太子舍人徐德言之妻 　진陳나라 태자의 사인 서덕언徐德言의 처는

後主叔寶之妹 　진후주陳後主 진숙보陳叔寶의 누이로

封樂昌公主 　낙창공주樂昌公主에 봉해졌다.

方屬時亂 　바야흐로 때가 변란變亂이 닥치니

恐不相保 　서로 온전하지 못할까 두려워

謂其妻曰 　그 처에게 일러 말하였다.

以君之才容 國亡 　"그대의 재주와 용모로 나라가 망하면

必入權豪之家 　반드시 권세 있는 집안에 들어갈 것이니

嬸情緣未斷 　그대(심嬸)는 인연(정연情緣)을 끊지 말고 　*嬸(심)숙모.

猶冀相見 　오히려 서로 보기를 바라오니(기冀)

宜有以信之 　마땅히 이를 믿게 할 수 있어야 합니다."

乃破一鏡 各執其半 　이에 한 개의 거울을 깨뜨려 각자 그 반을 갖고

約曰 　약속하여 말하였다.

他日必以正月望 　"훗날 반드시 정월 보름(망望)에

賣於都市 　도성 저자에서 팔기로(매賣) 합시다."

及陳亡 　진이 망함에 이르러

其妻果入越公楊素之家 　그 처는 과연 월공越公 양소楊素의 집에 들
　　　　　　　　　　　　어갔다.

德言至京 　덕언이 서울에 이르러

遂以正月望訪於都市 　마침내 정월 보름에 도성 저자에 찾아가니

有蒼頭賣半鏡者 　반쪽 거울을 팔고 있는 사내종(창두蒼頭)이 있어

德言出半鏡以合之 　덕언이 반쪽 거울을 꺼내 이를 합하고

乃題詩曰 　이에 시를 지어 말하였다.

鏡與人俱去 　"거울과 사람이 함께(구俱) 가서

鏡歸人不歸 　거울만 돌아오고 사람은 돌아오지 않았네.

無復姮娥影 　항아(달 속에 산다는 선녀)의 그림자는 돌아오지(복復) 않고

空留明月耀 　부질없이 밝은 달만 머물러 빛나네.(요耀)"

陳氏得詩　낙창공주 진씨는 그 시를 듣고

涕泣不食 素知之　울면서(체읍涕泣) 먹지 않으니 양소는 그 사정을 알고

卽召德言還其妻　곧 덕언을 불러 그의 처를 돌려주었다.(환還)

‣ 破鏡重圓(파경중원) '깨졌던 거울이 다시 둥글게 되었다'는 뜻으로, 헤어졌던 부
　부가 다시 만난 것을 비유하는 말.

‣ 破鏡(파경) '깨진 거울'이란 뜻으로, 부부의 이별 또는 이혼을 비유하는 말.

‣ 陳後主(진후주. 553~604) 본명은 진숙보陳叔寶. 자는 원수元秀. 남조南朝 최후의
　왕조인 진陳의 제5대 황제.<재위. 582~589> 정사를 돌보지 않고 사치를 일삼다
　가 588년 수隋나라 문제文帝 양견楊堅에게 멸망을 당함.

破釜沈舟파부침주·坐不安席좌불안석

冬十月 宋義行至安陽 留四十六日不進 羽曰 國兵新破 王坐不安席 掃
境內 以屬將軍 國家安危 在此一擧 今不恤士卒而徇其私 非社稷之臣
也 十一月 項羽卽其帳中 斬宋義 乃悉引兵渡河 皆沈船 破釜甑 燒廬舍
持三日粮 以示士卒必死 於是 與秦軍遇 九戰大破之 虜王離 當是時 楚
兵冠諸侯 於是 始爲諸侯上將軍 諸侯皆屬焉.　《通鑑節要》

冬十月　겨울 10월에

宋義行至安陽　상장군 송의宋義가 행군하여 안양安陽에 이르러

四十六日不進　46일이나 머물면서 나아가지 않자

羽曰　항우項羽가 말했다.

國兵新破　"우리의 군대가 막 격파당하여

王坐不安席　왕께서는 앉아 있으나 자리가 편치 못하여

掃境內 以屬將軍　나라 안의 병력을 쓸어 모아 장군에게 부탁했으니(촉屬)

國家安危　국가의 안위가

在此一擧　이 한 번의 거사擧事에 달려 있는데

今不恤士卒　지금 병사를 구휼救恤하지 않고

而徇其私　사사로움만을 따르니(순徇)

非社稷之臣也　사직의 신하가 아니오.”

十一月　11월에

項羽卽其帳中　항우가 장막 안으로 나아가(즉卽)

斬宋義　송의를 베고(참斬)

乃悉引兵渡河　곧 병력을 다(실悉) 이끌고 황하黃河를 건너가

皆沈船　모두 배를 가라앉히고(침沈)

破釜甑　솥(부釜)과 시루(증甑)를 부수고

燒廬舍　거처할 막사(여사廬舍)를 불태우고(소燒)

持三日粮　사흘 양식粮食만을 지니게 하고

以示士卒必死　사졸들에게 필사의 각오를 보였다.

於是 與秦軍遇　이에 진秦나라 군대와 만나(우遇)

九戰大破之　아홉 번 싸워 크게 격파하고

虜王離　왕리王離를 사로잡았다.(로虜)

當是時　이때를 당하여

楚兵冠諸侯　초나라 군대는 제후의 으뜸이 되었다.(관冠)

於是 始爲諸侯上將軍　이에 비로소(시始) 제후의 상장군上將軍이 되니(위爲)

諸侯皆屬焉　제후들이 모두 그에게(언焉) 귀속歸屬되었다.

▸破釜沈舟(파부침주) ‘솥을 깨뜨리고 배를 가라앉히다’는 뜻으로, 살아 돌아갈 기약을 하지 않고 죽을 각오로 싸우겠다는 굳은 결의를 비유하는 말. ‘파부침선破釜沈船’, 또는 식량을 버리고 배를 가라앉혔다는 뜻의 ‘기량침선棄糧沈船’이라고도 함.

▸坐不安席(좌불안석) ‘앉아 있으나 자리가 편하지 않다’는 뜻으로, 마음이나 상황이 불편하여 안절부절 어쩔 줄을 모르는 모양.

破甑不顧파증불고

孟敏字叔達 鉅鹿楊氏人也 客居太原 荷甑墮地 不顧而去 林宗見而問
其意 對曰 甑以破矣 視之何益 林宗以此異之 因勸令遊學 十年知名 三
公俱辟 並不屈云. ≪後漢書/郭泰傳≫

孟敏字叔達　후한의 맹민孟敏의 자는 숙달叔達로

鉅鹿楊氏人也　거록양씨鉅鹿楊氏현 사람이다.

客居太原　태원太原에서 객지살이를 하였다.

荷甑墮地　시루(증甑)를 지고 가다가 땅에 떨어지자(타墮)

不顧而去　돌아보지도(고顧) 않고 갔다.

林宗見　임종林宗(후한 곽태郭泰의 자)이 이를 보고

而問其意　그 뜻을 물었다.

對曰　맹민이 말했다.

甑以破矣　"시루가 이미 깨졌는데

視之何益　보아서 무슨 도움이 있겠습니까."

林宗以此異之　임종은 이것으로 그를 남다르게 여겨

因勸令遊學　인하여 맹민에게 권하여 유학하게 하였다.

十年知名　십 년 뒤에 맹민의 명성이 알려지자

三公俱辟　삼공이 함께 불렀으나(벽辟)　*辟(벽)부르다. 임금.

並不屈云　모두(병並) 따르지 않았다.

▶破甑不顧(파증불고) '깨진 시루는 돌아보지 않다'는 뜻으로, 지나간 일은 아쉬워
하여도 소용없으므로 깨끗이 단념하는 것을 이르는 말.

庖丁解牛 포정해우

文惠君曰 嘻 善哉 技蓋至此乎 庖丁釋刀對曰 臣之所好者道也 進乎技
矣 始臣之解牛之時 所見無非全牛者 三年之後 未嘗見全牛也 方今之
時 臣以神遇 而不以目視 官知止 而神欲行 依乎天理 批大郤 導大窾因
其固然 技經肯綮之未嘗微礙 而況大軱乎 良庖歲更刀 割也 族庖月更
刀 折也 今臣之刀十九年矣 所解數千牛 而刀刃若新發於硎 彼節者有
閒 而刀刃者無厚 以無厚入有閒 恢恢乎其於遊刃 必有餘地矣 是以十
九年 而刀刃若新發於硎 雖然每至於族 吾見其難爲 怵然爲戒 視爲止
行爲遲 動刀甚微 謋然已解 如土委地 提刀而立 爲之四顧 爲之躊躇 滿
志 善刀而藏之 文惠君曰 善哉 吾聞庖丁之言 得養生焉.

≪莊子/養生主≫

文惠君曰　문혜군文惠君(가상의 인물)이 말했다.

嘻 善哉　"아,(희嘻) 훌륭하도다.

技蓋至此乎　기술이 어떻게(합蓋) 이런 경지에 이르렀는가.

庖丁釋刀對曰　포정庖丁이 칼을 놓고 대답했다.

臣之所好者道也　"제가 좋아하는 것은 도로서

進乎技矣　재주보다(어乎) 앞서는 것입니다.

始臣之解牛之時　처음 제가 소를 도축屠畜하던 때에는

所見無非全牛者　보이는 것이 소의 전체 모습이 아닌 것이 없었으나

三年之後　삼년 후엔

未嘗見全牛也　일찍이 소의 전체 모습이 보이지 않았습니다.

方今之時 臣以神遇　지금 신은 정신으로써 소를 만나며

而不以目視　눈으로는 보지 않습니다.

官知止　감각기관感覺器官의 지각능력知覺能力이 멈추고서

而神欲行　신묘한 작용이 움직이면

依乎天理 批大郤　자연의 결에 따라 커다란 틈새(극郤)를 치며

導大窾　커다란 구멍(관窾)으로 칼을 움직이되

因其固然　본시 그러한 바를 따라서

技經肯綮之未嘗微礙　경락經絡(몸의 안에서 기혈이 순환하는 통로)과 긍
　　　　　　경肯綮(뼈와 살이 접한 곳)이 일찍이 칼의 움직임을 조금도
　　　　　　방해하지(애礙) 않는데

而況大軱乎　하물며 큰 뼈(고軱)임에랴.

良庖歲更刀　솜씨 좋은 백정이 해마다 칼을 바꿈(경更)은

割也　살을 베기(할割) 때문이요

族庖月更刀　보통의 백정이 달마다 칼을 바꿈은

折也　뼈를 자르기(절折) 때문입니다.

今臣之刀十九年矣　지금 저의 칼은 19년 되었고

所解數千牛　잡은 소는 수천 마리인데도

而刀刃若新發於硎　칼날(도인刀刃)은 새로 숫돌(형硎)에 간 듯합니다.

彼節者有閒　저 뼈마디에는 틈이 있고

而刀刃者無厚　칼날은 두께가 없으니

以無厚入有閒　두께가 없는 것으로 틈이 있는 사이로 들어가니

恢恢乎其於遊刃　넓고 넓어(회회恢恢) 칼날을 놀림에　*恢(회)넓다. 크다.

必有餘地矣　반드시 여유가 있습니다.

是以十九年　이 때문에 19년이나 되었는데도

而刀刃若新發於硎　칼날이 새로 숫돌에 간 듯합니다.

雖然 每至於族　비록 그렇다 할지라도 엉긴 곳(족族)에 이를 때마다

吾見其難爲　저는 처리하기가 어려움을 알고

怵然爲戒　두려워하면서(출怵) 경계하여

視爲止 行爲遲　보는 것은 집중하게 되고 손놀림은 천천히 하게 되며

動刀甚微　칼을 매우 미세하게 움직여

謋然已解　스르르(획연謋然) 이미 살이 뼈에서 해체되어　*謋(획)뼈를 발
　　　　라내는 소리.

如土委地　흙이 땅에 쌓이는(위委) 것 같으면

提刀而立 爲之四顧　칼을 잡고 우두커니 서서 사방을 돌아보며

爲之躊躇 滿志　머뭇거리다가(주저躊躇) 이내 흐뭇해져(만지滿志)

善刀而藏之　칼을 닦아 넣습니다.”

文惠君曰　문혜군이 말하였다.

善哉　“훌륭하도다.

吾聞庖丁之言　나는 포정庖丁의 말을 듣고서

得養生焉　양생養生의 도를 얻었다.”

> ▸ 庖丁解牛(포정해우) ‘포정庖丁이 소의 뼈와 살을 발라내다’는 뜻으로, 기술이 매우 뛰어남을 비유한 말. 포정은 소 잡는 데 도가 튼 백정.
> ▸ 目無全牛(목무전우) ‘눈에 소 전체의 모습은 보이지 않고 살과 뼈의 구조만 보이다’는 뜻으로 기술이 대단히 숙달된 경지에 이름을 뜻함.
> ▸ 躊躇滿志(주저만지) 무슨 일을 끝마치고 스스로 만족해함을 형용하는 말.

佩鈴自戒 패령자계

李尙毅兒時 性甚輕率 坐不耐久 言輒妄發 父母憂之 頻有責言 公佩小鈴以自戒 每聞鈴聲 猛加警飭 出入坐臥 未嘗捨鈴 今日減一分 明日減一分 及至中年之後 渾然天性 後人之戒輕薄子弟者 必擧李公 以爲則云.

《公私見聞錄》

李尙毅兒時　이상의李尙毅(1560~1624. 조선중기 문신)가 아이였을 때에

性甚輕率　성품이 몹시 경솔하여

坐不耐久　앉아서도 오래 견디지 못하고

言輒妄發　말을 하면 번번이(첩輒) 망령되이 말했다.

父母憂之　부모가 그것을 걱정하여

頻有責言　자주(빈頻) 꾸짖는 말이 있어

公佩小鈴以自戒　공은 작은 방울(령鈴)을 차서(패佩) 자신을 경계하여

每聞鈴聲　방울 소리를 들을 때마다

猛加警飭　힘차게 더욱 경계하고 삼가서(칙飭)

出入坐臥　출입좌와出入坐臥에

未嘗捨鈴　일찍이 방울을 떼어낸 적이 없더니

今日減一分　오늘 약간(일분一分. 한치의 10분의 1) 줄이고(감減)

明日減一分　다음날 약간 줄여서

及至中年之後　중년이 지난 후에 이르러는

渾然天性　완전히 천성이 되었다.　*渾(혼)온전하다.

後人之戒輕薄子弟者　후세 사람들이 경박한 자제를 경계함에

必擧李公　반드시 이공을 들어서

以爲則云　본보기(칙則)로 삼았다고 한다.

▶ 佩鈴自戒(패령자계) '방울을 차서 스스로 경계하다'라는 뜻으로, 나쁜 습관이나 단점을 고치기 위하여 스스로 노력하는 자세를 비유하는 말.

蒲柳之姿포류지자

顧悅與簡文同年 而髮蚤白 簡文曰 卿何以先白 對曰 蒲柳之姿 望秋而 落 松柏之質 經霜彌茂.　≪世說新語/言語≫

顧悅與簡文同年　고열顧悅은 간문제簡文帝와 나이가 같았으나

而髮蚤白　머리카락(발髮)이 일찍(조蚤) 희어졌다.

簡文曰　간문제가 말했다.

卿何以先白　"경은 어찌하여 먼저 희어졌는가."

對曰 대답하였다.

蒲柳之姿 "갯버들(포류蒲柳)의 성질은

望秋而落 가을을 바라보며 떨어지지만

松柏之質 소나무와 측백나무의 바탕은

經霜彌茂 서리가 지나면 더욱(미彌) 무성해집니다."

▶ 蒲柳之姿(포류지자) '갯버들 같은 모습'이라는 뜻으로, 허약한 몸을 이르는 말. '포류지질蒲柳之質'이라고도 함.
▶ 簡文帝(간문제. 320~372) 동진의 8대 왕. 성은 사마司馬, 자는 도만道萬, 이름은 욱昱. 시호는 간문황제簡文皇帝, 묘호는 태종太宗.
▶ 顧悅(고열) 동진의 진능晉陵 사람. 자는 군숙君叔. 지나치게 공무에 몰두하여 몸이 좋지 않았다 함. 인물화에 뛰어난 화가 고개지顧愷之<345~406>의 아버지.
▶ 고열 자신은 '포류지자蒲柳之姿'에, 간문제는 서리가 내려도 늘 푸른 '송백지질松柏之質'에 비유함. 고열은 과로한 탓에 몸이 허약해서 머리는 일찍 희어졌어도 마음은 송백같이 곧아 권세에 아부하지 않았다 함.

暴虎馮河 포호빙하

子謂顔淵曰 用之則行 舍之則藏 惟我與爾有是夫 子路曰 子行三軍則誰
與 子曰 暴虎馮河 死而無悔者 吾不與也 必也臨事而懼 好謀而成者也.

≪論語/述而≫

子謂顔淵曰 공자께서 안연顔淵에게 일러 말씀하셨다.

用之則行 써주면 도를 행하고 버리면(사舍)

舍之則藏 물러나 숨음(장藏)을

惟我與爾有是夫 오직 나와 너(이爾)만이 이것을 지니고 있구나.(부夫)

子路曰 자로子路가 말했다.

子行三軍 선생께서 삼군을 출동하신다면

則誰與　누구와 함께하시겠습니까.

子曰　공자께서 말씀하셨다.

暴虎馮河　맨손으로 쳐(포暴) 범을 잡으려 하고 황하를 맨몸으로 건너
　　　　　려다가(빙馮)

死而無悔者　죽어도 후회함이 없는 자와는

吾不與也　나는 함께하지 않을 것이니

必也臨事而懼　반드시 일에 임하여 두려워하고(구懼)

好謀而成者也　도모하기를 좋아하여 성공하는 자이니라.

▸ 暴虎馮河(포호빙하) '맨손으로 범을 잡고 배 없이 맨몸으로 황하黃河를 건너다'는
　뜻으로, 용기는 있으나 무모無謀하기 이를 데 없는 행위를 이르는 말.
▸ 用舍行藏(용사행장) 세상에 쓰일 때는 자기의 도를 행하고 버림받을 때는 물러나 숨음.
▸ 顔淵(안연. BC521~BC490) 자는 연淵, 이름은 회回. 춘추시대 노나라의 현인. 공
　자가 가장 신임하였던 제자. 학문과 덕이 특히 높아서 공자도 그를 가리켜 학문을
　좋아하는 사람이라고 칭송하였고, 또 가난한 생활을 이겨내고 도를 즐긴 것을 칭
　찬하였음. 공자보다 30살 아래이나 공자보다 먼저 죽음.

風聲鶴唳 풍성학려

堅衆奔潰　自相蹈藉投水死者　不可勝計　淝水爲之不流　餘衆棄甲宵遁
聞風聲鶴唳　皆以爲王師已至　草行露宿　重以飢凍　死者十七八.

《晉書/謝玄傳》

堅衆奔潰　부견符堅의 군사들은 무너져 달아나느라(분궤奔潰)

自相蹈藉　아군끼리 서로 짓밟으며(도적蹈藉) 달아나다가

投水死者　물에 빠져 죽는 자를

不可勝計　이루 다(승勝) 헤아릴 수 없어서

365

淝水爲之不流　비수淝水의 물이 이 때문에 흐르지 못할 정도였다.

餘衆棄甲　남은 군사들도 갑옷조차 벗어던지고

宵遁　밤새(소宵) 달아났는데(둔遁)

聞風聲鶴唳　그들은 바람 소리와 학 울음소리(려唳)만 들어도

皆以爲王師已至　모두 진왕晉王의 군대가 이미 이르렀다고 생각하였다.

草行露宿　풀숲을 헤치고 달아나고 노숙을 하면서

重以飢凍　더하여(중重) 굶주림과 추위로(기동飢凍)

死者十七八　죽은 자가 열에 일곱 여덟이었다. *十七八(십칠팔)열에 일
곱 여덟. 분모와 분자 연용連用한 분수.

▸ 風聲鶴唳(풍성학려) '바람 소리와 학의 울음소리'라는 뜻으로, 겁을 먹은 사람이
하찮은 일이나 작은 소리에도 몹시 놀람을 이르는 말. 온 산의 풀과 나무까지도
모두 적병으로 보인다는 뜻의 '초목개병草木皆兵'과 같은 뜻이다.
▸ 符堅(부견) 오호십육국五胡十六國시대 전진前秦<351～394>의 3대 왕.
▸ 동진東晉<317～419>의 명장 사현謝玄은 전진前秦의 부견符堅이 직접 이끌고 내
려온 백만에 가까운 군사를 겨우 8천여 명의 군사로 비수淝水에서 격파함.

風樹之歎 풍수지탄

孔子行 聞哭聲甚悲 孔子曰 驅驅 前有賢者 至則皐魚也 被褐擁鎌 哭於
道旁 孔子辭車與之言曰 子非有喪 何哭之悲也 皐魚曰 吾失之三矣 少
而學 游諸侯 以後吾親 失之一也 高尚吾志 閒吾事君 失之二也 與友厚
而小絶之 失之三也 樹欲靜而風不止 子欲養而親不待也 往而不可追者
年也 去而不可得見者 親也 吾請從此辭矣 立槁而死 孔子曰 弟子誡之
足以識矣 於是門人辭歸 而養親者十有三人.　≪韓詩外傳≫

孔子行　공자가 길을 가다가

聞哭聲甚悲　우는 소리를 들었는데 매우 슬펐다.

孔子曰　공자가 말했다.

驅驅 前有賢者　"빨리 몰아라,(구驅) 빨리 몰아라, 앞에 현자가 있구나."

至則皐魚也　도달해 보니 고어皐魚(춘추시대 초나라 효자)라는 사람이
　　　　　　　었다.　*皐(고)언덕.

被褐擁鎌　갈옷(갈褐)을 입고 낫(겸鎌)을 끼고(옹擁)

哭於道傍　길가(도방道傍)에서 울고 있어

孔子辟車與之言曰　공자가 수레를 물러나게(벽辟) 하고 그와 말했다.

子非有喪　"그대는 상을 당한 것도 아닌데

何哭之悲也　어찌 울음이 그리 슬프십니까."

皐魚曰　고어가 말했다.

吾失之三矣　"저는 잘못한 것이 셋입니다.

少而學 游諸侯　젊어서 공부에 힘쓰고 제후들과 사귀느라

以後吾親　저의 어버이를 뒤로하였으니

失之一也　잘못의 첫째요

高尚吾志　제 뜻을 고상하다고 하여

間吾事君　내가 임금을 섬김을 등한等閒히 했던 것이

失之二也　잘못의 둘째이며

與友厚而小絕之　벗과 더불어 두터이 지내다가 작은 일로 절교한 것이

失之三也　잘못의 셋째입니다.

樹欲靜而風不止　나무는 고요하고자 하나 바람은 그치지 않고

子欲養而親不待也　자식이 봉양하고자 하나 어버이께서는 기다리시
　　　　　　　지 않습니다.

往而不可追者 年也　흘러가면 쫓을 수 없는 것이 세월이요

去而不可得見者 親也　돌아가시면 뵐 수 없는 것이 어버이입니다.

吾請從此辭矣　저는 이 말을 따르시기를 바랍니다."

367

立槁而死　곧(립立) 팻기가 없어지더니 죽었다.

孔子曰　공자가 말했다.

弟子誡之　"제자들은 이 말을 경계警戒로 삼아라.　*誡(계)경계하다.

足以識矣　기억할(지識)만하구나."　*識(지)기억하다. 기록하다. (식)알다.

於是 門人辭歸　이에 문인 중에 작별하고 고향으로 돌아가

而養親者十有三人　부모를 봉양한 자가 사람이 열셋이었다.

▶ 風樹之歎(풍수지탄) '나무는 고요하려고 하나 바람이 그치지 않음을 한탄하다'는
　뜻으로, 효도를 다하지 못했는데 어버이가 돌아가시어, 효도하고 싶어도 할 수 없
　는 슬픔을 이르는 말.
▶ 十有三(십유삼) 열셋. 단위 수와 단위 수 사이에 '유有'를 넣기도 함.

夏爐冬扇하로동선

世俗之議曰 賢人可遇 不遇 亦自其咎也 生而希世准主 觀鑒治內 調能
定說 審伺際會 能進有補贍主 何不遇之有 今則不然 作無益之能 納無
補之說 以夏進爐 以冬奏扇 爲所不欲得之事 獻所不欲聞之語 其不遇
禍幸矣 何福祐之有乎.　≪論衡/逢遇≫

世俗之議曰　세속의 의견은 말한다.

賢人可遇 不遇　현인이 등용되고(우遇) 등용되지 못함은

亦自其咎也　또한 자신의 잘못(구咎)이다.

生而希世准主　태어나서 세상을 희망하고 군주를 좇으며(준准)

觀鑒治內　본보기를 살펴 자신을 다스리고

調能定說　능력을 조절하여 말할 것을 결정하고

審伺際會　만남(제회際會)을 잘 살펴　*際(제)만나다. 伺(사)엿보다.

能進有補贍主　군주에게 도움이 있는 것을 올릴 수 있다면　*贍(섬)돕다.

何不遇之有　어찌 등용되지 못함이 있으리오.

今則不然　그러나 지금은 그렇지 않으니

作無益之能　이롭지 않은 능력을 행하고

納無補之說　도움이 안 되는 말을 올리니(납納)

以夏進爐　여름에(이以) 화로(로爐)를 올리고

以冬奏扇　겨울에 부채를 바치는(주奏) 격이다.

爲所不欲得之事　얻고 싶지 않은 일을 하고

獻所不欲聞之語　듣고 싶지 않은 말을 바치니(헌獻)

其不遇禍幸矣　현인이 화를 만나지 않음이 다행이지

何福祐之有乎　어찌 복(복우福祐)이 있겠는가.

▸ 夏爐冬扇(하로동선) '여름철의 화로와 겨울철의 부채'라는 뜻으로, 때에 맞지 않아 쓸데없는 사물을 비유적으로 이르는 말.

邯鄲之步 한단지보

子獨不聞壽陵餘子之學行於邯鄲與　未得國能　又失其故行矣　直匍匐而歸耳　今子不去　將忘子之故　失子之業　公孫龍口呿而不合　舌舉而不下乃逸而走.　≪莊子/秋水≫

子獨不聞壽陵餘子之學行於邯鄲與　"그대는 홀로 저 수릉壽陵(연나라
　　　　　　고을)의 젊은이가 한단邯鄲(조나라 수도)에서 걸음걸이를 배
　　　　　　우려 했던 일을 듣지 못했습니까.

未得國能　조나라의 걸음걸이의 능숙함을 아직 얻지 못했는데

又失其故行矣　또한 옛 걸음걸이를 잊어버려서

直匍匐而歸耳 단지(직直) 엉금엉금 기어서(포복匍匐) 돌아왔을 뿐이라
　　　　　　　고 합니다.
今子不去 지금 그대가 돌아가지 않는다면
將忘子之故 장차 그대의 옛것을 잊어버리고
失子之業 그대의 학업마저도 잃을 것입니다." 하니
公孫龍口呿 공손룡公孫龍(조나라 사상가)은 입을 벌리고서(거呿)
而不合 다물지 못하며
舌擧而不下 혀가 들린 채 내리지도 못하고
乃逸而走 이에 숨어서(일逸) 달아났다.

▶ 邯鄲之步(한단지보) '한단邯鄲의 걸음걸이'라는 뜻으로, 남의 흉내를 내다가 자신
　의 장점마저 잃게 되는 것을 비유하는 말. 한단에서 걸음걸이를 배운다는 '한단학
　보邯鄲學步'와도 같은 말.

汗馬之勞 한마지로

是故亂國之俗 其學者 則稱先王之道 以籍仁義 盛容服而飾辯說 以疑
當世之法 而貳人主之心 其言古者 爲設詐稱 借於外力 以成其私 而遺
社稷之利 其帶劍者 聚徒屬 立節操 以顯其名 而犯五官之禁 其患御者
積於私門 盡貨賂 而用重人之謁 退汗馬之勞 其商工之民 修治苦窳之
器 聚弗靡之財 蓄積待時 而侔農夫之利 此五者 邦之蠹也 人主不除此
五蠹之民 不養耿介之士 則海內雖有破亡之國 削滅之朝 亦勿怪矣.

《韓非子/五蠹》

是故亂國之俗 그러므로 나라를 어지럽히는 풍속은
其學者 학자는

370

則稱先王之道 以籍仁義　선왕의 도를 칭송하며 인의에 기대고(자籍)

盛容服而飾辯說　용모나 복장을 잘 갖추고(성盛) 변설로 꾸며(식飾)

以疑當世之法　당세의 법을 의심케 하여

而貳人主之心　군주의 마음을 어지럽게 한다.(이貳)

其言古者　옛것을 말하는 자는

爲設詐稱　거짓을 늘어놓고 칭송하며

借於外力 以成其私　외세外勢의 힘을 빌려 그의 사리사욕을 챙기고

而遺社稷之利　사직의 이익을 버린다.

其帶劍者　칼을 차고 다니는 자들은

聚徒屬 立節操　도당徒黨(도속徒屬) 모아(취聚) 절개와 지조를 내세워

以顯其名　자신의 이름을 드러내면서(현顯)

而犯五官之禁　오관五官이 금하는 것을 어긴다.

其患御者　군주의 측근에 있는 자들은

積於私門　자신의 집에 사재를 쌓아가며

盡貨賂　뇌물로 재화를 소진한다.　*賂(뢰)뇌물. 재물.

而用重人之謁　중요인사들을 알현謁見하여

退汗馬之勞　전쟁터에서 말이 땀 흘리도록(한汗) 고생한 사람들을 물
　　　　　　리친다.

其商工之民　장사꾼과 기술자들은

修治苦窳之器　질 낮은(고유苦窳) 물건을 만들고　*窳(유)비뚤다.

聚弗靡之財　좋지 않은 물건을 사 모아

蓄積待時　쌓아 두었다가 때를 기다려

而侔農夫之利　농부의 이익을 취한다.(모侔)

此五者 邦之蠹也　이 다섯 부류가 나라의 좀 벌레이다.　*蠹(두)좀.

人主不除此五蠹之民　군주가 이 다섯 부류의 좀 벌레 같은 자들을
　　　　　　　　　　제거하지 않고

不養耿介之士　바르고 곧은(경개耿介) 선비를 길러내지 못한다면

海內雖有破亡之國 削滅之朝 천하에 비록 패망하는 나라나 멸망하는
조정이 있더라도
亦勿怪矣 또한 이상하게 여기지 말아야 할 것이다.

▸ 汗馬之勞(한마지로) '말이 땀투성이가 되는 노고'라는 뜻으로, 전쟁에서 세운 큰
  공로를 이르는 말. '한마공로汗馬功勞'라고도 함.
▸ 五官(오관) 사도司徒, 사마司馬, 사공司空, 사사司士, 사구司寇 등 고대의 중요한 5
  개의 관직.
▸ 五蠹(오두) 나라의 좀벌레 다섯으로, 유자儒者<학자>, 언고자言古者<세객說客>,
  대검자帶劍者<협객俠客>, 환어자患御者<중신重臣과 측근側近>, 상공민商工民<상
  공인商工人>을 말함.

汗牛充棟한우충동

孔子作春秋 千五百年 以名爲傳者五家 今用其三焉 秉觚牘 焦思慮 以
爲論註疏說者百千人矣 攻訐狠怒 以詞氣相擊排冒沒者 其爲書 處則充
棟宇 出則汗牛馬 或合而隱 或乖而顯 後之學者 窮老盡氣 左視右顧 莫
得而本 則專其所學 以訾其所異 黨枯竹 護朽骨 以至於父子傷夷 君臣
詆悖者 前世多有之 甚矣 聖人之難知也.

<唐故給事中皇太子侍讀陸文通先生墓表/柳宗元>

孔子作春秋 千五百年 공자가 ≪춘추≫를 지은 이후 천오백 년 동안
以名爲傳者五家 전傳이라고 이름을 붙인 사람이 다섯인데
今用其三焉 지금은 그중에서 세 사람이 쓴 것을 쓰고 있다.
秉觚牘 그 고독觚牘(죽간)을 잡고 *觚(고)댓조각. 술잔.
焦思慮 노심초사勞心焦思하며
以爲論註疏說者 논論, 주注, 소疏, 설說을 쓴 사람은

百千人矣　수백 수천 명에 이른다.

攻訐狠怒　책망하여 들춰내(알訐) 몹시(한狠) 화를 내고

以詞氣相擊排　곱지 않은 말투로 서로 배격하고

冒沒者　모몰염치冒沒廉恥한 사람들로

其爲書　그들이 지은 책을 쌓으면

處則充棟宇　동우棟宇(마룻대와 추녀 끝)에 닿고

出則汗牛馬　내보내려 수레에 실으면 우마牛馬가 땀(한汗)을 흘렸다.

或合而隱　어떤 것은 적합하지만 숨었고

或乖而顯　어떤 것은 어긋나지만(괴乖) 드러났다.

後之學者 窮老盡氣　후대에 배우는 사람은 늙어서 기력이 쇠할 때까지

左視右顧　왼쪽을 보고 오른쪽을 돌아보지만

莫得而本　근본을 얻지 못하니

則專其所學　그 배운 것에만 전념하여

以訾其所異　그 다른 것을 헐뜯고(자訾)

黨枯竹 護朽骨　고인의 편을 들어(당黨) 구설舊說을 지켜(호護)

以至於父子傷夷君臣詆悖者　부자가 서로 해치고(상이傷夷) 군신이 서
　　　　　　　　　　　　로 비방함(저패詆悖)에 이르렀던 것이

前世多有之　전대에는 많이 있었다.

甚矣 聖人之難知也　심하도다. ≪춘추≫에 담긴 성인의 뜻을 알기가
　　　　　　　　　　어려움이.

- 汗牛充棟(한우충동) '책을 수레에 실으면 소가 땀을 흘리고 집에 쌓으면 대들보까
  지 닿다'는 뜻으로, 장서藏書가 많음을 이르는 말.
- 陸文通先生(육문통선생. ?~805) 육질陸質. 사후에 제자들이 시호를 문통선생文通
  先生이라 함. ≪춘추≫에 정통함.
- 墓表(묘표) 전기傳記 문체의 하나. 죽은 이의 사적과 덕행을 기리는 내용으로, 보
  통 돌에 새겨 무덤 앞에 세웠음.
- 五家(오가) 좌씨左氏, 공양公羊, 곡량穀梁, 추씨鄒氏, 협씨夾氏.
- 春秋三傳(춘추삼전) 성인의 저술을 경經이라 하고 그것을 풀이한 글을 傳이라 하는데,

《춘추》의 본뜻을 밝히기 위한 세 가지 해석서, 곧 공양고公羊高의 《공양전公羊傳》 곡량적穀梁赤의 《곡량전穀梁傳》 좌구명左丘明의 《좌씨전左氏傳》을 말함.

▶ 黨枯竹 護朽骨(당고죽 호후골) 고인의 편을 들어 구설舊說을 고수固守함. 옛적 종이가 없을 때 죽간竹簡에 글씨를 썼으므로 고죽枯竹이라 함.

咸興差使함흥차사

芳碩變後 太祖棄位 奔于咸興 太宗屢遣中使問安 太祖輒彎弓而待之
前後相望之使 未敢道達其情 時問安使 無一得還者 太宗問群臣誰可遣
莫有應之者 判承樞府事朴淳 挺身請行. 《逐睡篇》

芳碩變後　방석芳碩의 변變(왕자의 난) 후에

太祖棄位　태조太祖가 자리(왕위)를 버리고

奔于咸興　함흥咸興으로 가버리니

太宗屢遣中使問安　태종太宗이 여러 번(루屢) 중사中使를 보내 안부
　　　　　　　　　를 묻게 하였으나 　*中使(중사)궁중에서 왕명을 전하던 내시內侍.

太祖輒彎弓而待之　태조가 번번이(첩輒) 활을 당기고(만彎) 기다리니

前後相望之使　앞뒤로 잇달아 보내어진 사신이

未敢道達其情　감히 그 뜻을 말하지(도달道達) 못하였다.

時問安使　이때 문안사問安使는

無一得還者　한 사람도 돌아올 수 없었으니

太宗問群臣誰可遣　태종이 여러 신하에게 "누구를 보낼 만한가."라
　　　　　　　　고 묻자

莫有應之者　그 말에 응답하는 사람이 아무도 없었는데

判承樞府事朴淳　판승추부사判承樞府事 박순朴淳이

挺身請行　앞장서서(정신挺身) 가기를 청했다. 　*挺(정)앞서다. 앞장서다.

- 咸興差使(함흥차사) '함흥咸興으로 보낸 차사差使'란 뜻으로, 심부름을 가서 아무 소식이 없이 돌아오지 않거나 늦게 오는 사람을 비유적으로 이르는 말. 차사는 중요한 업무를 주어 특별히 파견하는 임시 벼슬.
- 前後相望(전후상망) 먼저 파견된 사신과 뒤에 파견된 사신이 끊이지 않고 이어짐. '관개상망冠蓋相望'은 사신의 모자와 수레의 덮개가 가까운 거리를 두고 잇달아 간다는 뜻으로, 사신의 왕래가 끊이지 않는다는 말.
- 朴淳(박순. ?~1402) 고려 말 조선 초의 문신. 벼슬은 상장군上將軍. 시호는 충민忠愍. 태종太宗의 명을 받아 함흥에 문안사問安使로 갔다가 태조太祖에게 살해됨.

合浦珠還합포주환

州郡表其能 遷合浦太守 郡不産穀實 而海出珠寶 與交阯比境 常通商
販 貿糴糧食 先時宰守並多貪穢 詭人採求 不知紀極 珠逐漸徙於交阯
郡界 於是行旅不至 人物無資 貧者餓死於道 嘗到官 革易前敝 求民病
利 曾未逾歲 去珠復還 百姓皆反其業 商貨流通 稱爲神明.

≪後漢書/循吏列傳≫

州郡表其能　맹상孟嘗은 지방(주군州郡)에서 그의 능력이 드러나(표表)

遷合浦太守　합포合浦의 태수로 옮겼다.

郡不産穀實　그 고을은 곡식이 나지 않고

而海出珠寶　바다에서 진주(주보珠寶)가 나왔는데

與交阯比境　교지交阯(베트남)와 국경을 나란히 하고 있어서

常通商販　늘 상인(상판商販)들이 내왕하면서

貿糴糧食　무역을 하여 양식을 샀다.　*糴(적)쌀사다. 식량을 사다.

先時宰守並多貪穢　이전의 재수宰守(지방 행정관)들은 모두 탐욕이 많
　　　　　　고 더러워서(예穢)

詭人採求　사람들을 속여(궤詭) 진주를 캐 구해오도록 했는데

不知紀極　그 끝(기극紀極)을 알 수 없었고

珠逐漸徙於交阯郡界　진주는 점점 교지의 군계郡界로 옮겨 갔다.(사徙)

於是行旅不至　이에 행려行旅(상인. 여행객)는 오지 않아

人物無資　사람들은 돈이 없게 되고

貧者餓死於道　가난한 자들은 길에서 굶어 죽었다.(아사餓死)

嘗到官　맹상이 부임하여

革易前敝　이전의 폐해를 고치고 바꿔(혁역革易)

求民病利　백성들의 고통과 이익을 찾아내자

曾未逾歲　이에 한 해가 넘지(유逾) 않아

去珠復還　떠났던 진주가 다시(부復) 돌아오고(환還)

百姓皆反其業　백성들도 모두 생업으로 돌아오니

商貨流通　상품도 유통되었다.

稱爲神明　맹상을 신명神明이라고 칭송하였다.

▸合浦珠還(합포주환) '합포合浦에 구슬이 돌아오다'는 뜻으로, 잃었던 것을 찾거나 떠난 것이 돌아오는 것을 비유하는 말.

▸孟嘗(맹상) 동한의 관리로 자는 백주伯周, 회계會稽 상우上虞 사람.

解語花해어화

明皇秋八月 太液池有千葉白蓮 數枝盛開 帝與貴戚宴賞焉 左右皆嘆羡久之 帝指貴妃 示於左右曰 爭如我解語花.　≪開元天寶遺事/卷三≫

明皇秋八月　명황明皇(당현종唐玄宗) 가을 8월에

太液池有千葉白蓮　장안長安의 태액지太液池에 천 송이 백련이 있었는데

數枝盛開　그중 몇 가지에 활짝 피었다.

帝與貴戚宴賞焉 황제는 귀척貴戚과 잔치하고 연꽃을 감상하였는데
左右皆嘆羨 주위 사람들이 모두 찬탄讚嘆하며 부러워하였다.(선羨)
久之 帝指貴妃 한참 뒤, 황제가 양귀비楊貴妃를 가리키며
示於左右曰 주위 사람들에게 일러 말했다. *示(시)알리다.
爭如我解語花 "어찌(쟁爭) 나의 해어화解語花(말을 이해하는 꽃)만 하
　　　　　　　겠는가."

▸ 解語花(해어화) '말을 알아듣는 꽃'이라는 뜻으로, 아름다운 여자를 이르는 말.
▸ 楊貴妃(양귀비. 719~756) 당나라 현종玄宗의 비妃. 이름은 옥환玉環. 절세미인에
　　총명하여 현종의 마음을 사로잡아 황후 이상의 권세를 누렸고, 안사安史의 난이
　　일어나 도주하던 중 살해되었다.

海翁好鷗 해옹호구

海上之人 有好鷗鳥者 每旦之海上 從鷗鳥游 鷗鳥之至者百 住而不止 其
父曰 吾聞 鷗鳥皆從汝游 汝取來 吾玩之 明日之海上 鷗鳥舞 而不下也.

≪列子/黃帝篇≫

海上之人 바닷가에 사는 사람 중에
有好鷗鳥者 갈매기(구조鷗鳥)를 좋아하는 자가 있었다.
每旦之海上 매일 아침 바닷가에 가서(지之)
從鷗鳥遊 갈매기를 따라(종從) 놀았는데
鷗鳥之至者百 이르는 갈매기의 수가 백이로되
住而不止 머물기를 그치지 않았다.
其父曰 그 아버지가 말했다.
吾聞 "내가 들으니

鷗鳥皆從汝遊 갈매기가 모두 너(여汝)를 따라 논다 하니

汝取來 네가 잡아 오면

吾玩之 내가 그것을 가지고 놀리라.(완玩)"

明日之海上 다음 날 바닷가에 가니

鷗鳥舞 而不下也 갈매기가 춤은 추나 내려오지는 않았다.

▶ 海翁好鷗(해옹호구) '바다 노인이 갈매기를 좋아하다'는 뜻으로, 사람에게 기심機心
  <기회를 보아 움직이는 마음. 간교하게 속이거나 책략을 꾸미는 마음. 기계지심機
  械之心. 기교지심機巧之心>이 있으면 새도 그것을 알고 가까이하지 않는다는 말.

獻暄헌훤

昔者宋國有田夫 常衣縕黂 僅以過冬 暨春東作 自曝於日 不知天下之
有廣廈隩室 綿纊狐狢 顧謂其妻曰 負日之暄 人莫知者 以獻吾君 將有
重賞 里之富室告之曰 昔人有美戎菽 甘枲莖芹萍子者 對鄉豪稱之 鄉
豪取而嘗之 蜇於口 慘於腹 衆哂而怨之 其人大慚 子此類也.

≪列子/楊朱篇≫

昔者宋國有田夫 옛날에 송나라에 농부가 있었는데

常衣縕黂 늘 남루한 옷(온분縕黂)을 입고 *縕(온)헌솜. 黂(분)삼씨.

僅以過冬 겨우(근僅) 겨울을 지냈다.

暨春東作 봄이 되어 봄철 농사를 지으며(동작東作) *暨(기)미치다.

自曝於日 스스로 햇볕을 쬐면서(폭曝)

不知天下之有廣廈隩室 綿纊狐狢 천하에 넓은 저택(하廈)과 따뜻한(욱
          隩) 방이나 솜옷(면광綿纊)과 담비 갖옷(호학狐狢)이 있음을
          알지 못하고

378

顧謂其妻曰　그 아내를 돌아보며 말했다.

負日之暄　"햇볕을 쬐면서도　*暄(훤)따뜻하다.

人莫知者　사람들은 따뜻함을 알지 못하오.

以獻吾君　이 따뜻함을 우리 임금께 바친다면(헌獻)

將有重賞　장차 후한 상이 있을 것이오."

里之富室告之曰　마을의 부자가 그에게 말했다.

昔人有美戎菽 甘枲莖芹萍子者　"옛사람 중에 콩나물(융숙戎菽)을 맛있
　　　　　　　　　다 하고(미美) 모시(시枲)와 미나리 줄기(경근莖芹)와 개구리
　　　　　　　　　밥(평자萍子)을 달다고 하는 자가 있어

對鄕豪稱之　고을의 귀인에게 그것들을 칭찬하니

鄕豪取而嘗之　고을의 귀인이 그것들을 가져다 맛을 보았는데(상嘗)

蜇於口 慘於腹　입에 아리고(철蜇) 배를 아프게 하였다네.(참慘)

衆哂而怨之　많은 사람들이 그를 비웃고(신哂) 원망하니

其人大慚　그 사람이 크게 부끄러워했다는데(참慚)

子此類也　당신도 이런 부류의 사람이오."

▸獻暄(헌훤) '따뜻함을 바치다'는 뜻으로, 남에게 크게 소용이 되지 않는 물건을 바
　치는 것을 비유하여 이르는 말. 또는 남에게 물건을 건넬 때 겸손을 나타내는 말.

絜矩之道혈구지도

所謂平天下在治其國者 上老老而民興孝 上長長而民興弟 上恤孤而民
不倍 是以 君子有絜矩之道也.　≪大學/第十四章≫

所謂平天下在治其國者　이른바 천하를 화평하게 함이 나라를 다스림
　　　　　　　　　　　에 있다는 것은

上老老　윗사람이 노인을 노인으로 대우하면

而民興孝　백성들이 효심을 일으키고

上長長　윗사람이 이른을 이른으로 대우하면

而民興弟　백성들이 공경하는 마음(제弟)을 일으키고

上恤孤　윗사람이 고아를 구휼救恤하면　*恤(휼)불쌍하다. 구휼하다.

而民不倍　백성들이 저버리지(배倍) 않는다.

是以　그러므로(시이是以)

君子有絜矩之道也　군자는 곱자(구矩)로 재는(혈絜) 도가 있는 것이다.

> ▶ 絜矩之道(혈구지도) '곱자로 재는 방법'이라는 뜻으로, 자기의 처지로 남의 처지를 헤아리는 것을 뜻하는 말. 矩矩는 곱자<구矩>는 'ㄱ' 자 모양의 자로 방형方形을 그리는데 씀.

螢雪之功형설지공

晉車胤字武子 幼恭勤博覽 家貧 不常得油 夏月 以練囊 盛數十螢火 照書讀 以夜繼日 後官至尚書郎 今人 以書窓爲螢窓 由此也 晉孫康少淸介 交遊不雜 家貧無油 嘗映雪讀書 後官至御史大夫 今人 以書案爲雪案 由此也. ≪晉書≫

晉車胤字武子　진晉나라 차윤車胤의 자는 무자武子이다.

幼恭勤博覽　어려서 공손하고 부지런하며 널리 보았으나(박람博覽)

家貧 不常得油　집이 가난하여 항상 기름을 얻지는 못하였다.

夏月 以練囊　여름에 연랑練囊(명주 주머니)에

盛數十螢火　수십 마리 반딧불을 담아(성盛)

照書讀 以夜繼日　책을 비추어 그것을 읽어 밤으로써 낮을 잇더니

後官至尙書郞　후에 벼슬이 상서랑尙書郞에 이르렀다.

今人 以書窓爲螢窓　지금 사람이 서창書窓을 형창螢窓이라 함은

由此也　여기에서 말미암았다.

晉孫康少淸介　진晉의 손강孫康은 젊어서 맑고 깨끗하여

交遊不雜　사귀어 노는 것이 잡되지 않았으나

家貧無油　집이 가난해 기름이 없었다.

嘗映雪讀書　일찍이 눈에 비추어 책을 읽더니

後官至御史大夫　후에 벼슬이 어사대부御史大夫에 이르렀다.

今人 以書案爲雪案　지금 사람이 서안書案을 설안雪案이라 함은

由此也　여기에서 말미암았다.

▸螢雪之功(형설지공) ‘반딧불과 눈빛으로 이룬 공’이라는 뜻으로, 가난을 이겨
내며 반딧불과 눈빛으로 글을 읽어가며 고생 속에서 공부하여 이룬 공을 일컫
는 말.

狐假虎威 호가호위

荊宣王問群臣曰 吾聞北方之畏昭奚恤也 果誠何如 群臣莫對 江乙對曰
虎求百獸而食之 得狐 狐曰 子無敢食我也 天帝使我長百獸 今子食我
是逆天帝命也 子以我爲不信 吾爲子先行 子隨我後 觀百獸之見我而敢
不走乎 虎以爲然 故遂與之行 獸見之皆走 虎不知獸畏己而走也 以爲
畏狐也 今王之地方五千里 帶甲百萬 而專屬之昭奚恤 故北方之畏奚恤
也 其實畏王之甲兵也 猶百獸之畏虎也.　≪戰國策/楚策≫

荊宣王　전국시대 초楚(형荊)나라 선왕宣王이

問群臣曰　여러 신하들에게 물었다.

吾聞北方之畏昭奚恤也 "내가 듣건대, 북방의 나라들이 재상 소해휼 昭奚恤을 두려워한다는데(외畏)

果誠何如 과연 진실로(성誠) 어찌 된 것인가."

群臣莫對 여러 신하들이 아무도 대답을 못 하는데

江乙對曰 강을江乙이 대답하여 말했다.

虎求百獸而食之 "호랑이가 온갖 짐승을 잡아 그것을 먹다가

得狐 여우(호狐)를 만났는데

狐曰 여우가 말했습니다.

子無敢食我也 '그대는 감히 나를 잡아먹지 못한다.

天帝使我長百獸 하느님이 나로 하여금 온갖 짐승의 우두머리가 되게 하였으니

今子食我 지금 그대(자子)가 나를 잡아먹으면

是逆天帝命也 하느님의 명을 거스르는 것이다.

子以我爲不信 그대가 나를 미덥지 못하다고 생각한다면

吾爲子先行 내가 그대를 위하여 앞장서 가겠으니

子隨我後 그대는 나의 뒤를 따라오며

觀百獸之見我而敢不走乎 온갖 짐승들이 나를 보고 감히 달아나지 않는가 보아라.'

虎以爲然 호랑이가 그렇다고 생각하고

故遂與之行 그래서 마침내 그(지之)와 함께 갔는데

獸見之皆走 짐승들이 그를 보고 모두 달아나거늘

虎不知獸畏己而走也 호랑이는 짐승들이 자기를 두려워(외畏) 달아남을 알지 못하고

以爲畏狐也 여우를 두려워한 것이라고 여긴 것입니다.

今王之地方五千里 지금 왕의 땅은 사방 5천 리요

帶甲百萬 무장한 병사가 백만인데

而專屬之昭奚恤 그것들을 오로지(전專) 소해휼에게 맡겼습니다.(촉屬)

故北方之畏奚恤也　그러므로 북쪽에서 소해휼을 두려워하는 것이며
其實畏王之甲兵也　그 실은 왕의 무장한 군사를 두려워하는 것이니
猶百獸之畏虎也　모든 짐승들이 호랑이를 두려워하는 것과 같습니다.(유-猶)"

▶狐假虎威(호가호위) '여우가 호랑이의 위세를 빌리다'는 뜻으로, 남의 세력을 빌려 위세를 부림을 비유하는 말.

狐丘之戒 호구지계

狐丘丈人謂孫叔敖曰 人有三怨 子知之乎 孫叔敖曰 何謂也 對曰 爵高者人妒之 官大者主惡之 祿厚者怨逮之 孫叔敖曰 吾爵益高 吾志益下 吾官益大 吾心益小 吾祿益厚 吾施益博 以是免於三怨 可乎 孫叔敖疾 將死 戒其子曰 王亟封我矣 吾不受也 爲我死 王則封汝 汝必無受利地 楚越之間 有寢丘者 此地不利而名甚惡 楚人鬼而越人禨 可長有者唯此也 孫叔敖死 王果以美地封其子 子辭而不受 請寢丘 與之 至今不失.

《列子/說符》

狐丘丈人　호구狐丘에 사는 한 노인(장인丈人)이
謂孫叔敖曰　손숙오孫叔敖(춘추시대 초나라 명신)에게 말했다.
人有三怨　"사람들이 원망을 사는 세 가지가 있는데
子知之乎　선생께서는 그것을 아십니까."
孫叔敖曰　손숙오가 말했다.
何謂也　"무엇을 이름입니까."
對曰　대답하여 말했다.
爵高者人妒之　"지위가 높은 자를 사람들은 시기(투妒)하고

官大者主惡之　임금은 벼슬이 높은 신하를 미워하며(오惡)

祿厚者怨逮之　녹이 많은 자는 원망이 그에게 미칩니다.(제逮)"

孫叔敖曰　손숙오가 말했다.

吾爵益高　"제 지위가 더욱(익益) 올라갈수록

吾志益下　제 뜻은 더욱 낮추고

吾官益大　제 벼슬이 높아질수록

吾心益小　제 마음을 더욱 작게 가지며

吾祿益厚　제 녹祿이 두터워질수록

吾施益博　제가 베푸는 것을 더욱 넓게 한다면

以是免於三怨 可乎　이것으로써 이 세 가지 원망을 면할 수 있겠습니까."

孫叔敖疾將死　손숙오가 병이 나서 장차 죽으려 할 때

戒其子曰　아들에게 훈계訓戒하여 말했다.

王亟封我矣　"왕께서 자주(극亟) 나를 봉封하려 했지만

吾不受也　나는 받지 않았다.

爲我死　내가 죽게 되면

王則封汝　왕께서는 너(여汝)를 봉하려 할 것인데

汝必無受利地　너는 기필코 이로운 땅을 받는 일이 없어야 한다.

楚越之閒　초나라와 월나라 사이에

有寢丘者　침구寢丘라는 곳(자者)이 있는데

此地不利而名甚惡　이곳은 이롭지도 않고 명성도 매우 나빠

楚人鬼　초나라 사람들은 귀신을 믿고

而越人禨　월나라 사람들은 좋은 조짐兆朕을 믿으니　*禨(기)조짐.

可長有者唯此也　오래도록 차지할 수 있는 곳은 오직 이곳뿐이다."

孫叔敖死　손숙오가 죽자

王果以美地封其子　왕은 과연 좋은 땅을 그의 아들에게 봉해 주려 했다.

子辭而不受 請寢丘 　아들은 사양하며 받지 않고 침구 지방을 요청했다.

與之 　왕은 그곳을 주었고(여與)

至今不失 　지금까지 잃지 않고 있다.

▶ 狐丘之戒(호구지계) '호구狐丘에 사는 노인의 경계'라는 뜻으로, 남에게 미움 살 일을 하지 않도록 조심하라는 교훈을 말함.

▶ 人有三怨(인유삼원) 사람은 세 가지 원망<고관에 대한 세인의 질투, 현신에 대한 군주의 증오, 녹이 많은 고관에 대한 세인의 원망>이 있다는 뜻으로, 남에게 원한 을 사지 않도록 조심하라는 교훈으로, '호구지계狐丘之戒'와 같은 의미이다.

胡蝶之夢호접지몽

昔者 莊周夢爲胡蝶 栩栩然胡蝶也 自喩適志與 不知周也 俄然覺 則蘧
蘧然周也 不知周之夢爲胡蝶與 胡蝶之夢爲周與 周與胡蝶則必有分矣
此之謂物化. ≪莊子/齊物論≫

昔者 　옛날에

莊周夢爲胡蝶 　장주莊周(장자莊子)가 꿈에 나비(호접胡蝶)가 되었는데

栩栩然胡蝶也 　훨훨(허허栩栩) 날아다니는 나비는　*栩(허)황홀한 모양.

自喩適志與 　스스로 뜻에 맞음을 즐기며(유喩)

不知周也 　자신임을 알지 못하였다.

俄然覺 　갑자기(아연俄然) 깨고 나니(교覺)

則蘧蘧然周也 　놀랍게도(거거연蘧蘧然) 장주였다.

不知周之夢爲胡蝶與 　장주가 꿈에 나비가 된 것인지(여與)

胡蝶之夢爲周與 　나비가 꿈에 장주가 된 것인지 알 수가 없었다.

周與胡蝶則必有分矣 　장주와(여與) 나비는 반드시 구별됨이 있거늘

此之謂物化 　이를 물화物化라고 한다.

- 胡蝶之夢(호접지몽) '나비가 된 꿈'이라는 뜻으로, 물아일체의 경지, 또는 인생의 무상함을 비유하여 이르는 말. '장주지몽莊周之夢'이라고도 함.
- 物化(물화) 나의 것이 다른 것으로 변화하는 것. 여기에서는 장주가 나비로 변하고 나비가 장주로 변화함을 말함.

鴻鵠之志홍곡지지

陳勝者陽城人也字涉 吳廣者陽夏人也 字叔 陳涉少時 嘗與人傭耕 輟
耕之壟上 悵恨久之曰 苟富貴 無相忘 庸者笑而應曰 若爲庸耕 何富貴
也 陳涉太息曰 嗟乎 燕雀安知鴻鵠之志哉. ≪史記/陳涉世家≫

陳勝者 陽城人也 字涉　진승陳勝은 양성陽城 사람으로 자는 섭涉이다.
吳廣者 陽夏人也 字叔　오광吳廣은 양하陽夏 사람으로 자는 숙叔이다.
陳涉少時　진섭陳涉이 젊었을 때
嘗與人傭耕　일찍이 남들과 함께 고용되어 밭을 갈다가(용경傭耕)
輟耕之壟上　밭갈이를 그치고(철輟) 밭두둑(농롱壟)가에 가서(지之)
悵恨久之曰　슬프게(창悵) 한탄하며 한참 있다가 말하였다.
苟富貴 無相忘　"만약(구苟) 부귀해지거든 서로 잊지 말자."
庸者笑而應曰　품 팔던 자들이 비웃으며(소笑) 말했다.　*庸(용)고용하다.
若爲庸耕　"네(약若)가 밭갈이 품을 팔아
何富貴也　어떻게 부귀해진단 말인가."
陳涉太息曰　진섭은 크게 한숨을 쉬며 말하였다.
嗟乎　"아,(차호嗟乎)
燕雀安知鴻鵠之志哉　제비(연燕)와 참새(작雀)가 어찌(안安) 기러기(홍
　　　　　　　　　　　　鴻)와 고니(곡鵠)의 뜻을 알겠는가."

- 鴻鵠之志(홍곡지지) '큰 기러기와 고니의 뜻'이라는 뜻으로, 영웅호걸의 뜻이나 원대한 포부를 비유해 이르는 말.

▸陳勝(진승. ?~BC208) 진秦 말기의 농민 반란 지도자로서, 진시황이 죽자 오광吳廣과 더불어 최초의 반란을 일으켰는데, 이를 계기로 결국 항우와 유방 등이 잇달아 반란을 일으키게 되었다.

和光同塵화광동진

知者不言 言者不知 塞其兌 閉其門 挫其銳 解其紛 和其光 同其塵 是
謂玄同 故不可得而親 不可得而疏 不可得而利 不可得而害 不可得而
貴 不可得而賤 故爲天下貴.　≪道德經≫

知者不言　아는 사람은 말하지 않고
言者不知　말하는 사람은 알지 못한다.
塞其兌 閉其門　앎의 태兌를 막고(색塞) 앎의 문을 닫으며
挫其銳 解其紛　앎의 날카로움을 꺾고(좌挫) 앎의 어지러움을 풀어내며
和其光 同其塵　앎의 빛을 부드럽게 하고 앎을 덮는 먼지와 함께 하니
是謂玄同　이것을 현동玄同이라 한다.
故不可得而親　그러므로 친해질 수도 없고
不可得而疏　소원疏遠해질 수도 없다.
不可得而利　이롭게 할 수도 없고
不可得而害　해롭게 할 수도 없다.
不可得而貴　귀하게 할 수도 없고
不可得而賤　천하게 할 수도 없다.
故爲天下貴　그러므로 천하에 귀하게 된다.

▸和光同塵(화광동진) '빛을 부드럽게 하여 속세의 티끌에 같이하다'는 뜻으로, 자기의 지덕과 재기를 감추고 세속을 따름을 이르는 말. 또는 부처가 중생을 구제하기 위하여 그 본색을 숨기고 인간계에 나타남을 말함.

▸ 知者不言(지자불언) 참으로 아는 사람은 아는 것을 말로 드러내지 않음.
▸ 言者不知(언자부지) 자신이 아는 것을 말로 드러내는 자는 참으로 아는 사람이 아님.
▸ 塞其兌 閉其門(색기태 폐기문) 태兌는 혈穴의 의미로 이목구비耳目口鼻를 의미함. 사람의 욕망의 구멍을 막고, 외부의 유혹이 들어오는 문을 닫음. 무욕無慾의 의미.

畫龍點睛 화룡점정

張僧繇 於金陵安樂寺 畵四龍於壁 不點睛 每曰 點之卽飛去 人以爲誕
因點其一 須臾 雷電破壁 一龍乘雲上天 不點睛者見在. ≪歷代名畫記≫

張僧繇 於金陵安樂寺　장승요張僧繇가 금릉金陵 안락사安樂寺에서
畵四龍於壁　벽에 네 마리 용을 그렸는데
不點睛　눈동자(정睛)에 점을 찍지 않고
每曰點之卽飛去　늘　말하기를 "눈동자에 점을 찍으면 곧 날아갈 것
　　　　　　　　이라."하니
人以爲誕　사람들이 거짓(탄誕)이라 여기므로
因點其一　인하여 용 한 마리에 눈동자에 점을 찍자
須臾 雷電破壁　잠시 후 벼락과 번개가 치며 벽이 부서지더니
一龍乘雲上天　한 마리의 용이 구름을 타고(승乘) 하늘로 올라갔다.
不點睛者見在　눈동자에 점을 찍지 않은 용은 지금(현見)도 있다.

▸ 畫龍點睛(화룡점정) '용을 그리고 눈동자에 점을 찍다'는 뜻으로, 사물의 중요한 곳을 완성시킨다는 뜻.
▸ 張僧繇(장승요) 남조南朝 양梁<502~557>나라 무제武帝의 궁정화가로, 육조六朝 의 3대가 중 한 사람.

華胥之夢화서지몽

畫寢而夢遊於華胥氏之國 華胥氏之國 在弇州之西 台州之北 不知斯齊
國幾千萬里 蓋非舟四足力之所及 神遊而已 其國無帥長 自然而已 其
民無嗜欲 自然而已 不知樂生 不知惡死 故無夭殤 不知親己 不知疏物
故無愛憎 不知背逆 不知向順 故無利害 都無所愛惜 都無所畏忌 入水
不溺 入火不熱 斫撻無傷痛 指摘無痟癢 乘空如履實 寢虛若處床 雲霧
不礙其視 雷霆不亂其聽 美惡不滑其心 山谷不躓其步 神行而已 黃帝
既寤 悟然自得 召天老力牧太山稽 告之曰 朕閒居三月 齋心服形 思有
以養身治物之道 弗獲其術 疲而睡 所夢若此 今知至道不可以情求矣
朕知之矣 朕得之矣 而不能以告若矣 又二十有八年 天下大治幾若華胥
氏之國 而帝登假 百姓號之 二百餘年不輟. ≪列子/黃帝≫

畫寢 황제黃帝(중국의 전설상의 제왕)는 낮잠을 자다가
而夢遊於華胥之國 꿈에서 화서씨華胥氏의 나라에서 놀았다.
華胥氏之國 화서씨의 나라는
在弇州之西 台州之北 엄주弇州의 서쪽 태주台州의 북쪽에 있는데
不知斯齊國幾千萬里 이 나라(제국齊國) 몇 천만 리 인지 알 수 없었다.
蓋非舟四足力之所及 모두 배와 네 발의 힘이 미칠 곳이 아니요
神遊而已 정신만이 가서 노닐 따름이다.
其國無帥長 그 나라에는 장수와 우두머리가 없고
自然而已 자연스러울 뿐이다.
其民無嗜欲 그 백성은 기호嗜好와 욕심이 없고
自然而已 자연스러울 뿐이다.
不知樂生 백성들은 삶을 즐김을 알지 못하고
不知惡死 죽음을 싫어함을 알지 못하며
故無夭殤 요절夭折(요상夭殤)이 없었다. *殤(상)일찍 죽다.

不知親己　자기와 친함을 알지 못하고

不知疏物　남늘을 멀리함(소疏)을 알지 못하므로

故無愛憎　사랑과 증오가 없었다.

不知背逆　등져 거슬림을 알지 못하고

不知向順　향하여 따름도 알지 못하므로

故無利害　이해利害가 없었다.

都無所愛惜　모두 사랑하고 아끼는 것이 없고

都無所畏忌　모두 두려워하고 꺼리는 것이 없었다.

入水不溺　물에 들어가도 빠지지(익溺) 않았고

入火不熱　불에 들어가도 뜨겁지 않았다.

斫撻無傷痛　베고(작斫) 쳐도(달撻) 상하고 아픔이 없고

指摘無痟癢　찌르고 긁어도(척摘) 통증(소痟)과 간지러움(양癢)이 없었다.

乘空如履實　실제를 밟듯(리履) 허공에 오르고

寢虛若處床　침상에 거하듯 허공에서 잤다.

雲霧不礙其視　구름과 안개가 그 보는 것을 막지(애礙) 못했고

雷霆不亂其聽　우레와 천둥소리(정霆)도 그 들음을 어지럽히지 못했고

美惡不滑其心　아름다움과 추함도 그 마음을 어지럽히지(골滑) 못했고

山谷不躓其步　산골도 보행을 넘어뜨리지(지躓) 못했고

神行而已　정신만 돌아다닐 뿐이었다.

黃帝旣寤 悟然自得　황제가 이미 깨어서 깨달은 듯 스스로 터득하여

召天老力牧太山稽 告之曰　천로天老·역목力牧·태산계太山稽를 불러 말하였다.

朕閒居三月　"내가 석 달 동안 한가하게 지내면서

齋心服形　마음을 재계齋戒하고 몸을 다스리며(복服)

思有以養身治物之道　몸을 기르고 만물을 다스릴 수 있는 도를 생각했으나

弗獲其術　그 방법을 얻지 못했었네.

390

疲而睡 所夢若此　피로하여 잠들어 꿈이 이와 같았고

今知至道不可以情求矣　이제 지극한 도는 마음만으로 구할 수 없음
을 알았소.

朕知之矣 朕得之矣　짐이 그것을 알았고, 짐이 그것을 얻었으니

而不能以告若矣　그대들(若若)에게 고하지 않을 수 없소."

又二十有八年　또한 즉위 28년에

天下大治　천하는 크게 다스려져

幾若華胥氏之國　거의 화서씨의 나라처럼 되었고

而帝登假　황제가 승하昇遐(등가登假. 등하登遐)하니

百姓號之　백성들이 그를 칭송함이

二百餘年不輟　200여 년 간 그치지(철輟) 않았다.

▸ 華胥之夢(화서지몽) '화서華胥라는 나라에 갔던 꿈'이란 뜻으로, 좋은 꿈을 이르
　는 말. '유화서지국遊華胥之國'이라고 하며, 화서는 자연무위自然無爲의 태평한
　나라로 곧 이상향을 일컬음.

和氏之璧화씨지벽

楚人和氏得玉璞楚山中 奉而獻之厲王 厲王使玉人相之 玉人曰 石也
王以和爲誑 而刖其左足 及厲王薨 武王卽位 和又奉其璞 而獻之武王
武王使玉人相之 又曰 石也 王又以和爲誑 而刖其右足 武王薨 文王卽
位 和乃抱其璞 而哭於楚山地下 三日三夜 泣盡而繼之以血 王聞之 使
人問其故 曰 天下之刖者多矣 子奚哭之悲也 和曰 吾非悲刖也 悲夫寶
玉而題之以石 貞士而名之以誑 此吾所以悲也 王乃使玉人理其璞 而得
寶焉 遂命曰 和氏之璧. ≪韓非子/和氏≫

楚人和氏　전국시대 초나라 사람 화씨和氏(변화卞和)가

得玉璞楚山中　초산에서 옥박玉璞을 주워(득得)　*璞(박)옥돌.

奉而獻之厲王　받들어 초나라 여왕厲王에게 그것을 바쳤다.(헌獻)

厲王使玉人相之　여왕이 옥인玉人으로 하여금 그것을 보게(상相) 했는데

玉人曰 石也　옥인이 말했다. "돌입니다."

王以和爲誑　왕은 화씨가 속였다(광誑) 생각하여

而刖其左足　그의 왼발 발꿈치를 잘랐다.(월刖)

及厲王薨 武王卽位　여왕이 죽고(흥薨) 무왕武王이 즉위하자

和又奉其璞 而獻之武王　화씨는 또 그 옥돌을 받들어 무왕에게 바치니

武王使玉人相之　무왕이 옥인으로 하여금 그것을 감정하게 하였는데

又曰 石也　또 말했다. "돌입니다."

王又以和爲誑　무왕도 화씨가 속였다고 여겨

而刖其右足　그의 오른발의 발꿈치를 잘랐다.

武王薨 文王卽位　무왕이 죽고 문왕文王이 즉위하자

和乃抱其璞　화씨는 이에 옥돌을 안고

而哭於楚山之下 三日三夜　초산 아래에서 삼 일 밤낮을 우니

泣盡而繼之以血　눈물이 다하고 피로 이어졌다.

王聞之　왕이 이를 듣고

使人問其故　사람을 시켜 그 까닭(고故)을 묻게 하니

曰 天下之刖者多矣　말했다. "천하에 월형刖刑을 받은 자가 많은데

子奚哭之悲也　그대는 어찌(해奚) 울음이 이다지도 슬픈가."

和曰　화씨가 말했다.

吾非悲刖也　"저는 월형을 받은 것을 슬퍼하는 것이 아니라

悲夫寶玉而題之以石　보옥인데 이를 돌이라 품평(제題)한 것을 슬퍼
　　　　　　　　　하는 것이며

貞士而名之以誑　곧은 선비인데도 사기꾼이라 부르니

此吾所以悲也　이것이 제가 슬퍼하는 까닭(소이所以)입니다.”
王乃使玉人理其璞　문왕은 이에 옥인에게 그 옥돌을 다듬게 하여
而得寶焉　보옥을 얻었고
遂命曰 和氏之璧　마침내 명하여 화씨지벽和氏之璧이라 하였다.

▸ 和氏之璧(화씨지벽) ‘화씨和氏가 발견한 구슬’이라는 뜻으로, 천하 명옥名玉을 일
  컬음. 또는 어떤 난관도 참고 견디면서 자신의 의지를 관철시키는 것을 비유하는
  말. ‘변화지벽卞和之璧, 화벽和璧’이라고도 함.
▸ 한비자는 우매한 군주가 인물 알아보기 어려움과, 지조 있는 선비들이 처신하기
  어려움을 화씨의 구슬을 비유로 들어 설파함.

畫虎類狗화호유구 · 刻鵠類鶩각곡유목

馬援兄子嚴敦 並喜譏議而通輕俠客 援在交趾還書 誡之曰 吾欲汝曹聞
人過失 如聞父母之名 耳可得聞 口不可得言也 好議論人長短 妄是非
政法 此吾所大惡也 寧死 不願聞子孫有此行也 龍伯高敦厚周愼 口無
擇言 謙約節儉 廉公有威 吾愛之重之 願汝曹效之 杜季良豪俠好義 憂
人之憂 樂人之樂 清濁無所失 父喪致客 數郡畢至 吾愛之重之 不願汝
曹效也 效伯高不得 猶爲謹敕之士 所謂刻鵠不成 尚類鶩者也 效季良
不得 陷爲天下輕薄子 所謂畫虎不成 反類狗者也. 《小學/嘉言》

馬援兄子嚴敦　마원馬援의 형의 아들 마엄馬嚴과 마돈馬敦은
並喜譏議　함께 헐뜯어 평론하기(기의譏議)를 좋아하며　*譏(기)비웃다.
而通輕俠客　경박한 협객俠客들과 어울렸다.　*俠(협)호협豪俠하다.
援在交趾　마원이 교지交趾(베트남 북부)에 있을 때
還書誡之曰　글(계형자엄돈서誡兄子嚴敦書)을 보내(환還) 훈계해서 말했다.

吾欲汝曹聞人過失 如聞父母之名 "나는 너희들(여조汝曹)이 남의 잘못을 들으면 부모님의 이름을 들은 것처럼 하기를 바라니(욕欲)

耳可得聞 口不可得言也 귀로는 들을지언정 입으로 말해서는 안 된다.

好議論人長短 다른 사람의 장단을 의논하기를 좋아하고

妄是非政法 망령되이 정치와 법령을 시비함을

此吾所大惡也 내가 가장 싫어하는 것이다.

寧死 차라리(녕寧) 죽을지언정

不願聞子孫有此行也 자손이 이러한 행동이 있음을 듣기를 원하지 않는다.

龍伯高敦厚周愼 용백고龍伯高는 돈후하고 두루 신중하여

口無擇言 입은 가릴 말이 없으며(한 마디도 가려서 버릴 것이 없음)

謙約節儉 겸약謙約하고 절검節儉하며

廉公有威 청렴하고 공정하며 위엄이 있다.

吾愛之重之 나도 그를 좋아하고 중히 여기니(애지중지愛之重之)

願汝曹效之 너희들도 그를 본받기(효效)를 바란다.

杜季良豪俠好義 두계량杜季良은 호협豪俠하고 의를 좋아해서

憂人之憂 남의 근심을 걱정하고

樂人之樂 다른 사람의 즐거움을 즐거워한다.

淸濁無所失 선인善人과 악인惡人에게 잘못한 바가 없어서

父喪致客 부친의 상에 조문객을 청하자

數郡畢至 여러 고을에서 다 찾아왔다.

吾愛之重之 나는 그를 좋아하고 중히 여기지만(애지중지愛之重之)

不願汝曹效也 너희들이 본받기를 원치 않는다.

效伯高不得 용백고를 본받다가 얻지 못해도

猶爲謹敕之士 오히려 삼가서 스스로 경계(근칙謹敕)하는 선비는 될 것이다.

所謂刻鵠不成 이른바 고니(곡鵠)를 새기려다 이루지 못해도

尙類鶩者也   오히려 집오리(목鶩)를 닮는(류類) 것이지만
效季良不得   두계량을 본받다가 얻지 못하게 되면
陷爲天下輕薄子   천하에 경박한 사람으로 빠져버리게 될 것이다.
所謂畫虎不成   이른바 범을 그리려다 이루지 못하면
反類狗者也   도리어(반反) 개를 닮게 되는 것이다."

▶ 畫虎類狗(화호유구) '호랑이를 그리려다 개 비슷하게 되었다'는 뜻으로, 소양이
   없는 사람이 호걸의 풍도를 모방하다가 경박한 사람이 됨.
▶ 刻鵠類鶩(각곡유목) '고니를 새기다가 집오리를 닮았다'는 뜻으로, 모방한 것이
   비록 똑같지는 않더라도 비슷하게 되었음을 비유하며, 훌륭한 사람을 본받아 배우
   면 그 사람만큼은 못할지라도 또한 착한 사람이 됨을 비유함.
▶ 馬援(마원. BC14~49) 후한의 장군. 복파장군伏波將軍에 임명되어 교지交趾(베트
   남 북부) 지방의 반란을 평정하여 신식후新息侯가 됨.

換骨奪胎환골탈태

山谷云 詩意無窮 而人之才有限 以有限之才 追無窮之意 雖淵明少陵
不能工也 然不易其意而造其語 謂之換骨法 窺入其意而形容之 謂之奪
胎法.   ≪冷齋夜話≫

山谷云   산곡山谷(황정견黃庭堅의 호)이 말했다.
詩意無窮   시의 뜻은 무궁한데
而人之才有限   사람의 재주는 한계가 있다.
以有限之才   한계가 있는 재주로
追無窮之意   무궁한 뜻을 좇는다는 것은
雖淵明少陵   비록 도연명陶淵明이나 소릉少陵(두보의 호)이라 할지라도
不能工也   공교하게는 하지 못할 것이다.   *工(공)공교하다.

然不易其意 그러나 그 뜻을 바꾸지(역易) 않고

而造其語 그 말을 만드는 것을

謂之換骨法 환골법換骨法이라 하고

窺入其意而形容之 그 뜻을 살펴(규窺) 형용하는 것을

謂之奪胎法 탈태법奪胎法이라 한다. *胎(태)아이 배다. 근원.

▸ 換骨奪胎(환골탈태) '뼈를 바꾸고 태胎를 빼내다'는 뜻으로, 환골換骨은 선대 문
  인들의 시상詩想을 본떠서 어구를 만드는 것, 탈태奪胎는 그 뜻을 본떠서 원시原
  詩와 다소 다른 뜻을 가지게 짓는 것으로, 선대 문인들의 시상이나 시구의 의미를
  차용하여 자신의 언어로 새롭게 표현하는 것이나, 사람의 용모나 됨됨이가 전과
  다른 새로운 모습이 되었을 때를 비유함.
▸ 黃庭堅(황정견. 1045~1105) 북송의 시인이자 서예가. 자는 노직魯直, 호는 산곡
  山谷. 스승인 소식蘇軾과 함께 북송을 대표하는 시인이며, 소식蘇軾, 미불米芾, 채
  양蔡襄과 함께 송대宋代의 서예의 4대가로 불림.

鰥寡孤獨환과고독

王曰 王政可得聞與 對曰 昔者文王之治岐也 耕者九一 仕者世祿 關市
譏而不征 澤梁無禁 罪人不孥 老而無妻曰鰥 老而無夫曰寡 老而無子
曰獨 幼而無父曰孤 此四者天下之窮民而無告者 文王發政施仁 必先斯
四者 詩云 哿矣富人 哀此煢獨. ≪孟子/梁惠王≫

王曰 왕이 말씀하였다.

王政可得聞與 "왕정王政을 들을 수 있겠습니까."

對曰 맹자께서 대답하였다.

昔者文王之治岐也 "옛날 문왕文王이 기주岐周를 다스릴 적에

耕者九一 경작하는 자들에게 9분의 1의 세금을 걷고

仕者世祿 벼슬하는 자들에게는 대대로 녹을 주었으며

關市譏而不征 관문과 시장은 넌지시 살폈으나(기찰譏察) 구실 받지
　　　　　　(정征) 않았고

澤梁無禁 택량澤梁을 금하지 않았으며(못이나 어량에서 고기를 잡게 함)

罪人不孥 죄인을 처벌하되 처자妻子(노孥)에게 미치지 않았습니다.

老而無妻曰鰥 늙어서 아내가 없는 이를 환鰥(홀아비)이라 하고

老而無夫曰寡 늙어서 남편이 없는 이를 과寡(과부)라 하고

老而無子曰獨 늙어서 자식이 없는 이를 독獨(외로운 사람)이라 하고

幼而無父曰孤 어려서 부모가 없는 이를 고孤(고아)라 하니

此四者 이 네 분류의 사람들은

天下之窮民 천하의 궁핍한 백성들로

而無告者 하소연할 곳이 없는 사람들입니다.

文王發政施仁 문왕文王은 정치를 시작하고 인정仁政을 베푸심에

必先斯四者 반드시 이 네 사람들을 먼저 하셨습니다.

詩云 哿矣富人 哀此煢獨 ≪시경≫에 '부자에겐 괜찮지만(가哿) 이런
　　　　　　의지할 데 없는 외로운(경독煢獨. 형제가 없는 것은 경煢) 자
　　　　　　들이 가엾다.'고 했습니다."

▸鰥寡孤獨(환과고독) 홀아비, 과부, 고아, 자식 없는 사람. 곧 늙은 홀아비와 홀어
미, 부모 없는 고아, 늙어서 자식 없이 의지할 데 없는 사람으로 외롭고 의지할 데
없는 사람을 이르는 말.

黃雀銜環황작함환

漢時 弘農楊寶 年九歲時 至華陰山北 見一黃雀 爲鴟梟所搏 墜於樹下
爲螻蟻所困 寶見 愍之 取歸置巾箱中 食以黃花 百餘日 毛羽成 朝去
暮還 一夕 三更 寶讀書未臥 有黃衣童子 向寶再拜曰 我西王母使者 使
蓬萊 不愼 爲鴟梟所搏 君仁愛 見拯 實感盛德 乃以白環四枚與寶曰 令
君子孫潔白 位登三事 當如此環. 《搜神記》

漢時 弘農楊寶 年九歲時 후한때 홍농군弘農郡의 양보楊寶가 아홉 살 때
至華陰山北 화음산華陰山 북쪽에 이르러
見一黃雀 꾀꼬리(황작黃雀) 한 마리를 보았는데
爲鴟梟所搏 올빼미(치효鴟梟)에게 공격(박搏)을 받아
墜於樹下 나무 아래로 떨어져서(추墜)
爲螻蟻所困 개미(누의螻蟻)들에게 곤혹을 당하였다.
寶見 愍之 양보가 보고 불쌍하다고 여겨(민愍)
取歸置巾箱中 그것을 거두어 집에 돌아와 상자(건상巾箱) 안에 두고
食以黃花 국화(황화黃花)를 꾀꼬리에게 먹였다.
百餘日 毛羽成 백여 일이 지나 꾀꼬리는 깃털이 치료되어
朝去暮還 아침에 날아갔다가 저녁에 돌아오곤 하였다.
一夕 三更 어느 날 밤 삼경에
寶讀書未臥 양보가 책을 읽으면서 아직 잠자지 않고 있었는데
有黃衣童子 누런 옷을 입은 어린아이가 나타나
向寶再拜曰 양보에게 두 번 절하고 말했다.
我西王母使者 "저는 서왕모西王母의 사자인데
使蓬萊 봉래산蓬萊山으로 심부름을 가던 도중에
不愼 爲鴟梟所搏 조심하지 못해서 올빼미에게 공격을 받았는데

君仁愛 見拯　그대의 인애仁愛로 도움(증증拯)을 받았습니다.

實感盛德　진실로 큰 덕(성덕盛德)에 감사합니다."

乃以白環四枚與寶曰　이에 백옥환 네 개(매枚)를 주면서(여與) 말했다.

令君子孫潔白　"그대의 자손들을 결백하게 하면

位登三事　지위가 삼공三公(삼사三事)에 올라

當如此環　마땅히 이 백옥환처럼 될 것입니다."

▶ 黃雀銜環(황작함환) '꾀꼬리가 백옥환白玉環을 물어다 주다'는 뜻으로, 남에게 입은 은혜를 갚는 것을 비유하는 말.
▶ 楊寶(양보) 후한의 명신名臣인 양진楊震<54~124>의 부친.
▶ 三更(삼경) 하룻밤을 다섯으로 나눈 셋째 부분으로 병야丙夜라고도 하며, 밤 11시부터 새벽 1시까지를 일컬음.
▶ 西王母(서왕모) 곤륜산崑崙山의 요지瑤池에 살며 불로불사不老不死의 영약靈藥을 가졌다고 하는 고대 신화 속의 여신.

膾炙人口 회자인구

曾晳嗜羊棗　而曾子不忍食羊棗　公孫丑問曰　膾炙與羊棗孰美　孟子曰
膾炙哉　公孫丑曰　然則曾子何爲食膾炙而不食羊棗　曰　膾炙所同也　羊
棗所獨也　諱名不諱姓　姓所同也　名所獨也.　≪孟子/盡心≫

曾晳嗜羊棗　증석曾晳이 양조羊棗(야생의 작은 감)를 좋아했었는데

而曾子不忍食羊棗　증자는 차마 양조를 먹지 못했다.

公孫丑問曰　공손추公孫丑가 물었다.　*丑(추)인명人名.

膾炙與羊棗　"회자膾炙와 양조 중에　*膾(회)회. 炙(자)구운 고기.

孰美　어느(숙孰) 것이 맛이 있습니까.(미美)"

孟子曰　맹자가 말했다.

膾炙哉 "회자일 것이다."

公孫丑曰 공손추가 말했다.

然則曾子何爲食膾炙 "그렇다면 증자는 어찌하여 회자는 먹으면서

而不食羊棗 양조는 먹지 않았습니까."

曰 맹자가 말했다.

膾炙所同也 "회자는 다 같이 좋아하는 것이지만

羊棗所獨也 양조는 아버지 홀로 좋아했던 것이다.

諱名不諱姓 이름은 휘諱하고 성은 휘하지 않으니

姓所同也 성은 같이 쓰는 것이지만

名所獨也 이름은 홀로 쓰는 것이기 때문이다."

▶ 膾炙人口(회자인구) '인구人口에 회자膾炙된다'는 뜻으로, 회자와 같이 맛있는 음식처럼 시문詩文 등이 사람들의 입에 많이 오르내리고 찬양讚揚 받는 것을 말함. '회자膾炙'라고도 함.

▶ 羊棗(양조) 야생의 작은 감으로 모양이 양의 배설물과 같다 하여 '양시조羊矢棗'라고도 함. 증석과 증삼 부자는 공자의 제자였으며, 아버지 증석이 양조를 좋아하였는데, 증석이 세상을 떠난 뒤 효성이 지극한 증삼은 양조를 보고 차마 먹지 못하였다.

效矉효빈

故西施病心 而矉其里 其里之醜人見 而美之 歸亦捧心 而矉其里 其里之富人見之 堅閉門而不出 貧人見之 挈妻子而去之走 彼知矉美 而不知矉之所以美. ≪莊子/天運≫

故西施病心　옛날 서시西施가 가슴을 앓아

而矉其里　그 마을을 얼굴 찡그리며 다니자 *矉(빈)찡그리다.<빈顰>

其里之醜人見　그 마을의 추녀醜女가 이를 보고

而美之　아름답다고 여겨

歸亦捧心　돌아와 역시 가슴을 움켜쥐고(봉捧)

而矉其里　그 마을을 찡그리고 다녔다.

其里之富人見之　그 마을의 부유한 사람들은 그것을 보고서

堅閉門而不出　대문을 굳게 닫고서 나오지 않았고

貧人見之　가난한 사람들은 그것을 보고는

挈妻子而去之走　처자식을 이끌고 그곳을 떠나 달아났다. *挈(설)끌다.

彼知矉美　그녀는 찡그림이 아름다운 줄 알았지만

而不知矉之所以美　찡그림이 아름다운 이유(소이所以)를 알지 못하였다.

▶ 效矉(효빈) '찡그림을 본받다'는 뜻으로, 자신의 주관을 잊고 맹목적이고 함부로
남을 흉내 냄. 효빈效顰으로도 씀. '서시빈목西施矉目, 서시봉심西施捧心'이라고
도 함.

▶ 西施(서시) 춘추시대 월나라 미인. 월나라의 왕 구천句踐이 오나라에 망한 뒤, 서
시를 오나라 왕 부차夫差에게 보냈는데, 부차가 반하여 국사를 돌보지 아니하여
구천과 범려范蠡의 침공을 받아 망함. 서한 원제元帝 때의 왕소군王昭君, 삼국시
대의 초선貂蟬, 당나라의 양귀비楊貴妃와 함께 중국 사대미인으로 불림.

출전出典 색인索引

(ㄱ)

▷ 賈誼新書(가의신서) 전한前漢의 정치가이자 학자인 가의賈誼<BC 200~BC168>의 저서.

▷ 開元天寶遺事(개원천보유사) 성당盛唐<713~761>의 영화를 전하는 유문遺聞을 모은 책.

▷ 高士傳(고사전) 서진西晉의 황보밀黃甫謐<215~282>이 지음. 요堯 시대의 피의被衣로부터 위말魏末의 초선焦先까지 90명의 청고淸 高한 고사들의 언행과 일화를 수록함.

▷ 公私見聞錄(공사견문록) 조선朝鮮 효종孝宗의 부마駙馬 정재륜鄭 載崙<1648~1723>이 궁중에 출입하면서 공적, 사적으로 견문한 것을 기록한 책.

▷ 孔子家語(공자가어) 삼국시대 위魏나라 왕숙王肅<195?~256>이 엮은 책으로, 공자의 언행 및 문인들과의 문답問答, 논의論議를 기록함.

▷ 關尹子(관윤자) 관윤자關尹子가 지은 책. 관윤자는 주周나라 사상 가로 성은 윤尹, 이름은 희喜, 함곡관函谷關의 관리였으므로 관윤 자라고 일컬음.

▷ 管子(관자) 춘추시대 제齊나라의 사상가이자 정치가인 관중管仲<?~ BC645>이 지은 것으로 되어 있으나, 내용으로 보아 제나라의 현상 賢相 관중의 업적을 중심으로 하여 후대의 사람들이 썼고, 전국시 대에서 한대漢代에 걸쳐서 성립된 것으로 여겨짐.

(ㄴ)

▷ 冷齋夜話(냉재야화) 남송南宋의 승려 혜홍惠洪이 편찬한 시론집.

▷ 論語(논어) 유교경전 사서四書의 하나. 공자孔子<BC551~BC479>의 언행, 제자들과의 문답 등을 수록함. 제자들이 기록한 것을 근거로

한漢나라 때에 집대성함. 학이學而, 위정爲政, 팔일八佾, 이인里仁, 공야장公冶長, 옹야雍也, 술이述而, 태백泰伯, 자한子罕, 향당鄕黨, 선진先進, 안연顔淵, 자로子路, 헌문憲問, 위령공衛靈公, 계씨季氏, 양화陽貨, 미자微子, 자장子張, 요왈堯曰 등 20편으로 구성됨.

▷ 論衡(논형) 후한後漢의 사상가 왕충王充<27~97>이 지은 사상서. 전국시대의 제자諸子의 설을 합리적이고 실증적으로 비판함.

(ㄷ)

▷ 大般涅槃經(대반열반경) 석가모니의 열반涅槃을 설명하기 위해서 편찬한 불교경전.

▷ 大學(대학) 유교경전인 사서四書의 하나. 본디 ≪예기禮記≫의 한 편이었던 것을 송宋의 사마광司馬光이 따로 떼어서 ≪대학광의大學廣義≫를 만들고, 그 후 주자朱子의 교정으로 현재의 형태로 됨. 삼강령三綱領<명명덕明明德, 친민親民, 지어지선止於至善>과 팔조목八條目<격물格物, 치지致知, 성의誠意, 정심正心, 수신修身, 제가齊家, 치국治國, 평천하平天下>으로 구성됨.

▷ 道德經(도덕경) 춘추시대 말 노자老子가 난세를 피하여 함곡관函谷關에 이르렀을 때, 윤희尹喜가 도를 물으매 대답으로 도덕오천언道德五千言을 적어준 책이라 전해지나, 전국시대 도가의 언설을 모아 한초漢初에 편찬한 것으로 추측됨.

(ㅁ)

▷ 孟子(맹자) 유교경전 사서四書의 하나로 맹자<BC372~BC289>의 언행을 기록한 책. 양혜왕梁惠王, 공손추公孫丑, 등문공滕文公, 이루離婁, 만장萬章, 고자告子, 진심盡心 등 7편으로 구성됨.

▷ 夢溪筆談(몽계필담) 북송北宋의 학자이며 정치가인 심괄沈括<1031~1095>이 지은 책. 천문, 수학, 동식물, 문학, 미술, 역사 등에 걸친

독창적인 연구 논문과 수필 등을 수록함.

▷ 蒙求(몽구) 당唐나라 중기 이한李瀚이 아동의 학습에 편리하도록 경사經史에서 고인의 사적을 뽑아 엮은 책. 596항목으로 이루어져 있으며 요순堯舜시대부터 남북조南北朝시대에 이르기까지 저명한 인물에 관한 일들이 수록됨.

(ㅂ)

▷ 方輿勝覽(방여승람) 남송南宋 가희嘉熙<1237~1240> 연간에 축목祝穆이 저술한 지리서地理書.

▷ 碧巖錄(벽암록) 선사禪師인 설두중현雪竇重顯이 100개의 공안公案을 선정하여 그 하나하나에 송頌을 붙인 송宋나라 때의 불서佛書.

(ㅅ)

▷ 史記(사기) 전한前漢 사마천司馬遷<BC145~BC86>이 황제黃帝로부터 한漢나라 무제武帝까지의 역대 왕조의 사적史跡을 기전체紀傳體로 적은 역사책.

▷ 三國志(삼국지) 서진西晉의 진수陳壽<233~297>가 편찬한 고대의 삼국 위魏, 촉한蜀漢, 오吳나라의 역사책.

▷ 三國志演義(삼국지연의) 위魏, 촉蜀, 오吳 세 나라의 역사를 바탕으로 전승되어 온 이야기들을 명明나라 초初 나관중羅貫中이 장회소설章回小說<120회>의 형식으로 편찬한 장편 역사소설.

▷ 湘素雜記(상소잡기) 송宋나라 황조영黃朝英이 지은 책.

▷ 書經(서경) 유가儒家의 오경五經의 하나로, 공자가 상고시대上古時代 요순堯舜 때부터 주周나라 때까지의 정치를 기록한 책. ≪상서尙書≫라고도 함.

▷ 說苑(설원) 전한前漢의 학자 유향劉向<BC77?~BC6>이 편찬한 교훈적인 설화집으로 현인들의 일화逸話가 수록됨.

▷ 世說新語(세설신어) 남조 송宋나라의 유의경劉義慶<403~444>이 편집한 책으로, 후한後漢 말부터 동진東晉까지의 귀족, 학자, 문인, 승려 등의 일화를 수록함.

▷ 小學(소학) 남송南宋 때 주자朱子<주희朱熹. 1130~1200>가 제자 유자징劉子澄에게 소년들에게 유학의 기본을 가르칠 수 있는 내용의 서적을 편집하게 한 뒤, 교열하고 가필하여 만든 책.

▷ 孫子(손자) 춘추시대 오吳나라의 병법가兵法家 손무孫武가 저술한 병서兵書. 손자는 손무의 경칭敬稱.

▷ 松南雜識(송남잡지) 조선朝鮮 순조純祖 때 조재삼趙在三<1808~1866>이 편찬한 일종의 백과사전으로, 천문, 지리, 식물, 역년曆年, 국호, 인물, 음악 등 33개 항목으로 나누어 그에 관련된 사항을 적음.

▷ 宋史(송사) 송宋나라의 정사正史. 1343년 원元나라의 탈탈脫脫 등이 칙명勅命으로 오대五代의 말인 주나라에서부터 317년간의 사실을 기전체紀傳體 형식으로 기록함.

▷ 搜神記(수신기) 동진東晉<317~419>의 학자 간보干寶가 지은 소설집. 주로 귀신, 영혼, 신선, 점복占卜, 기현상, 흉조 등의 신기한 고사를 기록한 책.

▷ 旬五志(순오지) 조선朝鮮 인조仁祖 때 홍만종洪萬宗<1642~1725>이 고사일문古史逸聞, 시화, 양생술, 삼교합론, 속언 등을 수록하여 저술한 잡록. 보름 만에 책을 완성했다고 하여 붙여진 이름이라고 함.

▷ 荀子(순자) 전국시대 말 조趙나라 유학자 순자荀子<BC298?~BC238? 이름은 황況, 자는 경卿>가 지은 책.

▷ 詩經(시경) 유학 오경五經의 하나. 주초周初부터 춘추春秋 초기까지의 시가를 모아 엮은 중국 최고最古의 시집. 본래 3000여 편이었던 것을 공자가 311편으로 간추려 정리했다고 알려져 있지만,

305편만 전함.

▷ 詩話總龜(시화총귀) 송宋나라의 완열阮閱이 1123년에 편찬한 시화집. 원명은 ≪시총詩總≫이며, 한漢나라 때부터 송나라 때까지의 시화를 모아 엮음. 단, 소동파蘇東坡, 황정견黃庭堅 등에 대한 압박이 심한 때였으므로 원우제가元祐諸家의 시화는 하나도 없음.

▷ 新唐書(신당서) 북송北宋 인종이 ≪구당서舊唐書≫의 내용이 왜곡된 것이 많고 부실하다 하여 구양수歐陽修, 송기宋祁 등에 명하여 당나라의 역사를 기록한 책.

▷ 新序(신서) 전한前漢 말 학자 유향劉向<BC77?~BC6>이 편집한 고사집.

▷ 神仙傳(신선전) 동진東晉의 갈홍葛洪<283~343>이 편찬함. 주요 내용은 신선의 행적이며 장생불사長生不死가 중심 주제인 신선설화집이자 신선전기집.

▷ 新五代史(신오대사) 송宋나라의 구양수歐陽修 등이 편찬한 후량後梁의 태조太祖로부터 후주後周의 공제恭帝에 이르는 오대五代<907년 당唐이 망한 뒤부터 960년 송宋이 건국되기까지의 다섯 왕조인 후량後梁, 후당後唐, 후진後晉, 후한後漢, 후주後周>의 사서史書.

▷ 十八史略(십팔사략) 남송南宋 말에서 원초元初에 활약했던 증선지曾先之가 십칠사十七史<중국 태고에서 오대五代까지의 17정사正史. 사기, 한서, 후한서, 삼국지, 진서晉書, 송서, 남제서, 양서, 진서陳書, 후위서後魏書, 북제서, 주서, 수서, 남사, 북사, 신당서, 신오대사>에 송사宋史를 더한 열여덟 사서史書를 요약한 역사서.

(ㅇ)

▷ 顔氏家訓(안씨가훈) 남북조시대 말 북제北齊의 안지추顔之推<531~591>가 자손을 위하여 저술한 교훈서.

▷ 晏子春秋(안자춘추) 춘추시대 말 제齊나라 재상 안영晏嬰<?~
BC500>의 언행을 후대인이 기록했다는 책.

▷ 禦眠楯(어면순) 조선朝鮮 연산군燕山君 때의 학자 송세림宋世琳
<1479~?>이 편찬한 민간의 우스운 이야기와 야담野談을 모아서 심
심풀이로 읽도록 엮은 책.

▷ 於于野談(어우야담) 조선朝鮮 광해군光海君 때 어우당於于堂 유몽
인柳夢寅<1559~1623>이 엮은 설화집으로 야사野史, 항담巷談, 가설
街說 등을 수록했음.

▷ 呂氏春秋(여씨춘추) 진秦나라의 재상이었던 여불위呂不韋<?~BC
235>가 식객들을 시켜 편찬한 사론서史論書. ≪여람呂覽≫이라고
도 함.

▷ 歷代名畫記(역대명화기) 당唐나라의 장언원張彦遠<815~879>이 편
찬한 화사畫史, 화론서畫論書. 중국 최초의 체계적인 회화사서繪
畫史書로서 회화의 원류原流, 서書와 화畫의 관계, 육법六法, 대가
의 필법筆法 등과, 고대로부터 841년에 이르는 화가 371명의 전기
傳記가 수록됨.

▷ 燃藜室記述(연려실기술) 조선朝鮮 후기 학자 연려실燃藜室 이긍
익李肯翊<1736~1806>이 지은 역사책. 조선朝鮮 태조太祖 이래 현
종顯宗까지의 400여 가지에 달하는 야사野史를 공정한 필치로
엮음.

▷ 列女傳(열녀전) 전한前漢의 학자 유향劉向<BC77?~BC6>이 저술한
책으로, 고대古代부터 한대漢代에 이르는 현모賢母, 양처良妻, 열
녀烈女, 투부妬婦들의 약전略傳.

▷ 列子(열자) 전국시대 도가道家사상가인 열어구列禦寇<어구禦寇는 열
자列子의 이름> 저작이라고 전해짐.

▷ 禮記(예기) 유학 오경五經의 하나로, 예의禮儀 이론과 실제를 기술
한 책. 한나라 무제武帝 때에 하간河間의 헌왕獻王이 공자와 그 후

학들이 지은 131편의 책을 모아 정리한 뒤에 선제宣帝 때 유향劉
向이 214편으로 엮음.

▷ 藝文類聚(예문유취) 당唐나라 구양순歐陽詢 등이 고조高祖의 명을
받아 엮은 유서類書.

▷ 慵齋叢話(용재총화) 조선朝鮮 성종成宗 때의 학자 용재慵齋 성현
成俔<1439~1504>이 지은 필기잡록류筆記雜錄類에 속하는 책.

▷ 酉陽雜俎(유양잡조) 당唐나라 때 학자 단성식段成式<803~863>이
지은 수필집.

(ㅈ)

▷ 資治通鑑(자치통감) 북송北宋의 사마광司馬光<1019~1086>이 편찬
한 편년체 역사서. 주周나라 위열왕威烈王 23년<BC403>에서부터
오대五代 주세종周世宗 현덕顯德 6년<959>까지에 이르는 113왕
1362년간의 역사를 수록한 통사通史. ≪통감通鑑≫이라고도 함.

▷ 莊子(장자) 전국시대에 완성된 것으로 추정되는 도가道家사상을 담
은 책. 장자莊子의 근본 사상이 담긴 '내편內編'은 장자<BC365?~
BC290? 이름은 주周>가, '외편外編'과 '잡편雜編'은 그의 제자들이
지은 것으로 추측됨.

▷ 戰國策(전국책) 전한前漢시대 유향劉向이 동주東周 후기인 전국시
대<BC475~BC222> 전략가들의 책략을 편집한 책.

▷ 祖庭事苑(조정사원) 송宋나라의 목암선경睦庵善卿이 편찬한 일종
의 선종禪宗 사전辭典으로, ≪운문록雲門錄≫ 이하의 선종의 어록
중에서 2,400여 어구를 골라 그 출전을 밝히고 주석을 붙임.

▷ 芝峯類說(지봉유설) 조선朝鮮 선조宣祖 때의 학자 지봉芝峯 이수
광李睟光<1563~1628>이 지은 책. 우리나라 최초의 백과사전적인
저술.

▷ 晉書(진서) 당태종唐太宗<597~649>의 명으로 방현령房玄齡, 저수

량저수량褚遂良, 이연수李延壽 등이 편찬한 진晉왕조의 정사正史.

(ㅊ)

▷ 菜根譚(채근담) 명말明末 홍자성洪自誠<본명 응명應明, 자 자성自誠, 호 환초還初>의 어록. 유교를 중심으로 불교와 도교를 가미하여 처세술處世術을 가르친 경구풍警句風 등으로 이루어짐.

▷ 逐睡篇(축수편) 조선朝鮮 후기에 이루어진 편자, 연대 미상의 고인의 逸話集일화집. 민간설화나 흥미로운 일화를 주로 수록함.

▷ 春秋左氏傳(춘추좌씨전) 춘추시대 노魯나라의 태사太史인 좌구명左丘明이 공자가 정리한 춘추시대의 역사를 편년체로 기록한 ≪춘추春秋≫의 해석서解釋書. ≪좌씨전≫, ≪좌씨춘추≫, ≪좌전≫이라고도 함. ≪춘추≫는 노나라 은공隱公 원년<BC722>부터 애공哀公 14년<BC481>까지 242년간의 역사를 다루었으며 ≪춘추≫에서 다루었다고 하여 '춘추시대'라 부르게 됨.

(ㅌ)

▷ 太平廣記(태평광기) 송宋나라의 태평흥국太平興國 2년<977>에 이방李昉 등 12명이 황제의 명에 따라 편집한 중국 설화집. 한漢에서 오대五代에 이르기까지의 설화, 소설, 전기, 야사 등을 수록함.

▷ 太平御覽(태평어람) 북송北宋 초 학자 이방李昉 등이 태종太宗의 칙명을 받아 편찬한 유서類書의 일종으로 본래 이름은 ≪태평총류太平總類≫였으나 태종이 매일 밤마다 3권씩 읽은 사실에 유래하여 이름이 바뀜.

▷ 通鑑節要(통감절요) 송宋나라 휘종徽宗 연간 학자 강지江贄가 사마광司馬光<1019~1086>이 지은 ≪자치통감自治通鑑≫을 간추려 엮은 역사서.

(ㅎ)

▷ **鶴林玉露(학림옥로)** 남송南宋 나대경羅大經이 지은 수필집. 문인 과 학자의 시문에 대한 논평을 중심으로 하였으며, 일화, 견문 등 을 수록함.

▷ **韓非子(한비자)** 전국시대 말 한韓나라의 공자公子로, 법치주의를 주창한 한비韓非<BC280?~BC233>와 그 일파의 논저.

▷ **漢書(한서)** 후한後漢 때 반고班固<32~92>가 지은 전한前漢의 사서 史書로, 전한 고조高祖에서 왕망王莽까지의 역사를 기전체紀傳體 로 기록함.

▷ **韓詩外傳(한시외전)** 한漢나라 때 한영韓嬰이 지은 책. 세상의 교훈 적인 일을 나열하고 이에 해당하는 ≪시경詩經≫의 구절을 인용 하여 설명한 일종의 시경 해설서.

▷ **漢晉春秋(한진춘추)** 동진東晉의 습착치習鑿齒가 지은 역사서. 후 한의 광무제光武帝부터 서진의 민제愍帝까지의 약 300년간의 역 사를 서술함.

▷ **淮南子(회남자)** 전한前漢의 회남왕淮南王 유안劉安<BC179~BC122> 이 빈객과 방술가方術家 수천을 모아서 저술한 책.

▷ **後漢書(후한서)** 남북조시대南北朝時代 남조南朝 송宋의 범엽范曄 <398~445>이 편찬한 기전체紀傳體 사서史書로 광무제光武帝에서 헌제獻帝에 이르는 후한後漢의 13대 196년 역사가 기록됨. 사마천司 馬遷의 ≪사기史記≫, 반고班固의 ≪한서漢書≫, 진수陳壽의 ≪삼 국지三國志≫와 함께 '4사四史'로 꼽힘.

金 泰 洙
雅號 : 畔松 · 逸樂齋

▌약력
　檀國大學校 漢文敎育科 卒業
　檀國大學校 漢文學科 博士課程 修了
　서울中東高等學校 漢文敎師 歷任
　啓明大, 同德女大, 서울敎大 등 講師 歷任
　大韓民國書藝大展 招待作家, 審査歷任
　韓國書藝家協會, 韓國書藝포럼, 以書會 會員
　個人展(2004. 白岳美術館)
　畔松書藝 代表
　檀國大學校(漢文敎育科) 講師

▌저서
　漢文文法
　秋史流配期 漢詩研究
　六書尋源 考
　金石叢話 譯
　한문명구선-새김과 서예가 만나다
　매월당시 서예산책 등

▌주소 : 서울시 종로구 인사동길 9. 401호 반송서예
▌E-mail : kimbansong@hanmail.net
▌blog.naver.com/kimbansong

원전과 함께하는 고사성어

초판인쇄 2021년 2월 26일
초판발행 2021년 2월 26일

엮음이 김태수
펴낸이 채종준
펴낸곳 한국학술정보㈜
주소 경기도 파주시 회동길 230(문발동)
전화 031) 908-3181(대표)
팩스 031) 908-3189
홈페이지 http://ebook.kstudy.com
전자우편 출판사업부 publish@kstudy.com
등록 제일산-115호(2000. 6. 19)

ISBN 979-11-6603-355-1 93710